政府和非营利组织会计

ZHENGFU HE FEIYINGLI ZUZHI KUAIJI

（第三版）

主　编　王金秀
副主编　白志远

中国财经出版传媒集团
经济科学出版社
Economic Science Press

图书在版编目（CIP）数据

政府和非营利组织会计/王金秀主编．—3版．—北京：经济科学出版社，2021.4

ISBN 978－7－5218－2503－9

Ⅰ.①政…　Ⅱ.①王…　Ⅲ.①单位预算会计－高等学校－教材　Ⅳ.①F810.6

中国版本图书馆CIP数据核字（2021）第071741号

责任编辑：于海汛　张　萌

责任校对：郑淑艳

责任印制：范　艳　张佳裕

政府和非营利组织会计

（第三版）

主　编　王金秀

副主编　白志远

经济科学出版社出版、发行　新华书店经销

社址：北京市海淀区阜成路甲28号　邮编：100142

总编部电话：010－88191217　发行部电话：010－88191522

网址：www.esp.com.cn

电子邮箱：esp@esp.com.cn

天猫网店：经济科学出版社旗舰店

网址：http://jjkxcbs.tmall.com

北京季蜂印刷有限公司印装

787×1092　16开　29.75印张　690000字

2021年5月第3版　2021年5月第1次印刷

ISBN 978－7－5218－2503－9　定价：74.00元

（图书出现印装问题，本社负责调换。电话：010－88191510）

前　言

改革开放以来，收付实现制基本上能够满足预算收支管理的需要。随着社会主义市场经济的发展，行政事业单位会计核算内容的复杂化、多元化，以及预算会计环境的变化和市场经济对政府资金管理的需要，权责发生制能够更好地发挥现代财政的社会效益及绩效考评，提高财务管理水平。自2015年以来，国家进行了财政总会计制度的完善，依据权责发生制为核算基础，拟订新的行政事业单位会计科目和报表，实行了《政府会计准则制度》，使政府财务管理更加完善，政府“家底”更加明晰，为政府预算和财务信息使用者和决策者提供充实的信息依据。

在国际金融危机后的深度调整期，外部环境更为严峻。国内受疫情影响，投资增长后劲不足，传统消费进入瓶颈期，经济发展的困难和风险增多。为应对错综复杂的经济形势，需要创新和完善宏观调控，推动积极的财政政策更加积极有为。为此，各级政府和行政事业单位要实施《预算管理一体化规范》，及时自动地比对预算执行与管理信息。

这将在统一各级财政预算数据标准的基础上，实时汇总和收集各级财政预算编制和执行信息，动态反映各领域财政收入投入情况和执行效果，为科学研判经济形势、精准实施宏观调控提供坚实信息基础。

在此背景下，对财政部“十三五”规划教材《政府和非营利组织会计》进行了修改和更新为《政府和非营利组织会计》（第三版）。

政府和其职能部门及其下属单位是执行国家预算管理的主体，它们资金活动起因于预算安排，其活动的实现与结果都是为了预算实现和政府政策目标的落实。所以教材仍旧继续为《政府和非营利组织会计》，体现了本教材突出会计主体执行预算的职责。

依据《预算管理一体化规范》，政府和行政事业单位的预算管理和执行将发生“革命性”的变化。所以预算管理一体化的理念贯穿于整个教材之中，同时增加了预算指标账核算管理内容，使财政总预算会计与行政事业单位会计预算指标反映和核算密切衔接，强调了在政府组织内部形成了预算数据信息的“闭环”系统。

此版教材还依据《政府会计准则制度》，在以权责制基础上反映政府运行成本和负债，以及政府投资等财务管理的新内容，特别是政府基建投资和对外投资（PPP）。同时简化行政事业单位活动的会计核算表述；在活动核算举例解析基础上，把每个会计科目下反映的行政事业单位活动用图表进行了归纳，并用财务会计和预算会计双系统的会计核算分录，把行政单位和事业单位两个主体下进行的活动进行了详细的比较，使学习者不仅对每项政府活动一目了然，也有助于学习者辨析模糊概念与会计处理。

本教材主编就职的学校为国家“211”工程重点建设大学，所在的财政学科是首批国家级重点学科，享誉全国，该学科开设政府和非营利组织会计课程（此前长期称为预算会计）的历史悠久。主编长期致力于本课程的教学与研究工作，迄今约30年，曾编写过多本预算会计、政府和非营利组织会计教材，并多次承担相关课题的研究。

本教材的出版凝结了许多人的智慧和辛劳。中南财经政法大学财政税务学院教材编审组教授们对教材提出建设性建议，硕士生古航、毕丹慧、毛俊强、周佳华、张兰兰、朱粤鸿、韩静茹、刘渊及宋莹莹参与了教材资料搜集、整理以及校对工作；湖北省黄冈市财政局国库科秦越华、许国志、余意和许晨对教材进行了技术与实务上的指导和参与教材重要章节的修订。同时，教材编写过程中参阅许多同行的教材，汲取他们的经验。

在此对大家的付出一并致谢，并特别感谢经济科学出版社的大力支持。

虽然教材编写过程中反复校对，但是仍恐有疏漏。敬请指正为感。

王金秀　白志远
中南财经政法大学晓南湖畔
2021年2月

目　　录

第一篇　总　　论

第一章　政府和非营利组织会计概述 …… 3
第一节　政府和非营利组织会计的界定 …… 3
第二节　政府和非营利组织会计的特点 …… 6
第三节　政府和非营利组织会计的功能和作用 …… 8
第四节　政府和非营利组织会计制度演进 …… 11
第二章　政府和非营利组织会计组织体系 …… 16
第一节　政府和非营利组织会计的组成 …… 16
第二节　政府和非营利组织会计的分级 …… 17
第三节　政府和非营利组织会计的关系 …… 21
第三章　政府和非营利组织会计标准 …… 24
第一节　现行政府和非营利组织会计法规 …… 24
第二节　政府和非营利组织会计基础 …… 25
第三节　政府和非营利组织会计前提和信息质量 …… 26
第四节　政府和非营利组织会计要素 …… 27
第四章　政府和非营利组织会计账务组织 …… 31
第一节　政府和非营利组织会计会计科目 …… 31
第二节　政府和非营利组织会计记账方法 …… 32
第三节　政府和非营利组织会计会计凭证 …… 33
第四节　政府和非营利组织会计会计账簿 …… 36
第五节　政府和非营利组织会计财政报告体系 …… 37

第六节　政府和非营利组织会计循环 …… 41

第二篇　财政总预算会计

第五章　财政总预算会计概述 …… 47

第一节　财政总预算会计的职责 …… 47
第二节　财政总预算会计要素 …… 50
第三节　财政总预算会计账务组织 …… 55

第六章　财政总预算会计资产 …… 59

第一节　财政总预算会计的财政性存款 …… 59
第二节　财政国库支付执行机构会计的核算 …… 66
第三节　财政总预算会计的待结算资产 …… 67
第四节　财政总预算会计的股权股利 …… 71
第五节　财政总预算会计的债权 …… 75

第七章　财政总预算会计负债 …… 82

第一节　财政总预算会计待结算的负债 …… 82
第二节　财政总预算会计的债务 …… 85

第八章　财政总预算会计净资产 …… 103

第一节　财政总预算会计的预算结转结余 …… 103
第二节　财政总预算会计的专款结余 …… 106
第三节　财政总预算会计的其他净资产 …… 107

第九章　财政总预算会计的预算收支 …… 112

第一节　财政总预算会计收支的确认 …… 112
第二节　一般公共预算本级收支 …… 114
第三节　政府性基金本级收支 …… 120
第四节　国有资本经营预算收支 …… 122
第五节　财政专户管理资金收支 …… 124
第六节　专用基金收支 …… 125

第十章　财政总预算会计的转移收支 …… 128

第一节　补助收支 …… 128
第二节　上解收支 …… 131
第三节　地区间援助收支 …… 133

第四节　调入调出资金……134
第五节　预算稳定调节基金收支……136
第六节　债务收支……137
第七节　债务转贷收支……140

第十一章　财政总预算会计报告……150

第一节　财政总预算会计年终结转账……150
第二节　资产负债表……156
第三节　收入支出表……162
第四节　预算执行情况表……166
第五节　财政总预算会计报表的合并及汇总……170

第三篇　行政事业单位会计

第十二章　行政事业单位会计概述……175

第一节　行政事业单位财会管理……175
第二节　行政事业单位预算管理……177
第三节　行政事业单位会计的账簿组织……179

第十三章　行政事业单位资产……184

第一节　单位资产管理概述……184
第二节　货币资金……186
第三节　应收及预付款项……204
第四节　存货……219
第五节　政府投资……230
第六节　固定资产与折旧……248
第七节　在建工程……259
第八节　无形资产与摊销……268
第九节　公共基础设施……278
第十节　政府储备物资……285
第十一节　其他资产……290
第十二节　待处置资产……300

第十四章　行政事业单位负债……308

第一节　单位负债管理概述……308
第二节　短期借款和长期借款……309
第三节　应交税费……312

第四节　应缴财政款 …… 322
第五节　应付职工薪酬 …… 324
第六节　应付和预收款项 …… 327
第七节　预计预提负债 …… 337
第八节　受托代理负债 …… 340

第十五章　行政事业单位收入 …… 343

第一节　财政拨款收入 …… 343
第二节　事业收入 …… 345
第三节　上级补助收入 …… 347
第四节　附属单位上缴收入 …… 348
第五节　经营收入 …… 350
第六节　非同级财政拨款收入 …… 351
第七节　投资收益 …… 352
第八节　捐赠收入 …… 355
第九节　利息收入 …… 356
第十节　租金收入 …… 357
第十一节　其他收入 …… 359

第十六章　行政事业单位费用 …… 362

第一节　业务活动费用 …… 362
第二节　单位管理费用 …… 366
第三节　经营费用 …… 370
第四节　资产处置费用 …… 372
第五节　上缴上级费用 …… 375
第六节　对附属单位补助费用 …… 375
第七节　所得税费用 …… 376
第八节　其他费用 …… 377

第十七章　行政事业单位净资产 …… 382

第一节　本期盈余 …… 382
第二节　本年盈余分配 …… 383
第三节　累计盈余 …… 385
第四节　专用基金 …… 388
第五节　权益法调整 …… 389
第六节　无偿调拨净资产 …… 390
第七节　以前年度盈余调整 …… 392

第十八章 行政事业单位预算收入 …… 395

第一节 财政拨款预算收入 …… 395
第二节 非同级财政拨款预算收入 …… 396
第三节 单位业务类预算收入 …… 397
第四节 单位非财政拨缴类预算收入 …… 398
第五节 投资预算收益 …… 399
第六节 债务预算收入 …… 400
第七节 其他预算收入 …… 401

第十九章 行政事业单位预算支出 …… 403

第一节 行政支出 …… 403
第二节 事业支出 …… 404
第三节 经营支出 …… 406
第四节 上缴上级支出 …… 407
第五节 对附属单位补助支出 …… 408
第六节 投资支出 …… 408
第七节 债务还本支出 …… 410
第八节 其他支出 …… 410

第二十章 行政事业单位预算结余 …… 413

第一节 资金结存 …… 413
第二节 财政拨款结转 …… 418
第三节 财政拨款结余 …… 422
第四节 非财政拨款结转 …… 425
第五节 非财政拨款结余 …… 428
第六节 专用结余 …… 431
第七节 经营结余 …… 433
第八节 其他结余 …… 434
第九节 非财政拨款结余分配 …… 435

第二十一章 行政事业单位预算财务报告 …… 438

第一节 行政事业单位财务与决算报告概述 …… 438
第二节 行政事业单位年终报告准备 …… 439
第三节 行政事业单位预算会计报表编制 …… 440
第四节 行政事业单位财务会计报表编制 …… 445
第五节 行政事业单位国有资产报表编制 …… 455

第二十二章　政府预算指标账 ………………………………………………………… 457

第一节　预算指标账管理概述 ……………………………………………………… 457

第二节　预算指标账核算 …………………………………………………………… 459

主要参考文献 ……………………………………………………………………………… 464

第一篇

总　　论

第一章

政府和非营利组织会计概述

第一节　政府和非营利组织会计的界定

政府和非营利组织会计在我国古代称为官厅会计。政府和非营利组织会计是以价值为手段，以货币为计量单位，以预算执行为中心，对各政府和非营利组织会计主体活动的财务数据进行连续、系统、全面、完整地记录核算、监督控制和分析报告的一种管理活动，以促进国家预算收支计划的圆满实现。

一、政府组织和非营利组织

我国社会组织就其目标讲，可分为营利组织、政府和非营利组织。其中营利组织指企业或公司；非营利组织是指不具有物质产品生产和国家事务管理职能，主要以精神产品或各种服务形式向社会提供服务的各类组织机构，具有非营利性和公益性的特点。公立非营利组织指由政府出资兴办的、参与部分市场活动的非营利组织，而民间非营利组织指由民间出资举办的、从事教育、科技、文化、卫生、宗教等社会公益性的社会服务组织。

政府组织包括指管理和使用公共资源、履行政府职能的组织体系。政府有广义与狭义之分；广义上，指所有执掌公共权力的国家机构，狭义仅指包括仅立法、司法、行政在内多级行政机关。政府组织是指广义概念；从层级上，政府组织包括一级政权政府组成机构，主要包括行政事业单位。

事业单位是指国家为了社会公益目的，由国家机关举办或者其他组织利用国有资产举办的，从事教育、科技、文化、卫生等活动的社会服务组织。我国在 2012 年开始启动事业单位的分类改革，即按照社会功能将现有事业单位划分为承担行政职能、从事生产经营活动和从事公益服务三个类别。对承担行政职能的，逐步将其行政职能划为行政机构或转为行政机构；对从事生产经营活动的，逐步将其转为企业；对从事公益服务的，继续将其保留在事业单位序列，强化其公益属性。“行政的归行政，市场的归市场”，留下提供公益服务的事业单位作为基本公共服务的主要提供者。根据职责任务、服务对象和资源配置等情况，将从事公益服务的事业单位划分为两类。承担义务教育、基础性科研、公共文化、公共卫生及基层的基本医疗服务等基本公益服务，不能或不宜由市场配置资源的，划入公益一类。承担高等教育、非营利性医疗等公益服务，可部分由市场配置资源的，划入公益二类。

这样分类也可以看作是按照公益属性的纯粹程度来划分的，纯公益类的事业单位，是由政府出资保障的，不再允许其存在经营性活动。比如乡镇诊所、社区医院等就属于基层的基本医疗服务。义务教育是不可以产业化的，属纯公益类的事业单位；高校、职业教育、综合医院等，应该属于准公益类的事业单位，允许其部分市场配置资源，但不允许进行以营利为目的的生产经营活动。

所以，为社会组织实现其运行目标服务的会计可分为营利组织会计即企业会计、政府和非营利组织会计、民间非营利会计三大会计体系。它们分别由企业会计制度、政府会计制度及民间非营利组织会计制度三大会计制度体系来规制其会计活动。军队、已纳入企业财务管理体系的单位不适用政府会计制度。

二、政府和非营利组织会计的主体

1. 政府和非营利组织会计主体主要为各级政府和行政事业单位

政府财政总会计的主体。财政总会计主要是核算政府收入筹措、支出资金分配以及出纳保管等业务活动的会计，包括政府财政总预算会计、税收会计、国库会计，等等。其中政府财政总预算会计设置在财政部门，法理主体是各级政府。国家是由各级政府组成的一个组织系统，为了全面反映和控制政府活动以及资金运用情况，保证国家有效履行职能，各级政府设财政部门作为专司理财职责的机构，具体组织政府收支，办理政府预决算，因此，每一级政府都有总预算会计，反映各级政府经济活动情况，总预算会计设置在各级财政部门，会计的法理主体应该是各级政府。

行政单位的会计主体。各级政府本身是一个组织系统，由相应的职能部门组成。每个职能部门履行政府职责的某种分工，单位会计是核算各职能部门和机构花钱办事、履行政府各特定职能过程中的资金活动过程和结果的会计，主要包括行政单位会计和事业单位会计。行政单位会计的主体是行政单位——各级政府的职能机构。行政单位是以国家政治权力为依托，进行国家行政管理，组织经济、文化建设，维护社会公共秩序的公共机构。行政单位会计主要是反映政府职能部门经济活动情况的会计。

事业单位的会计主体。事业单位会计的主体是事业单位。事业单位是以业务优势为依托、直接或间接为生产建设和人民生活服务的独立核算的非营利组织。事业单位主要提供混合商品，事业单位的许多业务活动实际上是政府职能的延伸，即履行或代行政府的部分职能。事业单位会计就是反映事业单位经济活动情况的会计。

各级政府和非营利组织会计主体从事的经济活动都具有非市场经济的特征，它们的活动都不以营利为目的，它们的“经营成果”不能取得收入或取得的收入不足以补偿它们的消耗。

2. 政府和非营利组织会计主体的存在具有客观必要性

经济领域中最基本的问题是资源配置，即有效运用稀缺资源。社会主义市场经济体制由两种效率资源配置机制组成：一是市场机制，它在社会主义市场经济体制中处于基础地位；二是非市场机制，它是为了克服市场机制的缺陷而存在的。非市场机制的存在形成政府和非营利组织会计的必要性。资源配置的非市场机制是通过行政程序进行的，政府是执行主体，因此可以简称政府资源配置。政府资源配置的目的是提供市场不能提供或不能有效提供的公共商品（或劳务），并参与混合商品的资源配置。

政府提供的公共商品包括纯公共商品和混合商品。纯公共商品的消费具有非竞争性、非排他性，当市场配置机制失灵时，其资源配置主要依靠非市场机制配置，由财政拨款满足资金需要；混合商品是既有公共商品性质又有私人商品性质的消费品，因此，这类商品的资源配置也是“混合型”的，即由市场机制和非市场机制共同配置。混合商品通常由事业单位提供，在资源配置的基本特征上具有非市场机制的特征，但又可以靠其活动从市场领域获得收入，因此事业单位和政府的经济活动不完全相同。非市场机制的经济活动领域是异常广泛的，但非市场机制的执行主体是政府。即使是事业单位的经济活动，就其性质上看也是政府活动的延伸。

依靠非市场机制进行资源配置所提供的消费品都具有公共商品的特征，居民消费时一般不需付费，即使付费也不能使提供者盈利。但公共商品的提供是需要耗用经济资源的，因此同样存在经济核算的问题。典型的非市场机制活动主体的财务状况是收支两条线，一方面政府通过强制方式取得收入，另一方面通过行政程序无偿供应资金。因此，非市场机制活动主体的“资金循环”和企业的资金循环是不一样的，这是形成其独特会计系统的根本原因。政府和非营利组织会计与企业会计相比，在定义、内涵以及核算领域和核算方法等各方面具有独立性。

三、政府和非营利组织会计核算的对象

政府和非营利组织会计核算的对象是政府和非营利组织会计的课题，也是会计反映和控制的内容，体现会计主体业务活动的范围和方向，反映其财务预算活动中投入产出、资产负债等变动情况。

1. 从经济社会领域看是生产流通领域之外的资金运行

企业会计在我国古代称为民间会计，在现代社会，企业会计对社会生产和再生产过程发挥基础性、决定性的作用。企业会计主要核算和监督社会再生产过程中生产、流通领域中各类企业的生产经营活动的过程和结果。企业会计的主体是市场主体，从事各项经营性活动，具有生产性，为社会提供物质资料并创造价值，实现资金的增值，以追求利润最大化。

政府和非营利组织会计则核算和监督社会中分配领域、社会福利领域和精神产品生产领域的财政预算资金和行政事业单位资金运行的过程和结果。政府和非营利组织会计适用于各级人民政府财政部门、行政单位和事业单位等非市场主体，它们基本上不从事生产经营活动，不直接生产物质产品，而是通过分配并耗费资金为企业和人们生活服务，影响生产和流通，在社会再生产过程中起着基础和先行作用。

2. 从资金性质看是财政资金运动的情况

从政府和非营利组织会计核算与管理的实体考察，政府和非营利组织会计的对象是政府财政部门、行政单位和事业单位的资金活动过程和结果，既包括财政预算资金活动，也包括单位预算资金及其业务活动。从资金的来龙去脉来看，政府和非营利组织会计的对象是有关资金来源、运用以及结果；从资金运行的方向和特点来看，这些资金来源及运用不仅包括财政和上下级之间调拨资金的情况，而且包括单位开展业务活动而直

接面向社会形成的资金运动情况，对事业单位来说还包括从市场领域获得的其他资金的运动情况；资金运动结果则包括各种类型收支的结余结转及结余分配，或赤字及其弥补方式。

3. 从预算流程看是预算执行的过程与结果

政府和非营利组织会计以预算执行为中心，为预算执行服务，促进政府依法理财、依法行政、强化预算约束，有效提供公共服务，同时为国家预决算编制提供基础性数据资料。政府和非营利组织会计是国家的宏观管理信息系统，是政府预算管理和单位财务预算管理的基本手段。由于政府财政部门、行政单位和事业单位主要是执行国家预算任务的预算单位，其资金运动一般表现为预算执行的过程和结果。

四、政府和非营利组织会计的目的

政府和非营利组织会计作为一种专业性的管理活动，有其特定的目的。

政府和非营利组织会计的直接目的是促进国家预算收支计划的圆满实现。国家预算体现政府的基本职责，具有计划预测性，计划实现的关键在于落实，即执行预算，政府和非营利组织会计以国家预算执行为中心，以实现政府收支计划。政府预算的基础是单位预算，政府和非营利组织会计的主体范围涵盖实施政府预算的所有主体，政府和非营利组织会计的客体是政府预算执行的过程和结果，强化政府和非营利组织会计工作可以在预算执行环节促进国家预算的圆满实现，同时，由于政府资金的每一笔收支都要经过政府和非营利组织会计加以核算反映和控制，因此，政府和非营利组织会计不仅仅体现对政府预算执行过程的管理，而且还为国家预算和决算提供基础的数据资料，为政府决策服务。

政府和非营利组织会计的根本目的是提高政府资金运行的效率，其核算必须具备完整性、连续性和系统性。任何经济管理活动都以提高效率为中心，政府和非营利组织会计作为一项经济管理工作，其目的应是加强财务预算管理，提高预算资金的分配和使用效率。会计作为一项经济管理工作，不是消极地、机械地进行反映，而是对属于会计对象的全部经济活动都予以记录，在反映时也必须对各项相互关联的数据资料进行科学分类和加工整理，以便掌握经济活动的过程和结果。因此，会计反映的完整性、连续性和系统性特征是提高会计信息质量的重要保证。

总体而言，绩效管理的理念与方法贯穿于政府和非营利组织会计运行的整个过程，而是否符合效率则通过会计审查和评价监督工作进行判断。

第二节　政府和非营利组织会计的特点

一、政府和非营利组织会计具有非营利性

政府和非营利组织会计是以预算管理为中心，以经济和社会事业发展为目的，适用于各级政府和各类行政事业单位；企业会计是以资金循环和周转为中心，以营利为目的，适用于各类企业单位的会计。

政府财政部门、行政单位和事业单位基本上是非物质生产部门，它们进行业务营运的目标是以尽可能少的费用提供在市场机制领域不能获得或不能有效率获得的消费品或劳务，而不是也不应以营利为目标。

政府和非营利组织会计主体在提供公共劳务的过程中虽然可以按一定价格或收费标准供应它们的货物或劳务，存在向用户收费并将其作为资金来源从而获得资财的情况，但这些收费并不是按利润原则来决定的，而是为了提高公共劳务的使用效率，比如为了使公共劳务的使用不拥挤或使公共劳务的成本和收益之间的对应性加强。有些非营利组织可能按大于或等于成本的价格销售货物或劳务，但许多非营利组织经常以低于成本的价格甚至免费供销其货物或劳务。因此，对公共劳务付费只是承担了公共劳务成本的一部分或只以公共劳务的成本来征收。所开出的价格足以收回成本而有余者，又常在组织内部利用销售所积资财来贴补其他活动，但非营利组织一般不需要也不被期望通过销售补偿其全部成本。它们所依恃的绝大部分还是其他连绵不断的财源，例如，一些非营利组织拥有征集会费、税捐或其他强制性捐款的权力，而另一些组织则主要依靠自动捐献。就政府和非营利组织会计主体来说，没有企业利润之类的用来衡量业绩的指标，其业绩一般也不像企业那样直接受市场竞争的考验。

二、出资者与其所得具有经济非对称性

以政府和非营利组织会计主体来说，供给资财的人和受其货品或劳务之益的人，可能不是同一个人或同一团体。出资者并不期望按照其所供资财的比例收回资财或获得经济利益，而是为了提供服务或完成一定业务量。政府和非营利组织会计主体也不存在可以通过出售、转让、赎回、买卖或机构清算分享剩余资财的明确的所有者利益。

政府和非营利组织会计主体的大部分资金来源要靠强制性手段获得或靠财政资助，这是因为政府和非营利组织会计主体提供的公共劳务不能取得收入或取得的收入不足以补偿其成本费用，因此，要使政府和非营利组织会计主体延续，就必须通过非交易方式得到资金补充。政府有独特的权力，它可以通过税收、执照、许可证、罚没等强制手段获得资金。事业单位不能运用强制方式取得资金，但事业单位作为政府职能的延伸，要靠政府财政资助来解决全部或部分成本费用所需的资金，这等于间接获得了强制性收入。

会员、捐赠人、纳税人以及其他各个方面的出资者并不冀求经济利益，也不期望所得利益与其出资额相称。供给资财，往往出自他们对这些组织实现其宗旨目标的关心，也可能出于文化、教育、经济、科学、社会、慈善等方面的考虑。

三、资金用途往往具有限制性

由于非营利性，出资者不求经济回报，但资财供应者和管理机关通常要限制或规定非营利组织所得资财的用途，一般限制方式是专用预算拨款，也有直接来自捐赠人、赠与人的限制。这些限制或规定形成了非营利组织经理人员必须严格履行的特殊责任。

资金用途上的限制性体现为政府和非营利组织会计的支出有严格的规定，即规定专门的用途，不得随意改变使用方向。这是因为政府和非营利组织会计主体都要履行政府

的职责，或其承担的职能是政府职能的延伸，所以其资金的使用方向均受到严格限制，不像以营利为目标的市场主体那样在资金的使用上可以根据需要调度。

四、预算和法规具有刚性约束力

政府和非营利组织会计具有统一性和政策性特点，其目的是实现政府预算，会计主体的行为可以被看作是“国家意志”的体现，或者说是民众意志通过国家意志的方式来实现。政府内部的组织结构、人事制度、经费使用标准及程序、资金来源等都由法规规定或受法规控制。各主体内部存在行政等级，并以预算级次体现，在全国形成政府和非营利组织会计的统一体系和信息系统。

对那些以强制方式供给资财的社会组织，预算不仅是在组织内部分配资财的关键，在取得资财方面的作用也不容忽视。例如，会员组织和政府单位的预算，在确定所征会费、税捐或收费水平、所供劳务的标准以及两者关系上都举足轻重。对于那些主动捐款的人们，在决定是否向非营利组织供应资财以及确定出资额多寡时，预算也是重要的依据。同时，经理人员负有执行预算、遵从预算的责任，否则，可能会减少某一组织的财务业绩，或者会损害其供应令人满意的劳务的能力。因而，预算成了评价经理人员履行操持经管责任的重要根据。

政府和非营利组织会计要与国家预算管理相互适应，政府和非营利组织会计的指标体系、会计科目和会计报表的设置等要同预算的收支科目保持一致，以反映国家预算的执行情况。只有按照预算收支科目组织核算，才能保证各单位核算口径一致，顺利汇总全国预算收支情况，编报预算执行结果的决策报告，以满足国家预算管理的需要。尽管在决算报告中也要反映企业缴拨款项，但并不要求企业会计必须适应预算管理的要求，更不要求与预算收支科目相一致。企业会计主要为企业管理服务，具有相对较大的独立性和灵活性。

第三节　政府和非营利组织会计的功能和作用

会计职能是指会计在其主体的经济管理中所具有的功能，它源于会计活动，是会计本质的体现。会计的作用便是会计职能的具体表现。

一、政府和非营利组织会计的职能

马克思曾经指出，会计是对生产“过程的控制和观念总结”。这是对会计职能的科学概括。以此论断为依据，可将政府和非营利组织会计的职能概括为：核算反映职能和监督管理职能。

（一）核算反映职能

核算反映职能就是用会计核算的方法反映会计主体的经济活动情况，为会计主体的经济管理提供完整的、以财务信息为主的经济信息。和其他经济管理形式相比较，会计核算是会计最典型的标志，即通过核算记录反映财务信息。核算反映职能是会计自身固有的特点，具有本源性，是传统的会计职能。核算反映职能的实现方式如下：

1. 利用货币量度，从数量方面反映会计主体的经济活动情况

从数量方面反映经济活动情况，可以采用实物、劳动和货币三种量度标准。实物量度用于反映不同经济资源的实物数量，对于提供经济管理上所需要的实物数量指标、保护各种物资的安全完整具有重要的意义，但不能总括计算不同种类物资的价值量，也无法综合反映会计主体发生的各项经济活动。劳动量度用于反映会计主体经济活动中消耗的工作时间，有助于具体计量某一工作过程中的劳动耗费。

为了按统一的表现形式综合反映不同的经济活动中财产物资的增减变化、劳动和物资的耗费，以及价值的实现、回收和分配等，会计必须在实物量度和劳动量度的基础上，以货币作为统一计量尺度进行综合的价值核算，即货币量度，这是由货币商品的特殊使用价值和更好地加强会计主体经营管理的要求所决定的。

2. 主要进行事中和事后反映，也为预测未来提供信息

会计的反映，首先是对已发生的经济活动进行如实反映，这是会计职能最直接的表现形式。随着社会经济的发展，经济活动日趋复杂，这就在客观上要求经济管理方面增强预见性，而会计之所以成为经济管理工作的重要组成部分，就在于它能够提供信息资料，反映经济活动的历史轨迹和现实态势。有了反映经济活动现状和历史的各项资料，也就能够预测未来经济活动可能达到的效果，同时可以满足国家宏观经济调控对经济信息的需求。因此，对已经发生的经济活动进行事中、事后反映，是政府和非营利组织会计更好地发挥职能作用的重要基础。

（二）监督管理职能

监督管理职能，就是利用会计信息资料对经济活动加以控制、指导，进行监督、管理，提高预测能力，促进决策科学、行为规范、结果有效，使会计主体能够按既定的目标和要求开展活动。会计监督管理职能具有以下特点：

1. 将价值管理和实物管理相结合，确保资产的安全和完整

价值指标具有综合性特征，因此利用价值指标进行货币监督，可以全面控制会计主体经济活动的过程和结果，综合考核预算执行情况。会计监督也要在一定程度上进行实物监督，例如依凭证收发材料物资、按规定盘点资产等。

2. 监督经济活动的合法性、合理性和有效性

合法性指符合财经政策、财会制度的规定，遵守财经纪律；合理性指通过所费与所得的比较，能够取得最佳的宏观经济效益和社会效益；有效性指通过提供会计信息，促使会计主体挖掘潜力、堵塞漏洞、提高效率。

会计的核算反映职能和监督管理职能是密切联系、相辅相成的。核算反映是监督管理的必备条件和基础，监督管理是核算反映的前提和继续。核算反映和监督管理是会计的两大基本职能，在实际工作中不能将二者截然分开。

传统体制下，政府和非营利组织会计侧重于记账、算账、报账，因而可以仅用核算反映和监督管理予以概括。随着社会主义市场经济的建立和经济、社会的发展，财政的职能发生了重大转变，政府和非营利组织会计的职能也相应拓宽和发展，它的事前预测、事中控制、事后反映监督以及参与决策的职能逐步得到加强。因此，在社会主义市场经济条件下，政府和非营利组织会计具有核算、反映、监督、预测、调控和参与决策

的职能。但核算反映和监督管理仍不失为会计的基本职能，否则预测、决策、控制、考核也就无从谈起。

二、政府和非营利组织会计的作用

（一）准确及时地向决策者提供有效信息

决策者和政府官员需要了解有关信息，以便对政府和非营利组织会计主体的经济活动做出正确的评估，决定未来活动的方向。政府和非营利组织会计是一种管理系统，包括从数据的收集、加工和控制到汇总、发送和说明等一系列环节，能够全面反映政府和部门单位的财务状况，特别是通过对固定资产、公共基础设施、政府储备物资、保障性住房等非流动资产的记录，对各类长期债务等非流动负债的核算，以及对或有负债的反映，能够掌握政府资产负债的存量及变化情况。因此它是保证政府正确决策的重要手段，可以为政府宏观调控提供预算执行所需的基础资料，并为下年预算的编制提供参考。

（二）推动公共资源优化配置以促进预算管理

通过建立项目全生命周期管理，建立预算管理一体化，政府全部收支都纳入政府和非营利组织会计核算的范围，全面完整记录预算资金收支流动情况，有利于构建顺向相互支撑、有效制衡和逆向真实反馈、有效监督的完整管理闭环。预算管理一体化建立了会计核算与资产管理双向控制机制，行政事业单位新增资产从项目储备、预算编制、资金支付、资产入库登记到会计核算形成完整闭环，有利于准确掌握国有资产总量、分布，有利于强化存量资产管理及构建资产共享共用和调剂使用机制。同时，依据会计核算提供的相关会计负债信息，有利于政府和部门单位能够准确厘清政府债务边界，合理控制债务规模、优化债务期限结构，最大限度降低政府筹资成本等。

（三）不断改善和提高政府及事业单位的绩效

政府和非营利组织会计主体的经济活动要占用稀缺资源，必然要讲求经济效率，即“投入”和“产出”的比较关系。政府和非营利组织会计是记录、分析和预测成本与收益的工具，对提高政府和非营利组织会计主体的效率是至关重要的，这包括尽可能地节约开支和尽可能地提供更多更好的公共劳务。需要指出的是，由于政府和非营利组织会计主体的经济活动存在成本、收益的外部性特点，因此在成本、收益方面的核算一直没有引起足够的重视。这种状况需要改变，而政府和非营利组织会计可以在这方面有所作为。

（四）合理有效地使用公共资源以取信于民

政府和非营利组织会计主体提供的公共劳务，其所用的财政资金主要是通过税收方式取得的，因此必须保证公共资金的使用符合公众的利益，必须保证公共资产完好无损。健全的会计核算、报告和审计标准及程序有助于确保政府资源完好无损和合理使用，便于使社会各界充分相信财政拨款不会被滥用、侵吞，公共资源能被合理使用。

所以，政府和非营利组织会计的主要职能，是对政府预算执行过程发生的收支及政府发生的各项经济业务和事项进行确认和计量，以反映和监督预算收支执行情况、政府财务状况、运行情况、运行成本和现金流量等信息。预算管理一体化使预算管理各环节、各主体、各层级衔接贯通，在提升政府和非营利组织会计核算的准确性和运行效率的基础上，也大大拓展了它的深度和广度，在全面反映政府家底、提高预算管理水平、促进资源优化配置、防范政府债务风险等方面均发挥着重要的基础支撑作用。

第四节　政府和非营利组织会计制度演进

政府和非营利组织会计是一个收集和传达预算收支情况以及政府财务状况的制度安排。从这个角度，从本质上而言其为政府会计。

预算是政府的收支计划，集中反映着政府的政策目标、职能范围和治理活动。从新中国成立70多年来的改革发展历程看，我国的预算制度始终在国家治理中发挥着重要的基础性作用，从支撑高度集中的计划经济体系运行，到适应社会主义市场经济体制和公共财政建设需要进行改革，再按照国家治理体系和治理能力现代化的要求深化改革，不断朝着现代预算制度的方向发展。我国政府和非营利组织会计也随之经过多年的改进和完善，已经形成了较为完整的政府和非营利组织会计组织体系和制度体系，形成了比较符合我国国情的政府和非营利组织会计理论和方法体系，在预算管理工作中发挥了重要的作用。

一、从预算会计到政府会计

2015年以前，我国在政府和非营利组织会计领域实行的是以收付实现制为基础的预算会计标准体系。

（一）实施计划的政策工具（1949～1978年）

新中国成立以后，依据《中国人民政治协商会议共同纲领》，编制了1950年全国财政收支概算，并在1949年12月2日中央人民政府委员会第四次会议上通过，这标志着新中国国家预算的诞生，为新中国预算制度建立奠定了基础。与计划在资源配置中起决定作用的方式相适应，国家财政管理高度集中，实行“统收统支”。在此背景下，预算主要是国民经济计划的反映。预算编制必须服从国民经济计划的需要，根据国民经济生产、交通运输和商品流通等计划指标，逐项核定预算指标，支出按其在经济建设中所起的功能组织，收入按照经济性质分类。同时，财政统一领导国营企业财务工作，国营企业的财务收支计划汇总列入国家预算。这个时期的预算管理总体上适应了特定的历史需求，为国家重大战略和政策的实施提供了充足的财力保障。

政府和非营利组织会计工作的首要任务是建立全国统一、新型的预算会计制度，以适应迅速恢复国民经济和有计划地进行经济建设的需要。财政部制定了《各级人民政府暂行总预算会计制度》和《各级人民政府暂行单位预算会计制度》，首次明确预算会计的名称及其体系，并统一规定了会计科目、会计年度、记账方法和会计报表等内容。1965年实行《行政事业单位会计制度》。同年，由“借贷记账法”改为“资金收付记账法”，资金平衡式由“资产＝负债”改为“资金来源－资金运用＝资金结存”，编报资金活动报表、财政收支决算报表、预算外收支决算报表。

（二）适应社会主义市场经济体制过渡（1978～1998年）

改革开放初期，我国进行了一系列财税体制的重大改革，在各项经济体制改革中率先突破，从打破财政“统收统支”。1991 年 10 月，国务院对已经实施 40 年的《预算决算暂行条例》进行修订颁布了《国家预算管理条例》，在原条例基础上，结合社会主义市场经济体制改革和财税体制改革实践，规定了预算管理的宗旨、原则、职权、范围和体制，明确了各级财政的关系，特别是明确了国家预算按照复式预算编制，把各项预算收支按其不同的来源和资金性质划分为经常性预算和建设性预算两部分，这标志着我国的政府预算体系开始由单一预算制转向复式预算制。

1994 年 3 月，第八届全国人大二次会议通过《中华人民共和国预算法》（以下简称《预算法》）。这个时期的财税体制改革着重于财政体制改革和税收制度改革，预算制度在法制建设层面初步建立。

为此配套，财政部制定并实施了《财政机关总预算会计制度》与《事业行政单位预算会计制度》，进一步发展预算会计制度。

（三）配合现代预算制度主体框架的构建（1998 ~ 2015 年）

1998 年我国财税改革的重点，开始从收入领域转向支出领域，从建设财政转向公共财政。部门预算改革、国库集中收付制度改革、政府采购制度改革，被称为我国财政支出管理改革的“三驾马车”。部门预算改革、国库集中收付制度改革、政府采购制度改革从根本上改变了传统计划经济体制下建立起来的预算管理模式，在预算编制管理、预算执行管理、财政资金使用等方面，初步构建了与社会主义市场经济体制和公共财政相适应的现代预算制度的主体框架，为预算制度改革的深化发展奠定了基础。

2014 年重新颁布修订后的预算法，完善政府预算管理体系，逐步提高国有资本经营预算调入一般公共预算的比例，加强一般公共预算、政府性基金预算、国有资本经营预算和社会保险基金预算的统筹协调、有机衔接。推进预算审核重点由平衡状态、赤字规模向支出预算和政策拓展，建立跨年度预算平衡机制，实行中期财政规划管理。推进建立权责发生制政府综合财务报告制度，向建立现代预算制度迈出实质性步伐。

在此期间，实施了《事业单位会计准则（试行）》《财政总预算会计制度》《事业单位会计制度》《行政单位会计制度》。

1. 单位会计一分为二，构建三个会计主系统

随着市场经济逐步建立和完善，我国事业单位会计和行政机关会计核算的内容与管理方式差别越来越大，对管理的要求也越来越不同。这次会计改革在原预算会计体系的基础上，将单位会计分解为事业单位会计和行政单位会计，并制定了不同的制度。将原财政总预算会计覆盖范围延伸到乡（镇）级财政预算。预算会计制度改革将事业单位和行政单位分离，再将原两个会计系统重新划分三个会计系统，由财政总预算会计、行政单位会计和事业单位会计三个系统所构成，保持政府和非营利组织会计体系完整统一。

2. 会计要素划分与国际接轨，由三项调整为五类

将原有的资金来源、资金运用和资金结存三项调整为资产、负债、净资产、收入和支出五个会计要素。根据国际通行的做法和企业财务会计制度改革的基本经验进行会计要素的确认，各要素的具体内容由制度或准则加以确定。

3. 改资金收付记账法为借贷记账法，统一记账方法

记账方法在改革前主要采用资金收付记账法，这次改革采用国际上通用的会计语

言，将记账方法统一改为借贷记账法，以适应市场经济的需要，有利于国内通用和国际交流。

4. 改预算内外资金分别核算为统一核算与平衡

原来的会计处理既不利于单位对资金统筹规划、统一安排，也不利于负责人掌握单位的全部资金的运动情况。新制度将原预算会计对各种不同来源的资金分别核算、各自平衡改为在对各项资金分设相应科目的基础上统一核算、统一管理、综合平衡，即对财政拨款安排的支出不再单独核算，将原来预算内、外资金分设会计科目、分别核算、各自平衡改为预算内外资金统一核算。当时取消预算外资金单独核算的做法，目的是实现会计信息完整性，据此，对会计报表、会计科目都相应做出新的规定。

5. 按单位性质确定统一预算管理办法

长期以来，国家财政对事业单位和行政单位以拨款量为依据实行全额预算管理、差额预算管理、自收自支管理三种预算管理形式，也不利于规范政府行为。改革后，事业单位财务制度上实行定收定支、差额补助（上缴）、超支不补、结余留用的预算管理办法；行政单位实行收支统一管理、定额定项拨款、超支不补、结余留用的预算管理办法。

6. 规范会计记账基础，总预算会计以拨作支

改革根据三大主要会计系统的特点，分别确定不同的记账基础：财政会计和行政单位会计统一实行收付实现制；事业单位会计可根据单位实际情况和核算要求，分别采用收付实现制或权责发生制。会计基础一经确定，不得随意变更。

在普遍实行预算包干的条件下，为了真实反映财政结余和简化会计核算，财政总预算会计对于各项包干经费支出的列报支出口径，由过去的银行支出数改为财政拨款数列支，实行以拨作支。单位一律以实际支出数列报支出。上下级财政或部门之间转拨的资金应与本单位直接支出区别反映。

7. 改进会计报表体系，统一规范主表种类和格式

统一和强化预算执行情况报告是提高会计信息质量、加强宏观经济管理的前提条件。原报表种类繁多、过于具体、重点不突出，缺乏可比性和通用性；新报表体系由资产负债表（资金平衡表）和收入支出表两个主表和有关的一些附表及必要的文字说明、预算报告情况分析说明书等组成。报表的统一有利于上级汇总和分析考核以及各级决策机关的参考利用。

二、政府会计改革

政府会计是预算管理的一项重要基础工作。推进政府会计改革，是建立现代财政制度的客观要求。

（一）构建政府会计规范

2014 年起要求单位建立内控制度。财政部先后修订发布了《事业单位财务规则》《事业单位会计准则》《事业单位通用会计制度》《行政单位财务规则》《行政单位会计制度》《财政总预算会计制度》。2015 年还开始制定政府会计准则，政府会计准则由基本准则、具体准则及其应用指南、政府会计制度等构成。2016 年发布《管理会计基本

指引》，确定管理会计指引体系包括基本指引、应用指引和案例库，用以指导单位管理会计实践。管理会计基本指引在管理会计指引体系中起统领作用，是制定应用指引和建设案例库的基础。

（二）加强会计核算完整与细化性

长期以来，我国会计核算范围狭窄，偏重于预算收支的核算，政府部分资产负债核算不全、反映不准确，难以揭示债务风险。近年的会计制度改革增加资产负债的科目，例如，2014 年实行的行政单位会计新制度用存货科目取代材料科目，增加无形资产、公共基础设施、在建工程、政府储备物资、长期应付款等科目，要求基本建设单位会计定期合并到行政事业单位会计的大账。

（三）更多引入权责发生制

政府会计改革的一项重大突破，就是在政府会计领域引入权责发生制理念，在权责发生制下，对资产、负债等会计要素的概念、信息质量特征，都做出了重新界定、提出了新的要求，从而保证政府资产、负债等信息得以如实记录、完整反映，有利于全面反映政府财务状况、财政能力和财政责任，有利于进一步健全预算管理基础，加强政府的资产管理和债务风险防控，对于建立全面规范透明、标准科学、约束有力的现代预算制度，促进财政可持续发展，具有重要的基础性作用。

三、反映预算制度创新的要求

2000 年以来，为了提高预算的完整性、细化性和科学性，我国先后推进了部门预算制度、国库集中收付制度、政府采购制度、全口径四本预算体系、政府收支分类制度等一系列预算管理制度改革，这些预算改革改变了资金管理方式，也要求政府会计与之相适应，进行会计核算制度的调整。

各项预算改革中对会计影响最为明显的是国库集中收付制度，因为它改变了资金运行流程和管理方式。国库集中收付制度是指将政府所有财政性资金都通过国库单一账户体系集中在国库或在财政指定的代理银行开设账户，所有财政收入直接缴入这一账户，所有财政支出直接通过这一账户进行拨付的财政资金管理制度。国库集中收付制度要求所有政府财政收入直接缴入国库，而不通过有关部门或单位设置的收入过渡账户；所有政府财政支出资金在实际使用时从国库账户直接划给供货商或劳务提供者，而不通过有关部门或单位设置的财政资金管理账户。国库集中收付制度从根本上解决了有关部门滥设过渡单位账户和财政专户、随意截留和挪用财政资金的行为，扭转了由于财政资金分散管理而形成的财政资金使用效率和效益不高、财政宏观调控能力不强等问题。

国库单一账户体系由央行国库存款户、财政部门在代理银行开设零余额账户以及财政专户组成，具体如下。

1. 财政部门开设的银行账户

国库存款账户。该账户为在中国人民银行开设的国库单一账户，用于记录、核算和反映纳入预算管理的财政收入和支出活动，并用于与财政部门在商业银行开设的财政零余额账户以及财政部门为预算单位在商业银行开设的预算单位零余额账户进行清算，实现支付。

财政部门零余额账户。该账户简称财政零余额账户，即在商业银行开设的财政零余额账户，用于财政直接支付以及与国库单一账户进行清算。该账户为过渡性质的账户。在代理银行根据财政部门开具的支付指令向有关货品或劳务供应商支付款项，并按日向国库单一账户申请清算后，该账户的余额即为零。因此，称为财政零余额账户。

财政专户。该账户在商业银行开设，用于记录、核算和反映实行财政专户管理的资金收入和支出，并用于财政专户管理资金的日常收支清算。

2. 财政部门为预算单位开设的零余额账户

财政部门为预算单位在商业银行开设的零余额账户简称预算单位零余额账户。该账户为过渡性质的账户，是预算单位的一个授权支付用款额度，用于财政授权支付，以及与国库单一账户进行清算。代理银行根据预算单位开具的支付指令向有关货品或劳务供应商支付款项，并按日向国库单一账户申请清算后，该账户的余额即为零。因此，称为预算单位的零余额账户。

根据相关规定，财政部门原则上只能为预算单位开立一个预算单位零余额账户。财政部门在同一家代理银行原则上只能开立一个财政部门零余额账户。财政部门零余额账户和预算单位零余额账户的用款额度具有与人民币存款相同的支付结算功能。财政部门零余额账户可以办理转账等支付结算业务，但不得提取现金。预算单位零余额账户可以办理转账、汇兑、委托收款和提取现金等支付结算业务。

通过政府会计改革，在政府会计和政府综合财务报告中引入成本核算、绩效等先进理念，能够合理归集、反映政府的运行费用和履职成本，科学评价政府、部门、单位等耗费公共资源、成本边际等情况，健全政府会计核算体系、政府财务报告体系、政府财务报告审计和公开机制等，能够全面、清晰地反映政府预算执行状况和财务状况，满足权力机关、社会公众等对政府财政财务信息全面性、准确性和及时性的需求，并为制定财政中长期规划、国民经济和社会发展中长期规划以及国家相关宏观政策提供依据，有利于建立和实施预算绩效管理。

思考与练习题

1. 简述政府和非营利组织会计的内涵。
2. 简要说明政府和非营利组织会计的特点。
3. 政府和非营利组织会计制度改革中会计要素的演进。
4. 简述政府和非营利组织会计的功效。
5. 简述政府和非营利组织会计的核算模式。
6. 简述政府会计准则制度中预算会计和财务会计间的相互关系。
7. 理解财政和单位零余额账户。
8. 简述国库单一账户体系。

第二章

政府和非营利组织会计组织体系

政府和非营利组织会计的组织体系包括政府和非营利组织会计的组成及其分级。它反映了各组成部分之间的关系，体现了它们业务活动运行的方向，并规定了预算级次。此外，设置不同的会计系统体现了对不同政府和非营利组织会计主体的管理实行不同的政策导向。

第一节　政府和非营利组织会计的组成

政府和非营利组织会计是为预算管理服务的，因此，预算管理体系决定政府和非营利组织会计组成体系。

一、按预算范围分为总预算会计和单位会计

国家预算以收支范围为依据划分为总预算和单位预算，与此相适应，政府和非营利组织会计也包括财政总预算会计和行政事业单位会计（以下简称“单位会计”）两部分。

财政总预算会计是各级政府财政部门核算、反映、监督政府一般公共预算资金、政府性基金预算资金、国有资本经营预算资金以及财政专户管理资金、专用基金和代管资金等资金活动的专业会计，即总预算会计是由各级财政部门负责组织实施、反映总预算执行过程和结果的会计。

单位会计是指执行部门预算，办理单位预算收支以及核算、反映单位资产负债等经济业务活动的专业会计。按照单位性质的不同，具体又分为行政单位会计和事业单位会计。行政单位从事行政公务活动的资金主要来源于财政拨款，行政单位会计是用于核算、反映行政单位资金运动和财务状况的专业会计。事业单位从事各项社会事业活动的资金，一部分来源于财政拨款，另一部分来源于事业单位在国家规定范围内取得的业务收入，事业单位会计是用于核算、反映事业单位全部资金运动和财务状况的专业会计。行政单位、事业单位都是具体花钱办事的单位，行政单位会计和事业单位会计都是反映财政资金的使用而不是分配的专业会计。

财政总预算会计、单位会计对财政资金活动的不同阶段分别进行会计核算，共同组成政府会计的完整体系。从财政资金运行阶段来看，我国政府和非营利组织会计体系是由分配资金的会计和使用资金的会计两大部分构成，分别对应于财政总预算会计和单位会计两部分。

二、按组织属性分为政府和非营利组织会计

目前，我国政府和非营利组织会计的主要构成系统应该包括财政总预算会计和单位会计，这两个会计系统的会计主体都是政府组织，包括各级政府核心机关和同级政府职能机构及其下属单位。其中，财政总预算会计的主体是政府的核心机关，行政单位会计的主体是由政府各行政单位——各级政府的各职能部门组成的。

我国的事业单位类似于西方国家的公立非营利组织，如果将民间社会组织包括在非营利组织范围内，我国广义的政府和非营利组织会计还可以包括民间非营利组织会计，形成政府和非营利组织会计、事业单位会计、民间非营利组织会计。

三、根据会计制度分为三主三辅会计系统

各级政府财政总预算会计、行政单位会计、事业单位会计构成政府和非营利组织会计的三个主系统，通常将其称为狭义的政府和非营利组织会计体系。

中国人民银行办理国库业务过程中设立的国库会计，税务、海关等部门办理税款征解过程中设立的收入征解会计，以及基本建设会计等，作为参与国家预算执行的专门会计，从广义上讲也属于政府会计体系。这三者形成政府和非营利组织会计的辅助会计系统。其中，收入征解会计包括税收会计、关税会计等；基本建设会计还可以细分为建设单位会计，建设银行的基本建设拨、贷款会计。政府和非营利组织会计体系的三个主系统与三个辅助会计系统一起构成政府和非营利组织会计体系。

此外，扩展广义范围政府和非营利组织会计体系还包括社会保险会计、特别资产储备会计、农业综合开发资金会计、国际金融组织贷款会计等。其中，社会保险会计包括按主要险种分别核算和平衡的社会保险基金会计、财政专户管理资金的会计、新型农村合作医疗基金会计、新型农村社会养老保险基金会计；特别资产储备会计包括国家物资储备资金会计、土地储备资金会计；国际金融组织贷款会计包括国际金融组织贷款转贷会计、世界银行贷款项目会计等。

第二节　政府和非营利组织会计的分级

一、财政总预算会计系统

（一）总预算会计系统划分的依据是政府级次

总预算会计是反映和控制各级政府财政收支情况的会计。各级政府财政总预算会计组成和分级的依据为政权结构和行政区划，并遵循责权利相结合的原则，实行一级政府、一级财权、一级预算、一级总预算会计。国家组织由中央政府和地方政府组成，我国政府具体设五级：中央政府；省级政府（包括自治区和直辖市）；设区的市级政府（包括自治州，以下简称“市级政府”）；县级政府（包括自治县、不设区的市和市辖区）；乡级政府（包括民族乡、镇）。省以下均属地方政府。中央政府和地方政府之间有职责分工，在中央和地方各级政府之间存在行政等级关系，中央政府是政府最高权力

机构。由此，从中央到地方的财政部门分别设置了中央、省、市、县、乡五级政府总预算会计，包括中央财政总预算会计和地方财政总预算会计。但有些不具备条件的乡级政府经省级政府认定后可暂不设立乡总预算会计。各级政府总预算会计设置在本级政府财政部门的预算管理机构，即中央政府总预算会计由财政部执行、省级政府总预算会计由财政厅执行、市县级政府总预算会计由财政局执行、乡级政府总预算会计由财政所执行。

（二）五级总预算会计的核算内容

（1）中央总预算会计负责反映和控制中央政府履行其经济职能时的财政收支及运用情况，即财政资金运用及相应资金来源的情况，包括中央政府对其直属机构及下级政府的财政拨款，直属机构及下级政府对中央政府的财政上缴收入情况。

（2）省总预算会计负责反映和控制省级政府履行其经济职能时的财政收支及运用情况，即财政资金运用及相应资金来源的情况，包括省级政府对其直属机构及下级政府的财政缴拨款、省级政府与中央政府的财政解拨款。

（3）市总预算会计负责反映和控制市级政府履行其经济职能时的财政收支及运用情况，即财政资金运用及相应资金来源的情况，包括市级政府与其上级政府、直属机构和下级政府的财政解缴拨款情况。

（4）县总预算会计负责反映和控制县级政府履行其经济职能时的财政收支及运用情况，即财政资金运用及相应资金来源的情况，包括县级政府与其上级政府、直属机构和下级政府的财政解缴拨款情况。

（5）乡总预算会计负责反映和控制乡级政府履行其经济职能时的财政收支及运用情况，即财政资金运用及相应资金来源的情况，包括乡级政府与其所属机构的财政缴拨款、乡级政府与上级政府的财政解拨款以及乡级政府自筹资金收入。

二、行政单位会计系统

根据现行的行政管理体制和预算领拨款关系，单位会计管理一般分为主管会计单位、二级会计单位和基层会计单位三级。

1. 主管会计单位，简称主管单位

凡是与同级财政部门直接发生经费领报关系或建立财务预算关系（预算资金审批关系、财务收支计划与会计决算审批关系），并有所属会计单位的，为主管会计单位。主管会计单位是执行政府具体职能的机构，同时也管理所属的单位会计。主管会计单位直接与同级总预算会计发生财政收支关系，负责核定直属单位的资金来源和运用计划，并核定其财政拨款或补助数额。

主管单位一定是一级预算单位，一级预算单位不一定就是主管单位。只有有下一级预算单位，并直接从财政部门领拨经费的，才是主管单位；如果没有下一级预算单位的则是基层单位。

2. 二级会计单位，简称二级单位

凡是与主管会计单位或上级会计单位直接发生经费领报关系、财务收支计划与会计决算审批关系，并有所属会计单位的，为二级会计单位。二级会计单位下面没有所属会计单位的，视同基层会计单位。二级会计单位是主管会计单位所属的独立从事公共劳务活动的经济核算单位，它与主管会计单位发生延伸的财政关系，并与下属单位发生财政延伸关系以及管理下属的单位会计。这就是说，二级会计单位并不与财政部门直接发生关系，而是通过主管会计单位间接联系。

3. 基层会计单位，简称基层单位

凡是与主管会计单位或二级会计单位直接发生经费领报关系、财务收支计划与会计决算审批关系，下面没有附属会计单位的，为基层会计单位，也称三级会计单位。基层会计单位是二级会计单位的所属单位，下面不再有其管辖的会计单位。基层会计单位是独立从事公共劳务活动的经济核算单位，通常与二级会计单位或主管会计单位发生直接的财政关系。

各级会计单位都应建立独立的单位预决算，实行比较完整的会计核算制度。一些单位人员少，业务种类单一，不具备独立核算条件，实行单据报账制度，也称为报账单位或报销单位。报账单位往往采取定额备用金制度进行管理。每个主管会计单位、二级会计单位和基层会计单位都可设置报账单位。

三、事业单位会计系统

事业单位是指由政府批准的，并与财政部门发生资金往来和管理关系，独立提供某种社会公共劳务的经营单位。例如学校提供教育劳务、医院提供医疗劳务等。

事业单位会计反映该单位从事公共劳务经营的资金运用及来源情况，包括获得财政资金、上下级单位之间的资金调拨以及其经营过程中从市场领域获得的资金来源及运用情况。事业单位会计按行业和部门可以划分为科学事业单位会计，中小学会计、高等院校会计、医院会计等。

事业单位会计是指各级政府有关主管部门所属事业单位的会计。事业单位会计也存在主管单位、二级单位和基层单位三级预算级次。

四、国库会计系统

1. 国库管理体制有三种类型

国家金库简称“国库”，负责办理国家预算资金的收纳和拨付，故常常被人们称为财政资金的出纳机构。国家的一切预算收入全部缴入国库，国家的一切预算支出全部通过国库拨付。国库工作是国家预算执行中的一个重要组成部分，国库会计负责对预算资金的收纳、划解和支付的核算。

国库库款的支配权归属于财政部门，国库管理包括现金、债务管理，以及库底资金的调度。各国国库管理体制大体划分为存款制、独立金库制和委托金库制三种类型。根据《国家金库条例》规定，我国国库业务由中国人民银行（即央行）经理，实行中央银行经理国库制，因此国库的分级与中央银行一致。

2. 中央银行设置的国库划分为四级

各国央行分支机构的设置大体为两种模式：按经济区划设置分支机构；按行政区划设置分支机构。1998 年之前，我国央行按行政区划设置分支机构，从中央、省、市、县分别设置中国人民银行总行、省分行、市中心支行、县支行四级。央行相应级次的国库机构分设总库、分库、中心支库和支库四级，包括中央国库和地方国库两个层次。四级国库机构与国家分级财政管理体制的设立一致，原则上一级财政设立一级国库。支库之下设国库经收处，代理部分财政收支事项，但国库经收处不是一级独立的国库。乡（镇）一级财政，有的设有国库，大部分地方尚未设国库。在不设中国人民银行机构的地方，其国库业务可委托当地的中国工商银行或中国农业银行办理，业务上受上级国库领导。

3. 国库会计归属预算会计序列

国库会计主要是为预算管理服务的，同时也为金融管理提供某些资料。操作的实际情况是：国库部门每月要给中国人民银行的会计部门报一个资金平衡表，对财政部门则要报日报表、旬报表和月报表；送银行的报表是根据银行的十几个会计科目编报的，送财政部门的报表是有多少个预算科目就要按多少个科目编报，预算科目调整或增减，国库会计要相应作调整或增减。因此，国库会计虽然设在银行但它应属于预算会计序列。

五、收入征解会计系统

我国的收入征解会计是组织征收机构核算财政性收入收缴的会计，包括税收会计、关税会计等。

1. 税收会计

税收是国家预算的重要组成部分，税收会计是对工商税收资金运用进行反映和监督的必要手段。国家税务总局发布《税收会计制度》，决定从1998年起在全国税务系统范围内全面进行税收会计改革。改革的主要内容如下：一是扩大核算范围，从应征款开始，对税源进行全过程核算；二是分户核算，按纳税人设立专户，全程监控；三是采用国际上通用的“借贷记账法”。税收会计适用于各级国税、地税机构征管的工商税收类、企业所得税类等诸种税收。

2. 关税会计

海关总署主管对外税收，依据《中华人民共和国海关法》和《中华人民共和国进出口关税条例》征收关税，监督货物进出口，打击走私，同时，对进口环节增值税、消费税，予以代征。关税是按照国家规定，对进出国境的货物和物品所征收的一种税收，它是中央预算收入的一个组成部分。关税在贯彻国家的对外贸易政策、维护国家主权和民族利益、促进对外交往等方面，具有重要的作用。

按照海关系统财务管理体制规定，主管对外税收的海关系统，如同税务机构的管理体制一样也实行垂直领导体制。海关总署为一级关税会计单位，有所属单位的直属海关为二级会计单位，无所属单位的海关为基层会计单位。例如，海关总署下设广东分署。

海关一般设在对外开放口岸和货物进出口、人员进出境业务比较集中的地点，其设置不受行政区划的限制，这与税务系统的机构设置有所不同。当地无国库或国库经收处的海关，所征税款汇解上一级海关记账，不作为关税会计单位管理。

六、基本建设会计系统包括两部分

1. 建设单位会计

我国是发展中大国，财政资金中基本建设占比高，为了规范基本建设行为，加强基本建设项目的管理，对财政用于基本建设的资金专门制定了财务和会计管理制度，进行相对独立的会计核算和管理。早在1986年，财政部就印发了《国营建设单位会计制度——会计科目和会计报表》，自1987年1月1日起施行。之后，随着投资体制、财税体制和财务制度的变化，财政部统一修改形成《国有建设单位会计制度》，自1996年1月1日起施行至2018年。2019年实施的《政府会计制度》依据《基本建设财务规则》和相关预算管理规定，在充分吸收《国有建设单位会计制度》合理内容的基础上对单位建设项目会计核算进行了规定。单位对基本建设投资按照本制度规定统一进行会计核算，不再单独建账，大大简化了单位基本建设业务的会计核算，有利于提高单位会计信息的完整性。

2. 基本建设拨贷款会计

基本建设拨贷款会计是反映和核算预算内用于基本建设支出的专门会计，主要核算基本建设有偿资金、无偿投资和资本金的投入使用情况。基建支出预算在国家预算中占有较大比重，正确分配和执行国家基建预算对调整产业结构，进行生产力布局，合理分配和使用预算资金，有计划地吸引和引导社会资金投向基础设施、基础产业，保证国民经济稳定发展，有着十分重要的作用。多年来，基建支出预算由财政部委托中国建设银行负责组织实施。中国建设银行根据财政部门确定的年度基建支出预算，按限额管理的办法核定各部门、各单位的用款限额，并负责办理建设资金的拨付与管理。

1994年，财政部成立基本建设司，收回原由中国建设银行代理的财政职能。为加强中央预算内基建资金的管理，规范资金拨付程序，根据基建支出预算管理特点和资金管理的要求，在总结限额拨款、划拨资金等拨款方式的基础上，提出规范基建资金拨贷款资金支付程序的意见，并制定了资金拨付的操作办法。1998年和2000年，财政部门进行机构改革后成立经济建设司，其职能包括管理预算安排的基本建设资金。

第三节 政府和非营利组织会计的关系

在国家预算执行中，政府和非营利组织会计的每一个构成系统及其分级机构的共同目的都是为圆满完成中央预算和地方预算服务，但其发挥的作用有所不同。

一、总预算会计和单位会计之间的关系

行政单位会计和事业单位会计与财政总预算会计有着直接而紧密的联系。其主要表现在：

(1) 单位财务收支是同级政府预算的重要组成部分。政府预算核拨的事业费、行政经费和从财政专户核拨的资金，是同级行政事业单位收入的主要来源。单位申请支付财政资金是政府会计核算财政资金支付业务活动的起点；财政总预算会计和单位会计对

同一笔支付交易按照相同的功能分类科目、项目进行记录、核算和反映，形成交叉稽核验证，保证预算支出会计核算的真实、准确。政府单位在业务活动中依法取得的应当上缴财政的资金，应按规定上缴国库或财政专户，财政总预算会计均要予以核算和反映。

（2）总预算会计和单位会计之间存在行政管辖关系，在五级总预算会计之间以及三个级次的单位会计之间也存在行政等级管辖关系。就一级政府预算而言，政府和非营利组织会计体系各主要组成部分中，财政总预算会计作为核算、反映和监督本级政府预算收支执行以及财政资金活动的专业会计，掌握本级财政预算收支的全面情况和结果，处于主导地位；单位会计在财政总预算会计的业务指导下开展核算工作，并向财政总预算会计报送会计报表。二级会计单位要汇总基层会计单位的会计报表；主管单位会计要汇总二级会计单位的会计报表；财政总预算会计要汇总主管会计单位的会计报表；高一级次的总预算会计要汇总下一级次总预算会计的会计报表。

（3）二者在缴拨款上有着直接的联系。单位应上缴财政公共预算的收入要按规定缴入国家金库，应上缴的其他非税预算资金要按规定及时缴入同级财政专户。各级财政应拨付的事业费、行政经费和从财政专户核拨的预算资金，要按计划及时拨给主管部门和单位。上述缴款、拨款手续，均通过各级财政总预算会计和单位会计办理。

（4）二者在会计报告的报送、审核和汇编上有着直接的联系。各单位在预算执行过程中，平时要向主管部门和同级财政部门编制月报或季报，年终要编制年报。财政总预算会计要对同级各单位或主管部门的月报、季报、年报进行审核，并据以编制预算执行月报、季报和财政决算报表。

（5）财政总预算会计对单位会计具有指导和监督关系。行政事业单位作为会计主体，具有一定的自主权，但必须接受同级财政总预算会计的管理与监督，按照本级财政部门提出的检查意见贯彻执行。各级财政总预算会计也要加强对单位会计的工作指导，提高单位会计的管理水平。

二、财税库三者会计间的关系

（1）收入征解会计、国库会计和财政总预算会计同属于预算会计序列，都是财政预算管理的重要基础工作。不过，财政总预算会计是核算、反映和监督本级财政预算资金集中和分配的职能机构，掌握本级财政预算收支的全面情况和结果，因此处于综合的地位。收入征解会计是核算、反映和监督中央预算和地方预算中各项税收征管、缴库过程的资金运动，负责核算各项税收的组织、实现与缴纳；国库会计机构（包括中央国库和地方金库）是办理各级预算收支缴拨的机关，由于一切预算收入都由国库收纳，一切预算支出都由国库拨付，国库会计机构也是各级预算执行的重要部门。因此，收入征解会计和国库会计都处于专业的地位。

（2）财、税、库三方是组织财政预算收支实现的重要部门，工作上必须互相配合、互通情况。它们必须相互提供有关资料、文件和报表，或定期召开三方联席会议，研究解决工作中的问题。在现行《中华人民共和国国家金库条例实施细则》中还明确财政、税务征收机关应及时向同级国库提供下列资料：有关预算执行的文件规定（包括国家预算收支科目、各级预算收支划分范围和预算收入分成留解比例）；有关预算缴退库的国有企业名单、计划（包括企业名称、隶属关系、预算级次、适用科目、开户银行及账号）；有关调整预算收入分成比例，改变企业隶属关系等资料，以及与国库有关的财政、预算、税收、财务等规章制度和文件等。同时，各级国库应向财政、税收机关提供有关国库业务文件，以及按规定提供各种收入报表。财政总预算会计在财政预算执行工作中，对参与预算执行的国库会计、收入征解会计等之间的业务关系负有协调之责。

（3）财、税、库三者在会计核算业务上联系密切，凭证的同一性要求财、税、库建立对账制度。首先，缴款书是收入的共同凭证，如税收会计的缴款书（多联式）由国库收纳后，既是税务部门的实际入库凭证，又是国库入库的原始凭证，同时也是财政总预算会计收入记账的原始凭证。其次，数据具有一致性，即财政、国库的收入数字和库款余额应当经常保持一致。税收会计的“实际缴库款”，同各级国库的实际入库数以及财政总预算会计相应的预算收入数应当是一致的。这是因为，我国预算收支统一实行“收付实现制”，一切预算收入以本年度缴入基层国库为准，由于平时月份有在途款，月报不划期，只反映报列数，财、税、库的收入数字可能不一致，但在年终经过清理、核对和签证，三方的预算收入数字必须一致。在财、税、库的对账工作中，国库有着重要作用，按现行《中华人民共和国国家金库条例》及其实施细则规定，国库主要核算、反映和监督各级财政预算的收纳，划分已汇解入库的收入以及库款的退付，并根据同级财政的拨款凭证办理同级财政库款的支拨。因此，各级国库除每日向各级征收机关（税收会计）报送预算收入日报表外，还同时向财政总预算会计报送预算收入日报表。财政总预算会计凭国库编制的收入日报表登记预算收入账及明细账，并根据财政库存日报表核对预算支出拨款及库存余额。由于财政总预算会计的预算收入完全以国库的数据为准，拨款完全按财政的凭证支付，财政、国库的收入数字和库款余额应当经常保持一致。

思考与练习题

1. 简述我国不同口径的政府和非营利组织会计构成体系。
2. 简述财政总预算会计的分级及其业务核算的内容。
3. 简述行政单位会计的分级及其业务核算的内容。
4. 简述总预算会计和单位会计之间的关系。
5. 简述我国国库管理体制。

第三章

政府和非营利组织会计标准

第一节 现行政府和非营利组织会计法规

我国现行的政府和非营利组织会计法规主要是由国家最高立法机关和行政机关以及管理部门批准发布的会计法规。国务院主管部门以及省、自治区、直辖市财政部门根据会计法和有关法规、条例、规章制度，结合部门和地方的实际，制定的补充规定和实施办法，也构成政府和非营利组织会计法规体系的组成内容。

一、法律性规范（包括会计法和预算法）

政府和非营利组织会计工作遵循的基本法律是由全国人民代表大会常务委员会制定颁发的《中华人民共和国会计法》（以下简称《会计法》）、《中华人民共和国预算法》（以下简称《预算法》）。作为会计工作，政府和非营利组织会计工作必须以《会计法》为依据；作为预算管理的组成部分，政府和非营利组织会计工作又必须以《预算法》为依据。同时，还必须遵循《中华人民共和国政府采购法》等其他有关法律，并以财政部、部门主管单位确定的各项预算、财务、会计管理的规章、制度以及其他有关法规和法令等为工作依据。

二、政府会计准则制度

政府和非营利组织会计基于《政府会计准则——基本准则》，依据规范政府会计主体发生的经济业务或事项的会计处理原则的政府会计具体准则及对具体准则的实际应用做出操作性规定的应用指南；执行《财政总预算会计制度》、《政府会计制度——行政事业单位会计科目和报表》以及有关行业事业单位执行《政府会计制度——行政事业单位会计科目和报表》的补充规定等关于政府会计科目及其使用说明、报表格式及其编制说明的政府会计制度；针对解决政府会计准则制度实施过程中的问题，依据对政府会计准则制度相关内容进一步的解释说明、对相关规定的补充和完善的政府会计准则制度解释。

三、会计规章（包括行政法规和规章制度）

1. 参与预算执行的专门会计规章制度

参与预算执行的专门会计规章制度，由财政部发布或财政部商有关执行部门制定并联合发布，或由国务院主管业务部门制定、财政部同意的具体制度和具体规定，包括事业单位的行业会计核算制度、税务会计核算制度、国库会计核算制度、基本建设拨款会计核算制度等。

在会计工作管理体制上，财政总预算会计按照预算管理体制分级管理，分级核算，实行一级政府一级预算一级总预算会计。事业单位会计和行政单位会计由各级财政部门和同级主管部门负责管理。国库会计、税收会计、关税会计、基本建设拨款会计，由有关执行部门分别按系统进行管理。

2. 普适性会计规范

普适性会计规范的适用范围广泛，包括适用于所有会计的会计基础工作规范、会计电算化工作规范、会计档案管理办法，会计人员的任免及技术职称评定的规范。例如，国务院颁发的《总会计师条例》，等等。

3. 其他相关会计规范

财政部2012年印发的《行政事业单位内部控制规范（试行）》自2014年1月1日起施行，作为单位内部控制制度建设的基本规范执行。2014年底，国务院发布《关于批转财政部权责发生制政府综合财务报告制度改革方案的通知》，2016年又发布了《管理会计基本指引》等。

第二节　政府和非营利组织会计基础

一、收付实现制

收付实现制也称现收现付制或现金制，是指会计主体确认每一会计期间的收入和费用是以发生货币收付时的会计期间为依据，而不是以收付权责发生的会计期间为依据。凡是在当期发生的货币收入或费用支付，在会计上都作当期收付处理，而不论其权责是否发生在当期；但对于一些赊欠、往来会计事项，则不列作当年收支。收付实现制的优点是会计记录简单客观，有利于政府对现金资源的管理，但不能正确反映会计期间的经济活动情况，不能体现收入、成本的配比，不能提供非财务资产方面的信息，在可比性方面与政府财政统计数据及国民账户体系不一致。

预算单位不以营利为目的，应以本期实收的收入和实付的支出作为本期收支，而不能把本期应收未收或应付未付的款项列作本期预算收支，以便正确反映报告期的预算收支执行情况，及时编制会计报表和落实年度预算收支结余。我国总预算会计、行政单位会计和部分事业单位会计应以收付实现制为结账基础。事业单位除附属独立核算的经营单位和部分经营性业务外，一般不进行成本核算。政府和非营利组织会计实行收付实现制的国家较多，这种做法会计操作简便，最能反映现金的流量与存量，但由于无法全面准确反映政府费用和债务，容易掩盖政府财政财务上的问题。

二、权责发生制

权责发生制是指会计主体确认每一会计期间的收入和费用是以取得收入的权利和支

付费用的责任发生为依据。凡是当期已经发生的收入权利和费用责任，不论是否发生货币收付都作为当期的收入和费用处理；凡不在当期发生的收入权利和费用责任，不论是否发生货币收付都不作为当期的收入和费用处理。各国企业会计为了核算成本、计算盈亏，一般实行权责发生制。我国事业单位会计在从事市场生产经营活动中，为了对收支进行配比核算、考核业务成果，可采用权责发生制。

权责发生制有助于使用者更加客观地评价报告主体的运营业绩、财务状况和现金流量，评价报告主体执行预算的情况，为使用者制定是否向报告主体提供资源或进行业务往来的决策提供更充分的依据，但权责发生制执行成本较高，核算相对复杂。采用权责发生制的政府和非营利组织会计可以客观、准确地核算政府提供公共产品和服务的成本费用，正确评价政府活动的成本，同时确认各项资产和负债。

自20世纪80年代西方国家兴起新公共管理运动以来，很多国家也先后开展了政府和非营利组织会计改革，共同特点是更多引入权责发生制。政府和非营利组织会计改革的重要标志和核心内容是建立以权责发生制为基础的政府财务报告制度。一些已实施政府和非营利组织会计改革的国家，日常核算仍以收付实现制为主，年终按照权责发生制原则对有关数据进行调整、转换，编制以权责发生制为基础的政府年度综合财务报告。这种做法既全面反映政府"家底"和运营成本，又适度减轻了日常会计核算工作量。

第三节　政府和非营利组织会计前提和信息质量

一、会计假设

会计假设，也称会计假定或会计核算的基本前提规定，是行为主体选择会计方法的重要依据。会计假设是对会计实践反复观察得到的认识，是对会计核算规律性认识的必要前提，是会计准则存在的背景条件，也是制定会计制度的重要前提之一。

会计假设的内容有会计主体、持续经营、会计分期和货币计量四项。会计主体假设明确其核算的空间范围，是指假设会计所核算的是一个特定的企业或单位的经济活动，即为谁记账。持续经营，是指会计主体的生产经营活动将无期限持续下去，在可以预见的将来不会倒闭进行结算。会计分期是指将一个单位持续经营的生产经营活动划分为一个个连续的、长短相同的期间，以便据以分期结算账目、按期编制会计报表和财务报告，从而及时地向有关方面提供会计信息。会计期间可以分为年度、半年度、季度和月度。货币计量是指会计主体在会计核算过程中采用货币作为计量单位，记录、反映会计主体的经营情况。

二、会计信息质量要求

1. 真实性

政府和非营利组织会计主体应当以实际发生的经济业务或者事项为依据进行会计核算，如实反映各项会计要素的情况和结果，保证会计信息真实可靠。

2. 全面性

政府和非营利组织会计主体应当将发生的各项经济业务或者事项统一纳入会计核

算，确保会计信息能够全面反映政府和非营利组织会计主体预算执行情况和财务状况、运行情况、现金流量等。

3. 有用性

政府和非营利组织会计主体提供的会计信息，应当与反映政府和非营利组织会计主体公共受托责任履行情况以及报告使用者决策或者监督、管理的需要相关，有助于报告使用者对政府和非营利组织会计主体过去、现在或者未来的情况做出评价或者预测。

4. 及时性

政府和非营利组织会计主体对已经发生的经济业务或者事项，应当及时进行会计核算，不得提前或者延后。

5. 可比性

政府和非营利组织会计主体提供的会计信息应当具有可比性。同一政府和非营利组织会计主体不同时期发生的相同或者相似的经济业务或者事项，应当采用一致的会计政策，不得随意变更。确需变更的，应当将变更的内容、理由及其影响在附注中予以说明。

不同政府和非营利组织会计主体发生的相同或者相似的经济业务或者事项，应当采用一致的会计政策，确保政府和非营利组织会计信息口径一致，相互可比。

6. 明晰性

政府和非营利组织会计主体提供的会计信息应当清晰明了，便于报告使用者理解和使用。

7. 实质重于形式

政府和非营利组织会计主体应当按照经济业务或者事项的经济实质进行会计核算，不限于以经济业务或者事项的法律形式为依据。

第四节　政府和非营利组织会计要素

会计要素是会计对象的基本内容，我国政府和非营利组织会计要素由资产、负债、净资产或基金、收入、支出或费用五个要素组成。

一、预算会计要素

政府预算会计要素包括预算收入、预算支出与预算结余。

1. 预算收入

预算收入是指政府和非营利组织会计主体在预算年度内依法取得的并纳入预算管理的现金流入。预算收入一般在实际收到时予以确认，以实际收到的金额计量。

2. 预算支出

预算支出是指政府和非营利组织会计主体在预算年度内依法发生并纳入预算管理的现金流出。预算支出一般在实际支付时予以确认，以实际支付的金额计量。

3. 预算结余

预算结余是指政府和非营利组织会计主体预算年度内预算收入扣除预算支出后的资

金余额，以及历年滚存的资金余额。预算结余包括结余资金和结转资金，其中：结余资金是指年度预算执行终了，预算收入实际完成数扣除预算支出和结转资金后剩余的资金；结转资金是指预算安排项目的支出年终尚未执行完毕或者因故未执行，且下年需要按原用途继续使用的资金。

符合预算收入、预算支出和预算结余定义及其确认条件的项目应当列入政府决算报表。

二、财务会计要素

政府财务会计要素包括资产、负债、净资产、收入和费用。

（一）资产

1. 资产的含义

资产是指政府和非营利组织会计主体过去的经济业务或者事项形成的，由政府和非营利组织会计主体控制的，预期能够产生服务潜力或者带来经济利益流入的经济资源。

服务潜力是指政府和非营利组织会计主体利用资产提供公共产品和服务以履行政府职能的潜在能力。

经济利益流入表现为现金及现金等价物的流入，或者现金及现金等价物流出的减少。

2. 资产的分类

政府和非营利组织会计主体的资产按照流动性，分为流动资产和非流动资产。

流动资产是指预计在1年内（含1年）耗用或者可以变现的资产，包括货币资金、短期投资、应收及预付款项、存货等。

非流动资产是指流动资产以外的资产，包括固定资产、在建工程、无形资产、长期投资、公共基础设施、政府储备资产、文物文化资产、保障性住房和自然资源资产等。

3. 资产确认的条件

符合资产定义的经济资源，在同时满足以下条件时，确认为资产：一是与该经济资源相关的服务潜力很可能实现或者经济利益很可能流入政府和非营利组织会计主体；二是该经济资源的成本或者价值能够可靠地计量。

4. 资产的计量属性

资产的计量属性主要包括历史成本、重置成本、现值、公允价值和名义金额。政府和非营利组织会计主体在对资产进行计量时，一般应当采用历史成本。采用重置成本、现值、公允价值计量的，应当保证所确定的资产金额能够持续、可靠计量。

在历史成本计量下，资产按照取得时支付的现金金额或者支付对价的公允价值计量；在重置成本计量下，资产按照现在购买相同或者相似资产所需支付的现金金额计量；在现值计量下，资产按照预计从其持续使用和最终处置中所产生的未来净现金流入量的折现金额计量；在公允价值计量下，资产按照市场参与者在计量日发生的有序交易中，出售资产所能收到的价格计量。无法采用上述计量属性的，采用名义金额（即人民币1元）计量。

符合资产定义和资产确认条件的项目，应当列入资产负债表。

（二）负债

1. 负债的定义

负债是指政府和非营利组织会计主体过去的经济业务或者事项形成的，预期会导致经济资源流出政府和非营利组织会计主体的现时义务。

现时义务是指政府和非营利组织会计主体在现行条件下已承担的义务。未来发生的经济业务或者事项形成的义务不属于现时义务，不应当确认为负债。

2. 负债的类别

政府和非营利组织会计主体的负债按照流动性，分为流动负债和非流动负债。

流动负债是指预计在1年内（含1年）偿还的负债，包括应付及预收款项、应付职工薪酬、应缴款项等。

非流动负债是指流动负债以外的负债，包括长期应付款、应付政府债券和政府依法担保形成的债务等。

3. 负债确认的条件

符合规定的负债定义的义务，在同时满足以下条件时，确认为负债：一是履行该义务很可能导致含有服务潜力或者经济利益的经济资源流出政府和非营利组织会计主体；二是该义务的金额能够可靠地计量。

4. 负债的计量属性

负债的计量属性主要包括历史成本、现值和公允价值。政府和非营利组织会计主体在对负债进行计量时，一般应当采用历史成本。采用现值、公允价值计量的，应当保证所确定的负债金额能够持续、可靠计量。

在历史成本计量下，负债按照因承担现时义务而实际收到的款项或者资产的金额，或者承担现时义务的合同金额，或者按照为偿还负债预期需要支付的现金计量。

在现值计量下，负债按照预计期限内需要偿还的未来净现金流出量的折现金额计量。在公允价值计量下，负债按照市场参与者在计量日发生的有序交易中，转移负债所需支付的价格计量。

符合负债定义和负债确认条件的项目，应当列入资产负债表。

（三）净资产

净资产是指政府和非营利组织会计主体资产扣除负债后的净额。净资产金额取决于资产和负债的计量。净资产项目应当列入资产负债表。

（四）收入

收入是指报告期内导致政府和非营利组织会计主体净资产增加的、含有服务潜力或者经济利益的经济资源的流入。

收入的确认应当同时满足以下条件：一是与收入相关的含有服务潜力或者经济利益的经济资源很可能流入政府和非营利组织会计主体；二是含有服务潜力或者经济利益的经济资源流入会导致政府和非营利组织会计主体资产增加或者负债减少；三是流入金额能够可靠地计量。

符合收入定义和收入确认条件的项目，应当列入收入费用表。

（五）费用

费用是指报告期内导致政府和非营利组织会计主体净资产减少的、含有服务潜力或者经济利益的经济资源的流出。

费用的确认应当同时满足以下条件：一是与费用相关的含有服务潜力或者经济利益的经济资源很可能流出政府和非营利组织会计主体；二是含有服务潜力或者经济利益的经济资源流出会导致政府和非营利组织会计主体资产减少或者负债增加；三是流出金额能够可靠地计量。

符合费用定义和费用确认条件的项目，应当列入收入费用表。

思考与练习题

1. 简述我国政府和非营利组织会计法规的构成体系。
2. 说明政府和非营利组织会计信息质量要求。
3. 解析会计预算要素与财务会计要素。
4. 简要说明政府和非营利组织会计基础的选择。
5. 解析政府和非营利组织会计假设前提及其含义。
6. 说明我国政府和非营利组织会计信息质量要求。
7. 简述政府和非营利组织会计核算流程和会计周期。

第四章

政府和非营利组织会计账务组织

第一节　政府和非营利组织会计会计科目

一、会计科目的定义

会计科目，简称科目，是对会计对象的具体经济内容进行科学分类的项目。它是设置账户、组织会计核算的依据。会计科目是对会计要素对象的具体内容进行分类核算的类目，其设置应当符合国家统一的会计制度的规定。

每一个经济类型就是一个会计科目，且每一个会计科目都规定名称和核算内容。会计对象根据经济活动的内容进行分类，有利于反映和控制其经济活动。在会计核算中，会计科目是对设置账户赋予的名称，因此会计科目和账户名称是一致的。会计科目由财政部制定颁布，统一实施。

二、会计科目的类别

会计科目按核算层次分为总账科目和明细账科目。

1. 总账科目

总账科目亦称总分类科目或一级科目，是在会计要素下根据经济活动的内容对会计对象进行的总括性分类。总分类科目由财政部制定，政府和非营利组织会计必须按总分类科目核算。

2. 明细账科目

明细账科目，亦称明细分类科目或细目，是对总分类科目的经济内容进一步分类的科目。有时为了避免细目过多，明细分类科目可先对总分类科目的经济内容再总括性地分类，称为二级科目，然后再在二级科目下面设细目。明细分类科目也由财政部制定，但如果单位确有需要的话，也可以自己设计明细分类科目。

三、会计科目的内容和作用

政府和非营利组织的会计科目具体包括财政总预算会计科目类型和科目、行政事业单位会计科目类型和科目、预算指标账会计科目类型和科目共六个管理要素。

根据各级财政、部门和行政事业单位使用的会计制度一体化系统中的会计科目主要有总预算会计科目、单位会计科目、预算指标会计科目三类。财政总预算会计科目根据

《财政总预算会计制度》的规定进行设置；行政事业单位会计科目根据政府会计准则制度的规定及政府部门财务报告编制有关需要进行设置；预算指标账会计科目按照有关会计制度及《预算管理一体化规范》的规定进行设置。各级财政部门应当按照《预算指标会计核算实施方案》规定的会计科目编号、会计科目名称，在系统中维护预算指标账会计账簿使用的会计科目。

第二节　政府和非营利组织会计记账方法

记账方法是指根据一定的原理和原则，以货币为计量单位，利用文字和数字在账户中登记经济业务的方法，一般包括记录经济业务的方式、记账原理、记账符号、平衡公式、记账规则和试算平衡方法等要素。

一、借贷记账法

“借贷记账法”是世界各国通用的一种记账方法。

“借贷记账法”是以“借”和“贷”为记账符号，对每一笔经济业务在两个或两个以上账户的相反方向以相等金额，全面地、相互联系地进行记录的一种专门方法。

“借贷记账法”是以“借”“贷”为记账符号，在经济业务引起资金变动的双方账户中作方向相反、金额相等的资金变动情况记录。所有账户分为“借方”和“贷方”，左边为“借”，右边为“贷”。

“借”“贷”记账符号具有抽象的双重含义，在不同的账户中有不同的定义。

在会计要素实行五要素会计模式下，其中：负债类、净资产类、收入类账户中，“借”被定义为减少，“贷”被定义为增加；在原资金占用账户，现资产类、支出类账户中，借贷双方被作与此相反的定义。

在会计要素实行二要素模式下，“借方”记录资金占用（包括资金运用和资金结存）的增加和资金来源的减少，“贷方”记录资金占用的减少和资金来源的增加。

二、平行式记账法

双分录核算平行记账。平行式记账法又称平行核算法。平行记账在同一会计信息系统中进行，即平行记账是为了满足单位在一个会计信息系统中，同时进行财务会计和预算会计核算的需要。

政府财政部门采用“双分录”会计核算方法，即在核算预算收支的同时，也核算反映与预算收支变动密切相关的资产负债情况。

我国行政事业单位是由国家行政机关领导，由国家财政部门拨付经费，以实现社会效益为宗旨、不以营利为目的的部门预算单位。单位会计平行核算法是基于纳入部门预算管理现金收支业务的同一会计事项，在采取权责发生制进行财务会计核算的同时，也需要采用收付实现制进行预算会计核算。但是有些业务虽然不涉及现金收支业务也需要进行双分录核算。平行记账主要针对的是纳入部门预算管理的现金收支业务，首先需要判断此项业务是否为现金收支业务，这里的“现金”指的是单位可以支配的资金；其次需要判断该项业务是否纳入部门预算管理。这两点是平行记账需要同时满足的条件。

对于不需要平行记账的其他业务只需要进行财务会计。

三、记账规则

对于每笔经济业务，都要在两个或两个以上账户的相反方向作等额反映。借贷记账法的规则是：有借必有贷，借贷必相等。根据该记账规则及其借贷方定义，形成如下恒等式：

（1）余额平衡公式：所有账户的借方余额合计 = 所有账户的贷方余额合计。

（2）发生额平衡公式：所有账户的借方本期发生额合计 = 所有账户的贷方本期发生额合计。

四、会计要素平衡式

（1）在会计要素实行五要素会计模式下，余额在借方的账户为资产类和支出类，余额在贷方的账户为负债类、净资产类和收入类，记账规则平衡式转化为：

资产 + 支出 = 负债 + 净资产 + 收入

资产 = 负债 + 净资产

会计主体在日常运作过程中每发生一项经济业务，都必然对资产、负债、净资产、支出和收入等会计要素产生一定的影响，可能使两个或两个以上会计要素同时发生等量的增减变动，也可能使同一会计要素内的两个或两个以上不同的具体项目同时发生等量的增减变动。任何经济业务的发生，都不会破坏会计要素之间的数量平衡关系。

（2）在会计要素实行二要素模式下，借贷记账法的会计要素平衡公式为：

资金来源 = 资金占用

第三节 政府和非营利组织会计会计凭证

会计凭证是记录经济业务、明确经济责任的书面证明，也是登记账簿的依据，还是监督预算执行的重要环节。任何一项经济业务都应取得和填制合法的凭证，做到收有凭、支有据。会计账簿也必须根据审核无误的会计凭证进行登记。因此，正确地、严格地填制会计凭证，成为防止收支不清、手续不完备的一项重要监督制度。会计凭证的监督作用主要体现在以下三个方面：一是保证经济业务的合法和真实可靠。二是明确经济责任。三是为分析预算执行情况提供原始资料。

会计凭证，按其填制程序和用途，可以分为原始凭证和记账凭证。会计原始凭证是记录业务发生的最初书面证明。会计记账凭证是根据审核无误的原始凭证或原始凭证汇总单加以归类整理编制，确定会计分录作为登记会计总账及其明细账的依据。

一、原始凭证

原始凭证是在经济业务发生时所取得或填制的、载明业务的执行和完成情况的书面证明，是进行会计核算的原始资料，也是填制记账凭证和登记明细账的重要依据。

（1）原始凭证按其来源不同，可分为自制原始凭证和外来原始凭证。自制原始凭证，是由本单位经办业务的部门和人员，在执行或完成某项经济业务时所填制的凭证。外来原始凭证，是会计主体与其他单位或个人发生业务关系时由对方开给本单位的原始凭证。例如供应单位的发票、银行收款通知、支款通知、上缴税金的收据等，都属于外来原始凭证。外来原始凭证一般是一次凭证。

（2）原始凭证按其反映业务的方法和填制手续不同，可分为一次凭证、累计凭证和汇总凭证。一次凭证是反映一项经济业务或同时反映若干项同类经济业务的凭证，凭证填制手续是一次完成的。绝大多数原始凭证是一次凭证。例如现金收据、银行结算凭证、收料单、发货票等，都是一次凭证。累计凭证是为了便于加强管理、简化手续，用来连续反映一定时期内若干项不断重复发生的同类经济业务的原始凭证，例如限额领料单。这种凭证的填制手续不是一次完成的，而是把经常发生的同类业务连续登记在一张凭证上，可以随时计算发生额累计数，便于同定额、计划、预算数比较，可以起到控制有关费用定额、控制计划或预算范围内的开支、节约支出的作用。汇总凭证是根据许多相同的原始凭证或会计核算资料汇总填制的凭证，例如发料汇总表。汇总凭证既可提供经营管理所需要的总量指标，又可大大简化核算手续。

二、记账凭证

记账凭证是根据原始凭证或原始凭证汇总表的经济内容、应记科目和复式记账法加以归类整理编制，直接作为记账依据的凭证。由于原始凭证来自各个方面，种类繁多，数量很大，格式不一，而且不能清楚地表明应记入账户的名称和方向，如不经过必要的归纳和整理，就难以达到记账的要求。编制记账凭证有利于保证账簿记录的正确性。

1. 记账凭证的格式

会计应根据审核无误的原始凭证，归类整理编制记账凭证，其格式参见表 4 -1、表 4 -2。会计记账凭证是由会计人员根据原始凭证做账务处理的基本载体，会计记账凭证的各项内容必须填列齐全，经复核后凭以记账。制证人必须签名或盖章，据以明晰权责。

表 4 -1　　　　记账凭证

______总号　　　　　年　月　日　　　　　分号

对方单位	摘要	借方		贷方		金额	记账符号	
		科目编号	科目名称	科目编号	科目名称			

会计主管　　　　记账　　　　稽核　　　　制单

表 4－2　　　　　　　　　　　　记账凭证

______总号　　　　　　　　　　　　　年　月　日　　　　　　　　　　　　分号

摘要	总账科目	明细科目	借方金额	记账符号	
合计					

会计主管　　　　　　　　记账　　　　　　　　稽核　　　　　　　　制单

记账凭证应按照会计事项发生的日期，顺序整理制记账。按照制证的顺序，每月从第一号起编一个连续号。记账凭证每月应按顺序号整理，连同所附的原始凭证加上封面，装订成册保管。

2. 记账凭证日期的填列

记账凭证的日期，按以下规定填列：

（1）月份终了尚未结账前，收到本月份的收入凭证，可填列所属月份的最末一日。结账后，按实际处理账务的日期填列。

（2）根据支出月报的银行支出数编制的记账凭证，填列会计报表所属月份的最末一日；办理年终结账的记账凭证，填列实际处理账务的日期，并注上“上年度”字样。凭证编号仍按上年 12 月份的顺序号连续编列。

（3）其余会计事项，一律按发生的日期填列。

3. 记账凭证的分类

（1）按其反映经济业务内容的不同，记账凭证可分为收款凭证、付款凭证、转账凭证或通用记账凭证。

收款凭证和付款凭证是用来记录现金和银行存款收付业务的记账凭证，作为登记库存现金、银行存款日记账和有关账簿的依据。转账凭证是用来记录除现金、银行存款收付业务以外的其他转账业务的记账凭证，根据转账业务的原始凭证填制，作为登记有关账簿的依据。

为简化凭证，会计人员少的单位可只使用一种通用记账凭证，作会计分录记录发生的各种经济业务。

（2）按其编制方法的不同，记账凭证可分为复式记账凭证和单式记账凭证。

复式记账凭证就是在一张凭证上至少登记两个互相对应的会计科目的凭证。复式记账凭证具有在一张凭证上反映经济业务全貌的优点，便于查账，减少了制证的工作量，但不便于分工记账和汇总。在实际工作中，应根据单位业务繁简和会计人员分工情况选择确定。

单式记账凭证是在一张凭证上只记一个会计科目的凭证，其对方科目不凭此记账，只供参考，一笔经济业务涉及多少会计科目，就填制多少张凭证。单式记账凭证内容单一，便于按科目汇总，有利于分工填制和记账，但制证工作量大，不利于在一张凭证上反映经济业务的全貌，不便于分析考核，出现差错不便于查找。

（3）按其是否经过汇总，记账凭证可分为汇总记账凭证和非汇总记账凭证。

汇总记账凭证按汇总方法不同，可分为分类汇总和全部汇总两种。分类汇总是定期根据收款凭证、付款凭证、转账凭证分别汇总编制汇总收款凭证、汇总付款凭证、汇总转账凭证。全部汇总是将会计主体一定时期内编制的记账凭证全部汇总在一张记账凭证汇总表（亦称科目汇总表）上。

非汇总记账凭证即为记账凭单。

第四节 政府和非营利组织会计会计账簿

会计账簿是以会计凭证为依据，按照会计科目，运用会计账户形式，全面、系统和连续地记录税收资金活动情况的簿籍。它是编制会计报表的主要依据。会计账簿可以划分为日记账、分类账（总账账簿、明细账账簿、预算指标账簿），此外还有辅助账账簿，包括登记簿、备查账簿等，辅助账是对在总账、明细账和日记账中未能记载的事项或记载不够详细的税收业务进行补充登记的簿籍。

一、日记账

日记账是按业务发生时间的先后顺序逐笔进行登记，记录业务往来的账本簿籍。当政府和非营利组织会计主体发生业务往来时，在会计处理中第一步就要把它记入日记账。日记账有普通日记账和特殊日记账两类。特殊日记账有现金收入日记账、现金支出日记账、支付工资日记账和购货日记账等；不列入特殊日记账的均记入普通日记账。日记账的记录内容有日期、账目抬头、借贷双方的货币数量、页码、过账凭证和说明。

二、分类账

在记录日记账后，随即应把日记账的内容转录到分类账的相应账户中。将日记簿中所记载的会计事项过入各种分类账的有关科目，总账和明细账平行登记，同时，进行成本核算。分类账包括总分类账或明细分类账，是由许多账户组成的账簿。

1. 总分类账

总分类账又称总账，它是按总账科目设置，考核资金活动总括情况，平衡账务，控制和核对各明细账的簿籍。总账按照总账科目设置账户并进行登记，根据记账凭证进行记账。总账是编制资产负债表的依据。总账一般采用三栏式账簿记账，格式参见表4－3。

表4－3 总账（或明细账）

<table>
<tr><td colspan="2">本账页数</td><td colspan="7" rowspan="2">会计科目：
户名：</td></tr>
<tr><td colspan="2">本户页数</td></tr>
<tr><td colspan="2">年</td><td rowspan="2">凭证号</td><td rowspan="2">摘要</td><td rowspan="2">借方金额</td><td rowspan="2">贷方金额</td><td colspan="2">余额</td></tr>
<tr><td>月</td><td>日</td><td>借或贷</td><td>金额</td></tr>
<tr><td></td><td></td><td></td><td></td><td></td><td></td><td></td><td></td></tr>
<tr><td></td><td></td><td></td><td></td><td></td><td></td><td></td><td></td></tr>
<tr><td></td><td></td><td></td><td></td><td></td><td></td><td></td><td></td></tr>
</table>

2. 明细分类账

明细分类账又称明细账，它是按明细科目设置，用以对总账有关科目进行明细核算，是具体核算总账科目有关明细项目的簿籍。明细账按照明细科目、根据原始凭证或记账凭证进行登记。明细账可选用多栏式或三栏式账簿，格式见表4－3和表4－4。

表4－4　　明细账

年		号	摘要	借方金额	贷方金额	余额		借、贷余额分析			
月	日					借或贷	金额				

分类账的账户设置由会计主体的性质、经济活动范围和被要求的会计信息详细程度所决定。账户要有索引编号，以便与日记账对应和查考。分类账中的账户次序和平衡表的科目次序应保持一致。权威性的账目次序称为会计科目表。

分类账有四种：一是普通分类账，即由普通账户组成的分类账；二是附属分类账，即根据不同性质详细设置各种业务往来账户的分类账；三是成本分类账，即反映会计主体各种费用开支及收入来源的分类账，由收入分类账和支出分类账组成；四是应付分类账和应收分类账，这是记录业务往来已经发生但货币收支尚未发生的分类账。会计单位应根据需要设置各种分类账。

三、预算指标账簿

预算指标账以预算指标管理业务或事项为核算主线，采用复式记账法对预算指标的批复、分解、下达、调整、调剂、执行和结转结余等全过程进行记录，保证每项指标业务都以相同金额在两个相互关联的账户同时记录。依据《预算管理一体化规范》引入管理会计理念，建立“先有预算、再有指标、后有支出”和“支出预算余额控制支出指标余额、支出指标余额控制资金支付”的控制机制，通过预算指标账户之间的对应关系，追溯预算从批复到执行全过程的变动情况，真正完整反映预算执行全过程。

第五节　政府和非营利组织会计财政报告体系

政府财政报告是政府财政部门对一定时期内各项财政管理活动和经济活动所进行的系统全面的总结和报告，以满足内部和外部使用者对特定信息的需求。随着我国经济社会不断发展，各方对政府受托责任、财政透明度以及管理绩效的要求越来越高，这就需要有一套良好的报告系统提供数据支撑，综合反映政府财政管理的运作效率和运行质量。

一、会计报表

1. 政府和非营利组织会计报表的分类

会计报表是会计主体在一定期间内价值运动的过程及其结果的反映，也是会计主体在一定期间财务状况的书面文件。政府和非营利组织会计报表是国家宏观管理者和微观管理者制定政策和进行调控的信息来源，它既是本期预算执行情况的反映，又是编制下期预算的参考资料。因此，各级领导、管理部门和单位管理人员，对会计报表都非常重视。

政府和非营利组织会计报表按时间可分为旬报、月报和年报（即决算）；按编报主体可划分为财政总预算会计报表、行政单位会计报表和事业单位会计报表；按内容划分，一般包括资产负债表（静态表，反映一定日期的财务状况）、预算执行情况表、收入支出表（动态表，反映会计期间的收、支、余等状况）、附表及说明书等。附表一般列示报表中某些科目的明细内容或未列入报表中的重要经济业务活动或基础材料；说明书是对报表中某些事项的补充及情况说明。

2. 政府和非营利组织会计报表表外科目披露

会计报表是以账簿资料和有关资料为依据的指标体系。对于某些不经常发生的经济业务活动，在报表科目中是没有反映的。为使报表增列这一情况，有关部门可制定表外科目，要求单位在报表下方填列上报。

会计报表必须坚持客观真实性原则，其指标必须按账簿的记载数字产生，保持账表一致，不能估计数字列报。但有时领导部门需要了解会计科目以外的某些指标，而这一指标又不能从账簿上产生，只能利用有关账簿的数字，用统计的方法，计算出需要的数字，附于报表之后，谓之表外披露。

3. 政府和非营利组织会计报表编报的要求

为了充分发挥会计报表的作用，编制时必须遵循“正确、及时、完整”的原则，此外，会计凭证、会计账簿、会计报表和其他会计资料的内容与要求必须符合国家统一会计制度的规定，不得伪造、变造会计凭证和会计账簿，不得设置账外账，不得报送虚假会计报表。各会计主体对外报送的会计报表格式由财政部统一规定。实行会计电算化的单位，对使用的会计软件及其生成的会计凭证、会计账簿、会计报表和其他会计资料的要求，应当符合财政部关于会计电算化的有关规定。

二、政府财政报告组成体系

财政报告由决算报告、政府财务报告和国有资产报告三部分组成。

决算报告包括财政总决算报告和部门决算报告，以收付实现制为基础编制，主要反映年度预算执行情况。

政府财政报告以权责发生制为基础编制，包括政府部门财务报告和政府综合财务报告。政府部门财务报告主要反映部门（单位）的财务状况和运行情况。政府综合财务报告主要反映政府财务状况、运行成本和财政中长期可持续性。

国有资产报告包括一个综合报告和企业国有资产（不含金融企业）、金融企业国有资产、行政事业性国有资产、国有自然资源资产四个专项报告，以资产会计核算和实物资产为基础编制，主要反映国有资产管理情况。

这三大类报告相互关联，又各有侧重共同为财政报告的使用者评估预算管理情况、财政运行情况、政府财务状况、资产管理情况等提供全面完整、真实可靠的信息。

三、政府决算报告

1. 政府决算报告的目标

政府决算报告的目标是向决算报告使用者提供与政府预算执行情况有关的信息，综合反映政府和非营利组织会计主体预算收支的年度执行结果，有助于决算报告使用者进行监督和管理，并为编制后续年度预算提供参考和依据。政府决算报告使用者包括各级人民代表大会及其常务委员会、各级政府及其有关部门、政府和非营利组织会计主体自身、社会公众和其他利益相关者。

2. 政府决算报告的编报要求

政府决算报告编制要遵守合法性、客观性、完整性和及时性。

合法性是指报告编制需遵循有关法律法规的规定，确保报告编制及信息公开符合法定的程序和管理要求，以体现其严肃性、权威性。

客观性是指应当以实际发生的经济业务或者事项为依据进行编制，直接从财政总预算会计账簿、单位会计账簿、预算指标账中提取数据自动生成相关报表，做到账表相符，如实反映政府运行情况和财务状况，保证所提供信息的真实可靠。同时，决算报告应当具有可比性，同一政府主体不同时期发生的相同或者相似的经济业务或事项，应当采用一致的编报口径和报告方法。

完整性是指决算报告应当尽可能全面反映政府预算执行情况和财务状况、运行情况等方面的信息，尽可能提供政府公共受托责任履行、预算执行效率、财务管理水平等方面的信息。

及时性是指决算报告通常是反映一个报告周期内，政府在预算管理、财务管理、资产管理等方面的信息。

3. 政府决算报告新特点

信息来源一体化。预算管理一体化基于统一的业务规范，使各级政府、各部门更科学更紧密地进行业务协作，整合了预算管理各个环节，从而各级政府、各个部门的预算数据、会计数据、资产数据、债务数据等通过预算管理一体化系统有机联结。

报表生成自动化。实行预算管理一体化以后，通过信息系统和技术手段自动生成各类财政报告，报表数据不得人为取舍或调整，实现对预算执行、财政财务状况、资产管理情况等的真实反映。

支持决策最优化。预算管理一体化保证了决算和报告的全面完整、真实准确，能够更好地反映预算执行结果和财政财务管理情况，更好地支持财政决策。

四、政府财务报告

1. 政府财务报告的界定

政府财务报告是反映政府和非营利组织会计主体某一特定日期的财务状况和某一会计期间的运行情况和现金流量等信息的文件。政府财务报告应当包括财务报表和其他应当在财务报告中披露的相关信息和资料。

财务报告的目标是向财务报告使用者提供与政府的财务状况、运行情况（含运行成本）和现金流量等有关的信息，反映政府和非营利组织会计主体公共受托责任履行情况，有助于财务报告使用者做出决策或者进行监督和管理。政府财务报告使用者包括各级人民代表大会常务委员会、债权人、各级政府及其有关部门、政府和非营利组织会计主体自身和其他利益相关者。

2. 政府财务报告的构成

政府财务报告主要包括政府部门财务报告和政府综合财务报告。政府综合财务报告包括本级政府综合财务报告及行政区政府综合财务报告（地方政府综合财务报告）。

政府部门财务报告是指政府各部门、各单位按规定编制的财务报告，反映本部门（单位）的财务状况和运行情况。

本级政府综合财务报告由各级政府财政部门编制，反映本级政府整体财务状况、运行情况和财政中长期可持续性等信息。

行政区政府综合财务报告由财政部门将本级政府及所辖各级政府的综合财务报表合并编制，反映本行政区政府整体财务状况、运行情况和财政中长期可持续性等信息。

此外，这些报告的基础是财务报表。财务报表是对政府和非营利组织会计主体财务状况、运行情况和现金流量等信息的结构性表述。财务报表包括会计报表和附注。会计报表至少应当包括资产负债表、收入费用表和现金流量表。

资产负债表是反映政府和非营利组织会计主体在某一特定日期的财务状况的报表。

收入费用表是反映政府和非营利组织会计主体在一定会计期间运行情况的报表。

现金流量表是反映政府和非营利组织会计主体在一定会计期间现金及现金等价物流入和流出情况的报表。

附注是对在资产负债表、收入费用表、现金流量表等报表中列示项目所做的进一步说明，以及对未能在这些报表中列示项目的说明。

政府财务报告的编制主要以权责发生制为基础，以财务会计核算生成的数据为准。政府会计主体应当根据相关规定编制合并财务报表。

五、国有资产综合报告

2013 年，党的十八届三中全会提出，要加强人大国有资产监督职能。2017 年 12 月，《中共中央关于建立国务院向全国人大常委会报告国有资产管理情况制度的意见》发布，决定自 2018 年起，国务院每年向全国人大常委会报告国有资产管理情况，主要包括全面反映各类国有资产基本情况的综合报告，以及企业国有资产（不含金融企业）、金融企业国有资产、行政事业性国有资产、国有自然资源资产四个专项报告，综合报告每年以书面形式报送全国人大常委会审议，届末年份作口头报告。同时，全国人大常委会每年听取一个专项报告的口头报告。

国有资产报告包括一个综合报告和企业国有资产（不含金融企业）、金融企业国有资产、行政事业性国有资产、国有自然资源资产四个专项报告，以资产会计核算和实物资产为基础编制，主要反映国有资产管理情况。

我国目前的政府财政报告制度实行以收付实现制为基础的决算报告制度，主要反映政府年度预算执行情况的结果，对准确反映预算收支情况、加强预算管理和监督发挥了重要作用。实行以权责发生制为基础，以编制和报告政府资产负债表、收入费用表等报表为核心的、全面反映政府资产负债、收入费用、运行成本、现金流量等财务信息的政府综合财务报告制度，提升政府财务管理水平，促进政府和非营利组织会计信息公开。

政府和非营利组织会计科目设置要实现预算会计和财务会计双重功能。预算会计科目应准确完整地反映政府预算收入、预算支出和预算结余等预算执行信息，财务会计科目应全面准确地反映政府的资产、负债、净资产、收入、费用等财务信息。条件成熟时，推行政府成本会计，规定政府运行成本归集和分摊方法等，反映政府向社会提供公共服务支出和机关运行成本等财务信息。

第六节　政府和非营利组织会计循环

一、会计核算环节

会计核算，包括会计确认、计量、记录和报告各个环节，涵盖填制会计凭证、登记会计账簿、编制报告全过程。会计工作有循环周转的特点，一个会计循环过程就是一个周期。会计周期包括对会计事项的鉴别、记录、总结、解释和交流信息等阶段。会计程序是指一个单位处理会计业务的先后顺序。会计程序的步骤如下：

1. 审核原始单据

会计凭证包括原始凭证和记账凭证。原始凭证是证明会计事项发生的凭据，也是会计记账的依据。发生的业务往来要以原始凭证为依据。原始凭证有外部凭证和内部凭证两类。外部凭证是指由业务往来对方单位开出的合法凭证，如发货票等商业票据。内部凭证是指会计主体方的合法凭证，如购货订单等。在会计工作中鉴别业务往来和原始凭证是进行会计记录前的准备工作。

2. 填制会计凭证

在审核原始凭证、确认经济业务发生后，根据审核后的原始凭证编制记账凭证，同时，在日记簿中进行序时登记。设置会计科目、确定记账方法是为了正确地分类和记录预算资金收支活动情况。

3. 登记会计账簿

在记录日记账后，随即应把日记账的内容转录到分类账的相应账户中。将日记簿中所记载的会计事项过入各种分类账的有关科目，总账和明细账平行登记，同时，进行成本核算。日记账只是把业务往来按时间顺序记录，而分类账则按收支的不同性质设置各类账户。

4. 核对会计账目

期末，要进行账单、账物、账账相互核对，对存货、资产进行盘点，并对结果进行处理，正确计算收支和结转结余。

5. 编制调整结算前的试算平衡表

期末，根据总分类账各科目编制调整前试算平衡表，检查总分类账各科目余额是否正确。试算表是根据试算平衡公式设计的，反映的是资金运动的平衡关系。编制结算前试算平衡表便于检查账目的记录是否有误。通常，试算平衡表要标明单位名称和分类账上的日期。除了验证作用之外，试算平衡表还反映该期间经济活动和预算执行的概况，而且经必要的调整之后可作编制会计报表的重要依据。

6. 编制结账后试算平衡表

会计年度终了时，检查调整分录及其过账是否正确，收支账户的余额必须转入基金或净资产账户，这种转账过程称为结算分录。因此，收支账户只是净资产账户中用来分类和汇总的临时账户。结算分录的步骤是：第一，编制试算表，达到每种收支账户的平衡；第二，结算收入账，即将每笔进款账记入借方，并同时记入基金或净资产的贷方，使进款账达到零基平衡；第三，结算支出账，即将每笔支出账记入贷方，并同时记入基金或净资产的借方，使支出账达到零基平衡。

7. 编制财务报表

结算分录完成后要准备结算后试算表。根据结算后的试算平衡表编制报表，包括资产负债表、收支表及现金流量表等财务与会计报表并进行财务分析，如实反映报告或财务状况。编制结算后试算表的目的是确保在新的会计周期一开始就是平衡的。结算后试算表的账户和数字应该与年度终了时列示在平衡表中的账户和数字保持一致。

会计可采用记账凭证和科目汇总表两种核算程序，但一个核算单位在一个会计年度内，只能采用其中的一种程序，而不能交叉使用两种程序。

二、记账凭证核算程序

第一，根据原始凭证或原始凭证汇总单填制记账凭证；

第二，根据记账凭证登记日记账；

第三，根据原始凭证或原始凭证汇总单和记账凭证，登记明细账和有关的辅助账；

第四，根据记账凭证登记总账；

第五，总账和有关的明细账、日记账核对，明细账与有关的辅助账核对；

第六，根据总账、明细账和有关的辅助账编制会计报表。

记账凭证核算程序如图 4－1 所示。

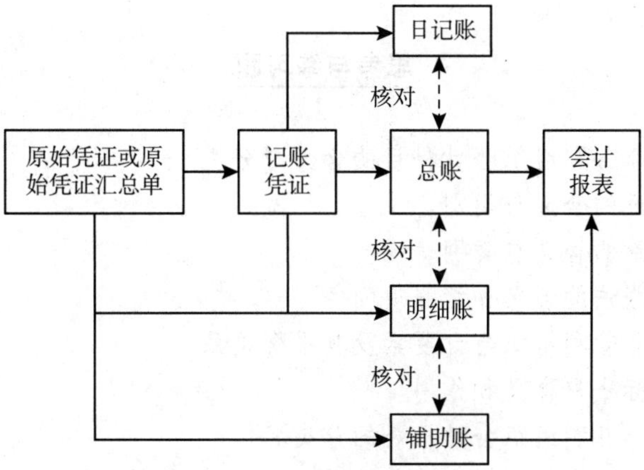

图 4－1　记账凭证核算程序

三、科目汇总表核算程序

第一，根据原始凭证或原始凭证汇总单填制记账凭证；

第二，根据记账凭证登记日记账；

第三，根据原始凭证或原始凭证汇总单和记账凭证，登记明细账和有关的辅助账；

第四，根据记账凭证定期按科目借方和贷方发生额汇总编制科目汇总表；

第五，根据科目汇总表登记总账；

第六，总账和有关的明细账、日记账核对，明细账与有关的辅助账核对；

第七，根据总账、明细账和有关的辅助账编制会计报表。

科目汇总表核算程序如图 4－2 所示。

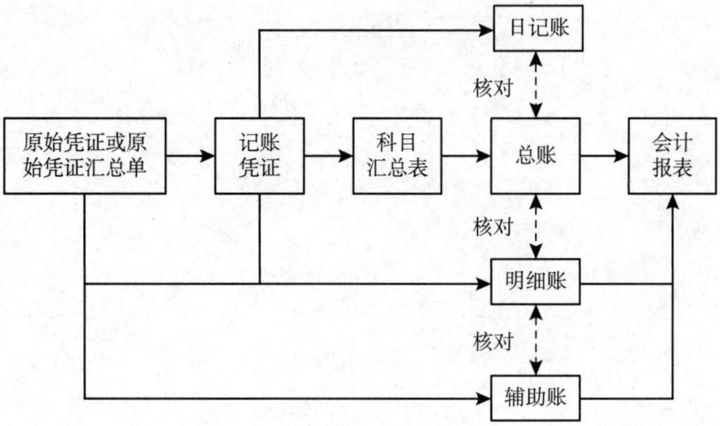

图 4－2　科目汇总表核算程序

思考与练习题

1. 简答政府和非营利组织会计科目的含义与分类。
2. 简答会计凭证的含义与类别。
3. 理解会计账簿的含义与类别。
4. 解释借贷记账法的含义和记账规则。
5. 分析政府和非营利组织会计要素及其平衡关系。
6. 理解预算指标账户含义和作用。
7. 简述政府和非营利组织会计报表的分类。
8. 理解我国政府综合财务报告改革的要求。
9. 简述权责发生制政府综合财务报告的主要编制步骤。
10. 简述权责发生制政府综合财务报告的构成及其编报。
11. 简述财务报表编制及报表合并程序。

第二篇

财政总预算会计

第五章

财政总预算会计概述

财政总预算会计是各级政府财政部门对同级政府财政总预算执行和监督管理的财政资金运动进行反映和控制的专业会计。

第一节　财政总预算会计的职责

一、财政总预算会计的特点

1. 财政总预算会计只负责财政资金分配的核算

财政部门作为政府专职理财机构，主要业务是向政府部门和单位分配资金，因此，财政总预算会计承担向政府和非营利组织会计单位分配资金的核算工作，而花钱办事、使用资金而发生的现金收支和物资运动的核算工作则由单位会计负责。由此决定财政总预算会计具有如下特点：一是财政总预算会计的原始凭证有规范和类型统一的特征；二是财政总预算会计的科目没有现金、材料和固定资产等。

2. 财政总预算会计的核算与确认基础

一是财政总预算会计的会计核算一般采用收付实现制，部分经济业务或者事项应当按照规定采用权责发生制核算。总预算会计收入确认的基础是预算资金入库数。二是财政总预算收入以缴入基层国库的预算收入数为准，分库、总库直接收纳的预算收入视同缴入基层国库。三是财政总预算会计支出列报的数字以财政拨款数加以确认。

在现行财政对行政事业单位的经费实现包干的体制下，财政总预算会计的列支基础以财政拨款数为准，即实行以拨作支。包括：对单位会计主体各项包干经费以拨款数列支；对基本建设支出按基本建设拨款管理部门的拨款数列支；对需要结算的拨出数，先以拨款数列支，在结算或年终收回余额时冲减原拨出列支数。

此外，属于上下级财政部门之间的转拨资金应单独反映，并实行以拨作支。

财政总预算会计应当采用借贷记账法记账。

二、财政总预算会计的基本任务

财政总预算会计的主要职责是对财政资金进行会计核算，反映预算执行情况，实行会计监督，参与预算管理，合理调度资金。

（1）进行会计核算，处理财政分配的日常核算事务。办理政府财政各项收支、资产负债、资金调拨及往来款项的会计核算工作，反映政府财政预算执行情况和财务状况；及时组织年度财政总决算和行政事业单位决算的编审和汇总工作，进行上下级财政之间的年终结算工作。

（2）严格财政资金收付管理、合理调度财政资金。根据财政收支的特点，组织办理财政资金的收付、调拨，在确保资金安全性、规范性、流动性的前提下，合理调度资金，妥善解决财政资金库存和用款单位需要的矛盾，及时供应资金，提高资金使用效益。

（3）规范账户管理。加强对国库单一账户、财政专户、零余额账户和预算单位银行账户等的管理。

（4）实行会计监督，参与预算管理。通过会计核算，提出预算执行情况分析报告，并对总预算、部门预算和单位预算的执行实施会计监督。同时，协调预算收入征收部门、国家金库、国库集中收付代理银行、财政专户开户银行和其他有关部门之间的业务关系；直接参与预算执行的国库会计、收入征解会计等之间的业务关系，共同做好执行财政预算的核算、反映和监督工作。

（5）组织和指导本地区和下级预算和会计。组织本地区、财政总决算、部门决算编审和汇总工作，各级总预算会计负责制定或审定本级预算会计有关实施细则或补充规定；组织预算会计人员的培训活动；组织检查、辅导单位会计和所属财政会计工作，不断提高政策、业务水平，组织和指导下级政府总会计工作。

（6）做好预算会计的事务管理工作。负责政府财政会计、行政会计和事业会计的基础工作管理。

财政总预算会计工作应按工作任务建立岗位责任制，明确会计人员分工职责，其会计人员不得兼任单位会计，不得经管、收付现金和收缴物资。

（7）总预算会计的核算目标是向会计信息使用者提供政府财政预算执行情况、财务状况等会计信息，反映政府财政受托责任履行情况。

财政总预算会计的会计信息使用者包括人民代表大会、政府及其有关部门、政府财政部门自身和其他会计信息使用者。

三、财政总预算会计信息质量要求

1. 客观性

财政总预算会计应当以实际发生的经济业务或者事项为依据进行会计核算，如实反映各项会计要素的情况和结果，保证会计信息真实可靠，全面反映政府财政的预算执行情况和财务状况等。

2. 相关性

财政总预算会计提供的会计信息应当与政府财政受托责任履行情况的反映、会计信息使用者的监督、决策和管理需要相关，有助于会计信息使用者对政府财政过去、现在或者未来的情况作出评价或者预测。

3. 及时性

财政总预算会计对于已经发生的经济业务或者事项，应当及时进行会计核算。

4. 可比性

财政总预算会计提供的会计信息应当具有可比性。

同一政府财政不同时期发生的相同或者相似的经济业务或者事项，应当采用一致的会计政策，不得随意变更。确需变更的，应当将变更的内容、理由和对政府财政预算执行情况、财务状况的影响在附注中予以说明。不同政府财政发生的相同或者相似的经济业务或者事项，应当采用统一的会计政策，确保不同政府财政的会计信息口径一致、相互可比。

5. 可理解性

财政总预算会计提供的会计信息应当清晰明了，便于会计信息使用者的理解和使用。

四、总预算会计科目

财政总预算会计科目是各级总预算会计设置总账账户、确定核算内容的依据。按照2016年修订后实施的《财政总预算会计制度》的规定，财政总预算会计科目共有59个，财政总预算会计科目的具体设置见表5－1。

表5－1　财政总预算会计科目表

序号	科目编号	科目名称	序号	科目编号	科目名称
一、资产类			23	2026	应付地方政府债券转贷款
1	1001	国库存款	24	2027	应付主权外债转贷款
2	1003	国库现金管理存款	25	2045	其他负债
3	1004	其他财政存款	26	2091	已结报支出
4	1005	财政零余额账户存款	三、净资产类		
5	1006	有价证券	27	3001	一般公共预算结转结余
6	1007	在途款	28	3002	政府性基金预算结转结余
7	1011	预拨经费	29	3003	国有资本经营预算结转结余
8	1021	借出款项	30	3005	财政专户管理资金结余
9	1022	应收股利	31	3007	专用基金结余
10	1031	与下级往来	32	3031	预算稳定调节基金
11	1036	其他应收款	33	3033	预算周转金
12	1041	应收地方政府债券转贷款	34	3081	资产基金
13	1045	应收主权外债转贷款		308101	应收地方政府债券转贷款
14	1071	股权投资		308102	应收主权外债转贷款
15	1081	待发国债		308103	股权投资
二、负债类				308104	应收股利
16	2001	应付短期政府债券	35	3082	待偿债净资产
17	2011	应付国库集中支付结余		308201	应付短期政府债券
18	2012	与上级往来		308202	应付长期政府债券
19	2015	其他应付款		308203	借入款项
20	2017	应付代管资金		308204	应付地方政府债券转贷款
21	2021	应付长期政府债券		308205	应付主权外债转贷款
22	2022	借入款项		308206	其他负债

续表

序号	科目编号	科目名称	序号	科目编号	科目名称
四、收入类			五、支出类		
36	4001	一般公共预算本级收入	48	5001	一般公共预算本级支出
37	4002	政府性基金预算本级收入	49	5002	政府性基金预算本级支出
38	4003	国有资本经营预算本级收入	50	5003	国有资本经营预算本级支出
39	4005	财政专户管理资金收入	51	5005	财政专户管理资金支出
40	4007	专用基金收入	52	5007	专用基金支出
41	4011	补助收入	53	5011	补助支出
42	4012	上解收入	54	5012	上解支出
43	4013	地区间援助收入	55	5013	地区间援助支出
44	4021	调入资金	56	5021	调出资金
45	4031	动用预算稳定调节基金	57	5031	安排预算稳定调节基金
46	4041	债务收入	58	5041	债务还本支出
47	4042	债务转贷收入	59	5042	债务转贷支出

各级财政总预算会计必须按以下要求使用会计科目：

（1）各级财政总预算会计应按制度规定设置会计科目，按科目使用说明使用。对制度中不需要的科目可以不用，不得擅自更改科目名称。

（2）明细科目的设置，除制度已有规定者外，各级总预算会计可根据需要，按《政府收支分类科目》自行设置。

（3）为便于编制会计凭证、登记账簿、查阅账目和实行会计电算化，制度统一规定了会计科目编码。各级总预算会计不得随意变更或打乱科目编码。

（4）财政总预算会计在填制会计凭证、登记账簿时，应填列会计科目的名称或者同时填列名称和编码，不得只填编码，不填名称。

（5）财政国库支付执行机构会计。财政国库管理制度改革改变了财政对单位的资金支付管理办法，为此，财政部门的国库支付执行机构需设置“财政零余额账户存款”“已结报支出”两个会计总账科目，并设立预算支出明细账。预算支出明细账应当按一般预算支出、基金预算支出的“类”“款”“项”及预算单位记载。

第二节　财政总预算会计要素

财政总预算会计应当按照业务或事项的经济特征确定会计要素，会计要素包括资产、负债、净资产、收入和支出。

一、资产

（一）资产的确认

财政总预算会计的资产是政府财政掌管、占有或控制的能以货币计量的经济资源。总会计核算的资产按照流动性，分为流动资产和非流动资产。流动资产是指预计在 1 年内（含 1 年）变现的资产；非流动资产是指流动资产以外的资产。

财政总预算会计资产应当在取得对其相关的权利，并且能够可靠地进行货币计量时确认。符合资产定义并确认的资产项目，应当列入资产负债表。总会计核算的资产应当按照取得或发生时的实际金额进行计量。

（二）资产的内容

财政总预算会计核算的资产具体包括财政存款、有价证券、应收股利、借出款项、暂付及应收款项、预拨经费、应收转贷款和股权投资等。

（1）财政存款是指政府财政部门代表政府管理的国库存款、国库现金管理存款以及其他财政存款等。财政存款的支配权属于同级政府财政部门，并由总会计负责管理，统一在国库或选定的银行开立存款账户，统一收付，不得透支，不得提取现金。

（2）有价证券是指政府财政按照有关规定取得并持有的政府债券。

（3）应收股利是指政府因持有股权投资应当收取的现金股利或利润。

（4）借出款项是指政府财政按照对外借款管理相关规定借给预算单位临时急需，并需按期收回的款项。

（5）暂付及应收款项是指政府财政在业务活动中形成的债权，包括与下级往来和其他应收款等。暂付及应收款项应当及时清理结算，不得长期挂账。

（6）预拨经费是指政府财政在年度预算执行中预拨出应在以后各月列支以及会计年度终了前根据“二上”预算预拨出的下年度预算资金。预拨经费（不含预拨下年度预算资金）应在年终前转列支出或清理收回。

（7）应收转贷款是指政府财政将借入的资金转贷给下级政府财政的款项，包括应收地方政府债券转贷款、应收主权外债转贷款等。

（8）股权投资是指政府持有的各类股权投资资产，包括国际金融组织股权投资、投资基金股权投资、国有企业股权投资等。

二、负债

（一）负债的确认

负债是一级政府财政所承担的能以货币计量、需以资产偿付的债务。总会计核算的负债按照流动性，分为流动负债和非流动负债。流动负债是指预计在 1 年内（含 1 年）偿还的负债；非流动负债是指流动负债以外的负债。

财政总预算会计对符合负债定义的债务，应当在对其承担偿还责任，并且能够可靠地进行货币计量时确认。

各种债务应及时结算。属于应付及暂收款以及不明性质的款项应及时清理转账。符合负债定义并确认的负债项目，应当列入资产负债表。政府财政承担或有责任（偿债责任需要通过未来不确定事项的发生或不发生予以证实）的负债，不列入资产负债表，但应当在报表附注中披露。

财政总预算会计核算的各种负债，应当按照承担的相关合同金额或实际发生金额和偿还数额进行计量。

（二）负债的内容

财政总预算会计核算的负债具体包括应付国库集中支付结余、暂收及应付款项、应付政府债券、借入款项、应付转贷款、其他负债、应付代管资金等。

（1）应付国库集中支付结余是指国库集中支付中，按照财政部门批复的部门预算，当年未支付而需结转下一年度支付的款项采用权责发生制列支后形成的债务。

（2）暂收及应付款项是指政府财政业务活动中形成的债务，包括与上级往来和其他应付款等。暂收及应付款项应当及时清理结算。

（3）应付政府债券是指政府财政采用发行政府债券方式筹集资金而形成的负债，包括应付短期政府债券和应付长期政府债券。

（4）借入款项是指政府财政部门以政府名义向外国政府、国际金融组织等借入的款项，以及通过经国务院批准的其他方式借款形成的负债。

（5）应付转贷款是指地方政府财政向上级政府财政借入转贷资金而形成的负债，包括应付地方政府债券转贷款和应付主权外债转贷款等。

（6）其他负债是指政府财政因有关政策明确要求其承担支出责任的事项而形成的应付未付款项。

（7）应付代管资金是指政府财政代为管理的，使用权属于被代管主体的资金。

三、收入

（一）财政总预算会计收入的范围

财政总预算会计核算的收入是政府财政为实现政府职能，根据法律法规等所筹集的资金，包括一般公共预算本级收入、政府性基金预算本级收入、国有资本经营预算本级收入、财政专户管理资金收入、专用基金收入、转移性收入、债务收入、债务转贷收入等。

（1）一般公共预算本级收入是指政府财政筹集的纳入本级一般公共预算管理的税收收入和非税收入。

（2）政府性基金预算本级收入是指政府财政筹集的纳入本级政府性基金预算管理的非税收入。

（3）国有资本经营预算本级收入是指政府财政筹集的纳入本级国有资本经营预算管理的非税收入。

（4）财政专户管理资金收入是指政府财政纳入财政专户管理的教育收费等资金收入。

（5）专用基金收入是指政府财政根据法律法规等规定设立的各项专用基金（包括粮食风险基金等）取得的资金收入。

（6）转移性收入是指在各级政府财政之间进行资金调拨以及在本级政府财政不同类型资金之间调剂所形成的收入，包括补助收入、上解收入、调入资金和地区间援助收入等。其中：①补助收入是指上级政府财政按照财政体制规定或因专项需要补助给本级政府财政的款项，包括上级税收返还、转移支付等。②上解收入是指按照财政体制规定由下级政府财政上交给本级政府财政的款项。③调入资金是指政府财政为平衡某类预算收支、从其他类型预算资金及其他渠道调入的资金。④地区间援助收入是指受援方政府财政收到援助方政府财政转来的可统筹使用的各类援助、捐赠等资金收入。

(7) 债务收入是指政府财政根据法律法规等规定，通过发行债券、向外国政府和国际金融组织借款等方式筹集的纳入预算管理的资金收入。

(8) 债务转贷收入是指本级政府财政收到上级政府财政转贷的债务收入。

(二) 财政总预算会计收入金额的确认

一般公共预算本级收入、政府性基金预算本级收入、国有资本经营预算本级收入、财政专户管理资金收入和专用基金收入应当按照实际收到的金额入账。转移性收入应当按照财政体制的规定或实际发生的金额入账。债务收入应当按照实际发行额或借入的金额入账，债务转贷收入应当按照实际收到的转贷金额入账。

已建乡（镇）国库的地区，乡（镇）财政的本级收入以乡（镇）国库收到数为准。县（含县本级）以上各级财政的各项预算收入（含固定收入与共享收入）以缴入基层国库数额为准。

未建乡（镇）国库的地区，乡（镇）财政的本级收入以乡（镇）总会计收到县级财政返回数额为准。

(三) 财政总预算会计收入的监管

财政总预算会计应当加强各项收入的管理，严格会计核算手续。对于各项收入的账务处理必须以审核无误的国库入库凭证、预算收入日报表和其他合法凭证为依据。发现错误，应当按照相关规定及时通知有关单位共同更正。

对于已缴入国库和财政专户的收入退库（付），要严格把关，强化监督。凡不属于国家规定的退库（付）项目，一律不得冲退收入。

属于国家规定的退库（付）事项，具体退库（付）程序按财政部的有关规定办理。

四、支出

(一) 财政总预算会计支出的构成

支出是政府财政为实现其职能，对财政资金的再分配。总会计核算的支出包括一般公共预算本级支出、政府性基金预算本级支出、国有资本经营预算本级支出、财政专户管理资金支出、专用基金支出、转移性支出、债务还本支出、债务转贷支出等。

(1) 一般公共预算本级支出是指政府财政管理的由本级政府使用的列入一般公共预算的支出。

(2) 政府性基金预算本级支出是指政府财政管理的由本级政府使用的列入政府性基金预算的支出。

(3) 国有资本经营预算本级支出是指政府财政管理的由本级政府使用的列入国有资本经营预算的支出。

(4) 财政专户管理资金支出是指政府财政用纳入财政专户管理的教育收费等资金安排的支出。

(5) 专用基金支出是指政府财政用专用基金收入安排的支出。

(6) 转移性支出是指在各级政府财政之间进行资金调拨以及在本级政府财政不同

类型资金之间调剂所形成的支出，包括补助支出、上解支出、调出资金、地区间援助支出等。

①补助支出是指本级政府财政按财政体制规定或因专项需要补助给下级政府财政的款项，包括对下级的税收返还、转移支付等。

②上解支出是指按照财政体制规定由本级政府财政上交给上级政府财政的款项。

③调出资金是指政府财政为平衡预算收支、从某类资金向其他类型预算调出的资金。

④地区间援助支出是指援助方政府财政安排用于受援方政府财政统筹使用的各类援助、捐赠等资金支出。

（7）债务转贷支出是指本级政府财政向下级政府财政转贷的债务支出。

（8）债务还本支出是指政府财政偿还本级政府承担的债务本金支出。

（二）财政总预算会计支出列报的口径

一般公共预算本级支出、政府性基金预算本级支出、国有资本经营预算本级支出一般应当按照实际支付的金额入账，年末可采用权责发生制将国库集中支付结余列支入账。从本级预算支出中安排提取的专用基金，按照实际提取金额列支入账。财政专户管理资金支出、专用基金支出应当按照实际支付的金额入账。转移性支出应当按照财政体制的规定或实际发生的金额入账。债务转贷支出应当按照实际转贷的金额入账。债务还本支出应当按照实际偿还的金额入账。

凡属预拨经费的款项，到期转列支出时，应当按以上规定的列报口径转列支出。

对于收回当年已列支出的款项，应冲销当年支出。对于收回以前年度已列支出的款项，除财政部门另有规定外，应冲销当年支出。

（三）财政总预算会计支出的管理要求

财政总预算会计应当加强支出管理，科学预测和调度资金，严格按照批准的年度预算和用款计划办理支出，严格审核拨付申请，严格按预算管理规定和拨付实际列报支出，不得办理无预算、无用款计划、超预算、超用款计划的支出，不得任意调整预算支出科目。

对于各项支出的账务处理必须以审核无误的国库划款清算凭证、资金支付凭证和其他合法凭证为依据。

地方各级财政部门除国库集中支付结余外，不得采用权责发生制列支。权责发生制列支只限于年末采用，平时不得采用。

五、净资产

净资产是指政府财政资产减去负债的差额。财政总预算会计核算的净资产包括一般公共预算结转结余、政府性基金预算结转结余、国有资本经营预算结转结余、财政专户管理资金结余、专用基金结余、预算稳定调节基金、预算周转金、资产基金和待偿债净资产。财政总预算会计的各项结转结余应每年结算一次。

（1）一般公共预算结转结余是指一般公共预算收支的执行结果。

（2）政府性基金预算结转结余是指政府性基金预算收支的执行结果。

（3）国有资本经营预算结转结余是指国有资本经营预算收支的执行结果。

(4) 财政专户管理资金结余是指纳入财政专户管理的教育收费等资金收支的执行结果。

(5) 专用基金结余是指专用基金收支的执行结果。

(6) 预算稳定调节基金是指政府财政安排用于弥补以后年度预算资金不足的储备资金。

(7) 预算周转金是指政府财政为调剂预算年度内季节性收支差额，保证及时用款而设置的库款周转资金。

(8) 资产基金是指政府财政持有的债权和股权投资等资产（与其相关的资金收支纳入预算管理）在净资产中占用的金额。

(9) 待偿债净资产是指政府财政承担应付短期政府债券、应付长期政府债券、借入款项、应付地方政府债券转贷款、应付主权外债转贷款、其他负债等负债（与其相关的资金收支纳入预算管理）而相应需在净资产中冲减的金额。

第三节　财政总预算会计账务组织

一、财政总预算会计的适用范围

为了规范各级政府财政总预算会计核算，保证会计信息质量，充分发挥总预算会计的职能作用，根据《中华人民共和国会计法》《中华人民共和国预算法》及其他有关法律法规，财政部修订后的新《财政总预算会计制度》自 2016 年 1 月 1 日起施行。此制度适用于中央，省、自治区、直辖市，设区的市、自治州，县、自治县、不设区的市、市辖区，乡、民族乡、镇等各级政府财政部门的总预算会计。社会保险基金预算资金会计核算不适用本制度，财政部有另行规定。

二、财政总预算会计凭证

各级总预算会计的原始凭证比较规范、来源渠道稳定，主要包括：

(1) 国库报来的“预算收入日报表”“分成收入计算表”及其附件，如缴款书、收入退还书及更正通知书等。

(2) 各种拨款和转账收款凭证，如财政库款拨付的预算拨款凭证“回单”和各种银行汇款通知书“回单”、拨款通知书等。

(3) 主管部门报来的各种非包干专项拨款支出报表和基建财务管理部门或经办基本建设支出的专业银行报来的基本建设支出月报。

(4) 其他足以证明会计事项发生经过的凭证和文件。

各级总预算会计应根据审核无误的原始凭证，归类整理编制记账凭证。

属于预拨经费转列支出、年终结账和更正错误的记账凭证可不附原始凭证，但应经会计主管人员签章。

三、财政总预算会计账簿

财政总预算会计的账簿分为总账和明细账两类。财政总预算会计的明细账根据工作的需要，一般可设以下几种：

（1）各种收入明细账。收入明细账包括一般公共预算本级收入、政府性基金预算本级收入、国有资本经营预算收入、财政专户管理资金收入、专用基金收入、上解收入、补助收入、地区间援助收入、调入资金、动用预算稳定调节基金等各种收入明细账。其中：补助收入、调入资金等，如内容不多的，也可以总账代替；业务量大的，应按财政机关名称、资金性质设置明细账。

（2）预拨经费明细账。按拨款单位和政府预算支出科目的“款”“项”设置。

（3）各种支出明细账。支出明细账包括一般公共预算本级支出明细账、政府性基金预算本级支出、国有资本经营预算支出、财政专户管理资金支出、专用基金支出、补助支出、地区间援助支出、调出资金、安排预算稳定调节基金等各种不同支出明细账。其中：上解支出可按财政机关名称设置明细账，如内容简单的，也可用总账代替。

（4）债务有关收支。包括债务收入、债务转贷收入；债务还本支出、债务转贷支出等明细账。

（5）财政存款明细账。可根据不同性质的存款设置明细账，包括国库存款、国库现金管理存款、其他财政存款、财政零余额账户存款、财政零余额账户存款，等等。

（6）政府资产明细账。资产明细账包括有价证券、股权投资、待发国债，等等。

（7）政府债权债务明细账。政府债权明细账包括应收地方政府债券转贷款、应收主权外债转贷款；政府债务明细账包括应付短期政府债券、应付长期政府债券、借入款项、应付地方政府债券转贷款、应付主权外债转贷款、其他负债，等等。

（8）往来待结算款的明细账。往来明细账可根据需要设置，其中：对上、下级财政之间的往来明细账可按财政机关名称设置，包括与下级往来、与上级往来；对单位的往来明细账可按应收或应付款的单位名称设置，包括借出款项、应收股利、其他应收款、应收地方政府债券转贷款、应收主权外债转贷款。应付短期政府债券、应付国库集中支付结余、其他应付款、应付代管资金、应付长期政府债券、借入款项、应付地方政府债券转贷款、应付主权外债转贷款、其他负债，等等。

（9）资产和负债明细账。资产明细账包括有价证券、应收地方政府债券转贷款、应收主权外债转贷款、股权投资、待发国债，等等；负债明细账包括应付短期政府债券、应付长期政府债券、借入款项、应付地方政府债券转贷款、应付主权外债转贷款、其他负债，等等。

（10）净资产明细账。净资产明细账包括一般公共预算结转结余、政府性基金预算结转结余、国有资本经营预算结转结余、财政专户管理资金结余、专用基金结余；预算稳定调节基金、预算周转金、资产基金、待偿债净资产等明细账。

四、财政总预算会计报表

财政总预算会计报表是各级预算收支执行情况及其结果的定期书面报告，是各级政府和上级财政部门了解情况、掌握政策、指导预算、执行工作的重要资料，也是编制下年度预算的基础。

（一）财政总预算会计报表的编报要求

各级总预算会计报表要做到数字正确，报送及时，内容完整。

（1）各级财政总预算会计要加强日常会计核算工作，督促有关单位及时记账、结账。所有预算会计单位都应在规定的期限内报出报表，以便主管部门和财政部门及时汇总。

（2）一般公共预算执行情况表、政府性基金预算执行情况表、国有资本经营预算执行情况表应当按旬、月度和年度编制，财政专户管理资金收支情况表和专用基金收支情况表应当按月度和年度编制，收入支出表按月度和年度编制，资产负债表和附注应当至少按年度编制。旬报、月报的报送期限及编报内容应当根据上级政府财政具体要求和本行政区域预算管理的需要办理。

（3）财政总预算会计应当根据本制度编制并提供真实、完整的会计报表，切实做到账表一致，不得估列代编，弄虚作假。

（4）财政总预算会计要严格按照统一规定的种类、格式、内容、计算方法和编制口径填制会计报表，以保证全国统一汇总和分析。汇总报表的单位，要把所属单位的报表汇集齐全，防止漏报。

（二）财政总预算会计报表的编审工作

财政总预算会计的年报，即各级政府决算，反映出年度预算收支的最终结果。各级总预算会计在财政部门的领导下，参与或具体负责组织下列决算草案的编审工作：

（1）参与组织制定决算草案编审办法。根据上级财政部门的统一要求和本行政区域预算管理的需要，提出年终收支清理、数字编列口径、决算审查和组织领导等具体要求，并对财政结算、结余处理等具体问题规定处理办法。参与组织制定本级单位决算草案编审办法。

（2）参与制发或根据上级财政部门的要求结合本行政区域的具体情况转（制）发本行政区域财政总决算统一表格和本级单位决算统一表格。协同财务部门设计基本数字表及其他附表。

（3）办理全年各项收支、预拨款项、往来款项等会计对账、结账工作。

（4）对下级财政部门和同级单位预算主管部门布置决算草案编审工作，并督促检查、及时汇总报送决算。

（5）审查、汇总所属财政决算草案收支各表，并负责全部决算草案的审查汇总工作。

（6）编写决算说明书，向上级财政部门汇报决算编审工作情况，进行上下级财政之间的财政体制结算以及财政总决算的文件归档工作。

（7）各级财政部门应将汇总编制的本级决算草案及时报本级政府审定并经本级人民代表大会常务委员会进行审查和批准。各级财政部门应按照上级财政部门规定的时限和份数，将经本级人民政府审定的本行政区域决算草案逐级及时报送备案。计划单列城市的会计报表和年度财政决算在报送省级财政部门的同时，直接报送财政部。

各级总预算会计必须定期编制和汇总预算会计报表。总会计报表有资产负债表、预算执行情况表、财政周转金收支情况表、财政周转金投放情况表、预算执行情况说明书及其他附表等。其他附表有基本数字表，行政、事业单位收支汇总表以及所附会计报表。

（三）财政总预算会计表体系

财政总预算会计报表是反映政府财政预算执行结果和财务状况的书面文件。财政总预算会计报表包括资产负债表、收入支出表、一般公共预算执行情况表、政府性基金预算执行情况表、国有资本经营预算执行情况表、财政专户管理资金收支情况表、专用基金收支情况表等会计报表和附注。

资产负债表是反映政府财政在某一特定日期财务状况的报表。资产负债表应当按照资产、负债和净资产分类、分项列示。

收入支出表是反映政府财政在某一会计期间各类财政资金收支余情况的报表。收入支出表根据资金性质按照收入、支出、结转结余的构成分类、分项列示。

一般公共预算执行情况表是反映政府财政在某一会计期间一般公共预算收支执行结果的报表，按照《政府收支分类科目》中一般公共预算收支科目列示。

政府性基金预算执行情况表是反映政府财政在某一会计期间政府性基金预算收支执行结果的报表，按照《政府收支分类科目》中政府性基金预算收支科目列示。

国有资本经营预算执行情况表是反映政府财政在某一会计期间国有资本经营预算收支执行结果的报表，按照《政府收支分类科目》中国有资本经营预算收支科目列示。

财政专户管理资金收支情况表是反映政府财政在某一会计期间纳入财政专户管理的财政专户管理资金全部收支情况的报表，按照相关政府收支分类科目列示。

专用基金收支情况表是反映政府财政在某一会计期间专用基金全部收支情况的报表，按照不同类型的专用基金分别列示。

附注是指对在会计报表中列示项目的文字描述或明细资料，以及对未能在会计报表中列示项目的说明。

思考与练习题

1. 简述财政总预算会计具有哪些特点。
2. 简述财政总预算会计核算和确认的基础。
3. 简述财政总预算会计的构成体系。
4. 简述财政总预算会计的基本任务。
5. 简述财政总预算会计明细账的设置。
6. 说明财政总预算会计报表的构成体系。

第六章

财政总预算会计资产

第一节　财政总预算会计的财政性存款

一、财政性存款的管理

财政性存款是财政部门代表政府所掌管的财政资金。包括国库存款及其他财政存款。财政存款开户一般应预留财政机关公章，机关负责人、预算部门负责人和财政总预算会计的印鉴。

财政性存款的支配权属于同级政府财政部门，并由财政总预算会计负责管理，统一收付。财政总预算会计在管理财政性存款中，应当遵循以下原则：

（1）集中资金，统一调度。各种应由财政部门掌管的资金，都应纳入总预算会计的存款账户。调度资金，应根据事业进度和资金使用情况，保证满足计划内各项正常支出的需求，并要充分发挥资金效益，把资金用活用好。

（2）严格控制存款开户。财政部门的预算资金除财政部有明确规定者外，一律由总预算会计统一在国库或指定的银行开立存款账户。不得在国家规定之外将预算资金或其他财政资金任意转存其他金融机构。

（3）根据年度预算或季度分月用款计划拨付资金。不得办理超预算、无用款计划的拨款。

（4）转账结算。总预算会计的各种会计凭证不得用以提取现金。

（5）在存款余额内支付，不得透支。

二、国库存款

（一）国库存款的科目设置

国库存款属资产类科目，核算政府财政存放在国库单一账户的款项。借方记国库存款的增加数；贷方记国库存款的减少数。借方余额反映财政国库存款的结存数。国库存款科目可分一般公共预算存款、政府性基金预算存款、国有资本经营预算存款等二级科目进行明细核算，是否要分设二级科目，可根据需要确定。

（二）国库存款的主要账务处理

（1）收到预算收入时，借记本科目，贷记有关预算收入科目。当日收入数为负数时，以红字记入（采用计算机记账的，用负数反映）。

（2）收到国库存款利息收入时，借记本科目，贷记“一般公共预算本级收入”科目。

（3）收到缴入国库的来源不清的款项时，借记本科目，贷记“其他应付款”等科目。

（4）国库库款减少时，按照实际支付的金额，借记有关科目，贷记本科目。

（三）国库存款增减的核算

【例 6－1】某市财政国库处总预算会计收到中国人民银行国库报来的“预算收入日报表”等凭证，列明当日共收到财政预算收入 240 000 元，其中：一般公共预算本级收入 150 000 元，政府性基金预算本级收入 70 000 元，国有资本经营预算本级收入 20 000 元；同时收到上级财政补助收入 10 000 元。

借：国库存款——一般公共预算存款	150 000	
贷：一般公共预算本级收入		150 000
借：国库存款——政府性基金预算存款	70 000	
贷：政府性基金预算本级收入		70 000
借：国库存款——国有资本经营预算存款	20 000	
贷：国有资本经营预算本级收入		20 000
借：国库存款	10 000	
贷：补助收入		10 000

【例 6－2】市财政局国库处收到国库集中支付清算回单，列明当日属于一般公共预算本级支出的款项共计 100 000 元，属于政府性基金预算本级支出的款项共计 30 000 元，属于国有资本经营预算支出的款项共计 20 000 元；同时通过财政国库账户向所属下级财政拨付财政补助资金 10 000 元。

借：一般公共预算本级支出	100 000	
政府性基金预算本级支出	30 000	
国有资本经营预算支出	20 000	
补助支出	10 000	
贷：国库存款		160 000

【例 6－3】收到上级财政拨来一般公共预算补助款 3 500 000 元，根据国库转来有关结算凭证入账。

借：国库存款——一般公共预算存款	3 500 000	
贷：补助收入		3 500 000

【例 6－4】某市财政局根据季度分月用款计划签发预算拨款凭证，通知国库将市教委当月的经费办理 100 000 元的库款支付，根据支付凭证回单入账。

借：一般公共预算本级支出	100 000	
贷：国库存款——一般公共预算存款		100 000

财政国库管理制度改革改变了资金支付管理办法，会计核算方法有所调整。

1. 财政直接支付资金的核算

财政总预算会计对通过财政国库支付执行机构直接支付的资金，根据财政国库支付执行机构每日报来的按部门分“类”“款”“项”汇总的《预算支出结算清单》，与中国人民银行划款凭证核对无误后列报预算支出，会计分录为：

借：一般公共预算本级支出
　　政府性基金预算本级支出
　　贷：国库存款

2. 财政授权支付资金的核算

财政总预算会计将各代理银行汇总的预算单位零余额账户授权支付数，与中国人民银行汇总划款凭证及财政国库支付执行机构按部门分“类”“款”“项”汇总的《预算支出结算清单》核对无误后列报预算支出，会计分录为：

借：一般公共预算本级支出
　　政府性基金预算本级支出
　　贷：国库存款

（四）国库存款息费的核算

各级财政机关在中国人民银行的国库存款利息，由中国人民银行直接计付；在商业银行、信用社代理国库的存款利息，由商业银行、信用社于结息日（每季度最后一个月的20日）后的次日向中国人民银行报送计息积数，中国人民银行据以计算并及时计付。每季结息日，中国人民银行根据本结息期内各级财政库款的累计积数，按照规定的利率，计算应付各级财政的利息，并于次日向同级财政机关提供有关库款计息凭证等记账依据。代理国库业务的商业银行、信用社收到中国人民银行划付的国库存款利息后，应于次日向同级财政机关提供有关库款利息入账凭证等记账依据。

各级库款按季结息的收入，转增同级财政库款。各级财政机关根据有关库款计息凭证等记账依据，登记国库存款账。库款计息收入纳入各级财政预算，按照一般预算收入统筹安排使用，不得转为账外收入。

【例6－5】收到各级库款利息收入50 000元，根据《政府收支分类科目》作会计分录：

借：国库存款——一般公共预算存款　　50 000
　　贷：一般公共预算本级收入——其他收入——利息收入　　50 000

为加强财政资金管理，降低财政筹资成本，提高财政资金运用效益，顺利推进财政国库管理制度改革，自2003年1月1日起对国库存款开始计付利息，其利率按现行中国人民银行规定的单位活期存款利率计付。利率发生调整时，按调整后的利率计付。国库存款利息，分财政级次、按日库款余额（日积数）累计积数计算，按季结算利息。

向代理财政国库集中收付业务的商业银行支付的资金汇划手续费、代理业务费等相关费用通过各级财政预算安排，不与国库存款利息收入挂钩。

【例6－6】某财政机关用于财政国库管理制度改革中资金支付和非税收入收缴的费用支出为21 000元，根据《政府收支分类科目》作会计分录：

借：一般公共预算本级支出——一般公共服务——财政事务　　21 000
　　贷：国库存款——一般公共预算存款　　21 000

中国人民银行各级国库应逐级报送库款结存情况月报表。中国人民银行国库局负责汇总后，应及时向财政部（国库司）提供上月分省的库款结存情况月报表。中国人民银行国库局应在每季末月后的10个工作日内，向财政部（国库司）提供分省汇总的国库存款计息金额。各级财政机关发现库款结存数额、库款计息积数、利息计算有误的，应及时通知中国人民银行各级国库办理更正。中国人民银行各级国库应当及时向同级财政机关报送库款结存情况日报表，反馈有关信息，并接受同级财政机关对库款结存情况的查询与监督。

（五）外币存款的核算

有外币收支业务的总预算会计，应按外币的种类设置外币存款明细账。发生外币收支业务时，应根据中国人民银行公布的人民币外汇汇率折合为人民币记账，并登记外国货币金额和折合率。年度终了，应将外币账户余额按照期末中国人民银行颁布的人民币外汇汇价折合为人民币，作为外币账户期末人民币余额。调整后的各种外币账户人民币余额与原账面余额的差额，作为汇兑损益列入有关支出科目。

【例6-7】 年终，某财政机关计算一般预算资金的美元汇兑损失为10 000元，基金预算的英镑汇兑溢出16 000元。

借：一般公共预算本级支出　　10 000

　　贷：国库存款——一般公共预算存款　　10 000

借：国库存款——政府性基金预算存款　　16 000

　　贷：政府性基金预算支出　　16 000

三、国库现金管理存款

“国库现金管理存款”科目核算政府财政实行国库现金管理业务存放在商业银行的款项。本科目期末借方余额反映政府财政实行国库现金管理业务持有的存款。

（1）根据国库现金管理的有关规定，将库款转存商业银行时按存入商业银行的金额，记：

借：国库现金管理存款

　　贷：国库存款

（2）国库现金管理存款收回国库时，按照实际收回的金额，借记“国库存款”科目，按照原存入商业银行的存款本金金额，贷记本科目，按照两者的差额，贷记“一般公共预算本级收入”科目。

借：国库存款（实收金额）

　　贷：国库现金管理存款（本金）

　　　　一般公共预算本级收入（差额）

【例6-8】 中央财政按照国库现金管理的有关规定，将国库存款8 000 000元转存商业银行。

借：国库现金管理存款　　8 000 000

　　贷：国库存款　　8 000 000

【例6-9】 中央财政将到期的国库现金管理存款收回国库，本息8 300 000元，其中：利息收入300 000元。

借：国库存款　　8 300 000
　　贷：国库现金管理存款　　8 000 000
　　　　一般公共预算本级收入　　300 000

四、其他财政存款

（一）其他财政存款的科目设置

“其他财政存款”科目核算政府财政未列入“国库存款”“国库现金管理存款”科目反映的各项存款。本科目应当按照资金性质和存款银行等进行明细核算。

“其他财政存款”属资产类科目，借方登记增加数，贷方登记减少数；借方余额反映其他财政存款的实际结存数，贷方余额反映政府财政持有的其他财政存款，年终余额结转下年。

（二）其他财政存款的主要账务处理

（1）财政专户收到款项时，按照实际收到的金额，借记本科目，贷记有关科目。

（2）其他财政存款产生的利息收入，除规定作为专户资金收入外，其他利息收入都应缴入国库纳入一般公共预算管理。取得其他财政存款利息收入时，按照实际获得的利息金额，根据以下情况分别处理：

①按规定作为专户资金收入的，记：

借：其他财政存款
　　贷：应付代管资金或有关收入科目

②按规定应缴入国库的，记：

借：其他财政存款
　　贷：其他应付款

将其他财政存款利息收入缴入国库时，记：

借：其他应付款
　　贷：其他财政存款

同时记：

借：国库存款
　　贷：一般公共预算本级收入

（3）其他财政存款减少时，按照实际支付的金额，记：

借：有关科目
　　贷：其他财政存款

【例 6-10】某市财政收到上级财政拨入的粮食风险基金 50 000 元，款项已存入在某商业银行开设的粮食风险基金专户，会计分录为：

借：其他财政存款　　50 000
　　贷：专用基金收入　　50 000

【例 6-11】某市财政粮食风险基金专户安排支出 20 000 元，会计分录为：

借：专用基金支出　　20 000
　　贷：其他财政存款　　20 000

【例 6-12】某市财政专户存款利息 150 000 元按规定作为专户资金收入，会计分录为：

借：其他财政存款　　150 000

　　贷：应付代管资金　　150 000

【例 6-13】某市财政专户存款利息 150 000 元按规定应缴入国库。

财政专户计息时，作会计分录：

借：其他财政存款　　150 000

　　贷：其他应付款　　150 000

财政专户将利息缴入国库，财政专户和国库分别记：

借：其他应付款　　150 000

　　贷：其他财政存款　　150 000

借：国库存款　　150 000

　　贷：一般公共预算本级收入　　150 000

五、有价证券

“有价证券”属于资产类科目，用于核算政府财政按照有关规定取得并持有的有价证券金额，本科目应当按照有价证券种类和资金性质进行明细核算。有价证券科目借方登记库存增加数，贷方登记库存减少数。借方余额为有价证券库存实有数，反映政府财政持有的有价证券金额。

（1）购入有价证券时，按照实际支付的金额，记：

借：有价证券

　　贷：国库存款/其他财政存款等科目

购入有价证券（含债券收款单）应视同货币妥善保管，不能列作支出。

（2）转让或到期兑付有价证券时，按照实际收到的金额，借记“国库存款”“其他财政存款”等科目，按照该有价证券的账面余额，贷记本科目，按其差额，贷记“一般公共预算本级收入”等科目。

借：国库存款、其他财政存款等科目（实际收到的金额）

　　贷：有价证券（有价证券的账面余额）

　　　　一般公共预算本级收入等收入科目（差额）

【例 6-14】用一般公共预算结转结余 2 000 000 元购买有价证券。

借：有价证券——一般公共预算结转结余购入　　2 000 000

　　贷：国库存款——一般公共预算存款　　2 000 000

【例 6-15】用基金预算结余 800 000 元购买有价证券。

借：有价证券——政府性基金预算结转结余购入　　800 000

　　贷：国库存款——政府性基金预算存款　　800 000

【例 6-16】到期兑付用一般预算结余 1 000 000 元购买的有价证券，获得利息 9 000 元。

借：国库存款——一般公共预算存款　　1 009 000
　　贷：有价证券——一般公共预算结转结余购入　　1 000 000
　　　　一般公共预算本级收入　　9 000

到期兑付用政府性基金预算结转结余购买和兑付有价证券本金和利息的分录同上。

六、在途款

（一）在途款的科目设置

为了按年（月）划期核算预算收支，使年终决算中总预算会计的国库存款与国库的财政库款数额一致，在决算清理期内对涉及上、下年度有关收支业务要进行过渡核算，为此设置“在途款”科目。

“在途款”属于资产类科目。核算决算清理期和库款报解整理期内发生的需要通过本科目过渡处理的属于上年度收入、支出等业务的资金数。预算收入按月划期核算的地区，平时也使用本科目核算。

在途款科目的借方登记在途款的增加数，贷方登记在途款的减少数或冲转数。借方余额反映待冲转数，期末借方余额反映政府财政持有的在途款。本科目的新年度账务中作相反的分录。

（二）在途款的主要账务处理

（1）收到属于上年度收入时，在上年旧账上作会计分录：

借：在途款
　　贷：有关收入科目

收回属于上年度拨款或支出时，在上年度账务中作会计分录，记：

借：在途款
　　贷：预拨经费或有关支出科目

（2）决算清理期和库款报解整理期内冲转在途款时，在本年新账作会计分录：

借：国库存款
　　贷：在途款

（三）在途款的核算实例

【例 6－17】 1 月 3 日，根据国库报来的预算收入日报表列示，收到上年度的烟叶税 230 000 元。

在上年 12 月 31 日的旧账上补记：

借：在途款　　230 000
　　贷：一般公共预算本级收入　　230 000

在本年 1 月 3 日的新账中进行冲转：

借：国库存款——一般公共预算存款　　230 000
　　贷：在途款　　230 000

第二节 财政国库支付执行机构会计的核算

一、财政零余额账户存款

“财政零余额账户存款”属资产类科目，用于核算财政国库支付执行机构在代理银行办理财政直接支付的业务。本科目贷方记财政国库支付执行机构当天发生直接支付资金数，借方记当天国库单一账户存款划入冲销数；本科目当日资金结算后，余额为零，一般应无余额。财政国库支付执行机构未单设的地区不使用该科目。

（1）财政国库支付执行机构为预算单位直接支付款项时，根据银行支付凭证回执联，按部门分“类”“款”“项”列报预算支出，作会计分录：

借：有关预算支出科目——财政直接支付

　　贷：财政零余额账户存款

（2）财政国库支付执行机构每日将按部门分“类”“款”“项”汇总的预算支出结算清单等结算单与中国人民银行国库划款凭证核对无误后，送总会计结算资金，按照结算的金额，作会计分录：

借：财政零余额账户存款

　　贷：已结报支出

财政国库支付执行机构对财政批准下达各预算单位零余额账户的用款额度，不作正式会计分录，但需要备查登记。

【例 6－18】某市财政国库支付执行机构发生如下业务：

（1）以财政直接支付方式，通过财政零余额账户支付属于一般公共预算支出的款项 50 000 元。其会计分录为：

借：一般公共预算本级支出　　50 000

　　贷：财政零余额账户存款　　50 000

（2）汇总编制当日“预算支出结算清单”，其中，当日财政直接支付的资金数额为 50 000 元。将“预算支出结算清单”与中国人民银行国库清算划款凭证核对无误后，送财政总预算会计结算资金。其会计分录为：

借：财政零余额账户存款　　50 000

　　贷：已结报支出　　50 000

二、已结报支出

已结报支出属负债类科目，用于核算政府财政国库支付执行机构已清算的国库集中支付支出数额。本科目年终转账后无余额。财政国库支付执行机构未单设的地区，不使用该科目。

（1）每日汇总清算后，财政国库支付执行机构会计根据有关划款凭证回执联和按部门分“类”“款”“项”汇总的《预算支出结算清单》，对于财政直接支付，记：

借：财政零余额账户存款

贷：已结报支出——财政直接支付

对于财政授权支付，记：

借：一般公共预算本级支出——单位零余额账户额度

政府性基金预算本级支出——单位零余额账户额度

国有资本经营预算本级支出等科目——单位零余额账户额度

贷：已结报支出——财政授权支付

（2）年终，财政国库支付执行机构按照累计结清的支出金额，与有关方面核对一致后转账时，作相反会计分录，即：

借：已结报支出

贷：一般公共预算本级支出

政府性基金预算本级支出

国有资本经营预算本级支出

【例6－19】年终，某市国库支付中心累计已经结清的一般公共预算本级支出50 000 000元、政府性基金预算本级支出40 000 000元、国有资本经营预算本级支出10 000 000元，与有关方面核对一致后转账。

借：已结报支出	100 000 000	
贷：一般公共预算本级支出		50 000 000
政府性基金预算本级支出		40 000 000
国有资本经营预算本级支出		10 000 000

第三节　财政总预算会计的待结算资产

一、预拨经费

（一）预拨经费的账务处理

“预拨经费”科目核算政府财政预拨给预算单位尚未列为预算支出的款项。本科目借方余额反映政府财政年末尚未转列支出或尚待收回的预拨经费数。本科目应当按照预拨经费种类、预算单位等进行明细核算。

预拨经费属资产类科目，核算财政部门预拨给行政事业单位、尚未列为预算支出的经费。借方登记经费预拨数，贷方登记收到退回经费数或到期转账列支数。借方余额反映尚未转列支出或尚待收回的预拨经费数。预拨经费应按拨款单位名称设明细账。

（1）拨出款项时，记：

借：预拨经费

贷：国库存款

（2）转列支出或收回预拨款项时，记：

借：一般公共预算本级支出

政府性基金预算本级支出

国库存款等科目

贷：预拨经费

预拨经费是用预算资金预拨给用款单位的款项。凡年度预算执行中总预算会计用预算资金预拨出应在以后各期列支的款项，以及会计年度终了前预拨给用款单位的下年度经费款，均应作为预拨经费管理。

发生预拨经费主要有两种特殊情况：一是交通不便的边远地区，当期汇款不能及时到达，影响单位按时支付，需要上级单位提前在上一个月拨付下一个月的经费；二是上年预拨属于下年预算的经费。如今冬明春水利经费，已列入下年的农田水利计划，但需在今年抓紧准备或施工。在此情况下，往往需提前拨付，但又不能在本年度列为支出。

“预拨经费”在列支前属于债权，财政部门预拨给行政事业单位的经费，不应列作本期总预算支出。凡拨出经费属于本期支出的，不属于预拨经费。预拨经费应及时清理转列支出或收回。一般要求预拨经费（不含预拨下年度经费）应在年终前转列支出或清理收回。

（二）预拨经费的核算实例

【例 6－20】11 月，某市财政局以一般公共预算资金预拨给市水利局下年度水利建设经费 9 000 000 元。

借：预拨经费——市水利局	9 000 000	
贷：国库存款——一般公共预算存款		9 000 000

财政收到预算单位交回拨款时作相反会计分录。

【例 6－21】1 月份将上年预拨一般公共预算经费中的 8 000 000 元转列预算支出，另外的 1 000 000 元收回。

借：一般公共预算本级支出	8 000 000	
国库存款	1 000 000	
贷：预拨经费		9 000 000

对行政事业单位拨款应按经费领报关系转拨。凡有上级主管部门的单位，不能作为主管会计单位，直接与各级财政部门发生领报关系。

二、借出款项

“借出款项”科目核算政府财政按照对外借款管理相关规定借给预算单位临时急需的，并需按期收回的款项。本科目期末借方余额反映政府财政借给预算单位尚未收回的款项。本科目应当按照借款单位等进行明细核算。

将款项借出时，按照实际支付的金额，记：

借：借出款项

　　贷：国库存款等

收回借款时，按照实际收到的金额作与此相反的会计分录。

【例 6－22】8 月 15 日，市财政局经研究决定，将一般公共预算资金 500 000 元借给市交通局作为购买设备的紧急用款。

借：借出款项	500 000	

贷：国库存款 500 000

【例 6 – 23】9 月 2 日，市财政局收到市交通局归还所借的 500 000 元预算资金中的 200 000 元，另外 300 000 元决定转为抵冲对市科委当月的包干经费拨款。

借：国库存款 200 000

一般公共预算本级支出 300 000

贷：借出款项 500 000

三、与下级往来

“与下级往来”属于往来性质科目，用于核算本级政府财政与下级政府财政的往来待结算款项。本科目应当按照下级政府财政部门名称、资金性质等设置明细账，进行明细核算。“与下级往来”是与“与上级往来”相对应的科目。

“与下级往来”科目的借方登记借出款数或体制结算中下级财政应上交的收入数；贷方登记借款收回数，或转作补助支出数，或体制结算应补助下级财政数。“与下级往来”的期末借方余额反映下级政府财政欠本级政府财政的款项，期末贷方余额则反映本级政府财政欠下级政府财政的款项。如发生贷方余额，在编制“资产负债表”时应以负数反映。

（1）借给下级政府财政款项时，记：

借：与下级往来

贷：国库存款

（2）体制结算中应当由下级政府财政上交的收入数，记：

借：与下级往来

贷：上解收入

（3）借款收回、转作补助支出或体制结算应当补助下级政府财政的支出，记：

借：国库存款/补助支出等有关科目

贷：与下级往来

（4）发生上解多交应当退回的，按照应当退回的金额，记：

借：上解收入

贷：与下级往来

（5）发生补助多补应当退回的，按照应当退回的金额，记：

借：与下级往来

贷：补助支出

【例 6 – 24】某省财政局签发付款凭证，通知国库将一般公共预算资金 1 000 000 元借给所属的甲县财政局。

借：与下级往来——甲县财政局 1 000 000

贷：国库存款——一般预算存款 1 000 000

收到下级财政归还借款或向下级财政借款时，会计分录相反。

【例 6 – 25】年终体制结算中，计算出 A 区财政应上解未解的预算收入 600 000 元。

借：与下级往来——A 区财政局 600 000

贷：上解收入——A 区财政局　　600 000

【例 6－26】年终体制结算中，对应拨未拨给下级政府的补助款 260 000 元作会计分录。

借：补助支出　　260 000

　　贷：与下级往来　　260 000

【例 6－27】将借给下级财政的 370 000 元借款转作对下级补助款。

借：补助支出　　370 000

　　贷：与下级往来　　370 000

与下级往来应及时清理结算，属于转作补助支出的部分，应在当年结清，其他年末不能结清的余额，结转下年。

四、其他应收款

（一）其他应收款的账务处理

“其他应收款”科目核算政府财政临时发生的其他应收、暂付、垫付款项。项目单位拖欠外国政府和国际金融组织贷款本息和相关费用导致相关政府财政履行担保责任，代偿的贷款本息费，也通过本科目核算。本科目应当按照资金性质、债务单位等进行明细核算。本科目应及时清理结算。年终，原则上应无余额。

（1）发生其他应收款项时，记：

借：其他应收款

　　贷：国库存款/其他财政存款等科目

（2）收回或转作预算支出时，记：

借：国库存款/其他财政存款等科目

　　贷：其他应收款

（3）政府财政对使用外国政府和国际金融组织贷款资金的项目单位履行担保责任，代偿贷款本息费时，记：

借：其他应收款

　　贷：国库存款/其他财政存款等科目

政府财政行使追索权，收回项目单位贷款本息费时，记：

借：国库存款/其他财政存款等科目

　　贷：其他应收款

政府财政最终未收回项目单位贷款本息费，经核准列支时，记：

借：一般公共预算本级支出等科目

　　贷：其他应收款

（二）其他应收款的核算实例

【例 6－28】某市财政对使用国际金融组织贷款资金的 A 项目单位履行担保责任，发生代偿贷款本息 210 000 元，其中本金 200 000 元、利息 10 000 元。

借：其他应收款　　210 000

　　贷：其他财政存款　　200 000

国库存款　　10 000

【例6－29】〖例6－28〗中的市财政行使追索权，收回A项目单位贷款本息210 000元。

借：其他财政存款　　200 000

国库存款　　10 000

贷：其他应收款　　210 000

【例6－30】〖例6－29〗中的市财政最终未收回A项目单位贷款本息费，经核准列入一般公共预算支出。

借：一般公共预算本级支出　　210 000

贷：其他应收款　　210 000

第四节　财政总预算会计的股权股利

一、股权投资

（一）股权投资的科目设置

“股权投资”科目核算政府持有的各类股权投资，包括国际金融组织股权投资、投资基金股权投资和企业股权投资等。股权投资一般采用权益法进行核算。本科目期末借方余额反映政府持有的各种股权投资金额。

“股权投资”科目应当按照“国际金融组织股权投资”“投资基金股权投资”“企业股权投资”设置一级明细科目，在一级明细科目下，可根据管理需要，按照被投资主体进行明细核算。对每一被投资主体还可按“投资成本”“收益转增投资”“损益调整”“其他权益变动”进行明细核算。

（二）股权投资的主要账务处理

1. 国际金融组织股权投资

（1）政府财政代表政府认缴国际金融组织股本时的账务处理。

按认缴国际金融组织股本的实际支付金额，记：

借：一般公共预算本级支出等科目

贷：国库存款

根据股权投资确认相关资料，按照确定的股权投资成本，记：

借：股权投资

贷：资产基金——股权投资

（2）从国际金融组织撤出股本时的账务处理。

按照收回的金额，记：

借：国库存款

贷：一般公共预算本级支出

根据股权投资清算相关资料，按照实际撤出的股本，记：

借：资产基金——股权投资

贷：股权投资

2. 投资基金股权投资

（1）政府财政对投资基金进行股权投资时，按照实际支付的金额，借记“一般公共预算本级支出”等科目，贷记“国库存款”等科目；根据股权投资确认相关资料，按照实际支付的金额，借记本科目（投资成本），按照确定的在被投资基金中占有的权益金额与实际支付金额的差额，借记或贷记本科目（其他权益变动），按照确定的在被投资基金中占有的权益金额，贷记“资产基金——股权投资”科目。

按照实际支付的金额，记：

借：一般公共预算本级支出等科目

　　贷：国库存款等科目

根据股权投资确认相关资料，按照实际支付的金额，记：

借：股权投资——投资成本（实付金额）

　　　　　　——其他权益变动（差额）

　　贷：股权投资——其他权益变动（差额）

　　　　资产基金——股权投资（权益金额）

（2）年末，根据政府财政在被投资基金当期净利润或净亏损中占有的份额，作如下会计分录。

对于被投资基金当期净利润中占有的份额，记：

借：股权投资——损益调整

　　贷：资产基金——股权投资

对于被投资基金当期净亏损中占有的份额，记：

借：资产基金——股权投资

　　贷：股权投资——损益调整

（3）政府财政将归属财政的收益留作基金滚动使用时，记：

借：股权投资——收益转增投资

　　贷：股权投资——损益调整

（4）被投资基金宣告发放现金股利或利润时，按照应上缴政府财政的部分，记：

借：应收股利

　　贷：资产基金——应收股利

同时按照相同的金额，记：

借：资产基金——股权投资

　　贷：股权投资——损益调整

（5）被投资基金发生除净损益以外的其他权益变动时，按照政府财政持股比例计算应享有的部分，作如下会计分录：

权益增加时，记：

借：股权投资——其他权益变动

　　贷：资产基金——股权投资

或者，权益减少时，记：

借：资产基金——股权投资
　　贷：股权投资——其他权益变动

（6）投资基金存续期满、清算或政府财政从投资基金退出需收回出资时，记：

借：国库存款等科目（实际收回的资金）
　　贷：一般公共预算本级支出等科目（收回原实际出资的部分）
　　　　一般公共预算本级收入等科目（超出原实际出资的部分）

根据股权投资清算相关资料，按照因收回股权投资而减少在被投资基金中占有的权益金额，记：

借：资产基金——股权投资
　　贷：股权投资

企业股权投资的账务处理，根据管理条件和管理需要，参照投资基金股权投资的账务处理。

（三）股权投资的核算实例

【例6－31】 某省财政使用一般公共预算资金与社会资本结合创立中小企业发展投资基金，出资500 000元，在投资基金中占有的权益金额为490 000元，占2%。

借：一般公共预算本级支出	500 000	
贷：国库存款		500 000
借：股权投资——投资基金股权投资——投资成本	500 000	
贷：资产基金——股权投资		490 000
股权投资——投资基金股权投资——其他权益变动		10 000

【例6－32】〖例6－31〗中假设投资基金当年实现净利润1 000 000元，年末进行投资基金损益调整。

借：股权投资——投资基金股权投资——损益调整	20 000	
贷：资产基金——股权投资		20 000

【例6－33】 将〖例6－32〗中的20 000元收益留作基金滚动使用。

借：股权投资——投资基金股权投资——收益转增投资	20 000	
贷：股权投资——损益调整		20 000

【例6－34】〖例6－33〗中投资基金宣告发放现金股利，拟分配当年净利润的30%。

借：应收股利	6 000	
贷：资产基金——应收股利		6 000
借：资产基金——股权投资	6 000	
贷：股权投资——投资基金股权投资——损益调整		6 000

【例6－35】 假设〖例6－34〗投资基金存续期满，省财政实际收回资金550 000元。

借：国库存款	550 000	
贷：一般公共预算本级支出		550 000
借：资产基金——股权投资	490 000	
贷：股权投资——投资基金股权投资		490 000

二、应收股利

（一）应收股利的账务处理

“应收股利”科目核算政府因持有股权投资应当收取的现金股利或利润。本科目期末借方余额反映政府尚未收回的现金股利或利润。本科目应当按照被投资主体进行明细核算。

（1）持有股权投资期间被投资主体宣告发放现金股利或利润的，按应上缴政府财政的部分，记：

借：应收股利

　　贷：资产基金——应收股利

按照相同的金额，记：

借：资产基金——股权投资

　　贷：股权投资——损益调整

（2）实际收到现金股利或利润，记：

借：国库存款等科目

　　贷：有关收入科目

按照相同的金额，记：

借：资产基金——应收股利

　　贷：应收股利

（二）应收股利的核算实例

【例6-36】2015年5月30日某国有参股企业发布2015年利润分配实施公告，公布2015年分配现金股利500 000元，现金股利发放日为6月10日。市政府在该企业持有股份比例为20%。

宣告发放股利时，记：

借：应收股利	500 000	
贷：资产基金——应收股利		500 000
借：资产基金——股权投资	500 000	
贷：股权投资——国有企业股权投资——损益调整		500 000

实际收到现金股利时，记：

借：国库存款	500 000	
贷：国有资本经营预算本级收入		500 000
借：资产基金——应收股利	500 000	
贷：应收股利		500 000

第五节　财政总预算会计的债权

一、应收地方政府债券转贷款

（一）应收地方政府债券转贷款的账务处理

“应收地方政府债券转贷款”科目核算本级政府财政转贷给下级政府财政的地方政府债券资金的本金及利息。本科目期末借方余额反映政府财政应收未收的地方政府债券转贷款本金和利息。本科目下应当设置“应收地方政府一般债券转贷款”和“应收地方政府专项债券转贷款”明细科目，其下分别设置“应收本金”和“应收利息”两个明细科目，并按照转贷对象进行明细核算。

（1）向下级政府财政转贷地方政府债券资金时，按照转贷的金额，记：

借：债务转贷支出

　　贷：国库存款

根据债务管理部门转来的相关资料，按照到期应收回的转贷本金金额，记：

借：应收地方政府债券转贷款

　　贷：资产基金——应收地方政府债券转贷款

（2）期末确认地方政府债券转贷款的应收利息时，根据债务管理部门计算出转贷款本期应收未收利息金额，记：

借：应收地方政府债券转贷款

　　贷：资产基金——应收地方政府债券转贷款

（3）收回下级政府财政偿还的转贷款本息时，按照收回的金额，记：

借：国库存款等科目

　　贷：其他应付款/其他应收款

根据债务管理部门转来的相关资料，按照收回的转贷款本金及已确认的应收利息金额，记：

借：资产基金——应收地方政府债券转贷款

　　贷：应收地方政府债券转贷款

（4）扣缴下级政府财政的转贷款本息时，按照扣缴的金额，记：

借：与下级往来

　　贷：其他应付款/其他应收款

根据债务管理部门转来的相关资料，按照扣缴的转贷款本金及已确认的应收利息金额，记：

借：资产基金——应收地方政府债券转贷款

　　贷：应收地方政府债券转贷款

（二）应收地方政府债券转贷款的核算实例

【例 6－37】某省财政向所属某市财政转贷地方政府一般债券资金 60 000 000 元，全部为一般债券。根据债务管理部门资料，到期应收回的一般债券转贷本金金额

200 000 000 元。

借：债务转贷支出——地方政府一般债务转贷支出　　60 000 000

　　贷：国库存款　　60 000 000

借：应收地方政府债券转贷款

　　——应收地方政府一般债券转贷款——应收本金　　200 000 000

　　贷：资产基金——应收地方政府债券转贷款　　200 000 000

【例 6 –38】月末确认地方政府债券转贷款的应收利息时，根据债务管理部门计算出的转贷款本期应收未收利息金额 200 000 元。

借：应收地方政府债券转贷款

　　——应收地方政府一般债券转贷款——应收利息　　200 000

　　贷：资产基金——应收地方政府债券转贷款　　200 000

【例 6 –39】债券到期，收回下级政府财政偿还的一般债券转贷款本息 100 240 000 元，其中本金 100 000 000 元，利息 240 000 元。

借：国库存款　　100 240 000

　　贷：其他应收款　　100 240 000

借：资产基金——应收地方政府债券转贷款　　100 240 000

　　贷：应收地方政府债券转贷款

　　　　——应收地方政府一般债券转贷款——应收本金　　100 000 000

　　　　　　　　　　　　　　　　　　——应收利息　　240 000

二、应收主权外债转贷款

（一）应收主权外债转贷款的账务处理

“应收主权外债转贷款”科目核算本级政府财政转贷给下级政府财政的外国政府和国际金融组织贷款等主权外债资金的本金及利息。本科目期末借方余额反映政府财政应收未收的主权外债转贷款本金和利息。本科目下应当设置“应收本金”和“应收利息”两个明细科目，并按照转贷对象进行明细核算。

（1）本级政府财政向下级政府财政转贷主权外债资金，且主权外债最终还款责任由下级政府财政承担的，相关账务处理如下：

①本级政府财政支付转贷资金时，根据转贷资金支付相关资料，记：

借：债务转贷支出

　　贷：其他财政存款

根据债务管理部门转来的相关资料，按照实际持有的债权金额，记：

借：应收主权外债转贷款

　　贷：资产基金——应收主权外债转贷款

②外方将贷款资金直接支付给用款单位或供应商时，本级政府财政根据转贷资金支付相关资料，记：

借：债务转贷支出

　　贷：债务收入/债务转贷收入

根据债务管理部门转来的相关资料，按照实际持有的债权金额，记：

借：应收主权外债转贷款

　　贷：资产基金——应收主权外债转贷款

同时，记：

借：待偿债净资产

　　贷：借入款项/应付主权外债转贷款

（2）期末确认主权外债转贷款的应收利息时，根据债务管理部门计算出转贷款的本期应收未收利息金额，记：

借：应收主权外债转贷款

　　贷：资产基金——应收主权外债转贷款

（3）收回转贷给下级政府财政主权外债的本息时，按照收回的金额，记：

借：其他财政存款

　　贷：其他应付款/其他应收款

根据债务管理部门转来的相关资料，按照实际收回的转贷款本金及已确认的应收利息金额，记：

借：资产基金——应收主权外债转贷款

　　贷：应收主权外债转贷款

（4）扣缴下级政府财政的转贷款本息时，按照扣缴的金额，记：

借：与下级往来

　　贷：其他应付款/其他应收款

根据债务管理部门转来的相关资料，按照扣缴的转贷款本金及已确认的应收利息金额，记：

借：资产基金——应收主权外债转贷款

　　贷：应收主权外债转贷款

（二）应收主权外债转贷款的核算实例

【例 6-40】 某省财政向所属 D 市财政支付外国政府借款转贷资金 2 000 000 元，贷款期限 20 年、利率 3%，到期一次性还本付息。该转贷款由 D 市财政承担还款责任、D 市交通运输局使用。

（1）外国政府借款发生转贷，记：

借：债务转贷支出	2 000 000	
贷：其他财政存款		2 000 000
借：应收主权外债转贷款——应收本金	2 000 000	
贷：资产基金——应收主权外债转贷款		2 000 000

（2）如果外方将贷款资金直接支付给了 D 市交通运输局，记：

借：债务转贷支出	2 000 000	
贷：债务收入		2 000 000
借：应收主权外债转贷款——应收本金	2 000 000	
贷：资产基金——应收主权外债转贷款		2 000 000

借：待偿债净资产——借入款项　　　　　　　　　　2 000 000

　　贷：借入款项——应付本金　　　　　　　　　　　2 000 000

（3）月末根据债务管理部门计算出转贷款的本期应收未收利息 80 000 元，记：

借：应收主权外债转贷款——应收利息　　　　　　　80 000

　　贷：资产基金——应收主权外债转贷款　　　　　　　80 000

（4）转贷款到期，收回本金 2 000 000 元、利息 800 000 元，记：

借：其他财政存款　　　　　　　　　　　　　　2 800 000

　　贷：其他应付款　　　　　　　　　　　　　　　2 800 000

借：资产基金——应收主权外债转贷款　　　　　　3 800 000

　　贷：应收主权外债转贷款——应收本金　　　　　　2 000 000

　　　　　　　　　　　　——应收利息　　　　　　1 800 000

三、待发国债

“待发国债”属资产类科目，核算为弥补中央财政预算收支差额，中央财政预计发行国债与实际发行国债之间的差额。

年度终了，实际发行国债收入用于债务还本支出后，小于为弥补中央财政预算收支差额中央财政预计发行国债时，按两者的差额，记：

借：待发国债

　　贷：相关科目

年终，实际发行国债收入用于债务还本支出后，大于为弥补中央财政预算收支差额中央财政预计发行国债时，按两者的差额，记：

借：相关科目

　　贷：待发国债

【例 6－41】为了弥补中央财政预算收支差额，中央财政预计发行国债 10 000 000 元。

借：待发国债　　　　　　　　　　　　　　　10 000 000

　　贷：应付长期政府债券　　　　　　　　　　　10 000 000

【例 6－42】实际发行国债收入用于债务还本支出后，大于为弥补中央财政预算收支差额中央财政预计发行的国债，差额为 1 000 000 元。

借：应付长期政府债券　　　　　　　　　　　　1 000 000

　　贷：待发国债　　　　　　　　　　　　　　　1 000 000

思考与练习题

一、思考题

1. 什么是财政总预算会计的资产？包括哪些内容？

2. 什么是财政性存款？财政性存款应遵循哪些管理原则？

3. 什么是国库单一存款制度？国库单一账户体系由哪些账户组成？各账户的用途分别是什么？

4. 什么是财政存款？主要包括哪些内容？如何核算？

5. 什么是有价证券？应当如何核算？

6. 什么是借出款项？其管理的基本要求是什么？应当如何核算？

7. 什么是暂付及应收款项？应当如何核算？

8. 什么是应收转贷款？应当如何核算？

9. 什么是在途款？应当如何核算？

10. 什么是预拨经费？应当如何核算？

11. 什么是股权投资？它包括哪些内容？应当如何核算？

12. 什么是待发国债？应当如何核算？

二、练习题

1. 某市财政总预算会计发生如下经济业务：

（1）收到中国人民银行国库报来的“预算收入日报表”等凭证，列明当日收到预算收入共计203 400元。其中，一般公共预算本级收入112 000元，政府性基金预算本级收入11 400元，国有资本经营预算本级收入20 000元；同时收到上级财政补助收入60 000元。

（2）收到国库集中支付清算回单，列明当日支出的款项共计43 000元，其中：属于一般公共预算本级支出的款项共计29 000元，属于政府性基金预算支出的款项共计7 900元，属于国有资本经营预算支出的款项共计6 100元；同时通过财政国库账户向所属下级财政拨付财政补助资金10 000元。

（3）当日财政国库支付执行机构通过财政直接支付方式从财政零余额账户中支付属于一般公共预算本级支出的款项共计3 000元。

（4）收到实行财政专户管理的资金收入共计3 500元。同时，通过财政专户向有关单位拨付财政专户管理资金共计4 000元。

（5）用一般公共预算结余资金购买中央财政发行的某类国债50 000元。

（6）因所属某预算单位特殊情况急需资金，临时借给该预算单位一般公共预算款项15 000元。

（7）经研究，将借给某预算单位的15 000元款项落实预算，转作一般公共预算本级支出。

（8）在上下级财政资金结算中，应补助所属区财政款项80 000元。

（9）向所属区财政转贷地方政府一般债券5 000 000元。

（10）收到所属区财政到期偿还的地方政府债券转贷款本金400 000元，利息22 500元。

（11）向所属区财政转贷外国政府贷款5 000 000元。

（12）年末计算出本年应收未收地方政府一般债券转贷款利息50 000元。

（13）在国库存款报解整理期内收到属于上年度的一般公共预算本级收入18 000元。

（14）预拨某单位下年度工作经费200 000元。

（15）使用一般公共预算资金对文化产业基金进行股权投资，实际支付金额300 000元，在被投资基金中占有的权益金额290 000元。

（16）年末某国有上市公司披露年度财务报告，该公司当年实现净利润 2 000 000 元，宣告发放当年净利润 30% 的现金股利。市政府在该公司拥有 20% 的股权。

要求：根据以上经济业务，为该市财政总预算会计编制有关的会计分录。

2. 某市财政部门 3 月发生如下会计事项，要求据此编制会计分录：

（1）用预算结余资金 1 000 000 元、基金预算结余 500 000 元购入有价证券。

（2）到期兑付上年用一般公共预算结转结余购买的有价证券本金和利息 1 100 000 元，其中利息为 100 000 元；兑付政府性基金预算结余购买的有价证券本息 550 000 元，其中利息为 50 000 元。

（3）整理期内，收到属于上年度的一般公共预算本级固定收入 28 000 元，收到属于上年度的政府性基金预算的本级固定收入 19 000 元；收回上年已列支的一般公共预算本级支出 368 900 元，收到上年已列支的政府性基金预算本级支出 250 034 元。

（4）因救灾急需，按领导指示借给民政局自然灾害救灾款 1 000 000 元。7 天后上述救灾款经研究后，一般公共预算已经落实，转作支出。

（5）市教育局因修理危险校舍，市财政从一般公共预算向其提供紧急借款 200 000 元。12 天后上述款项经研究转作预拨教育经费处理。

（6）经市委领导批准，借给市水利局急需款项 100 000 元，用于该局下属企业的设备改造。23 天后上述款项经批准转作预算支出。

（7）年终结算，所属 T 县财政尚有上解款 500 000 元没有上解，先作往来入账。

（8）收到所属 T 县财政上解其年终结算中欠解的 500 000 元。

（9）经过研究决定，将原借给市教委的 750 000 元借款转为抵冲对教委当月的一般公共预算经费拨款，根据有关凭证填制记账凭证。

（10）签发预算拨款凭证，通知国库预拨给市水利局明年的一般公共预算经费 500 000 元，根据国库转来的预算拨款回单填制记账凭证。

（11）签发付款通知，将 500 000 元的一般公共预算资金借给市科委紧急周转，根据国库转来的有关凭证填制记账凭证。

（12）签发付款通知，将 500 000 元的一般公共预算资金借给下级财政，根据国库转来的有关凭证填制记账凭证。

（13）收回体育部门缴回多余的预拨事业经费 50 000 元。

（14）按规定预拨民政局下年度经费 300 000 元。

（15）收到国库报来的上年度车辆购置附加费收入 50 000 元，上年已将其作为在途款入账。

（16）用一般公共预算资金向民政局发放紧急借款 100 000 元用于维修危险房屋。

（17）为临时周转，向省财政厅借往来款 50 000 000 元，已由省汇入国库。

（18）从省财政借入一般公共预算调度款 10 000 000 元；10 天后归还此调度款。

（19）根据年终结算对账单，本市财政尚欠拨 M 县财政 36 000 000 元一般公共预算补助款。

（20）将年终结算中欠拨的 897 000 000 元一般公共预算补助款拨付给 M 县。

（21）根据国库报来的预算收入日报表列示，收到市工商局缴来的不明性质的款项

560 000 元。

（22）为临时周转，向所属甲县财政借款 800 000 元，已汇入国库。

（23）体制结算时，本市欠解上级财政款 690 000 元。

（24）从上级财政借入款或体制结算中发生应上交上级财政款项 1 600 000 元。

（25）归还借款、转作上级补助收入时或体制结算中应由上级补给款项 5 000 000 元。

第七章

财政总预算会计负债

第一节　财政总预算会计待结算的负债

一、其他应付款

（一）其他应付款的主要账务处理

“其他应付款”科目核算政府财政临时发生的暂收、应付和收到的不明性质款项。税务机关代征入库的社会保险费、项目单位使用并承担还款责任的外国政府和国际金融组织贷款，也通过本科目核算。本科目期末贷方余额反映政府财政尚未结清的其他应付款项，本科目应当按照债权单位或资金来源等进行明细核算。

（1）收到暂存款项时，记：

借：国库存款/其他财政存款等科目

　　贷：其他应付款

（2）将暂存款项清理退还或转作收入时，记：

借：其他应付款

　　贷：国库存款/其他财政存款

（3）社会保险费代征入库时，记：

借：国库存款

　　贷：其他应付款

社会保险费国库缴存社保基金财政专户时作相反的会计分录。

（4）收到项目单位承担还款责任的外国政府和国际金融组织贷款资金时，记：

借：其他财政存款

　　贷：其他应付款

付给项目单位时作与此相反的会计分录。

收到项目单位偿还贷款资金时，记：

借：其他财政存款

　　贷：其他应付款

付给外国政府和国际金融组织项目单位还款资金时作与此相反的会计分录。

（二）其他应付款的核算实例

【例7－1】市财政局收到国库报表列示，收到市公安局缴来不明性质的款项 80 000 元。

借：国库存款 80 000

贷：其他应付款——市公安局 80 000

【例7-2】 市公安局缴来的不明性质的款项80 000元中，有30 000元属于误缴款项，当即退还；另外50 000元属于应该缴纳财政的预算资金。

借：其他应付款——市公安局 80 000

贷：国库存款 30 000

一般预算收入 50 000

二、与上级往来

（一）与上级往来的账务处理

“与上级往来”属往来性质的科目，核算本级政府财政与上级政府财政的往来待结算款项。本科目贷方登记与上级往来的增加数，即向上级财政借款数或体制结算中应补交上级财政款；借方登记归还借款数或上级转作对本级的补助数或体制结算中应由上级补付的款项。本科目应当按照往来款项的类别和项目等进行明细核算。

本科目期末贷方余额反映本级政府财政欠上级政府财政的款项；借方余额反映上级政府财政欠本级政府财政的款项，因此在编制“资产负债表”时，应以负数反映。对“与上级往来”款应及时清理结算，年终未能结清的余额，结转下年。

（1）本级政府财政从上级政府财政借入款或体制结算中发生应上交上级政府财政款项时，作如下账务处理：

①向上级财政借款时，作会计分录：

借：国库存款

贷：与上级往来

归还时作相反会计分录。

②体制结算时，对应补交上级财政款，作会计分录：

借：上解支出

贷：与上级往来

（2）本级政府财政归还借款、转作上级补助收入或体制结算中应由上级补给款项时，作如下账务处理：

①体制结算时，对上级应拨未拨款，作会计分录：

借：与上级往来

贷：补助收入

②将向上级财政的借款转为对本级财政的补助或体制结算中应由上级补给款项时，作会计分录：

借：与上级往来

贷：补助收入

“与上级往来”科目和“与下级往来”科目相互对应。本科目可以总账代明细账。有基金预算往来的地区，可按资金性质分设明细账。

（二）与上级往来的核算实例

【例7-3】 某市财政年终体制结算，应上缴省财政资金700 000元。

借：上解支出 700 000

贷：与上级往来 700 000

【例7－4】财政年终体制结算，当年省财政欠拨补助款50 000 000元。其会计分录为：

借：与上级往来 50 000 000

贷：补助收入 50 000 000

【例7－5】将向上级财政的借款转为对本级财政的补助或体制结算中应由上级补给款项100 000元，作会计分录：

借：与上级往来 100 000

贷：补助收入 100 000

三、应付代管资金

（一）应付代管资金的账务处理

"应付代管资金"科目核算政府财政代为管理的、使用权属于被代管主体的资金。本科目期末贷方余额反映政府财政尚未支付的代管资金。本科目应当根据管理需要进行相关明细核算。

（1）收到代管资金时，记：

借：其他财政存款等科目

贷：应付代管资金

支付代管资金时作与此相反的会计分录。

（2）代管资金产生的利息收入按照相关规定仍属于代管资金的，记：

借：其他财政存款等科目

贷：应付代管资金

（二）应付代管资金的核算实例

【例7－6】某市财政专户收到市公安局一笔暂扣款5 000 000元。

借：其他财政存款 5 000 000

贷：应付代管资金 5 000 000

【例7－7】市公安局将暂扣款5 000 000元退还当事人。

借：应付代管资金 5 000 000

贷：其他财政存款 5 000 000

四、应付国库集中支付结余

（一）应付国库集中支付结余的账务处理

"应付国库集中支付结余"科目核算政府财政采用权责发生制列支，预算单位尚未使用的国库集中支付结余资金。本科目期末贷方余额反映政府财政尚未支付的国库集中支付结余。本科目应当根据管理需要，按照政府收支分类科目等进行相应明细核算。

（1）年末，对当年形成的国库集中支付结余采用权责发生制列支时，记：

借：有关支出科目

　　贷：应付国库集中支付结余

（2）以后年度实际支付国库集中支付结余资金时，分以下情况处理：

①按原结转预算科目支出的，记：

借：应付国库集中支付结余

　　贷：国库存款

②调整支出预算科目的，应当按原结转预算科目作冲销处理，记：

借：应付国库集中支付结余

　　贷：有关支出科目

同时，按实际支出预算科目作列支账务处理，记：

借：有关支出科目

　　贷：国库存款

（二）应付国库集中支付结余的核算实例

【例7－8】 年末，某市财政经对账确认某预算单位尚未使用的国库集中支付结余资金5 000 000元，其中一般公共预算资金3 000 000元，政府性基金预算资金2 000 000元。

借：一般公共预算本级支出	3 000 000	
政府性基金预算本级支出	2 000 000	
贷：应付国库集中支付结余		5 000 000

【例7－9】〖例7－8〗中下一年度，预算单位实际使用国库集中支付结余资金400 000元。其会计分录为：

借：应付国库集中支付结余	400 000	
贷：国库存款		400 000

【例7－10】 市财政按照存量资金管理规定，收回某预算单位超过两年未使用的国库集中支付结余资金100 000元。

借：应付国库集中支付结余	100 000	
贷：其他应付款		100 000

第二节　财政总预算会计的债务

一、应付短期政府债券

（一）应付短期政府债券的科目设置

“应付短期政府债券”科目核算政府财政部门以政府名义发行的期限不超过1年（含1年）的国债和地方政府债券的应付本金和利息。本科目期末贷方余额，反映政府财政尚未偿还的短期政府债券本金和利息。

“应付短期政府债券”科目下应设置“应付国债”“应付地方政府一般债券”“应付地方政府专项债券”等一级明细科目，在一级明细科目下，再分别设置“应付本金”“应付利息”明细科目，分别核算政府债券的应付本金和利息。债务管理部门应当设置相应的辅助账，详细记录每期政府债券金额、种类、期限、发行日、到期日、票面利率、偿还本金及付息情况等。

（二）应付短期政府债券的主要账务处理

（1）实际收到短期政府债券发行收入时，作如下账务处理：

借：国库存款（实收金额）

　　有关支出科目（两者之差额）

　　贷：债务收入（债券实际发行额）

　　　　有关支出科目（两者之差额）

根据债券发行确认文件等相关债券管理资料，按照到期应付的短期政府债券本金金额，记：

借：待偿债净资产——应付短期政府债券

　　贷：应付短期政府债券

（2）期末确认短期政府债券的应付利息时，根据债务管理部门计算出的本期应付未付利息金额，记：

借：待偿债净资产——应付短期政府债券

　　贷：应付短期政府债券

（3）实际支付本级政府财政承担的短期政府债券利息时，记：

借：一般公共预算本级支出

　　政府性基金预算本级支出

　　贷：国库存款等科目

实际支付利息金额中属于已确认的应付利息部分，还应根据债券兑付确认文件等相关债券管理资料，记：

借：应付短期政府债券

　　贷：待偿债净资产——应付短期政府债券

（4）实际偿还本级政府财政承担的短期政府债券本金时，记：

借：债务还本支出

　　贷：国库存款等科目

根据债券兑付确认文件等相关债券管理资料，记：

借：应付短期政府债券

　　贷：待偿债净资产——应付短期政府债券

（5）省级财政部门采用定向承销方式发行短期地方政府债券置换存量债务时，根据债权债务确认相关资料，按照置换本级政府存量债务的额度，记：

借：债务还本支出

　　贷：债务收入

根据债务管理部门转来的相关资料，按照置换本级政府存量债务的额度，记：

借：待偿债净资产——应付短期政府债券

　　贷：应付短期政府债券

（三）应付短期政府债券的核算实例

【例 7－11】 中央财政发行 1 年期国债 15 000 000 000 元，实际收到发行金额

15 000 000 000 元，票面利率 2.4%，到期一次还本付息。

（1）收到发行收入，记：

借：国库存款　　15 000 000 000

　　贷：债务收入　　15 000 000 000

借：待偿债净资产——应付短期政府债券　　15 000 000 000

　　贷：应付短期政府债券——应付国债——应付本金　　15 000 000 000

（2）每月月末确认应付利息：

应付年利息 = 15 000 000 000 × 2.4% = 360 000 000（元）

每月应付未付利息 = 360 000 000 ÷ 12 = 30 000 000（元）

借：待偿债净资产——应付短期政府债券　　30 000 000

　　贷：应付短期政府债券——应付国债——应付利息　　30 000 000

（3）1 年期国债到期，还本付息时，实际支付的利息金额 36 000 000 元中含最后一个月已确认的应付利息 30 000 000 元，记：

借：待偿债净资产——应付短期政府债券　　30 000 000

　　贷：应付短期政府债券——应付国债——应付利息　　30 000 000

借：债务还本支出　　15 000 000 000

　　一般公共预算本级支出　　360 000 000

　　贷：国库存款　　15 360 000 000

借：应付短期政府债券——应付国债——应付本金　　15 000 000 000

　　　　　　　　　　　　　　　　——应付利息　　360 000 000

　　贷：待偿债净资产——应付短期政府债券　　15 360 000 000

【例 7-12】某省财政经省政府批准，采用定向承销方式发行 1 年期地方政府专项置换债券，实际收到发行金额 200 000 000 元，置换本级政府存量债务 200 000 000 元。其会计分录为：

借：债务还本支出　　200 000 000

　　贷：债务收入　　200 000 000

借：待偿债净资产——应付短期政府债券　　200 000 000

　　贷：应付短期政府债券

　　　　——应付地方政府专项债券——应付本金　　200 000 000

二、应付长期政府债券

（一）应付长期政府债券的科目设置

“应付长期政府债券”科目核算政府财政部门以政府名义发行的期限超过 1 年的国债和地方政府债券的应付本金和利息。本科目期末贷方余额反映政府财政尚未偿还的长期政府债券本金和利息。

本科目下应当设置“应付国债”“应付地方政府一般债券”“应付地方政府专项债券”等一级明细科目，在一级明细科目下，再分别设置“应付本金”“应付利息”明细科目，分别核算政府债券的应付本金和利息。债务管理部门应当设置相应的辅助账，详细记录每期政府债券金额、种类、期限、发行日、到期日、票面利率、偿还本金及付息情况等。

（二）应付长期政府债券的主要账务处理

（1）实际收到长期政府债券发行收入时，作如下会计分录：

借：国库存款（按照实际收到的金额）

　　有关支出科目（差额）

　　贷：债务收入（债券实际发行额）

　　　　有关支出科目（差额）

根据债券发行确认文件等相关债券管理资料，按照到期应付的长期政府债券本金金额，记：

借：待偿债净资产——应付长期政府债券

　　贷：应付长期政府债券

（2）期末确认长期政府债券的应付利息时，根据债务管理部门计算出的本期应付未付利息金额，记：

借：待偿债净资产——应付长期政府债券

　　贷：应付长期政府债券

（3）实际支付本级政府财政承担的长期政府债券利息时，记：

借：一般公共预算本级支出

　　政府性基金预算本级支出

　　贷：国库存款等科目

实际支付利息金额中属于已确认的应付利息部分，还应根据债券兑付确认文件等相关债券管理资料，记：

借：应付长期政府债券

　　贷：待偿债净资产——应付长期政府债券

（4）实际偿还本级政府财政承担的长期政府债券本金时，记：

借：债务还本支出

　　贷：国库存款等科目

根据债券兑付确认文件等相关债券管理资料，记：

借：应付长期政府债券

　　贷：待偿债净资产——应付长期政府债券

（5）本级政府财政偿还下级政府财政承担的地方政府债券本息时，记：

借：其他应付款/其他应收款

　　贷：国库存款

根据债券兑付确认文件等相关债券管理资料，按照实际偿还的长期政府债券本金及已确认的应付利息金额，记：

借：应付长期政府债券

　　贷：待偿债净资产——应付长期政府债券

（6）省级财政部门采用定向承销方式发行长期地方政府债券置换存量债务时，根据债权债务确认相关资料，按照置换本级政府存量债务的额度，借记“债务还本支出”科目，按照置换下级政府存量债务的额度，借记“债务转贷支出”科目，按照置换存量债务的总额度，贷记“债务收入”科目，即：

借：债务还本支出
　　债务转贷支出
　　　贷：债务收入

根据债务管理部门转来的相关资料，按照置换存量债务的总额度，记：

借：待偿债净资产——应付长期政府债券
　　　贷：应付长期政府债券

同时，按照置换下级政府存量债务额度，记：

借：应收地方政府债券转贷款
　　　贷：资产基金——应收地方政府债券转贷款

（三）应付长期政府债券的核算实例

【例7-13】 中央财政发行10年期国债30 000 000 000元，实际收到发行金额30 000 000 000元，票面利率4%，分年付息，到期一次还本。

（1）收到发行收入，记：

借：国库存款	30 000 000 000	
贷：债务收入		30 000 000 000
借：待偿债净资产——应付长期政府债券	30 000 000 000	
贷：应付长期政府债券——应付国债——应付本金		30 000 000 000

（2）每月月末确认应付利息：

应付年利息＝30 000 000 000×4%＝1 200 000 000（元）

每月月末应付未付利息＝1 200 000 000÷12＝100 000 000（元）

借：待偿债净资产——应付长期政府债券	100 000 000	
贷：应付长期政府债券——应付国债——应付利息		100 000 000

（3）每年实际支付利息，记：

借：一般公共预算本级支出	1 200 000 000	
贷：国库存款		1 200 000 000
借：应付长期政府债券——应付国债——应付利息	1 200 000 000	
贷：待偿债净资产——应付长期政府债券		1 200 000 000

（4）10年期国债到期还本付息时，实际支付的当年利息1 200 000 000元中含已确认的最后一个月应付利息100 000 000元，记：

借：待偿债净资产——应付长期政府债券	100 000 000	
贷：应付长期政府债券——应付国债——应付利息		100 000 000
借：债务还本支出	30 000 000 000	
一般公共预算本级支出	1 200 000 000	
贷：国库存款		31 200 000 000

借：应付长期政府债券——应付国债——应付本金　　30 000 000 000
　　　　　　　　　　　　　　　　——应付利息　　1 200 000 000
　　贷：待偿债净资产——应付长期政府债券　　31 200 000 000

【例 7－14】某省财政经省政府批准，采用定向承销方式发行 5 年期地方政府专项置换债券，实际收到发行金额 200 000 000 元。其中置换本级政府存量债务的额度 150 000 000 元、置换下级政府存量债务的额度 50 000 000 元。

借：债务还本支出　　150 000 000
　　债务转贷支出——地方政府专项债务转贷支出　　50 000 000
　　贷：债务收入　　200 000 000
借：待偿债净资产——应付长期政府债券　　200 000 000
　　贷：应付长期政府债券——应付地方政府专项债券——应付本金
　　　　200 000 000
借：应收地方政府债券转贷款——应收地方政府专项债券转贷款——应收本金
　　50 000 000
　　贷：资产基金——应收地方政府债券转贷款　　50 000 000

三、借入款项

（一）借入款项的科目设置

“借入款项”科目核算政府财政部门以政府名义向外国政府和国际金融组织等借入的款项，以及经国务院批准的其他方式借入的款项。本科目期末贷方余额反映本级政府财政尚未偿还的借入款项本金和利息。

“借入款项”科目下应设置“应付本金”“应付利息”明细科目，分别对借入款项的应付本金和利息进行明细核算，还应当按照债权人进行明细核算。债务管理部门应当设置相应的辅助账，详细记录每笔借入款项的期限、借入日期、偿还及付息情况等。

（二）借入主权外债的账务处理

（1）本级政府财政收到借入的主权外债资金时，记：

借：其他财政存款
　　贷：债务收入

根据债务管理部门转来的相关资料，按照实际承担的债务金额，记：

借：待偿债净资产——借入款项
　　贷：借入款项

（2）本级政府财政借入主权外债，且由外方将贷款资金直接支付给用款单位或供应商时，应根据以下情况分别处理：

①本级政府财政承担还款责任，贷款资金由本级政府财政同级部门（单位）使用的，本级政府财政部门根据贷款资金支付相关资料，记：

借：一般公共预算本级支出等科目
　　贷：债务收入

根据债务管理部门转来的相关资料，按照实际承担的债务金额，记：

借：待偿债净资产——借入款项

　　贷：借入款项

②本级政府财政承担还款责任，贷款资金由下级政府财政同级部门（单位）使用的，本级政府财政部门根据贷款资金支付相关资料及预算指标文件，记：

借：补助支出

　　贷：债务收入

根据债务管理部门转来的相关资料，按照实际承担的债务金额，记：

借：待偿债净资产——借入款项

　　贷：借入款项

③下级政府财政承担还款责任，贷款资金由下级政府财政同级部门（单位）使用的，本级政府财政部门根据贷款资金支付相关资料，记：

借：债务转贷支出

　　贷：债务收入

根据债务管理部门转来的相关资料，按照实际承担的债务金额，记：

借：待偿债净资产——借入款项

　　贷：借入款项

同时，记：

借：应收主权外债转贷款

　　贷：资产基金——应收主权外债转贷款

（3）期末确认借入主权外债的应付利息时，根据债务管理部门计算出的本期应付未付利息金额，记：

借：待偿债净资产——借入款项

　　贷：借入款项

（4）偿还本级政府财政承担的借入主权外债本金时，记：

借：债务还本支出

　　贷：国库存款/其他财政存款等科目

根据债务管理部门转来的相关资料，按照实际偿还的本金金额，记：

借：借入款项

　　贷：待偿债净资产——借入款项

（5）偿还本级政府财政承担的借入主权外债利息时，记：

借：一般公共预算本级支出等科目

　　贷：国库存款/其他财政存款等科目

实际偿还利息金额中属于已确认的应付利息部分，还应根据债务管理部门转来的相关资料，记：

借：借入款项

　　贷：待偿债净资产——借入款项

（6）偿还下级政府财政承担的借入主权外债的本息时，记：

借：其他应付款/其他应收款

　　贷：国库存款/其他财政存款等科目

根据债务管理部门转来的相关资料，按照实际偿还的本金及已确认的应付利息金额，记：

借：借入款项

　　贷：待偿债净资产——借入款项

（7）被上级政府财政扣缴借入主权外债的本息时，记：

借：其他应收款

　　贷：与上级往来

根据债务管理部门转来的相关资料，按照实际扣缴的本金及已确认的应付利息金额，记：

借：借入款项

　　贷：待偿债净资产——借入款项

列报支出时，对应由本级政府财政承担的还本支出，记：

借：债务还本支出

　　贷：其他应收款

对应由本级政府财政承担的利息支出，记：

借：一般公共预算本级支出等科目

　　贷：其他应收款

（8）债权人豁免本级政府财政承担偿还责任的借入主权外债本息时，根据债务管理部门转来的相关资料，按照被豁免的本金及已确认的应付利息金额，记：

借：借入款项

　　贷：待偿债净资产——借入款项

债权人豁免下级政府财政承担偿还责任的借入主权外债本息时，根据债务管理部门转来的相关资料，按照被豁免的本金及已确认的应付利息金额，记：

借：借入款项

　　贷：待偿债净资产——借入款项

同时，记：

借：资产基金——应收主权外债转贷款

　　贷：应收主权外债转贷款

其他借入款项账务处理参照借入主权外债业务的账务处理。

（三）借入款项的核算实例

【例7－15】某省财政通过财政部向外国政府借入款项200 000 000元，贷款期限10年，利率3%，到期一次还本付息。

（1）收到外国政府借款，记：

借：其他财政存款	200 000 000	
贷：债务收入		200 000 000
借：待偿债净资产——借入款项	200 000 000	

贷：借入款项——应付本金 200 000 000

（2）如果外方将贷款直接支付给用款单位时，应根据以下情况分别处理：

①如果省财政承担还款责任，贷款资金由省水利厅使用，记：

借：一般公共预算本级支出 200 000 000

贷：债务收入 200 000 000

借：待偿债净资产——借入款项 200 000 000

贷：借入款项——应付本金 200 000 000

②如果省财政承担还款责任，贷款资金由所属 A 市水利局使用，记：

借：补助支出 200 000 000

贷：债务收入 200 000 000

借：待偿债净资产——借入款项 200 000 000

贷：借入款项——应付本金 200 000 000

③如果由 A 市财政承担还款责任，贷款资金由 A 市水利局使用，记：

借：债务转贷支出 200 000 000

贷：债务收入 200 000 000

借：待偿债净资产——借入款项 200 000 000

贷：借入款项——应付本金 200 000 000

借：应收主权外债转贷款——应收本金 200 000 000

贷：资产基金——应收主权外债转贷款 200 000 000

（3）每月月末确认借入款项应付利息：

年应付利息 = 200 000 000 × 3% = 6 000 000（元）

月应付未付利息 = 6 000 000 ÷ 12 = 500 000（元）

借：待偿债净资产——借入款项 500 000

贷：借入款项——应付利息 500 000

（4）外国政府贷款到期，偿还本金 200 000 000 元，支付利息 60 000 000 元，其中含当月应确认的利息 500 000 元，应根据以下情况分别处理：

①如果省财政承担还款责任，贷款资金由省水利厅使用，其会计分录为：

借：待偿债净资产——借入款项 500 000

贷：借入款项——应付利息 500 000

借：一般公共预算本级支出 60 000 000

债务还本支出 200 000 000

贷：国库存款 260 000 000

借：借入款项——应付本金 200 000 000

——应付利息 60 000 000

贷：待偿债净资产——借入款项 260 000 000

②如果 A 市财政已经将应偿还本息缴入省财政，省财政偿还 A 市财政承担的本息，其会计分录为：

借：其他应付款 260 000 000

贷：其他财政存款　　260 000 000

借：借入款项——应付本金　　200 000 000

——应付利息　　60 000 000

贷：待偿债净资产——借入款项　　260 000 000

（5）如果外方豁免借款本息，应根据以下情况分别处理：

①如果省级财政承担偿还责任，记：

借：借入款项——应付本金　　200 000 000

——应付利息　　60 000 000

贷：待偿债净资产——借入款项　　260 000 000

②如果 A 市财政承担偿还责任，记：

借：借入款项——应付本金　　200 000 000

——应付利息　　60 000 000

贷：待偿债净资产——借入款项　　260 000 000

借：资产基金——应收主权外债转贷款　　260 000 000

贷：应收主权外债转贷款——应收本金　　200 000 000

——应收利息　　60 000 000

四、应付地方政府债券转贷款

（一）应付地方政府债券转贷款的科目设置

“应付地方政府债券转贷款”科目核算地方政府财政从上级政府财政借入的地方政府债券转贷款的本金和利息。本科目期末贷方余额反映本级政府财政尚未偿还的地方政府债券转贷款的本金和利息。

“应付地方政府债券转贷款”科目下应当设置“应付地方政府一般债券转贷款”和“应付地方政府专项债券转贷款”一级明细科目，在一级明细科目下再分别设置“应付本金”和“应付利息”两个明细科目，分别对应付本金和利息进行明细核算。

（二）应付地方政府债券转贷款的主要账务处理

（1）收到上级政府财政转贷的地方政府债券资金时，记：

借：国库存款

贷：债务转贷收入

根据债务管理部门转来的相关资料，按照到期应偿还的转贷款本金金额，记：

借：待偿债净资产——应付地方政府债券转贷款

贷：应付地方政府债券转贷款

（2）期末确认地方政府债券转贷款的应付利息时，根据债务管理部门计算出的本期应付未付利息金额，记：

借：待偿债净资产——应付地方政府债券转贷款

贷：应付地方政府债券转贷款

（3）偿还本级政府财政承担的地方政府债券转贷款本金时，记：

借：债务还本支出

　　贷：国库存款等科目

根据债务管理部门转来的相关资料，按照实际偿还的本金金额，记：

借：应付地方政府债券转贷款

　　贷：待偿债净资产——应付地方政府债券转贷款

（4）偿还本级政府财政承担的地方政府债券转贷款的利息时，记：

借：一般公共预算本级支出

　　政府性基金预算本级支出

　　贷：国库存款等科目

实际支付利息金额中属于已确认的应付利息部分，还应根据债务管理部门转来的相关资料，记：

借：应付地方政府债券转贷款

　　贷：待偿债净资产——应付地方政府债券转贷款

（5）偿还下级政府财政承担的地方政府债券转贷款的本息时，记：

借：其他应付款/其他应收款

　　贷：国库存款等科目

根据债务管理部门转来的相关资料，按照实际偿还的本金及已确认的应付利息金额，记：

借：应付地方政府债券转贷款

　　贷：待偿债净资产——应付地方政府债券转贷款

（6）被上级政府财政扣缴地方政府债券转贷款本息时，记：

借：其他应收款

　　贷：与上级往来

根据债务管理部门转来的相关资料，按照实际扣缴的本金及已确认的应付利息金额，记：

借：应付地方政府债券转贷款

　　贷：待偿债净资产——应付地方政府债券转贷款

列报支出时，对本级政府财政承担的还本支出，记：

借：债务还本支出

　　贷：其他应收款

对本级政府财政承担的利息支出，记：

借：一般公共预算本级支出

　　政府性基金预算本级支出

　　贷：其他应收款

（7）采用定向承销方式发行地方政府债券置换存量债务时，省级以下（不含省级）财政部门根据上级财政部门提供的债权债务确认相关资料，作如下账务处理：

借：债务还本支出（置换本级政府存量债务的额度）

　　债务转贷支出（置换下级政府存量债务的额度）

贷：债务转贷收入（置换存量债务的总额度）

按照置换政府存量债务的总额度，记：

借：待偿债净资产——应付地方政府债券转贷款

　　贷：应付地方政府债券转贷款

同时，按照置换下级政府存量债务额度，记：

借：应收地方政府债券转贷款

　　贷：资产基金——应收地方政府债券转贷款

（三）应付地方政府债券转贷款的核算实例

【例 7 -16】某市财政收到省财政转贷的 3 年期地方政府一般债券 6 000 000 元，票面利率 2.5%，债券分年付息、到期一次还本。

（1）收到转贷的地方政府一般债券资金，记：

借：国库存款	6 000 000	
贷：债务转贷收入——地方政府一般债务转贷收入		6 000 000
借：待偿债净资产——应付地方政府债券转贷款	6 000 000	
贷：应付地方政府债券转贷款		
——应付地方政府一般债券转贷款——应付本金		6 000 000

（2）每月月末确认应付利息，记：

年应付利息 = 6 000 000 × 2.5% = 150 000（元）

月末未付应付利息 = 150 000 ÷ 12 = 12 500（元）

借：待偿债净资产——应付地方政府债券转贷款	12 500	
贷：应付地方政府债券转贷款		
——应付地方政府一般债券转贷款——应付利息		12 500

（3）每年支付利息，记：

借：一般公共预算本级支出	150 000	
贷：国库存款		150 000

（4）地方政府一般债券转贷款到期，支付本金 6 000 000 元、利息 150 000 元（含最后一个月已确认的应付利息 12 500 元），记：

借：待偿债净资产——应付地方政府债券转贷款	12 500	
贷：应付地方政府债券转贷款		
——应付地方政府一般债券转贷款——应付利息		12 500
借：债务还本支出	6 000 000	
一般公共预算本级支出	150 000	
贷：国库存款		6 150 000
借：应付地方政府债券转贷款		
——应付地方政府一般债券转贷款——应付本金	6 000 000	
——应付利息	150 000	
贷：待偿债净资产——应付地方政府债券转贷款		6 150 000

【例 7 -17】某市财政偿还县级财政承担的地方债券转贷款本息 205 000 元，其中本

金 200 000 元，利息 5 000 元。

借：其他应付款　205 000

　　贷：国库存款　205 000

借：应付地方政府债券转贷款

　　——应付地方政府一般债券转贷款——应付本金　200 000

　　——应付利息　5 000

　　贷：待偿债净资产——应付地方政府债券转贷款　205 000

五、应付主权外债转贷款

（一）应付主权外债转贷款的科目设置

“应付主权外债转贷款”科目核算本级政府财政从上级政府财政借入的主权外债转贷款的本金和利息。本科目期末贷方余额反映本级政府财政尚未偿还的主权外债转贷款本金和利息。

“应付主权外债转贷款”科目下应当设置“应付本金”和“应付利息”两个明细科目，分别对应付本金和利息进行明细核算。

（二）应付主权外债转贷款的主要账务处理

（1）收到上级政府财政转贷的主权外债资金时，记：

借：其他财政存款

　　贷：债务转贷收入

根据债务管理部门转来的相关资料，按照实际承担的债务金额，记：

借：待偿债净资产——应付主权外债转贷款

　　贷：应付主权外债转贷款

（2）从上级政府财政借入主权外债转贷款，且由外方将贷款资金直接支付给用款单位或供应商时，应根据以下情况分别处理：

①本级政府财政承担还款责任，贷款资金由本级政府财政同级部门（单位）使用的，本级政府财政根据贷款资金支付相关资料，记：

借：一般公共预算本级支出等科目

　　贷：债务转贷收入

根据债务管理部门转来的相关资料，按照实际承担的债务金额，记：

借：待偿债净资产——应付主权外债转贷款

　　贷：应付主权外债转贷款

②本级政府财政承担还款责任，贷款资金由下级政府财政同级部门（单位）使用的，本级政府财政部门根据贷款资金支付相关资料及预算指标文件，记：

借：补助支出

　　贷：债务转贷收入

根据债务管理部门转来的相关资料，按照实际承担的债务金额，记：

借：待偿债净资产——应付主权外债转贷款

　　贷：应付主权外债转贷款

③下级政府财政承担还款责任，贷款资金由下级政府财政同级部门（单位）使用的，本级政府财政部门根据贷款资金支付相关资料，记：

借：债务转贷支出

　　贷：债务转贷收入

根据债务管理部门转来的相关资料，按照实际承担的债务金额，记：

借：待偿债净资产——应付主权外债转贷款

　　贷：应付主权外债转贷款

同时，记：

借：应收主权外债转贷款

　　贷：资产基金——应收主权外债转贷款

（3）期末确认主权外债转贷款的应付利息时，按照债务管理部门计算出的本期应付未付利息金额，记：

借：待偿债净资产——应付主权外债转贷款

　　贷：应付主权外债转贷款

（4）偿还本级政府财政承担的借入主权外债转贷款的本金时，记：

借：债务还本支出

　　贷：其他财政存款等科目

根据债务管理部门转来的相关资料，按照实际偿还的本金金额，记：

借：应付主权外债转贷款

　　贷：待偿债净资产——应付主权外债转贷款

（5）偿还本级政府财政承担的借入主权外债转贷款的利息时，记：

借：一般公共预算本级支出等科目

　　贷：其他财政存款等科目

实际偿还利息金额中属于已确认的应付利息部分，还应根据债务管理部门转来的相关资料，记：

借：应付主权外债转贷款

　　贷：待偿债净资产——应付主权外债转贷款

（6）偿还下级政府财政承担的借入主权外债转贷款的本息时，记：

借：其他应付款/其他应收款

　　贷：其他财政存款等科目

根据债务管理部门转来的相关资料，按照实际偿还的本金及已确认的应付利息金额，记：

借：应付主权外债转贷款

　　贷：待偿债净资产——应付主权外债转贷款

（7）被上级政府财政扣缴借入主权外债转贷款的本息时，记：

借：其他应收款

　　贷：与上级往来

根据债务管理部门转来的相关资料，按照被扣缴的本金及已确认的应付利息金额，记：

借：应付主权外债转贷款

　　贷：待偿债净资产——应付主权外债转贷款

列报支出时，对本级政府财政承担的还本支出，记：

借：债务还本支出

　　贷：其他应收款

对本级政府财政承担的利息支出，记：

借：一般公共预算本级支出等科目

　　贷：其他应收款

（8）上级政府财政豁免主权外债转贷款本息时，根据以下情况分别处理：

①豁免本级政府财政承担偿还责任的主权外债转贷款本息时，根据债务管理部门转来的相关资料，按照豁免转贷款的本金及已确认的应付利息金额，记：

借：应付主权外债转贷款

　　贷：待偿债净资产——应付主权外债转贷款

②豁免下级政府财政承担偿还责任的主权外债转贷款本息时，根据债务管理部门转来的相关资料，按照豁免转贷款的本金及已确认的应付利息金额，记：

借：应付主权外债转贷款

　　贷：待偿债净资产——应付主权外债转贷款

同时，记：

借：资产基金——应收主权外债转贷款

　　贷：应收主权外债转贷款

（三）应付主权外债转贷款的核算实例

【例7-18】某市财政收到省财政转贷的国外政府贷款2 000 000元，贷款期限3年，利率3%，到期一次还本付息。

（1）收到转贷的外国政府贷款，记：

借：其他财政存款	2 000 000	
贷：债务转贷收入		2 000 000
借：待偿债净资产——应付主权外债转贷款	2 000 000	
贷：应付主权外债转贷款——应付本金		2 000 000

（2）如果外方将转贷款直接支付给市交通运输局时，应根据以下情况分别处理：

①如果市财政承担还款责任，贷款资金由市交通运输局使用，记：

借：一般公共预算本级支出	2 000 000	
贷：债务转贷收入		2 000 000
借：待偿债净资产——应付主权外债转贷款	2 000 000	
贷：应付主权外债转贷款——应付本金		2 000 000

②如果市财政承担还款责任，贷款资金由所属县交通运输局使用，记：

借：补助支出	2 000 000	
贷：债务转贷收入		2 000 000

借：待偿债净资产——应付主权外债转贷款　　　　2 000 000

　　贷：应付主权外债转贷款——应付本金　　　　2 000 000

③如果由所属县财政承担还款责任，贷款资金由县交通运输局使用，记：

借：债务转贷支出　　　　2 000 000

　　贷：债务转贷收入　　　　2 000 000

借：待偿债净资产——应付主权外债转贷款　　　　2 000 000

　　贷：应付主权外债转贷款——应付本金　　　　2 000 000

借：应收主权外债转贷款——应收本金　　　　2 000 000

　　贷：资产基金——应收主权外债转贷款　　　　2 000 000

（3）每月月末确认外国政府转贷款应付利息，记：

年应付利息 = 2 000 000 × 3% = 60 000（元）

月末应付未付利息 = 60 000 ÷ 12 = 5 000（元）

借：待偿债净资产——应收主权外债转贷款　　　　5 000

　　贷：应付主权外债转贷款——应付利息　　　　5 000

（4）国外政府转贷款到期，市财政偿还本金 2 000 000 元、利息 180 000 元（含当月应确认的利息 5 000 元），记：

借：待偿债净资产——应收主权外债转贷款　　　　5 000

　　贷：应付主权外债转贷款——应付利息　　　　5 000

借：债务还本支出　　　　2 000 000

　　一般公共预算本级支出　　　　180 000

　　贷：其他财政存款　　　　2 180 000

借：应付主权外债转贷款——应付本金　　　　2 000 000

　　　　　　　　　　　　——应付利息　　　　180 000

　　贷：待偿债净资产——应付主权外债转贷款　　　　2 180 000

【例 7－19】〖例 7－18〗中市财政偿还县财政承担借入的国外政府转贷款本息，记：

借：其他应付款　　　　2 180 000

　　贷：其他财政存款　　　　2 180 000

借：应付主权外债转贷款——应付本金　　　　2 000 000

　　　　　　　　　　　　——应付利息　　　　180 000

　　贷：待偿债净资产——应付主权外债转贷款　　　　2 180 000

六、其他负债

“其他负债”科目核算政府财政因有关政策明确要求其承担支出责任的事项而形成的应付未付款项。本科目贷方余额反映政府财政承担的尚未支付的其他负债余额。“其他负债”科目应当按照债权单位和项目等进行明细核算。

（1）有关政策已明确政府财政承担的支出责任，按照确定应承担的负债金额，记：

借：待偿债净资产

　　贷：其他负债

（2）实际偿还负债时，记：

借：有关支出等科目

　　贷：国库存款等科目

同时，按照相同的金额，记：

借：其他负债

　　贷：待偿债净资产

【例7-20】某市财政根据有关政策明确政府财政承担的支出责任，确定应承担的负债金额500 000元。

借：待偿债净资产——其他负债　　500 000

　　贷：其他负债　　500 000

思考与练习题

一、思考题

1. 什么是财政总预算会计的负债？包括哪些内容？

2. 什么是应付国库集中支付结余？应当如何核算？

3. 什么是暂收及应付款？应当如何核算？

4. 什么是借入款项？应当如何核算？

5. 什么是应付政府债券？应当如何核算？

6. 什么是应付转贷款？应当如何核算？

7. 什么是应付代管资金？应当如何核算？

8. 什么是其他负债？应当如何核算？

二、练习题

某市财政总预算会计发生如下经济业务：

1. 年末，经对账确认省级预算单位尚未使用的国库集中支付结余资金500 000元，其中一般公共预算200 000元，政府性基金预算300 000元。

2. 根据财政体制结算规定计算出的本级财政应向上级省财政上解的预算款项计75 500元。其中，一般公共预算款项63 300元，政府性基金预算款项12 200元。

3. 根据财政体制结算计算出的本级财政应获得上级省财政补助的一般公共预算款项计15 200元。

4. 收到与上级往来的款项15 200元。

5. 收到性质不清的预算缴款65 000元，列作暂存。

6. 因财政预算资金周转的需要，向上级财政借入一般公共预算款项30 000元。

7. 收到上级财政文件，批准将上述借款中的30 000元转作对本级的预算补助款。

8. 收到国际货币基金组织贷款2 000 000元。

9. 发行1年期地方政府一般债券600 000 000元，实际收到发行金额600 000 000元；5年期地方政府专项债券300 000 000元，实际收到发行金额300 000 000元。

10. 地方政府3年期的一般债券到期，实际支付本金5 000 000元、利息150 000

元、利息中含最后一个月的已确认的应付利息 12 500 元。

11. 地方政府 6 个月专项债券到期，实际支付本金 1 000 000 元、利息 300 000 元、利息中含最后一个月的已确认的应付利息 25 000 元。

12. 收到某直属单位的代管资金 200 000 元。

根据以上经济业务，为该市财政总预算会计编制有关的会计分录。

第八章

财政总预算会计净资产

第一节　财政总预算会计的预算结转结余

一、一般公共预算结转结余

“一般公共预算结转结余”科目核算政府财政纳入一般公共预算管理的收支相抵形成的结转结余，本科目年终贷方余额反映一般公共预算收支相抵后的滚存结转结余，其主要账务处理如下：

（1）年终转账时，将一般公共预算的有关收入科目贷方余额转入本科目的贷方，会计分录为：

借：一般公共预算本级收入
　　补助收入——一般公共预算补助收入
　　上解收入——一般公共预算上解收入
　　地区间援助收入
　　调入资金——一般公共预算调入资金
　　债务收入——一般债务收入
　　债务转贷收入——地方政府一般债务转贷收入
　　动用预算稳定调节基金
　　贷：一般公共预算结转结余

将一般公共预算的有关支出科目借方余额转入本科目的借方，会计分录为：

借：一般公共预算结转结余
　　贷：一般公共预算本级支出
　　　　上解支出——一般公共预算上解支出
　　　　补助支出——一般公共预算补助支出
　　　　地区间援助支出
　　　　调出资金——一般公共预算调出资金
　　　　安排预算稳定调节基金
　　　　债务转贷支出——地方政府一般债务转贷支出
　　　　债务还本支出——一般债务还本支出

（2）设置和补充预算周转金时，会计分录为：

借：一般公共预算结转结余

　　贷：预算周转金

【例 8－1】年底将全年税收收入 50 000 000 元、一般公共预算本级支出 45 000 000 元转入相关结余，有关账务处理如下：

借：一般公共预算本级收入	50 000 000	
贷：一般公共预算结转结余		50 000 000
借：一般公共预算结转结余	45 000 000	
贷：一般公共预算本级支出		45 000 000

【例 8－2】某市财政进行年终结算，将全年有关一般预算的各项收入结转“一般公共预算结转结余”。其中：一般公共预算本级收入 30 000 000 元，一般公共预算补助收入 2 000 000 元，一般公共预算上解收入 7 000 000 元，一般公共预算调入资金 1 000 000 元。

借：一般公共预算本级收入	30 000 000	
补助收入——一般公共预算补助收入	2 000 000	
上解收入——一般公共预算上解收入	7 000 000	
调入资金——一般公共预算调入资金	1 000 000	
贷：一般公共预算结转结余		40 000 000

【例 8－3】将全年有关预算的各项支出结转“一般公共预算结转结余”。其中：一般公共预算本级支出 29 800 000 元，一般公共预算补助支出 1 800 000 元，一般公共上解支出 7 400 000 元。

借：一般公共预算结转结余	39 000 000	
贷：一般公共预算本级支出		29 800 000
补助支出——一般公共预算补助支出		1 800 000
上解支出——一般公共预算上解支出		7 400 000

上年一般公共预算滚存结余为 800 000 元，则本年一般公共预算滚存结余＝800 000＋40 000 000－39 000 000＝1 800 000（元）。

【例 8－4】财政将本年一般公共预算结转结余的 10% 用于增加预算周转金，会计分录为：

借：一般公共预算结转结余	180 000	
贷：预算周转金		180 000

二、政府性基金预算结转结余

“政府性基金预算结转结余”科目核算政府财政纳入政府性基金预算管理的收支相抵形成的结转结余。本科目年终贷方余额反映政府性基金预算收支相抵后的滚存结转结余。本科目应当根据管理需要，按照政府性基金的种类进行明细核算。

（1）年终转账时，应将政府性基金预算的有关收入科目贷方余额按照政府性基金种类分别转入本科目下相应明细科目的贷方，会计分录为：

借：政府性基金预算本级收入

　　补助收入——政府性基金预算补助收入

上解收入——政府性基金预算上解收入

调入资金——政府性基金预算调入资金

债务收入——专项债务收入

债务转贷收入——地方政府专项债务转贷收入

贷：政府性基金预算结转结余

（2）年终转账时，将政府性基金预算的有关支出科目借方余额按照政府性基金种类分别转入本科目下相应明细科目的借方，会计分录为：

借：政府性基金预算结转结余

贷：政府性基金预算本级支出

上解支出——政府性基金预算上解支出

补助支出——政府性基金预算补助支出

调出资金——政府性基金预算调出资金

债务还本支出——专项债务还本支出

债务转贷支出——地方政府专项债务转贷支出

【例8-5】 市财政局年底将民航发展基金收入120 000元、民航发展基金支出100 000元转入相关结余，有关账务处理如下：

借：政府性基金预算本级收入——民航发展基金收入　120 000

贷：政府性基金预算结转结余——民航发展基金收入　120 000

借：基金预算结余——民航发展基金收入　100 000

贷：基金预算支出——交通运输支出——民航发展基金支出　100 000

【例8-6】 年底将重大水利建设基金收入69 700 000元、重大水利建设基金支出69 000 000元转入相关结余，有关账务处理如下：

借：政府性基金预算本级收入　69 700 000

贷：政府性基金预算结转结余　69 700 000

借：政府性基金预算结转结余　69 000 000

贷：政府性基金预算本级支出　69 000 000

【例8-7】 某市财政进行年终结算，将全年有关基金预算的各项收入结转“政府性基金预算结转结余”。其中：政府性基金预算收入10 000 000元，政府性预算补助收入2 500 000元。

借：政府性基金预算本级收入　10 000 000

补助收入——政府性基金预算补助收入　2 500 000

贷：政府性基金预算结转结余　12 500 000

【例8-8】 某市财政进行年终结算，将全年有关基金预算的各项支出结转“政府性基金预算结转结余”，其中：政府性基金预算本级支出9 000 000元，补助支出——政府性基金预算补助支出2 400 000元，调出资金——政府性基金预算调出资金1 000 000元。

借：政府性基金预算结转结余　12 400 000

贷：政府性基金预算本级支出　9 000 000

补助支出——政府性基金预算补助支出　2 400 000

调出资金——政府性基金预算调出资金　　1 000 000

上年政府性基金预算滚存结余为 580 000 元，则本年政府性基金预算滚存结余 = 580 000 + 12 500 000 − 12 400 000 = 680 000（元）。

三、国有资本经营预算结转结余

“国有资本经营预算结转结余”科目核算政府财政纳入国有资本经营预算管理的收支相抵形成的结转结余。本科目年终贷方余额反映国有资本经营预算收支相抵后的滚存结转结余。国有资本经营预算结转结余的主要账务处理如下：

（1）年终转账时，应将国有资本经营预算的有关收入科目贷方余额转入本科目贷方，会计分录为：

借：国有资本经营预算本级收入

　　贷：国有资本经营预算结转

（2）将国有资本经营预算的有关支出科目借方余额转入本科目借方，会计分录为：

借：国有资本经营预算结转结余

　　贷：国有资本经营预算本级支出

　　　　调出资金——国有资本经营预算调出资金

【例 8－9】某市财政将年末“国有资本经营预算本级收入”科目贷方余额为 30 000 000 元，“国有资本经营预算本级支出”科目借方余额为 28 000 000 元，进行结转。

借：国有资本经营预算本级收入　　30 000 000

　　贷：国有资本经营预算结余　　30 000 000

借：国有资本经营预算结余　　28 000 000

　　贷：国有资本经营预算本级支出　　28 000 000

上年国有资本经营预算滚存结余为 500 000 元，则本年国有资本经营预算滚存结余 = 500 000 + 30 000 000 − 28 000 000 = 2 500 000（元）。

第二节　财政总预算会计的专款结余

一、财政专户管理资金结余

“财政专户管理资金结余”科目核算政府财政纳入财政专户管理的教育收费等资金收支相抵后形成的结余。本科目年终贷方余额反映政府财政纳入财政专户管理的资金收支相抵后的滚存结余。本科目应当根据管理需要，按照部门（单位）等进行明细核算。

（1）年终转账时，将财政专户管理资金的有关收入科目贷方余额转入“财政专户管理资金结余”科目贷方，会计分录为：

借：财政专户管理资金收入等科目

　　贷：财政专户管理资金结余

（2）将财政专户管理资金的有关支出科目借方余额转入“财政专户管理资金结余”

科目借方，会计分录为：

借：财政专户管理资金结余

　　贷：财政专户管理资金支出等科目

【例8-10】 某市财政年末将“财政专户管理资金收入”科目余额为6 000 000元，“财政专户管理资金支出”科目余额为5 800 000元，进行结转。

借：财政专户管理资金收入	6 000 000	
贷：财政专户管理资金结余		6 000 000
借：财政专户管理资金结余	5 800 000	
贷：财政专户管理资金支出		5 800 000

二、专用基金结余

“专用基金结余”科目核算政府财政管理的专用基金收支相抵形成的结余。本科目年终贷方余额反映政府财政管理的专用基金收支相抵后的滚存结余。本科目应当根据专用基金的种类进行明细核算。

（1）年终转账时，将专用基金的有关收入科目贷方余额转入专用基金结余科目贷方，会计分录为：

借：专用基金收入等科目

　　贷：专用基金结余

（2）将专用基金的有关支出科目借方余额转入专用基金结余科目借方，会计分录为：

借：专用基金结余

　　贷：专用基金支出

【例8-11】 某市财政进行年终结算，将全年专用基金收入5 000 000元结转专用基金结余。

借：专用基金收入	5 000 000	
贷：专用基金结余		5 000 000

【例8-12】 某市财政进行年终结算，将全年专用基金支出4 650 000元结转专用基金结余。

借：专用基金结余	4 650 000	
贷：专用基金支出		4 650 000

上年专用基金滚存结余为450 000元，则专用基金结余本年末滚存结余＝450 000＋5 000 000－4 650 000＝800 000（元）。

第三节　财政总预算会计的其他净资产

一、预算稳定调节基金

“预算稳定调节基金”科目核算政府财政设置的用于弥补以后年度预算资金不足的

储备资金。本科目期末贷方余额反映预算稳定调节基金的规模。

（1）使用超收收入或一般公共预算结余补充预算稳定调节基金时，记：

借：安排预算稳定调节基金

　　贷：预算稳定调节基金

（2）将预算周转金调入预算稳定调节基金时，记：

借：预算周转金

　　贷：预算稳定调节基金

（3）调用预算稳定调节基金时，记：

借：预算稳定调节基金

　　贷：动用预算稳定调节基金

【例 8 – 13】 年度终，某市财政局使用财政超收收入补充预算稳定调节基金 200 000 元。

借：安排预算稳定调节基金	200 000	
贷：预算稳定调节基金		200 000

【例 8 – 14】 下一年度，某财政机关为弥补财政短收预算执行收支缺口，调用预算稳定调节基金 150 000 元。

借：预算稳定调节基金	150 000	
贷：调入预算稳定调节基金		150 000

二、预算周转金

（一）预算周转金的设置

“预算周转金”科目核算政府财政设置的用于调剂预算年度内季节性收支差额周转使用的资金。预算周转金应根据《中华人民共和国预算法》要求设置。

各级政府预算周转金一般由本级政府用年度预算净结余资金设置、补充或由上级财政部门拨入。各级政府预算的上年结余，可以在下年用于上年结转项目的支出；有余额的，可以补充预算周转金；再有余额的，可以用于下年必需的预算支出。

预算周转金转作执行年度预算周转之用，不得用于安排财政支出，未经批准，不得随意增加或减少，年终必须保持原数，逐年结转。

预算周转金的数额，应与本级总预算支出数额相适应，其额度应当逐步达到本级政府预算支出总额的 4%。随着财政收支逐步增大，预算周转金需要逐步增加，本级财政应从本级的结余中逐步补充预算周转金，预算周转金的余额，只能增加，不能减少。

（二）预算周转金的账务处理

预算周转金属净资产类科目，贷方登记设置和补充预算周转金数，借方一般无发生额，期末贷方余额反映预算周转金的实际累计数或规模，年终将其结转到下一年。预算周转金的主要账务处理如下：

（1）设置和补充预算周转金时，记：

借：一般公共预算结转结余

　　贷：预算周转金

（2）将预算周转金调入预算稳定调节基金时，记：

借：预算周转金
　　贷：预算稳定调节基金

（三）预算周转金的核算实例

【例8－15】收到上级财政拨来预算周转金7 600 000元，作会计分录：

借：国库存款　　7 600 000
　　贷：预算周转金　　7 600 000

【例8－16】用一般公共预算结转结余53 000元增设预算周转金，作会计分录：

借：一般公共预算结转结余　　53 000
　　贷：预算周转金　　53 000

【例8－17】某市财政从上年一般公共预算结余中设置预算周转金500 000元，作会计分录：

借：一般公共预算结转结余　　500 000
　　贷：预算周转金　　500 000

【例8－18】某市财政将预算周转金400 000元调入预算稳定调节基金，作会计分录：

借：预算周转金　　400 000
　　贷：预算稳定调节基金　　400 000

预算周转金存入国库存款之中，不另设存款户。周转动用时，仍作贷记"国库存款"处理，不能贷记"预算周转金"。若"国库存款"余额小于"预算周转金"，即表明"预算周转金"已经动用。

三、资产基金

"资产基金"科目核算政府财政持有的应收地方政府债券转贷款、应收主权外债转贷款、股权投资和应收股利等资产（与其相关的资金收支纳入预算管理）在净资产中占用的金额。

"资产基金"科目下应当设置"应收地方政府债券转贷款""应收主权外债转贷款""股权投资""应收股利"等明细科目，进行明细核算。

资产基金的账务处理参见"应收地方政府债券转贷款""应收主权外债转贷款""股权投资"和"应收股利"等科目的使用说明。

"资产基金"科目期末贷方余额，反映政府财政持有应收地方政府债券转贷款、应收主权外债转贷款、股权投资和应收股利等资产（与其相关的资金收支纳入预算管理）在净资产中占用的金额。

四、待偿债净资产

"待偿债净资产"科目核算政府财政因发生应付政府债券、借入款项、应付地方政府债券转贷款、应付主权外债转贷款、其他负债等负债（与其相关的资金收支纳入预算管理）相应需在净资产中冲减的金额。

"待偿债净资产"科目下应当设置"应付短期政府债券""应付长期政府债券""借入款项""应付地方政府债券转贷款""应付主权外债转贷款""其他负债"等明细科目

目，进行明细核算。

待偿债净资产的账务处理见“应付短期政府债券”“应付长期政府债券”“借入款项”“应付地方政府债券转贷款”“应付主权外债转贷款”和“其他负债”等科目的使用。

“待偿债净资产”科目的期末借方余额，反映政府财政承担应付政府债券、借入款项、应付地方政府债券转贷款、应付主权外债转贷款和其他负债等负债（与其相关的资金收支纳入预算管理）而相应需冲减净资产的金额。

思考与练习题

一、思考题

1. 什么是财政总预算会计的净资产？包括哪些内容？
2. 什么是财政总预算会计的结转结余？包括哪些种类？
3. 什么是一般公共预算结转结余？应当如何核算？
4. 什么是政府性基金预算结转结余？应当如何核算？
5. 什么是国有资本经营预算结转结余？应当如何核算？
6. 什么是财政专户管理资金结余？应当如何核算？
7. 什么是专用基金结余？应当如何核算？
8. 什么是预算稳定调节基金？应当如何核算？
9. 什么是预算周转金？应当如何核算？
10. 什么是资产基金？哪些会计科目的核算与其有关？
11. 什么是待偿债净资产？哪些会计科目的核算与其有关？

二、练习题

1. 某市财政总预算会计年终进行结账。有关收入和支出类科目的余额资料如表1和表2所示。

表1　　收入类科目的贷方余额　　单位：元

收入类科目	贷方余额
一般公共预算本级收入	1 246 000
债务转贷收入	500 000
债务收入	244 000
补助收入——一般公共预算补助收入	732 000
上解收入——一般公共预算上解收入	110 000
调入资金——一般公共预算调入资金	46 000
一般公共预算类收入总计	2 878 000
政府性基金预算本级收入	1 051 200
补助收入——政府性基金预算补助收入	162 800
上解收入——政府性基金预算上解收入	2 400
政府性基金预算类收入总计	1 216 400

续表

收入类科目	贷方余额
国有资本经营预算收入	304 000
国有资本经营预算收入合计	304 000
专用基金收入	52 640
财政专户管理资金收入	179 660

表 2　　支出类科目的借方余额　　单位：元

支出类科目	借方余额
一般公共预算本级支出	1 550 000
债务还本支出	300 000
债务支出	210 000
补助支出——一般性公共预算补助支出	430 000
上解支出——一般性公共预算上解支出	148 000
安排预算稳定调节资金	196 000
一般公共预算类支出总计	2 834 000
政府性基金预算本级支出	1 152 600
补助支出——政府性基金预算补助支出	4 200
上解支出——政府性基金预算上解支出	5 000
调出资金——政府性基金预算调出资金	46 000
政府性基金预算类支出总计	1 207 800
国有资本经营预算本级支出	298 000
国有资本经营预算支出合计	298 000
专用基金支出	52 360
财政专户管理资金支出	179 100

根据以上资料，为该市财政总预算会计编制有关年终结账的会计分录。假设上年滚存结转结余均为0，分别计算年终一般公共预算结转结余、政府性基金预算结转结余、国有资本经营预算结转结余、专用基金结余和财政专户管理资金结余的数额。

2. 某市财政局7月发生如下事项，要求据此编制会计分录：

（1）收到上级财政拨来预算周转金100 000元。

（2）用本级财政一般公共预算结余增设预算周转金500 000元。

（3）经国家批准发行国债，国库实收数700 000元。

（4）到期归还代发国债的本金和利息8 000 000元，其中本金7 000 000元，利息为1 000 000元。

（5）年终，将“政府性基金预算本级收入”科目贷方余额600 000元、“政府性基金预算本级支出”科目余额500 000元、“专用基金收入”科目余额2 600 000元，“专用基金支出”科目余额2 500 000元，办理转账。

第九章

财政总预算会计的预算收支

第一节　财政总预算会计收支的确认

一、收入的确认

（一）收入的含义和类别

收入是指政府财政为实现政府职能，根据法律法规等所筹集的资金。总会计核算的收入包括一般公共预算本级收入、政府性基金预算本级收入、国有资本经营预算本级收入、财政专户管理资金收入、专用基金收入、转移性收入、债务收入、债务转贷收入等。

（二）收入入账金额的确定

（1）一般公共预算本级收入、政府性基金预算本级收入、国有资本经营预算本级收入、财政专户管理资金收入和专用基金收入应当按照实际收到的金额入账。

（2）转移性收入应当按照财政体制的规定或实际发生的金额入账。

（3）债务收入应当按照实际发行额或借入的金额入账，债务转贷收入应当按照实际收到的转贷金额入账。

（4）已建乡（镇）国库的地区，乡（镇）财政的本级收入以乡（镇）国库收到数为准。县（含县本级）以上各级财政的各项预算收入（含固定收入与共享收入）以缴入基层国库数额为准。

（5）未建乡（镇）国库的地区，乡（镇）财政的本级收入以乡（镇）总会计收到县级财政返回数额为准。

（三）收入入账金额的确定

总会计应当加强各项收入的管理，严格会计核算手续。对于各项收入的账务处理必须以审核无误的国库入库凭证、预算收入日报表和其他合法凭证为依据。发现错误，应当按照相关规定及时通知有关单位共同更正。

对于已缴入国库和财政专户的收入退库（付），要严格把关，强化监督。凡不属于国家规定的退库（付）项目，一律不得冲退收入。

属于国家规定的退库（付）事项，具体退库（付）程序按财政部有关规定办理。

二、支出的确认

（一）支出的类别

支出是指政府财政为实现政府职能，对财政资金的分配和使用。总会计核算的支出包括一般公共预算本级支出、政府性基金预算本级支出、国有资本经营预算本级支出、财政专户管理资金支出、专用基金支出、转移性支出、债务还本支出、债务转贷支出等。

（1）一般公共预算本级支出，是指政府财政管理的由本级政府使用的列入一般公共预算的支出。

（2）政府性基金预算本级支出，是指政府财政管理的由本级政府使用的列入政府性基金预算的支出。

（3）国有资本经营预算本级支出，是指政府财政管理的由本级政府使用的列入国有资本经营预算的支出。

（4）财政专户管理资金支出，是指政府财政用纳入财政专户管理的教育收费等资金安排的支出。

（5）专用基金支出，是指政府财政用专用基金收入安排的支出。

（6）转移性支出，是指在各级政府财政之间进行资金调拨以及在本级政府财政不同类型资金之间调剂所形成的支出，包括补助支出、上解支出、调出资金、地区间援助支出等。其中，补助支出是指本级政府财政按财政体制规定或因专项需要补助给下级政府财政的款项，包括对下级的税收返还、转移支付等。上解支出是指按照财政体制规定由本级政府财政上交给上级政府财政的款项。调出资金是指政府财政为平衡预算收支、从某类资金向其他类型预算调出的资金。地区间援助支出是指援助方政府财政安排用于受援方政府财政统筹使用的各类援助、捐赠等资金支出。

（7）债务转贷支出，是指本级政府财政向下级政府财政转贷的债务支出。

（8）债务还本支出，是指政府财政偿还本级政府承担的债务本金支出。

（二）支出入账金额的确认

一般公共预算本级支出、政府性基金预算本级支出、国有资本经营预算本级支出一般应当按照实际支付的金额入账，年末可采用权责发生制将国库集中支付结余列支入账。从本级预算支出中安排提取的专用基金，按照实际提取金额列支入账。财政专户管理资金支出、专用基金支出应当按照实际支付的金额入账。转移性支出应当按照财政体制的规定或实际发生的金额入账。债务转贷支出应当按照实际转贷的金额入账。债务还本支出应当按照实际偿还的金额入账。

凡是属于预拨经费的款项，到期转列支出时，应当按本条前款规定列报口径转列支出。

对于收回当年已列支出的款项，应冲销当年支出。对于收回以前年度已列支出的款项，除财政部门另有规定外，应冲销当年支出。

（三）支出的管理

总会计应当加强支出管理，科学预测和调度资金，严格按照批准的年度预算和用款计划办理支出，严格审核拨付申请，严格按预算管理规定和拨付实际列报支出，不得办理无预算、无用款计划、超预算、超用款计划的支出，不得任意调整预算支出科目。

对于各项支出的账务处理必须以审核无误的国库划款清算凭证、资金支付凭证和其他合法凭证为依据。

地方各级财政部门除国库集中支付结余外，不得采用权责发生制列支。权责发生制列支只限于年末采用，平时不得采用。

第二节　一般公共预算本级收支

一、一般公共预算本级收支的分级划分

预算收入要通过“财政管理体制”进行划分，在我国目前的分税制财政管理体制下，预算收支分为“固定收支”“共享（担）收支”。

固定收入为各级政府的预算收入，分“中央固定收支”和“地方固定收支”。

“共享收入”又称“分成收入”，按各级财政的财力情况，以比例或其他方法进行分配。

地方各级财政之间的一般预算收入的划分，在中央与地方（省、自治区、直辖市）财政的划分范围内，由上一级财政制定本级与下级之间的财政管理体制，按规定划分的方法执行。

【例 9－1】某市所属 A、B、C 三个县，市中心支库于 12 月 1 日收到所属各县支库报解各县一般公共预算共享收入，其中：A 县共享收入 500 000 元，上解给市 60%，计 300 000 元；B 县共享收入 200 000 元，上解给市 50%，计 100 000 元；C 县共享收入 300 000 元，上解给市 50%，计 150 000 元。当日，该市直属企事业上缴一般公共预算收入 1 000 000 元，其中，市属固定收入 600 000 元，市省共享收入额 400 000 元，市财政局总预算会计收到市中心支库报来的“预算收入日报表”“固定收入日报表”和各县的“分成收入计算日报表”及市级汇总“分成收入计算日报表”等凭证。假定全市（含县）的共享收入向省上解的比例均为 60%，根据资料计算应上解给省的预算收入数额和市本级收入分成数额。

市与所属三县的全部预算收入＝1 000 000＋500 000＋200 000＋300 000
＝2 000 000（元）

市从所属三县取得共享收入总额＝2 000 000－(300 000＋100 000＋150 000)
＝2 000 000－550 000＝1 450 000（元）

全市（含县）上解给省的支出＝预算收入×上解比例＝1 450 000×60%
＝870 000（元）

市本级共享收入上解省支出＝400 000×60%＝240 000（元）

县收入通过市上解省＝(500 000＋200 000＋300 000)×60%＝600 000（元）

县收入上解市＝300 000＋100 000＋150 000＝550 000（元）

市为县额外承担向省上解的数额＝600 000－550 000＝50 000（元）＝200 000×10%
＋300 000×10%

全市（含县）获得的分成收入＝共享收入总额×分成比例＝1 400 000×40%
＝560 000（元）

其中：县级实际分成收入＝200 000＋100 000＋150 000＝450 000（元）

市本级实际分成收入 = 560 000 − 450 000 = 110 000（元）

市本级共享收入按比例分成应该获得的分成收入 = 400 000 × 40% = 160 000（元）

市本级为三个县承担了报解给省的分成收入 = 160 000 − 110 000 = 50 000（元）

其中：市没有为 A 县承担上解省财政分成收入款项；市为 B 县承担了 20 000 元的上解省财政分成收入款项；市为 C 县承担了 30 000 元的上解省财政分成收入款项。

市本级实际可支配收入 = 固定收入 + 实际分成收入 = 600 000 + 110 000 = 710 000（元）

二、一般公共预算本级收支的核算

（一）一般公共预算本级收入的科目设置

1. 一般公共预算本级收入的科目设置

"一般公共预算本级收入"属收入类科目，用于核算各级政府财政筹集的纳入本级一般公共预算管理的税收收入和非税收入。本科目应当根据《政府收支分类科目》中"一般公共预算收入科目"规定进行明细核算。

"一般公共预算本级收入"科目的贷方登记从国库报来的预算收入日报表所列示的当日预算收入数，当日收入数为正数时，以蓝字记入，当日收入数为负数时，以红字记入（采用计算机记账的，用负数反映）；借方平时不记录，年终记转账冲销数。本科目平时贷方余额，反映一般公共预算本级收入累计数，年终将本科目贷方余额全数转入"一般公共预算结转结余"科目，结转后，本科目没有余额。

2. 一般公共预算本级收入的主要账务处理

（1）收到款项时，根据当日预算收入日报表所列一般公共预算本级收入数，记：

借：国库存款等科目

　　贷：一般公共预算本级收入

（2）年终转账时，本科目贷方余额全数转入"一般公共预算结转结余"科目，记：

借：一般公共预算本级收入

　　贷：一般公共预算结转结余

3. 一般公共预算本级收入的核算实例

【例 9－2】根据国库报来的预算收入日报表所列当日收到一般预算收入 150 000 元，作会计分录：

借：国库存款	150 000	
贷：一般公共预算本级收入		150 000

【例 9－3】甲县收到国库报来的预算收入日报表，当日收入共计 1 350 000 元，其中 350 000 元属于县级预算固定收入，其余为共享收入。甲县的预算上解比例为 40%。预算会计应编制的会计分录为：

借：国库存款	1 350 000	
贷：一般公共预算本级收入		1 350 000

甲县上解支出 =（1 350 000 − 350 000）× 40% = 400 000（元）

借：上解支出　　400 000

　　贷：国库存款　　400 000

【例9-4】根据国库报来的预算收入日报表所列当日收到基金收入750 000元，作会计分录：

借：国库存款　　750 000

　　贷：政府性基金预算本级收入　　750 000

【例9-5】某市财政收到国库报来的“一般公共预算本级收入日报表”以及所附收入凭证，列示当日一般公共预算本级收入780 000元。

借：国库存款　　780 000

　　贷：一般公共预算本级收入　　780 000

【例9-6】年终，某市财政将“一般公共预算本级收入”科目贷方余额1 754 000元全数转入“一般公共预算结转结余”科目。

借：一般公共预算本级收入　　1 754 000

　　贷：一般公共预算结转结余　　1 754 000

（二）一般公共预算本级支出

1. 一般公共预算本级支出的科目设置

“一般公共预算本级支出”属支出类科目，用于核算政府财政管理的由本级政府使用的列入一般公共预算的支出。本科目应当根据《政府收支分类科目》中支出功能分类科目设置明细科目。同时，根据管理需要，按照支出经济分类科目、部门等进行明细核算。

“一般公共预算本级支出”科目的借方登记直接支出数和预拨经费转列支出数，贷方登记冲回数和年终转账冲销数。本科目平时借方余额反映一般公共预算本级支出的累计数。年终，本科目借方余额应全数转入“一般公共预算结转结余”科目，结转后，本科目无余额。

2. 一般公共预算本级支出的主要账务处理

（1）实际发生一般公共预算本级支出时，记：

借：一般公共预算本级支出

　　贷：国库存款/其他财政存款等科目

（2）年度终了，对纳入国库集中支付管理的、当年未支付而需结转下一年度支付的款项（国库集中支付结余），采用权责发生制确认支出时，记：

借：一般公共预算本级支出

　　贷：应付国库集中支付结余

（3）年终转账时，本科目借方余额应全数转入“一般公共预算结转结余”科目，记：

借：一般公共预算结转结余

　　贷：一般公共预算本级支出

（4）年终，将“一般公共预算本级收入”“一般公共预算本级支出”等科目的余额全数转入“一般公共预算结转结余”科目予以冲销。

借：一般公共预算本级收入

贷：一般公共预算结转结余

借：一般公共预算结转结余

贷：一般公共预算本级支出

3. 一般公共预算本级支出的核算实例

【例 9－7】某市财政收到财政国库集中支付清算回单，列明当日属于一般公共预算本级支出的款项共计 160 000 元。

借：一般公共预算本级支出　　160 000

贷：国库存款　　160 000

【例 9－8】年终，某市财政局经对账确认某预算单位尚未使用的国库集中支付结余资金 700 000 元，均为一般公共预算资金。

借：一般公共预算本级支出　　700 000

贷：应付国库集中支付结余　　700 000

【例 9－9】年终，某市财政局将“一般公共预算本级支出”科目的借方余额 9 658 000 元全数转入“一般公共预算结转结余”科目。

借：一般公共预算结转结余　　9 658 000

贷：一般公共预算本级支出　　9 658 000

三、一般公共预算本级收支的核算

（一）采取收付实现制的支出事项及其会计处理方法

财政总预算会计以收付实现制为结账基础，因此，预算支出的一般事项基本采取收付实现制。

（1）总预算会计直接办理预算支出时，作会计分录：

借：一般公共预算本级支出/政府性基金预算本级支出

贷：国库存款

预算支出收回时，作相反的会计分录。

（2）将预拨行政事业单位一般预算经费转列支出时，作会计分录：

借：一般公共预算本级支出/政府性基金预算本级支出

贷：预拨经费

如果发生预算支出的冲回则作相反的会计分录。

【例 9－10】某省级财政部门收到当地海洋部门征收并缴入国库的海洋工程排污费 500 000 元，有关账务处理如下：

借：国库存款　　500 000

贷：一般公共预算本级收入——非税收入（类）

——专项收入（款）——排污费收入（项）

——海洋工程排污费收入（目）　　500 000

【例 9－11】某市财政局收到国库报来的收入日报表，表明当日收到烟叶税 2 200 000 元，有关会计处理为：

借：国库存款　　2 200 000

贷：一般公共预算本级收入——税收收入——烟叶税　　2 200 000

【例 9 –12】某省级财政部门支付省人大办公费 120 000 元，有关账务处理为：

借：一般公共预算本级支出——一般公共服务——人大事务——行政运行　　120 000

贷：国库存款　　120 000

【例 9 –13】某市财政局拨给同级公安局刑事侦查经费 1 300 000 元，有关账务处理如下：

借：一般公共预算本级支出——公共安全——公安——刑事侦查　　1 300 000

贷：国库存款　　1 300 000

【例 9 –14】某省级财政部门收到当地海洋部门征收并缴入国库的海洋工程排污费 500 000 元，有关账务处理为：

借：国库存款　　500 000

贷：一般公共预算本级收入　　500 000

【例 9 –15】年底将全年税收收入 50 000 000 元、一般公共预算本级支出 45 000 000 元转入相关结余，有关账务处理如下：

借：一般公共预算本级收入　　50 000 000

贷：一般公共预算结转结余　　50 000 000

借：一般公共预算结转结余　　45 000 000

贷：一般公共预算本级支出　　45 000 000

（二）年终实行权责发生制的事项及其会计处理

财政总预算会计核算一般采用收付实现制，部分经济业务或者事项应当按照规定采用权责发生制核算。

1. 中央财政总预算会计年终实行权责发生制的特殊事项

（1）预算已经安排，由于政策性因素，当年未能实现的支出，是指国债投资项目支出。年初中央财政预算总盘子中已经安排，执行中由于国家计委未能按预算足额下达投资计划等原因，需作结转处理。

（2）预算已经安排，由于用款进度等原因，当年未能实现的支出，由于用款进度的原因，年终有一部分资金留在财政总会计账上拨不出去，为了不虚增财政结余，需作结转处理。对于不实行国库单一账户试点的单位，财政总会计不得作结转处理。

（3）动支中央预备费安排，因国务院有关部门审批较晚，当年未能及时拨付的支出。

（4）为平衡预算需要，当年未能实现的支出，是指补充偿债基金支出。为了平衡预算，需要根据当年赤字规模和债务收支情况，确定补充偿债基金的具体数额，作当年支出处理。

（5）其他主要指除上述情况之外，根据国务院领导批示精神，需作结转处理的事项。

为了减少随意性，克服人为因素影响，采用权责发生制的事项，仅限于此列示的五种情况，此外的其他任何事项均不得采用权责发生制；仅适用于中央财政，地方各级财政不比照执行。

2. 地方财政总预算会计按权责发生制处理事项的有关规定

为推动解决权责发生制列支存在的问题，严格规范预算管理，《关于印发〈预算管理一体化建设规范（试行）〉的通知规范》（财办［2020］13号）（以下简称《规范》）规定："市县级财政部门应当按照收付实现制核算财政支出事项，国库集中支付结余原则上不得按权责发生制列支，应当按结转下年支出处理；省级财政部门实行国库集中支付结余权责发生制列支的，应当按规定限制条件和范围。"

考虑到国库集中支付结余权责发生制列支在保障重大决策部署实施、提高年度预算执行率等方面发挥了一定作用，《规范》允许省级财政部门继续按权责发生制列支，但应按规定限制条件和范围。总的原则是"严格控制增量，逐步减少存量"：一是进一步限制列支范围。原则上只有一般公共预算支出中的国库集中支付结余可以实行权责发生制列支，政府性基金预算支出、国有资本经营预算支出不得实行权责发生制列支。二是定权责发生制新增列支金额和余额上限。各省可结合实际情况，在对列支余额存量加快统筹使用的基础上，按照适当压缩的原则，规定当年新增列支金额、列支余额不超过当年本级一般公共预算支出的比例。三是提高权责发生制事项透明度。省级财政部门应当向同级人大常委会报告权责发生制事项，并全部分科目列示，尽可能细化。

3. 财政总预算会计权责发生制处理事项的会计处理方法

由于年终结账前，才能最后确定当年应支未支的数额，中央财政总预算会计采用权责发生制对上述事项进行会计核算时，平时不作账务处理；待年终结账，经确认当年确实无法实现财政拨款，需结转下一年度支出时再作账务处理。地方财政核定年终预算结余后，财政总预算会计根据有关核定结余资金的凭证进行会计核算，作会计分录：

借：一般公共预算本级支出等

　　贷：其他应付款

下年度实际支付用款时，冲抵"其他应付款"科目，作会计分录：

借：其他应付款

　　贷：国库存款等

各地财政部门对采用权责发生制账务处理的有关事项，应当在财政决算报表编报说明中作出专题说明。

四、未设国库的乡财政总预算会计预算收入的核算

未设国库的乡（镇）总预算会计根据征收机关（如税务所）报来的预算收入日报表登记预算收入辅助账，待收到县财政返回收入时，再作收入的账务处理。由于未建立国库的乡（镇）财政，其预算收入都是由县（市）国库收纳并向县（市）财政报送预算收入日报表，成为县（市）财政的预算收入，但乡财政又需作预算收入入账，为避免预算收入重复，对未设国库的乡（镇）财政预算收入，应作如下处理：

（1）县（市）财政根据本县（市）的乡（镇）财政管理体制，与征收机关共同制定"乡（镇）财政预算收入报表"，由征收机关分乡（镇）填报县（市）财政和有关乡（镇）财政各一份。

（2）县（市）财政根据“乡（镇）财政预算收入报表”，审查核对无误后，根据乡（镇）应得数拨款；乡（镇）财政总预算会计根据县（市）财政的拨款通知和审核后的“乡（镇）财政预算收入报表”记账。

县（市）财政收到“乡财政预算收入报表”后，先作预算收入增加，拨款时再按拨款数作会计分录：

借：一般公共预算本级收入——某乡（镇）
　　政府性基金预算本级收入——某乡（镇）
　　贷：国库存款

乡（镇）财政收到县（市）财政拨单通知时，按实收的拨款数作会计分录：

借：其他财政存款
　　贷：一般公共预算本级收入
　　　　政府性基金预算本级收入

（3）由于编报和审查“乡（镇）预算收入报表”需要一定时间，可能影响乡镇财政支付，县（市）财政可根据实际情况，先作预拨，然后按“乡（镇）预算收入报表”结算。

县（市）财政预拨乡财政预算收入时，作会计分录：

借：与下级往来
　　贷：国库存款

乡（镇）财政收到预拨款时，作会计分录：

借：其他财政存款
　　贷：与上级往来

（4）县（市）财政将审核无误后的“乡（镇）财政预算收入报表”通知乡（镇）财政按“乡（镇）应得数”抵冲预拨数入账。

县（市）财政作会计分录：

借：一般公共预算本级收入
　　政府性基金预算本级收入
　　贷：与下级往来

乡（镇）财政作会计分录：

借：与上级往来
　　贷：一般公共预算本级收入
　　　　政府性基金预算本级收入

第三节　政府性基金本级收支

一、政府性基金预算本级收入

（一）政府性基金预算本级收入的账务处理

“政府性基金预算本级收入”科目核算政府财政筹集的纳入本级政府性基金预算管理的非税收入。本科目应当根据《政府收支分类科目》中“政府性基金预算收入科目”

规定进行明细核算。

政府性基金预算本级收入的主要账务处理如下：

（1）收到款项时，根据当日预算收入日报表所列政府性基金预算本级收入数，记：

借：国库存款等科目

　　贷：政府性基金预算本级收入

（2）年终转账时，“政府性基金预算本级收入”科目贷方余额全数转入“政府性基金预算结转结余”科目，记：

借：政府性基金预算本级收入

　　贷：政府性基金预算结转结余

“政府性基金预算本级收入”科目平时贷方余额反映政府性基金预算本级收入的累计数。年终结转后，“政府性基金预算本级收入”科目无余额。

（二）政府性基金预算本级收入核算实例

【例9-16】某省级财政部门收到国库报来的基金预算收入日报表，表明当日收到民航发展基金收入360 000元，有关账务处理为：

借：国库存款——政府性基金预算存款　　360 000

　　贷：政府性基金预算本级收入——民航发展基金收入　　360 000

【例9-17】某市财政局收到国库报来的基金预算收入日报表，表明当日收到铁路建设基金收入为90 000元，有关会计处理如下：

借：国库存款——政府性基金预算存款　　90 000

　　贷：政府性基金预算本级收入

　　　　——非税收入——铁路建设基金收入　　90 000

【例9-18】年终结账时，将“政府性基金预算本级收入”科目的贷方余额86 300 000元全数转入“政府性基金预算结转结余”科目，作会计分录：

借：政府性基金预算本级收入　　86 300 000

　　贷：政府性基金预算结转结余　　86 300 000

二、政府性基金预算本级支出

（一）政府性基金预算本级支出的账务处理

“政府性基金预算本级支出”科目核算政府财政管理的由本级政府使用的列入政府性基金预算的支出。本科目应当按照《政府收支分类科目》中支出功能分类科目设置明细科目。同时，根据管理需要，按照支出经济分类科目、部门等进行明细核算。

“政府性基金预算本级支出”属支出类科目，贷方登记收入增加数，借方登记收入冲回数和年终转账数，平时借方余额反映政府性基金预算本级支出的累计数，年终转账时将科目的贷方余额全数转入“政府性基金预算结转结余”科目，年终结转后无余额。

（1）实际发生政府性基金预算本级支出时，记：

借：政府性基金预算本级支出

　　贷：国库存款

（2）年终转账时，本科目借方余额应全数转入“政府性基金预算结转结余”科目，记：

借：政府性基金预算结转结余

　　贷：政府性基金预算本级支出

（二）政府性基金预算本级支出核算实例

【例9-19】某市财政局用旅游发展基金收入支付支出280 000元，作会计分录：

借：政府性基金预算本级支出——商业服务业等支出

　　　　　　　　　　　　　——旅游发展基金支出　　280 000

　　贷：国库存款——政府性基金预算存款　　280 000

【例9-20】某省级财政部门支付使用水利建设基金收入安排的支出570 000元，作会计分录：

借：政府性基金预算本级支出——农林水支出——水利建设基金支出

　　570 000

　　贷：国库存款——政府性基金预算存款　　570 000

【例9-21】某市财政局收到财政国库集中支付清算回单，列明当日属于政府性基金预算本级支出的款项共计295 000元，作会计分录：

借：政府性基金预算本级支出　　295 000

　　贷：国库存款　　295 000

【例9-22】年终，市财政局经对账确认某预算单位尚未使用的国库集中支付结余资金200 000元，均为政府性基金预算资金，作会计分录：

借：政府性基金预算本级支出　　200 000

　　贷：应付国库集中支付结余　　200 000

【例9-23】年终，市财政局将“政府性基金预算本级支出”科目的借方余额12 057 000元全数转入“政府性基金预算结转结余”科目，作会计分录：

借：政府性基金预算结转结余　　12 057 000

　　贷：政府性基金预算本级支出　　12 057 000

【例9-24】市财政局年底将国有土地收益基金收入620 000元、国有土地收益基金支出500 000元转入相关结余，作会计分录：

借：政府性基金预算本级收入——国有土地收益基金收入　　620 000

　　贷：政府性基金预算结转结余——国有土地收益基金收入　　620 000

借：政府性基金预算结转结余——国有土地收益基金收入　　500 000

　　贷：政府性基金预算本级支出——国有土地收益基金支出　　500 000

第四节　国有资本经营预算收支

一、国有资本经营预算本级收入

（一）国有资本经营预算收入的账务处理

“国有资本经营预算本级收入”属收入类科目，核算政府财政筹集的纳入本级国有资本经营预算管理的非税收入。本科目应当根据《政府收支分类科目》中“国有资本经营预算收入科目”规定进行明细核算。“国有资本经营预算收入”科目的贷方反映取得收入数，借方反映收入冲回数和年终结转数。本科目平时贷方余额，反映当年国有资本经营预算收入累计数。年终转账时，将本科目贷方余额全数转入“国有资本经营预算结余”科目后，本科目余额为0。

国有资本经营预算本级收入的主要账务处理如下：

（1）收到款项时，根据当日预算收入日报表所列国有资本经营预算本级收入数，记：

借：国库存款等科目

　　贷：国有资本经营预算本级收入

（2）年终转账时，本科目贷方余额全数转入“国有资本经营预算结转结余”科目，记：

借：国有资本经营预算本级收入

　　贷：国有资本经营预算结转结余

“国有资本经营预算本级收入”科目平时贷方余额反映国有资本经营预算本级收入的累计数。年终结转后，本科目无余额。

（二）国有资本经营预算本级收入的核算实例

【例9-25】某市财政收到中国人民银行国库报来的预算收入日报表，其中，国有资本经营收入合计1 250 000元，作会计分录：

借：国库存款　　1 250 000

　　贷：国有资本经营预算本级收入　　1 250 000

【例9-26】年终，市财政将“国有资本经营预算本级收入”科目贷方余额1 250 000元全数转入“国有资本经营预算结转结余”科目，作会计分录：

借：国有资本经营预算本级收入　　1 250 000

　　贷：国有资本经营预算结转结余　　1 250 000

二、国有资本经营预算本级支出

（一）国有资本经营预算本级支出的账务处理

“国有资本经营预算本级支出”属支出类科目，核算政府财政管理的由本级政府使用的列入国有资本经营预算的本级支出。借方登记支出发生数，贷方登记支出收回数和年终冲销转账数。

“国有资本经营预算本级支出”科目应当按照《政府收支分类科目》中支出功能分类科目设置明细科目。同时，根据管理需要，按照支出经济分类科目、部门等进行明细核算。

（1）实际发生国有资本经营预算本级支出时，记：

借：国有资本经营预算本级支出

　　贷：国库存款

（2）年度终了，对纳入国库集中支付管理的、当年未支付而需结转下一年度支付的款项（国库集中支付结余），采用权责发生制确认支出时，记：

借：国有资本经营预算本级支出

贷：应付国库集中支付结余

（3）年终转账时，“国有资本经营预算本级收入”科目借方余额应全数转入“国有资本经营预算结转结余”科目，记：

借：国有资本经营预算结转结余

贷：国有资本经营预算本级支出

“国有资本经营预算本级支出”科目平时借方余额反映国有资本经营预算本级支出的累计数。年终结转后，本科目无余额。

（二）国有资本经营预算本级支出的核算实例

【例9－27】某市财政局收到财政国库集中支付清算回单，列明当日属于国有资本经营预算本级支出的款项共计3 000元，作会计分录：

借：国有资本经营预算本级支出　　3 000

贷：国库存款　　3 000

【例9－28】年终，某市财政局经对账确认某预算单位尚未使用的国库集中支付结余资金40 000元，均为国有资本经营预算资金，作会计分录：

借：国有资本经营预算本级支出　　40 000

贷：应付国库集中支付结余　　40 000

【例9－29】年终，某市财政局将“国有资本经营预算本级支出”科目的借方余额5 000 000元全数转入“国有资本经营预算结转结余”科目，作会计分录：

借：国有资本经营预算结转结余　　5 000 000

贷：国有资本经营预算本级支出　　5 000 000

第五节　财政专户管理资金收支

一、财政专户管理资金收入

“财政专户管理资金收入”科目核算政府财政纳入财政专户管理的教育收费等资金收入。本科目应当按照《政府收支分类科目》中收入分类科目规定进行明细核算。同时，根据管理需要，按部门（单位）等进行明细核算。

财政专户管理资金收入的主要账务处理如下：

（1）收到财政专户管理资金时，记：

借：其他财政存款

贷：财政专户管理资金收入

（2）年终转账时，本科目贷方余额全数转入“财政专户管理资金结余”科目，记：

借：财政专户管理资金收入

贷：财政专户管理资金结余

“财政专户管理资金收入”科目平时贷方余额反映财政专户管理资金收入的累计数。年终结转后，本科目无余额。

【例9－30】某市财政收到财政专户管理的教育收费收入共计345 000元，作会计分录：

借：其他财政存款　　345 000

　　贷：财政专户管理资金收入　　345 000

【例9-31】年终，“财政专户管理资金收入”总账科目贷方余额为345 000元，将其全数转入“财政专户管理资金结余”总账科目，作会计分录：

借：财政专户管理资金收入　　345 000

　　贷：财政专户管理资金结余　　345 000

二、财政专户管理资金支出

“财政专户管理资金支出”科目核算政府财政用纳入财政专户管理的教育收费等资金安排的支出。本科目应当按照《政府收支分类科目》中支出功能分类科目设置相应的明细科目。同时，根据管理需要，按照支出经济分类科目、部门（单位）等进行明细核算。

财政专户管理资金支出的主要账务处理如下：

（1）发生财政专户管理资金支出时，记：

借：财政专户管理资金支出

　　贷：其他财政存款等有关科目

（2）年终转账时，本科目借方余额全数转入“财政专户管理资金结余”科目，记：

借：财政专户管理资金结余

　　贷：财政专户管理资金支出

“财政专户管理资金支出”科目平时借方余额反映财政专户管理资金支出的累计数。结转后，本科目无余额。

【例9-32】某市财政局收到财政国库集中支付清算回单，列明当日拨付教育收费271 000元。

借：财政专户管理资金支出　　271 000

　　贷：其他财政存款　　271 000

【例9-33】年终，将“财政专户管理资金支出”科目的借方余额70 000 000元全数转入“财政专户管理资金结余”科目。其会计分录为：

借：财政专户管理资金结余　　70 000 000

　　贷：财政专户管理资金支出　　70 000 000

第六节　专用基金收支

一、专用基金收入

（一）专用基金收入的账务处理

“专用基金收入”属收入类科目，核算政府财政按照法律法规和国务院、财政部规定设置或取得的粮食风险基金等专用基金收入。本科目应当按照专用基金的种类进行明细核算。

“专用基金支出”科目贷方登记收入增加数，借方登记专用基金收入的减少数，平时借方余额反映专用基金支出的累计数。年终转账时，将“专用基金收入”科目余额全部转入“专用基金结余”科目，年终结转后，“专用基金收入”科目应无余额。

（1）通过预算支出安排取得专用基金收入转入财政专户的，记：

借：其他财政存款

　　贷：专用基金收入

同时，记：

借：一般公共预算本级支出等科目

　　贷：国库存款/补助收入等科目

退回专用基金收入时，记：

借：专用基金收入

　　贷：其他财政存款

（2）通过预算支出安排取得专用基金收入仍存在国库的，记：

借：一般公共预算本级支出等科目

　　贷：专用基金收入

（3）年终转账时，本科目贷方余额全数转入“专用基金结余”科目，记：

借：专用基金收入

　　贷：专用基金结余

（二）专用基金收入的核算实例

【例9-34】某市财政从省财政取得粮食风险基金500 000元。

借：其他财政存款	500 000	
贷：专用基金收入		500 000

【例9-35】从本级一般公共预算支出中安排专用基金200 000元。

借：一般公共预算本级支出	200 000	
贷：国库存款		200 000
借：其他财政存款	200 000	
贷：专用基金收入		200 000

【例9-36】年终，将“专用基金收入”科目贷方余额700 000元全数转入“专用基金结余”科目。

借：专用基金收入	700 000	
贷：专用基金结余		700 000

二、专用基金支出

（一）专用基金支出的账务处理

“专用基金支出”属支出类科目，用于核算政府财政用专用基金收入安排的支出。本科目应当根据专用基金的种类设置明细科目；同时，根据管理需要，按部门等进行明细核算。

“专用基金支出”科目的借方登记支出发生数，贷方登记支出收回数和年终冲销转账数。平时借方余额，反映专用基金支出累计数。年终转账时，将“专用基金支出”科目借方余额全部转入“专用基金结余”科目，转账后“专用基金支出”科目应无余额。

(1) 发生专用基金支出时，记：

借：专用基金支出

　　贷：其他财政存款等有关科目

退回专用基金支出时，作相反的会计分录。

(2) 年终转账时，本科目借方余额全数转入“专用基金结余”科目，记：

借：专用基金结余

　　贷：专用基金支出

(二) 专用基金收支的核算实例

【例9-37】 从上级财政部门收到粮食风险基金460 000元，根据国家规定将基金存在指定银行，会计分录为：

借：其他财政存款	460 000	
贷：专用基金收入——粮食风险基金		460 000

【例9-38】 经过研究，通过本级一般预算资金安排专用基金240 000元粮食风险基金，根据国家规定将基金存在指定银行，会计分录为：

借：一般公共预算本级支出	240 000	
贷：国库存款		240 000
借：其他财政存款	240 000	
贷：专用基金收入——粮食风险基金		240 000

退回专用基金收入时，作相反的会计分录。

【例9-39】 将粮食风险基金用于粮食库存费用补贴110 000元，会计分录为：

借：专用基金支出——粮食风险基金	110 000	
贷：其他财政存款		110 000

【例9-40】 年终转账时，将“专用基金收入”的科目余额9 000 000元、“专用基金支出”科目余额8 700 000元办理结转。

借：专用基金收入	9 000 000	
贷：专用基金结余		9 000 000
借：专用基金结余	8 700 000	
贷：专用基金支出		8 700 000

第十章

财政总预算会计的转移收支

第一节 补助收支

一、补助收入

（一）补助收入的账务处理

“补助收入”科目核算上级政府财政按照财政体制规定或因专项需要补助给本级政府财政的款项，包括税收返还、转移支付等。本科目下应当按照不同的资金性质设置“一般公共预算补助收入”“政府性基金预算补助收入”等明细科目。

（1）收到上级政府财政拨入的补助款时，记：

借：国库存款/其他财政存款等科目

　　贷：补助收入

（2）专项转移支付资金实行特设专户管理的，政府财政应当根据上级政府财政下达的预算文件确认补助收入。

年度当中收到资金时，记：

借：其他财政存款

　　贷：与上级往来等科目

年度终了，根据专项转移支付资金预算文件，记：

借：与上级往来

　　贷：补助收入

（3）从“与上级往来”科目转入时，记：

借：与上级往来

　　贷：补助收入

（4）有主权外债业务的财政部门，贷款资金由本级政府财政同级部门（单位）使用，且贷款的最终还款责任由上级政府财政承担的，本级政府财政部门收到贷款资金时，记：

借：其他财政存款

　　贷：补助收入

外方将贷款资金直接支付给供应商或用款单位时，记：

借：一般公共预算本级支出

　　贷：补助收入

(5) 年终与上级政府财政结算时，根据预算文件，按照尚未收到的补助款金额，记：

借：与上级往来

　　贷：补助收入

退还或核减补助收入时，记：

借：补助收入

　　贷：国库存款/与上级往来等科目

(6) 年终转账时，补助收入科目贷方余额应根据不同资金性质分别转入对应的结转结余科目，记：

借：补助收入

　　贷：一般公共预算结转结余/政府性基金预算结转结余等科目

"补助收入"科目平时贷方余额反映补助收入的累计数。年终办理结转后，"补助收入"科目无余额。

(二) 补助收入的核算实例

【例10-1】某市财政收到省财政拨来一般公共预算补助收入200 000元，会计分录为：

借：国库存款	200 000	
贷：补助收入——一般公共预算补助收入		200 000

【例10-2】年终，根据财政体制结算，计算应得上级省财政的政府性基金预算补助收入500 000元，会计分录为：

借：与上级往来	500 000	
贷：补助收入——政府性基金预算补助收入		500 000

【例10-3】年终，将"补助收入"科目贷方余额850 000元（其中，属于一般公共预算的补助收入550 000元，属于政府性基金预算的补助收入300 000元）转入"一般公共预算结转结余""政府性基金预算结转结余"科目，会计分录为：

借：补助收入——一般公共预算补助收入	550 000	
贷：一般公共预算结转结余		550 000
借：补助收入——政府性基金预算补助收入	300 000	
贷：政府性基金预算结转结余		300 000

二、补助支出

(一) 补助支出的主要账务处理

"补助支出"科目核算本级政府财政按财政体制规定或因专项需要补助给下级政府财政的款项，包括对下级的税收返还、转移支付等。本科目下应当按照不同资金性质设置"一般公共预算补助支出""政府性基金预算补助支出"等明细科目，同时还应当按照补助地区进行明细核算。

(1) 发生补助支出或从"与下级往来"科目转入时，记：

借：补助支出

　　贷：国库存款/其他财政存款/与下级往来等科目

（2）专项转移支付资金实行特设专户管理的，本级政府财政应当根据本级政府财政下达的预算文件确认补助支出，记：

借：补助支出

  贷：国库存款/与下级往来等科目

（3）有主权外债业务的财政部门，贷款资金由下级政府财政同级部门（单位）使用，且贷款最终还款责任由本级政府财政承担的，本级政府财政部门支付贷款资金时，记：

借：补助支出

  贷：其他财政存款

外方将贷款资金直接支付给用款单位或供应商时，记：

借：补助支出

  贷：债务收入/债务转贷收入等科目

根据债务管理部门转来的相关外债转贷管理资料，按照实际支付的金额，记：

借：待偿债净资产

  贷：借入款项/应付主权外债转贷款等科目

（4）年终与下级政府财政结算时，按照尚未拨付的补助金额，记：

借：补助支出

  贷：与下级往来

退还或核减补助支出时，记：

借：国库存款/与下级往来等科目

  贷：补助支出

（5）年终转账时，本科目借方余额应根据不同资金性质分别转入对应的结转结余科目，记：

借：一般公共预算结转结余/政府性基金预算结转结余等科目

  贷：补助支出

“补助支出”科目平时借方余额反映补助支出的累计数。年终结转后，“补助支出”科目无余额。

（二）补助支出的核算实例

【例10－4】某省财政厅与其下属某市财政年终进行财政体制结算，经计算，省财政应给予所属某市一般公共预算补助款项150 000元，会计分录为：

借：补助支出——一般公共预算补助支出	150 000	
贷：与下级往来		150 000

【例10－5】某省财政厅通过财政直接支付的方式，拨付一笔资金450 000元到所属某市专项转移支付资金专户，会计分录为：

借：补助支出——一般公共预算补助支出	450 000	
贷：国库存款		450 000

【例10－6】年终，某省财政厅“补助支出”总账科目借方余额1 100 000元，其中，一般公共预算的补助支出600 000元，政府性基金预算补助支出为500 000元，分别转入“一般公共预算结转结余”和“政府性基金预算结转结余”科目，会计分录为：

借：一般公共预算结转结余　　600 000
　　贷：补助支出——一般公共预算补助支出　　600 000
借：政府性基金预算结转结余　　500 000
　　贷：补助支出——政府性基金预算补助支出　　500 000

第二节　上解收支

一、上解收入

（一）上解收入的账务处理

"上解收入"科目核算按照体制规定由下级政府财政上交给本级政府财政的款项。本科目下应当按照不同资金性质设置"一般公共预算上解收入""政府性基金预算上解收入"等明细科目。同时，还应当按照上解地区进行明细核算。

（1）收到下级政府财政的上解款时，记：

借：国库存款等科目
　　贷：上解收入

（2）年终与下级政府财政结算时，根据预算文件，按照尚未收到的上解款金额，记：

借：与下级往来
　　贷：上解收入

退还或核减上解收入时，记：

借：上解收入
　　贷：国库存款/与下级往来等科目

（3）年终转账时，"上解收入"科目贷方余额应根据不同资金性质分别转入对应的结转结余科目，记：

借：上解收入
　　贷：一般公共预算结转结余/政府性基金预算结转结余等科目

"上解收入"科目平时贷方余额反映上解收入的累计数；年终结转后无余额。

（二）上解收入的核算实例

【例10-7】某市财政收到所属某市一般公共预算上解收入350 000元，会计分录为：

借：国库存款　　350 000
　　贷：上解收入——一般公共预算上解收入　　350 000

【例10-8】某市财政确认应收下级某市财政的政府性基金预算上解收入120 000元，会计分录为：

借：与下级往来　　120 000
　　贷：上解收入——政府性基金预算上解收入　　120 000

【例10-9】年终，某市财政将"上解收入"科目贷方余额470 000元，其中一般预算上解收入350 000元，政府性基金预算上解收入120 000元，按资金性质分别转入“一般公共预算结转结余”和“政府性基金预算结转结余”科目，会计分录为：

借：上解收入——一般公共预算上解收入 350 000

贷：一般公共预算结转结余 350 000

借：上解收入——政府性基金预算上解收入 120 000

贷：政府性基金预算结转结余 120 000

二、上解支出

（一）上解支出的主要账务处理

“上解支出”科目核算本级政府财政按照财政体制规定上交给上级政府财政的款项。本科目下应当按照不同资金性质设置“一般公共预算上解支出”“政府性基金预算上解支出”等明细科目。

（1）发生上解支出时，记：

借：上解支出

贷：国库存款/与上级往来等科目

（2）年终与上级政府财政结算时，按照尚未支付的上解金额，记：

借：上解支出

贷：与上级往来

退还或核减上解支出时，记：

借：国库存款/与上级往来等科目

贷：上解支出

（3）年终转账时，本科目借方余额应根据不同资金性质分别转入对应的结转结余科目，记：

借：一般公共预算结转结余/政府性基金预算结转结余等科目

贷：上解支出

“上解支出”科目平时借方余额反映上解支出的累计数，年终结转后无余额。

（二）上解支出的核算实例

【例10－10】某市财政局通过财政国库向省财政上解款项300 000元，会计分录为：

借：上解支出 300 000

贷：国库存款 300 000

【例10－11】某市财政局年终结算，应上解而未上解款项50 000元，会计分录为：

借：上解支出 50 000

贷：国库存款 50 000

【例10－12】某市财政局年终，“上解支出”科目借方余额230 000元，其中：一般公共预算上解支出的借方余额150 000元，政府性基金预算上解支出的借方余额80 000元，分别转入“一般公共预算结转结余”和“政府性基金预算结转结余”科目，会计分录为：

借：一般公共预算结转结余 150 000

贷：上解支出——一般公共预算上解支出 150 000

借：政府性基金预算结转结余　　80 000
　　贷：上解支出——政府性基金预算上解支出　　80 000

第三节　地区间援助收支

一、地区间援助收入

（一）地区间援助收入的账务处理

"地区间援助收入"科目核算受援方政府财政收到援助方政府财政转来的可统筹使用的各类援助、捐赠等资金收入。本科目应当按照援助地区及管理需要进行相应的明细核算。

（1）收到援助方政府财政转来的资金时，记：

借：国库存款
　　贷：地区间援助收入

（2）年终转账时，本科目贷方余额全数转入"一般公共预算结转结余"科目，记：

借：地区间援助收入
　　贷：一般公共预算结转结余

"地区间援助收入"科目平时贷方余额反映地区间援助收入的累计数。结转后，本科目无余额。

（二）地区间援助收入的核算实例

【例 10－13】某市财政收到 A 市财政转来的可统筹使用的援助资金 250 000 元，会计分录为：

借：国库存款　　250 000
　　贷：地区间援助收入　　250 000

【例 10－14】年终，"地区间援助收入"总账科目贷方余额为 250 000 元，财政总预算会计将其全数转入"一般公共预算结转结余"总账科目，会计分录为：

借：地区间援助收入　　250 000
　　贷：一般公共预算结转结余　　250 000

二、地区间援助支出

（一）地区间援助支出的账务处理

"地区间援助支出"科目核算援助方政府财政安排用于受援方政府财政统筹使用的各类援助、捐赠等资金支出。本科目应当按照受援地区及管理需要进行相应明细核算。

（1）发生地区间援助支出时，记：

借：地区间援助支出
　　贷：国库存款

（2）年终转账时，本科目借方余额全数转入"一般公共预算结转结余"科目，记：

借：一般公共预算结转结余
　　贷：地区间援助支出

“地区间援助支出”科目平时借方余额反映地区间援助支出的累计数。年终结转后无余额。

（二）地区间援助支出的核算实例

【例 10－15】某市财政通过财政国库向 A 市财政拨付地区间援助资金 2 500 000 元，供乙省财政统筹安排使用，以缓解其临时财政困难，会计分录为：

借：地区间援助支出　　2 500 000

　　贷：国库存款　　2 500 000

【例 10－16】年终，“地区间援助支出”总账科目借方余额为 2 500 000 元，将其全数转入“一般公共预算结转结余”科目，会计分录为：

借：一般公共预算结转结余　　2 500 000

　　贷：地区间援助支出　　2 500 000

第四节　调入调出资金

一、调入资金

（一）调入资金的账务处理

“调入资金”科目核算政府财政为平衡某类预算收支、从其他类型预算资金及其他渠道调入的资金。本科目下应当按照不同资金性质设置“一般公共预算调入资金”“政府性基金预算调入资金”等明细科目。

（1）从其他类型预算资金及其他渠道调入一般公共预算时，按照调入的资金金额，记：

借：调出资金——政府性基金预算调出资金

　　　　　　——国有资本经营预算调出资金

　　国库存款等科目

　　贷：调入资金（一般公共预算调入资金）

（2）从其他类型预算资金及其他渠道调入政府性基金预算时，按照调入的资金金额，记：

借：调出资金——一般公共预算调出资金

　　国库存款等科目

　　贷：调入资金（政府性基金预算调入资金）

（3）年终转账时，本科目贷方余额分别转入相应的结转结余科目，记：

借：调入资金

　　贷：一般公共预算结转结余/政府性基金预算结转结余等科目

“调入资金”科目平时贷方余额反映调入资金的累计数；年终结转后，无余额。

（二）调入资金的核算实例

【例 10－17】某市财政为平衡一般预算，经批准从政府性基金预算结余中调入资金 150 000 元，会计分录为：

借：调出资金——政府性基金预算调出资金　　150 000
　　贷：调入资金——一般公共预算调入资金　　150 000

【例 10－18】年终，将“调入资金——一般公共预算调入资金”科目贷方余额 150 000 元，转入“一般公共预算结转结余”科目，会计分录为：

借：调入资金——一般公共预算调入资金　　150 000
　　贷：一般公共预算结转结余　　150 000

二、调出资金

（一）调出资金的账务处理

“调出资金”科目核算政府财政为平衡预算收支、从某类资金向其他类型预算调出的资金。本科目下应当设置“一般公共预算调出资金”“政府性基金预算调出资金”“国有资本经营预算调出资金”等明细科目。

（1）从一般公共预算调出资金时，按照调出的金额，记：

借：调出资金——一般公共预算调出资金
　　贷：调入资金——相关明细科目

（2）从政府性基金预算调出资金时，按照调出的金额，记：

借：调出资金——政府性基金预算调出资金
　　贷：调入资金——相关明细科目

（3）从国有资本经营预算调出资金时，按照调出的金额，记：

借：调出资金——国有资本经营预算调出资金
　　贷：调入资金——相关明细科目

（4）年终转账时，本科目借方余额分别转入相应的结转结余科目，记：

借：一般公共预算结转结余
　　政府性基金预算结转结余
　　国有资本经营预算结转结余等科目
　　贷：调出资金

“调出资金”科目平时借方余额反映调出资金的累计数。结转后，本科目无余额。

（二）调出资金的核算实例

【例 10－19】某省财政为了平衡一般公共预算，从政府性基金预算调出资金 30 000 元，从国有资本经营预算调出资金 50 000 元，会计分录为：

借：调出资金——政府性基金预算调出资金　　30 000
　　　　　　——国有资本经营预算调出资金　　50 000
　　贷：调入资金——一般公共预算调入资金　　80 000

【例 10－20】年终，某省财政“调出资金”科目的借方余额 80 000 元，有关明细科目借方余额为：“一般公共预算调出资金”30 000 元、“国有资本经营预算调出资金”50 000 元，会计分录为：

借：一般公共预算结转结余　　30 000
　　贷：调出资金——一般公共预算调出资金　　30 000

借：国有资本经营预算结转结余　　50 000

　　贷：调出资金——国有资本经营预算调出资金　　50 000

第五节　预算稳定调节基金收支

一、动用预算稳定调节基金

"动用预算稳定调节基金"属于收入类科目，用于核算政府财政为弥补本年度预算资金的不足，调用的预算稳定调节基金。其主要账务处理如下：

（1）调用预算稳定调节基金时，记：

借：预算稳定调节基金

　　贷：动用预算稳定调节基金

（2）年终转账时，本科目贷方余额全数转入"一般公共预算结转结余"科目，记：

借：动用预算稳定调节基金

　　贷：一般公共预算结转结余

"动用预算稳定调节基金"科目平时贷方余额反映动用预算稳定调节基金的累计数。年终办理结转后，本科目无余额。

【例 10-21】某市财政年终发生财政短收，决定调用预算稳定调节基金 35 000 元，会计分录为：

借：预算稳定调节基金　　35 000

　　贷：动用预算稳定调节基金　　35 000

【例 10-22】年终，将"动用预算稳定调节基金"科目贷方余额 35 000 元，转入"一般公共预算结转结余"科目，会计分录为：

借：动用预算稳定调节基金　　35 000

　　贷：一般公共预算结转结余　　35 000

二、安排预算稳定调节基金

"安排预算稳定调节基金"属于支出类科目，用于核算政府财政按照有关规定安排的预算稳定调节基金。

（1）补充预算稳定调节基金时，记：

借：安排预算稳定调节基金

　　贷：预算稳定调节基金

（2）年终转账时，本科目借方余额全数转入"一般公共预算结转结余"科目，记：

借：一般公共预算结转结余

　　贷：安排预算稳定调节基金

"安排预算稳定调节基金"科目平时借方余额反映安排预算稳定调节基金的累计数。年终办理结转后，本科目无余额。

【例 10-23】年终，某市财政使用财政超收收入补充预算稳定调节基金 200 000 元，会计分录为：

借：安排预算稳定调节基金　　200 000

　　贷：预算稳定调节基金　　200 000

【例10－24】 年终，某市财政"安排预算稳定调节基金"科目的借方余额200 000元，会计分录为：

借：一般公共预算结转结余　　200 000

　　贷：安排预算稳定调节基金　　200 000

第六节　债务收支

一、债务收入

（一）债务收入的账务处理

"债务收入"科目核算政府财政按照国家法律、国务院规定以发行债券等方式取得的，以及向外国政府、国际金融组织等机构借款取得的纳入预算管理的债务收入。"债务收入"科目应当按照《政府收支分类科目》中"债务收入"科目的规定进行明细核算。

（1）省级以上政府财政收到政府债券发行收入时，作如下会计分录：

借：国库存款（实收金额）

　　有关支出科目（发行收入和发行额的差额）

　　贷：债务收入（政府债券实际发行额）

　　　　有关支出科目（发行收入和发行额的差额）

根据债务管理部门转来的债券发行确认文件等相关资料，按到期应付的政府债券本金金额，记：

借：待偿债净资产——应付短期政府债券

　　　　　　　　——应付长期政府债券

　　贷：应付短期政府债券/应付长期政府债券等科目

（2）政府财政向外国政府、国际金融组织等机构借款时，按照借入的金额，作如下会计分录：

借：国库存款/其他财政存款等科目

　　贷：债务收入

根据债务管理部门转来的相关资料，按照实际承担的债务金额，记：

借：待偿债净资产——借入款项

　　贷：借入款项

（3）本级政府财政借入主权外债，且由外方将贷款资金直接支付给用款单位或供应商时，应根据以下情况分别处理：

①本级政府财政承担还款责任，贷款资金由本级政府财政同级部门（单位）使用的，本级政府财政根据贷款资金支付相关资料，记：

借：一般公共预算本级支出

贷：债务收入

根据债务管理部门转来的相关资料，按照实际承担的债务金额，记：

借：待偿债净资产——借入款项

贷：借入款项

②本级政府财政承担还款责任，贷款资金由下级政府财政同级部门（单位）使用的，本级政府财政根据贷款资金支付相关资料及预算指标文件，记：

借：补助支出

贷：债务收入

根据债务管理部门转来的相关资料，按照实际承担的债务金额，记：

借：待偿债净资产——借入款项

贷：借入款项

③下级政府财政承担还款责任，贷款资金由下级政府财政同级部门（单位）使用的，本级政府财政根据贷款资金支付相关资料，记：

借：债务转贷支出

贷：债务收入

根据债务管理部门转来的相关资料，按照实际承担的债务金额，记：

借：待偿债净资产——借入款项

贷：借入款项

同时，记：

借：应收主权外债转贷款

贷：资产基金——应收主权外债转贷款

（4）年终转账时，“债务收入”科目下“专项债务收入”明细科目的贷方余额应按照对应的政府性基金种类分别转入“政府性基金预算结转结余”相应明细科目，记：

借：债务收入——专项债务收入明细科目

贷：政府性基金预算结转结余

“债务收入”科目下其他明细科目的贷方余额全数转入“一般公共预算结转结余”科目，记：

借：债务收入——其他明细科目

贷：一般公共预算结转结余

“债务收入”科目平时贷方余额反映债务收入的累计数。年终结转后，“债务收入”科目无余额。

（二）债务收入的核算实例

【例 10－25】某省政府财政发行 1 年期国债 5 000 000 000 元，共收到国债发行收入 4 995 000 000 元。

借：国库存款	5 000 000 000	
贷：债务收入		5 000 000 000
借：待偿债净资产——应付短期政府债券	5 000 000 000	

贷：应付短期政府债券——应付国债——应付本金　　5 000 000 000

【例10－26】某省财政向所属D市财政支付外国政府借款转贷资金2 000 000元，贷款期限20年、利率3%，到期一次还本付息。该转贷款由外方直接支付给了D市财政，D市财政承担还款责任。

借：债务转贷支出　　2 000 000

　　贷：债务收入　　2 000 000

借：待偿债净资产——借入款项　　2 000 000

　　贷：借入款项　　2 000 000

借：应收主权外债转贷款　　2 000 000

　　贷：资产基金——应收主权外债转贷款　　2 000 000

【例10－27】年终，"债务收入"总账科目贷方余额为550 200 000 000元，财政总预算会计将其全数转入"一般公共预算结转结余"总账科目。

借：债务收入　　550 200 000 000

　　贷：一般公共预算结转结余　　550 200 000 000

二、债务还本支出

（一）债务还本支出的账务处理

"债务还本支出"科目核算政府财政偿还本级政府财政承担的纳入预算管理的债务本金支出。本科目应当根据《政府收支分类科目》中"债务还本支出"有关规定设置明细科目。

（1）偿还本级政府财政承担的政府债券、主权外债等纳入预算管理的债务本金时，记：

借：债务还本支出

　　贷：国库存款/其他财政存款等科目

根据债务管理部门转来相关资料，按照实际偿还的本金金额，记：

借：应付短期政府债券/应付长期政府债券/借入款项

　　应付地方政府债券转贷款/应付主权外债转贷款等科目

　　贷：待偿债净资产

（2）偿还截至2014年12月31日本级政府财政承担的存量债务本金时，记：

借：债务还本支出

　　贷：国库存款/其他财政存款等科目

（3）年终转账时，"债务还本支出"科目下"专项债务还本支出"明细科目的借方余额应按照对应的政府性基金种类分别转入"政府性基金预算结转结余"相应明细科目，记：

借：政府性基金预算结转结余

　　贷：债务还本支出——专项债务还本支出

"债务还本支出"科目下其他明细科目的借方余额全数转入"一般公共预算结转结余"科目，记：

借：一般公共预算结转结余

　　贷：债务还本支出——其他明细科目

“债务还本支出”科目平时借方余额反映本级政府财政债务还本支出的累计数。年终结转后，“债务还本支出”科目无余额。

（二）债务还本支出的核算实例

【例 10－28】 某省财政厅通过财政国库向中央财政上缴由本级政府承担的 1 年期地方政府债券还本资金共计 450 000 元。

借：债务还本支出	450 000	
贷：国库存款		450 000
借：应付短期政府债券——应付国债——应付本金	450 000	
贷：待偿债净资产——应付短期政府债券		450 000

【例 10－29】 年终，某省财政厅“债务还本支出”总账科目借方余额为 800 000 元，其中，属于一般债务还本支出 450 000 元，属于专项债务还本支出 350 000 元。财政总预算会计将其分别转入“一般公共预算结转结余”和“政府性基金预算结转结余”科目。

借：一般公共预算结转结余	450 000	
政府性基金预算结转结余	350 000	
贷：债务还本支出		800 000

第七节　债务转贷收支

一、债务转贷收入

（一）债务转贷收入的账务处理

“债务转贷收入”科目核算省级以下（不含省级）政府财政收到上级政府财政转贷的债务收入。“债务转贷收入”科目下应当设置“地方政府一般债务转贷收入”“地方政府专项债务转贷收入”明细科目。

（1）省级以下（不含省级）政府财政收到地方政府债券转贷收入时，按照实际收到的金额，记：

借：国库存款

　　贷：债务转贷收入

根据债务管理部门转来的相关资料，按照到期应偿还的转贷款本金金额，记：

借：待偿债净资产——应付地方政府债券转贷款

　　贷：应付地方政府债券转贷款

（2）省级以下（不含省级）政府财政收到主权外债转贷收入的账务处理，记：

①本级财政收到主权外债转贷资金时：

借：其他财政存款

　　贷：债务转贷收入

根据债务管理部门转来的相关资料，按照实际承担的债务金额，记：

借：待偿债净资产——应付主权外债转贷款

　　贷：应付主权外债转贷款

②从上级政府财政借入主权外债转贷款，且由外方将贷款资金直接支付给用款单位或供应商时，应根据以下情况分别处理：

a. 本级政府财政承担还款责任，贷款资金由本级政府财政同级部门（单位）使用的，本级政府财政根据贷款资金支付相关资料，记：

借：一般公共预算本级支出

　　贷：债务转贷收入

根据债务管理部门转来的相关资料，按照实际承担的债务金额，记：

借：待偿债净资产——应付主权外债转贷款

　　贷：应付主权外债转贷款

b. 本级政府财政承担还款责任，贷款资金由下级政府财政同级部门（单位）使用的，本级政府财政根据贷款资金支付相关资料及预算文件，记：

借：补助支出

　　贷：债务转贷收入

根据债务管理部门转来的相关资料，按照实际承担的债务金额，记：

借：待偿债净资产——应付主权外债转贷款

　　贷：应付主权外债转贷款

c. 下级政府财政承担还款责任，贷款资金由下级政府财政同级部门（单位）使用的账务处理：

一是本级政府财政根据转贷资金支付相关资料，记：

借：债务转贷支出

　　贷：债务转贷收入

根据债务管理部门转来的相关资料，按照实际承担的债务金额，记：

借：待偿债净资产——应付主权外债转贷款

　　贷：应付主权外债转贷款

同时，记：

借：应收主权外债转贷款

　　贷：资产基金——应收主权外债转贷款

二是下级政府财政根据贷款资金支付相关资料，记：

借：一般公共预算本级支出

　　贷：债务转贷收入

根据债务管理部门转来的相关资料，按照实际承担的债务金额，记：

借：待偿债净资产——应付主权外债转贷款

　　贷：应付主权外债转贷款

（3）年终转账时，“债务转贷收入”科目下“地方政府一般债务转贷收入”明细科目的贷方余额全数转入“一般公共预算结转结余”科目，记：

借：债务转贷收入

　　贷：一般公共预算结转结余

"债务转贷收入"科目下"地方政府专项债务转贷收入"明细科目的贷方余额按照对应的政府性基金种类分别转入"政府性基金预算结转结余"相应明细科目，记：

借：债务转贷收入

　　贷：政府性基金预算结转结余

"债务转贷收入"科目平时贷方余额反映债务转贷收入的累计数。年终结转后，本科目无余额。

（二）债务转贷收入的核算实例

【例 10－30】某市财政收到本省财政的地方政府一般债券转贷收入 1 500 000 元。

借：国库存款	1 500 000	
贷：债务转贷收入——地方政府一般债务转贷收入		1 500 000
借：待偿债净资产——应付地方政府债券转贷款	1 500 000	
贷：应付地方政府债券转贷款——应付地方政府一般债券转贷款——应付本金		1 500 000

【例 10－31】市财政收到省财政转贷的外国政府贷款 2 000 000 元，贷款期限 3 年，利率 3%，到期一次还本付息。贷款资金由所属某县交通运输局使用，县财政承担还款责任，外方将转贷款直接支付给某县交通运输局。

借：债务转贷支出	2 000 000	
贷：债务转贷收入		2 000 000
借：待偿债净资产——应付主权外债转贷款	2 000 000	
贷：应付主权外债转贷款——应付本金		2 000 000
借：应收主权外债转贷款——应收本金	2 000 000	
贷：资产基金——应收主权外债转贷款		2 000 000

【例 10－32】年终，"债务转贷收入——地方政府一般债务转贷收入"科目的贷方余额为 205 000 000 元，财政总预算会计将其全数转入"一般公共预算结转结余"科目。

借：债务转贷收入	205 000 000	
贷：一般公共预算结转结余		205 000 000

二、债务转贷支出

（一）债务转贷支出的账务处理

"债务转贷支出"科目核算本级政府财政向下级政府财政转贷的债务支出。本科目下应当设置"地方政府一般债务转贷支出""地方政府专项债务转贷支出"明细科目，同时还应当按照转贷地区进行明细核算。

（1）本级政府财政向下级政府财政转贷地方政府债券资金时，记：

借：债务转贷支出

　　贷：国库存款

根据债务管理部门转来的相关资料，按照到期应收回的转贷款本金金额，记：

借：应收地方政府债券转贷款

　　贷：资产基金——应收地方政府债券转贷款

（2）本级政府财政向下级政府财政转贷主权外债资金，且主权外债最终还款责任由下级政府财政承担的，相关账务处理如下：

①本级政府财政支付转贷资金时，根据转贷资金支付相关资料，记：

借：债务转贷支出

　　贷：其他财政存款

根据债务管理部门转来的相关资料，按照实际持有的债权金额，记：

借：应收主权外债转贷款

　　贷：资产基金——应收主权外债转贷款

②外方将贷款资金直接支付给用款单位或供应商时，本级政府财政根据转贷资金支付相关资料，记：

借：债务转贷支出

　　贷：债务收入/债务转贷收入

根据债务管理部门转来的相关资料，按照实际持有的债权金额，记：

借：应收主权外债转贷款

　　贷：资产基金——应收主权外债转贷款

同时，记：

借：待偿债净资产

　　贷：借入款项/应付主权外债转贷款等科目

（3）年终转账时，“债务转贷支出”科目下“地方政府一般债务转贷支出”明细科目的借方余额全数转入“一般公共预算结转结余”科目，记：

借：一般公共预算结转结余

　　贷：债务转贷支出——地方政府一般债务转贷支出

“债务转贷支出”科目下“地方政府专项债务转贷支出”明细科目的借方余额全数转入“政府性基金预算结转结余”科目，记：

借：政府性基金预算结转结余

　　贷：债务转贷支出——地方政府专项债务转贷支出

“债务转贷支出”科目平时借方余额反映债务转贷支出的累计数，年终结转后无余额。

（二）债务转贷支出的核算实例

【例10－33】某省财政总预算会计向所属市级财政转贷地方政府专项债券资金1 500 000元。

借：债务转贷支出——地方政府专项债务转贷支出　　1 500 000

　　贷：国库存款　　1 500 000

借：应收地方政府债券转贷款——应收地方政府专项债券转贷款——应收本金　　1 500 000

　　贷：资产基金——应收地方政府债券转贷款　　1 500 000

【例10－34】某省级财政向所属市级财政转贷外国政府借款2 000 000元，该贷款由市级财政承担偿还责任、市交通运输局使用。

1. 将贷款资金支付给市财政部门

借：债务转贷支出——地方一般债务转贷支出——地方政府向外国政府借款转贷支出　2 000 000

　贷：其他财政存款　2 000 000

借：应收主权外债转贷款——应收本金　2 000 000

　贷：资产基金——应收主权外债转贷款　2 000 000

2. 外方将贷款直接支付给市交通运输局

借：债务转贷支出——地方一般债务转贷支出——地方政府向外国政府借款转贷支出　2 000 000

　贷：债务收入　2 000 000

借：应收主权外债转贷款——应收本金　2 000 000

　贷：资产基金——应收主权外债转贷款　2 000 000

借：待偿债净资产——应付主权外债转贷款　2 000 000

　贷：借入款项——应付本金　2 000 000

【例10－35】年终，省财政“债务转贷支出”账户借方余额为3 500 000元，有关明细科目贷方余额为：“地方政府一般债务转贷支出”2 000 000元、“地方政府专项债务转贷支出”1 500 000元。

借：一般公共预算结转结余　2 000 000

　政府性基金预算结转结余　1 500 000

　贷：债务转贷支出——地方政府一般债务转贷支出　2 000 000

　　——地方政府专项债务转贷支出　1 500 000

思考与练习题

一、复习题

1. 什么是财政总预算会计的收入？包括哪些内容？
2. 什么是本级预算收入？本级预算收入科目共分设几级？
3. 本级预算收入缴库方式有哪几种？其列报基础是怎样的？
4. 什么是一般公共预算本级收入？如何进行核算？
5. 什么是政府性基金预算本级收入？如何进行核算？
6. 什么是国有资本经营预算本级收入？如何进行核算？
7. 什么是专用基金收入？如何进行核算？
8. 什么是转移性收入？它主要包括哪几项内容？如何进行核算？
9. 什么是债务收入？什么是债务转贷收入？两者有什么相同和不同的地方？如何进行核算？
10. 什么是财政总预算会计的支出？包括哪些内容？

11. 政府预算支出的管理原则有哪些?
12. 在财政国库集中支付方式下，财政预算支出的支付方式有哪几种?
13. 政府预算支出的列报基础是什么?
14. 什么是一般公共预算本级支出? 应当如何核算?
15. 什么是政府性基金预算本级支出? 应当如何核算?
16. 什么是国有资本经营预算本级支出? 应当如何核算?
17. 什么是财政专户管理资金支出? 应当如何核算?
18. 什么是专用基金支出? 应当如何核算?
19. 与债务相关的支出都包括哪些内容? 应当如何核算?
20. 什么是转移性支出? 应当如何核算?

二、练习题

1. 某市财政总预算会计发生如下经济业务:

(1) 收到国库报来的预算收入日报表，列示收到一般公共预算本级收入500 000元，政府性基金预算本级收入20 000元，国有资本经营预算本级收入100 000元。

(2) 收到纳入财政专户资金管理的教育收费收入45 400元。

(3) 粮食风险基金财政专户收到省财政拨来粮食风险基金150 000元。

(4) 收到上级财政拨来的补助款150 000元，其中一般公共预算补助100 000元、政府性基金预算补助50 000元。

(5) 收到下级财政上解给本级财政的款项500 000元，其中一般公共预算上解300 000元，政府性预算上解200 000元。

(6) 为平衡一般公共预算，从政府性基金预算调入资金50 000元、国有资本经营预算调入资金50 000元。

(7) 收到A市政府财政转来可统筹使用的捐助资金800 000元。

(8) 年度终了为弥补一般公共预算执行中出现的支出缺口，动用预算稳定调节基金60 000元。

(9) 收到省财政拨来的地方政府债券转贷资金20 000 000元。

要求：根据以上经济业务，为该市财政总预算会计编制有关的会计分录。

2. 某市财政局9月发生如下会计事项，要求据此编制会计分录:

(1) 根据事业单位的用款计划，拨给事业单位包干经费4 000 000元，支付文教部门基金支出1 000 000元。

(2) 将重大水利建设基金9 639 000元拨付水利厅。

(3) 国库报来的预算收入日报表列示：一般公共预算本级收入200 000元，政府性基金预算本级收入20 000元。

(4) 某市财政局收到省财政厅拨来的粮食风险基金600 000元。

(5) 将上述省财政厅拨来的粮食风险专用基金7 000 000元退回上级财政。

(6) 发生农业部门基金支出3 000 000元、商贸部门基金支出4 000 000元。

(7) 收回当年发生的社会保障基金支出200 000元。

(8) 将粮食风险基金用于安排专用基金支出13 200 000元，收回专用基金支出

200 000 元。

(9) 收到市国库日报表，列示省财政厅拨来的一般公共预算补助款600 000元，税收返还收入3 000 000元，政府性基金预算补助收入400 000元。

(10) 拨付所属H县财政一般公共预算补助款300 000元、拨付T县财政政府性基金预算补助款200 000元。

(11) 市财政从政府性基金预算本级收入中调出资金2 000 000元，用于平衡预算。

(12) 年终从政府性基金预算结转结余中调入180 000元资金弥补一般公共预算的赤字。

(13) 年终，将“一般公共预算本级收入”科目的贷方余额900 000元、“一般公共预算本级支出”科目借方余额700 000元、“政府性基金预算本级收入”科目贷方余额610 000元、“政府性基金预算本级支出”科目余额500 000元、“国有资本经营预算本级收入”科目的贷方余额6 700 000元、“国有资本经营预算本级支出”科目的借方余额5 800 000元、“专用基金收入”科目余额3 600 000元、“专用基金支出”科目余额3 500 000元，办理转账。

(14) 年终结账前有关收支科目的余额如下：

一般公共预算本级收入1 200 000元（贷方）

补助收入500 000元（贷方）

上解收入300 000元（贷方）

调入资金400 000元（贷方）

一般公共预算本级支出1 600 000元（借方）

补助支出300 000元（借方）

上解支出200 000元（借方）

专用基金收入585 000元（贷方）

专用基金支出523 000元（借方）

国有资本经营预算收入797 000元（贷方）

国有资本经营预算支出647 000元（借方）

国有资本经营预算调出资金150 000元（借方）

国有资本经营预算收入797 000元（贷方）

国有资本经营预算支出647 000元（借方）

国有资本经营预算调出资金150 000元（借方）

财政专户管理资金收入625 000元（贷方）

财政专户管理资金支出620 000元（借方）

据此办理年终结余和结余分配的转账。

3. 某市财政总预算会计发生如下经济业务：

(1) 根据一般公共预算，支付省物价厅办公费200 000元。

(2) 将之前预拨给省农业厅的教育费50 000元列报一般公共预算本级支出。

(3) 根据政府性基金预算，支付用地方水利建设基金收入安排的支出100 000元，用地方教育附加安排的支出80 000元。

（4）根据国有资本经营预算，拨付国有资本经营预算资金500 000元。

（5）用教育收费安排某学校支出750 000元。

（6）从粮食风险基金专户中安排使用粮食风险基金200 000元。

（7）向所属区财政拨付补助款100 000元，其中一般公共预算80 000元、政府性基金预算20 000元。

（8）向省财政上解增值税收入50 000元、政府性基金收入30 000元。

（9）从政府性基金预算资金中调出30 000元用于平衡一般公共预算。

（10）向某自治区政府财政支付可统筹使用的援助资金200 000元。

（11）从财政超收收入中安排预算稳定调节基金300 000元。

（12）偿还5年期地方政府一般债券本金50 000 000元、专项债券本金40 000 000元。

（13）向所属区财政转贷地方政府专项债券资金1 500 000元。

（14）向所属区财政转贷国际金融组织转贷款2 000 000元。

要求：根据以上经济业务，为该市财政总预算会计编制有关的会计分录。

4. 某市财政局8月发生以下业务，要求据此编制会计分录：

（1）收到同级国库报来的“预算收入日报表”，列示预算收入为7 980 000元，基金预算收入6 000 000元。

（2）收到市中心支库报来的本级“预算收入日报表”，列报收到预算收入款809 088元，属于本市财政固定收入。

（3）收到市中心支库报来的属于上年度的“预算收入日报表”，列报预算收入100 000元已收到。该市财政会计在上年已将该笔款项作为“在途款”入账，并记入上年的预算收入。

（4）收到市中心支库报来的“分成收入计算日报表”，列报总收入额为200 000元，市级财政分成60%，省级财政分成40%。

（5）收到市中心支库报来的“预算收入日报表”列报当日的预算收入为－700 000元。

（6）收到市中心支库报来的“预算收入日报表”及所附“收入退换书”，根据政策规定需给某企业税收返还款列报退库120 000元。

（7）将本市地方固定收入车船税50 000元误列为城市维护建设税入账，应予以更正。

（8）将中央预算固定收入200 000元误作为本级财政参与分成的预算收入登记入账，现予以更正。原入账的分成比例为本级分成40%，中央预算分成60%。

（9）按规定直接拨付某建设单位不实行限额管理的基本建设资金800 000元。

（10）将预拨的行政、事业单位经费1 500 000元转列支出。

（11）国库报来下级财政上解收入500 000元。

（12）拨付教育厅教育经费800 000元。

（13）根据核定的预算，总预算会计开出拨款凭证，将挖潜改造资金400 000元拨给市供电局。

（14）国库报来的预算收入日报表列示：一般预算收入3 600 000元，基金收入560 000元。

（15）收到国库报来的预算收入日报表，预算收入1 500 000元，根据分成收入日报表计算县留成600 000元，上解市财政900 000元。

（16）根据市燃料公司报来当月民用生活煤销售数量，一般预算应补价格补贴3 200 000元。

（17）根据事业单位的用款计划，拨给事业单位包干经费800 000元，文化局1 000 000元。

（18）收到国库报来的预算收入日报表和分成收入计算日报表，表中列示下级财政上解的收入600 000元，据此填制记账凭单。

（19）国库报来的预算收入日报表和分成收入计算日报表，表中列示，收到本级直属企业缴纳的增值税收入1 000 000元；其中上解中央财政70%，计700 000元，据此填制记账凭单。

（20）签发预算拨款凭证，通知国库拨付市公安局当月经费300 000元，根据国库转来的预算拨款回单填制记账凭单。

（21）决算清理期内，根据国库报来的预算收入日报表和分成收入计算日报表中列示，收到属于上年度的本级直属企业缴纳的增值税收入200 000元；其中上解中央财政70%，计140 000元。

（22）国库报来的预算收入日报表列示，收到本级直属企业缴纳的营业税收入20 000元，按财政体制规定作为本级财政固定收入缴纳到本级国库。

（23）签发预算拨款凭证，通知国库将基本建设资金拨付给基本建设管理部门8 000 000元，根据国库转来的预算拨款回单填制记账凭单。

（24）签发预算拨款凭证，通知国库拨付市公安局当月经费300 000元，预拨市水利局明年的预算经费500 000元，根据国库转来的预算拨款回单填制记账凭单。

（25）收到省级财政拨来的税收返还款600 000元，根据国库转来的有关凭证填制记账凭单。

（26）通知国库拨付所属下级财政（如区级财政）的税收返还款30 000元。

（27）收到市国库日报表，列示省财政厅拨来的预算补助款950 000元，税收返还收入310 000元。

（28）退回上级错拨的补助310 000元。

（29）按体制由国库从下级财政收入中划解到本级财政的款项500 000元。

（30）按体制结算后由下级财政直接补交的款项900 000元。

（31）退还下级上解的收入500 000元。

（32）收到T县财政退回财政补助100 000元。

（33）按规定应上解上级财政各种专项上解款2 000 000元。

（34）根据国库日报表体制上解数为3 200 000元。

（35）市上解支出退转了1 000 000元。

（36）年终，“一般预算收入”科目的贷方余额998 000 000元，“一般预算支出”科目的借方余额97 600 000元，“补助收入——一般预算补助”科目的贷方余额700 000元，“上解收入”科目贷方余额610 000元，“调入资金”科目余额500 000元，“补助支出——一般预算补助”科目借方余额600 000元，“补助支出——基金预算补助”科目借方余额400 000元，“调出资金”科目借方余额300 000元，“上解支出”科目借方余额500 000元，“债务转贷收入”科目的贷方余额5 300 000元，“债务转贷支出”科目的借方余额5 200 000元，据此办理年终转账。

第十一章

财政总预算会计报告

第一节　财政总预算会计年终结转账

财政总预算会计的年报就是各级政府的财政总决算。在年终会计年度结束和编制报表之前，需要进行全面的年终清理结算。

一、年终清理事项

年终，根据工作特殊需要设置一定期限的上年决算清理期。清理期限和清理事项，由省级财政部门根据财政部的要求做出具体规定。政府财政部门应当及时进行年终清理结算。年终清理结算的主要事项如下：

（1）核对年度预算。预算是预算执行和办理会计结算的依据。年终前，总会计应配合预算管理部门将本级政府财政全年预算指标与上、下级政府财政总预算和本级各部门预算进行核对，及时办理预算调整和转移支付事项。本年预算调整和对下转移支付一般截止到 11 月底；各项预算拨款，一般截止到 12 月 25 日。

（2）清理本年预算收支。认真清理本年预算收入，督促征收部门和国家金库年终前如数缴库。应在本年预算支领列报的款项，非特殊原因，应在年终前办理完毕。

清理财政专户管理资金和专用基金收支。凡属应列入本年的收入，应及时催收，并缴入国库或指定财政专户。

（3）组织征收部门和国家金库进行年度对账。

（4）清理核对当年拨款支出。总会计对本级各单位的拨款支出应与单位的拨款收入核对无误。属于应收回的拨款，应及时收回，并按收回数相应冲减预算支出。属于预拨下年度的经费，不得列入当年预算支出。

（5）核实股权、债权和债务。财政部门内部相关资产、债务管理部门应于 12 月 20 日前向总会计提供与股权、债权、债务等核算和反映相关的资料。总会计对股权投资、借出款项、应收股利、应收地方政府债券转贷款、应收主权外债转贷款、借入款项、应付短期政府债券、应付长期政府债券、应付地方政府债券转贷款、应付主权外债转贷款、其他负债等余额应与相关管理部门进行核对，记录不一致的要及时查明原因，按规定调整账务，做到账实相符，账账相符。

（6）清理往来款项。政府财政要认真清理其他应收款、其他应付款等各种往来款项，在年度终了前予以收回或归还。应转作收入或支出的各项款项，要及时转入本年有关收支账。

（7）进行年终财政结算。财政预算管理部门要在年终清理的基础上，于次年元月底前结清上、下级政府财政的转移支付收支和往来款项。总会计要按照财政管理体制的规定，根据预算结算单，与年度预算执行过程中已补助和已上解数额进行比较，结合往来款和借垫款情况，计算出全年最后应补或应退数额，填制“年终财政决算结算单”，经核对无误后，作为年终财政结算凭证，据以入账。

各级总预算会计，对年终决算清理期内发生的会计事项，应当划清会计年度。属于清理上年度的会计事项，作会计分录入上年度账；属于新年度的会计事项，作会计分录入新账。要防止错记漏记。

二、年终结算事项

各级财政之间要在年终清理的基础上，结清上下级财政总预算之间的预算调拨收支和往来款项。年终结算的一般程序如下。

1. 审定决算收入总数，计算收入超收、短收数

决算收入超（短）数＝收入决算数－收入预算数

结果是正数为超收数，负数为短收数。

2. 审定决算支出总数，计算超支数或支出结余数

决算支出超（节）支数＝支出决算数－支出预算数

3. 审定和结算上解上级支出数，包括体制上解和专项上解

（1）按预算数计算应上解数。

预算确定的应上解数由预算体制决定。如递增上解的地区：

$$应上解数=基年上解数\times(1+递增率)^n$$

（注：以基年为第0年，以后顺次为第1，2，3，…，n年）

（2）计算实际上解数。

实际上解数＝消费税＋75%×增值税＋其他实解款

（3）计算实际超解数或欠解数。

实际上解款欠超数＝实际上解数－应上解数

结果为正即是超解数，为负即为欠解数。

4. 计算补助款项

（1）计算应补助数。

应补助数按预算和体制规定确定。如实行补助递减的地区：

$$应补助数=基年补助数\times(1-递减率)^n$$

（2）确定实际补助数。

实际补助数＝实际体制补助数＋实际专项补助数＋实际税收返还数

（3）计算实际补助超欠数，即补助差额。

实际超（欠）补助数＝实际补助数－应补助数

5. 计算本级财政决算平衡情况

收入总计＝决算收入数＋上年结余收入＋补助收入＋调入资金

支出总计 = 决算支出数 + 上解支出

年终滚存结余 = 收入总计 − 支出总计

年终滚存净结余 = 年终滚存结余 − 结转下年支出

6. 进行资金结算，确定上级应退补款

上级应退补数 = 上级应补助数 − 上级已补助数 + 本级超解数

+ 上级向本级借款数 − 本级欠解数

结果若为正数，则表示上级应补数；若为负数，则表示本级应退补上级的资金数。

7. 根据上述计算结果，编制财政总决算结算单

表式见表 11 − 1。

表 11 − 1　　× × 年 × 省财政决算结算单

结算日期：　　年　月　日　　单位：万元

类别	项目	金额
收入	中央核定预算收入数	14 000
	决算收入数	14 345
	超收数	345
支出	中央核定预算支出数	35 000
	决算支出数	35 575
	超支数	575
上解	省应上解中央款	25 473
补助	中央应补助省款	47 078

类别	项目	金额
省财政决算平衡情况	一、收入总计	63 572
	决算收入数	14 345
	上年结余收入	2 149
	中央补助收入	47 078
	调入资金	
	二、支出总计	61 048
	决算支出	35 575
	上解中央支出	25 473
	三、年终滚存结余	2 524
	结转下年支出	300
	净结余	2 224
资金结算	1. 省向中央借款	4 000
	2. 中央欠省的补助款	23 366
	3. 省多上解中央款	8 527
	最后结算中央应退补数	27 893

8. 根据财政决算结算单填制记账凭单，进行账务处理

（1）对上级欠拨的补助款。

本级财政记：

借：与上级往来

　　贷：补助收入

上级财政记：

借：补助支出

　　贷：与下级往来

（2）对本级超解数。

本级财政记：

借：与上级往来

　　贷：上解支出

上级财政记：

借：上解收入

　　贷：与下级往来

（3）对本级欠解款数。

本级财政记：

借：上解支出

　　贷：与上级往来

上级财政记：

借：与下级往来

　　贷：上解收入

（4）对最后结算应补退的款项。

若由上级开出财政拨款凭证。

本级财政记：

借：国库存款

　　贷：与上级往来

上级财政记：

借：与下级往来

　　贷：国库存款

若由本级开出拨款凭证。

本级财政记：

借：与上级往来

　　贷：国库存款

上级财政记：

借：国库存款

　　贷：与下级往来

【例 11－1】 现以“分税制财政体制规定的并轨运行体制”的中央与省级财政为例来说明上下级财政之间年终结算的方法（1995 年起中央财政对地方财政取消原递增上解，改为定额上解的办法）。

（1）设上划中央消费税和增值税（以下简称“两税”）440 000 000 元（其中消费税 40 000 000 元），中央下划收入 4 500 000 元，该省净上划“两税”435 500 000 元（440 000 000－4 500 000）（即税收返还基数）。

（2）设该省上划“两税”平时资金返还按实际缴入中央国库“两税”收入的 40% 划转省金库。

（3）设该省上划“两税”年终决算实际完成 492 800 000 元，增长 12%。

（4）设该省全年向中央财政借款余额为 40 000 000 元（“与上级往来”为贷方余额，“与下级往来”为借方余额）。

（5）设该省原体制定额上解 250 400 000 元，年终结算事项应专项上解 4 330 000 元。

（6）设当年中央财政追加专项拨款 13 100 000 元，年终结算事项补助 6 500 000 元。

（7）设该省当年决算地方财政收入 143 450 000 元，核定的预算收入为 140 000 000 元；决算支出 355 750 000 元，核定的支出预算为 350 000 000 元；上年滚存结余 21 490 000 元；年终决算上级财政批准该省动用结余增设预算周转金 3 000 000 元，形成结转下年的支出。

年终结算事项和程序如下：

（1）计算收入超（短）收数。

决算超收数 = 收入决算数 − 收入预算数 = 14 345 − 14 000 = 345（万元）

（2）计算超支数或支出结余数。

决算超支数 = 支出决算数 − 支出预算数 = 35 575 − 35 000 = 575（万元）

（3）结算上解上级数。

该省应上解数 = 原体制上解数 + 专项结算上解数 = 25 040 + 433 = 25 473（万元）

该省实际上解数 = 消费税 + 75% × 增值税 + 其他实解款 = 4 000 + 40 000 × 75% = 34 000（万元）

该省实际超解数 = 34 000 − 25 473 = 8 527（万元）

（4）计算补助款项。

该省应得补助数 = 税收应返还数 + 中央追加数 + 中央结算补助
= 税收返还定额 + 中央追加数 + 中央结算补助
= 45 118 + 1 310 + 650 = 47 078（万元）

该省实得补助数 = 已返还税收数 + 向中央财政的借款数
= 上划“两税”实际完成数 × 返还比例 + 向中央财政的借款数
= 49 280 × 40% + 4 000 = 19 712 + 4 000 = 23 712（万元）

中央实际欠拨的补助数 = 实际补助数 − 应补助数 = 47 078 − 23 712 = 23 366（万元）

（5）该省财政平衡结果。

收入合计 = 地方财政收入 + 该省应得中央补助收入 + 上年滚存结余
= 14 345 + 47 078 + 2 149 = 63 572（万元）

支出总计 = 决算支出数 + 该省应上解数 = 35 575 + 25 473 = 61 048（万元）

年终滚存结余 = 决算收入数 − 决算支出数 − 增设预算周转金
= 63 572 − 61 048 = 2 524（万元）

年终滚存净结余 = 年终滚存结余 − 增设预算周转金 = 2 224（万元）

（6）资金结算。

最后结算应欠（补）数 = 中央实际欠拨的补助数 + 该省实际超解款数 − 省向中央借款数
= 23 366 + 8 527 − 4 000
= 27 893（万元）（正数为上级欠下级数，负数为应解上级数）

省级财政会计，根据“财政决算结算单”，通过“与上级往来”账户与中央财政办理结算；中央财政会计根据“财政决算结算单”，通过“与下级往来”账户与省级财政办理结算。

①对于省应收未收到财政部补助款 273 660 000 元（470 780 000 - 197 120 000）作如下处理。

省财政记：

借：与上级往来　　273 660 000

　　贷：补助收入　　273 660 000

财政部记：

借：补助支出　　273 660 000

　　贷：与下级往来　　273 660 000

②对省超解给财政部的数额 85 270 000 元作如下处理。

省财政记：

借：与上级往来　　85 270 000

　　贷：上解支出　　85 270 000

财政部记：

借：上解收入　　85 270 000

　　贷：与下级往来　　85 270 000

三、年终结账

财政总预算会计年终结账原则上应在预算年度一结束即可办理。但由于国库在年终后还要设置为期十天的库款报解整理期，因此，要在库款报解整理期结束后再办理年终结账。在财政部规定设置年终决算清理期的年度，财政总预算会计年终结账相应延至决算清理期和库款报解整理期结束后进行。

经过年终清理和结算，把各项结算收支记入旧账后，即可办理年终结账。年终结账工作一般分为年终转账、结清旧账和记入新账三个环节，依次作账。

1. 年终转账

计算出各科目 12 月份合计数和全年累计数，结出 12 月末余额，编制结账前的“资产负债表”，再根据收支余额填制记账凭证，将收支分别转入“一般公共预算结转结余”“政府性基金预算结转结余”“国有资本经营预算结转结余”“专用基金结余”“财政专户管理资金结余”等科目冲销。

2. 结清旧账

将各个收入和支出科目的借方、贷方结出全年总计数。对年终有余额的科目，在“摘要”栏内注明“结转下年”字样，表示转入新账。

3. 记入新账

根据年终转账后的总账和明细账余额编制年终“资产负债表”和有关明细表（不需填制记账凭证），将表列各科目余额直接记入新年度有关总账和明细账年初余额栏内，并在“摘要”栏注明“上年结转”字样，以区别新年度发生数。

决算经本级人民代表大会常务委员会（或人民代表大会）审查批准后，如需更正原报决算草案收入、支出时，则要相应调整有关账目，重新办理结账事项。

第二节　资产负债表

一、资产负债表的格式

资产负债表是反映政府财政在某一特定日期财务状况的报表。资产负债按照“资产+支出=负债+净资产+收入”的平衡公式设置，左方为资产部类，右方为负债部类，两方总计数相等。按照资产、负债和净资产分类、分项列示。资产负债表的一般格式如表11－2所示。

表11－2　　资产负债表　　会财政01表

编制单位：　　年　月　日　　单位：元

资产	年初余额	期末余额	负债和净资产	年初余额	期末余额
流动资产：			流动负债：		
国库存款			应付短期政府债券		
国库现金管理存款			应付利息		
其他财政存款			应付国库集中支付结余		
有价证券			与上级往来		
在途款			其他应付款		
预拨经费			应付代管资金		
借出款项			一年内到期的非流动负债		
应收股利			流动负债合计		
应收利息			非流动负债：		
与下级往来			应付长期政府债券		
其他应收款			借入款项		
流动资产合计			应付地方政府债券转贷款		
非流动资产：			应付主权外债转贷款		
应收地方政府债券转贷款			其他负债		
应收主权外债转贷款			非流动负债合计		
股权投资			负债合计		
待发国债			一般公共预算结转结余		
非流动资产合计			政府性基金预算结转结余		
			国有资本经营预算结转结余		
			财政专户管理资金结余		
			专用基金结余		
			预算稳定调节基金		
			预算周转金		
			资产基金		
			减：待偿债净资产		
			净资产合计		
资产总计			负债和净资产总计		

二、资产负债表的编制

（一）本表“年初余额”栏的填列方法

本表“年初余额”栏内各项数字，应当根据上年末资产负债表“期末余额”栏内数字填列。如果本年度资产负债表规定的各个项目的名称和内容同上年度不相一致，应对上年年末资产负债表各项目的名称和数字按照本年度的规定进行调整，填入本表“年初余额”栏内。

（二）本表“期末余额”栏各项目的内容和填列方法

1. 资产类项目

（1）“国库存款”项目，反映政府财政期末存放在国库单一账户的款项金额。本项目应当根据“国库存款”科目的期末余额填列。

（2）“国库现金管理存款”项目，反映政府财政期末实行国库现金管理业务持有的存款金额。本项目应当根据“国库现金管理存款”科目的期末余额填列。

（3）“其他财政存款”项目，反映政府财政期末持有的其他财政存款金额。本项目应当根据“其他财政存款”科目的期末余额填列。

（4）“有价证券”项目，反映政府财政期末持有的有价证券金额。本项目应当根据“有价证券”科目的期末余额填列。

（5）“在途款”项目，反映政府财政期末持有的在途款金额。本项目应当根据“在途款”科目的期末余额填列。

（6）“预拨经费”项目，反映政府财政期末尚未转列支出或尚待收回的预拨经费金额。本项目应当根据“预拨经费”科目的期末余额填列。

（7）“借出款项”项目，反映政府财政期末借给预算单位尚未收回的款项金额。本项目应当根据“借出款项”科目的期末余额填列。

（8）“应收股利”项目，反映政府期末尚未收回的现金股利或利润金额。本项目应当根据“应收股利”科目的期末余额填列。

（9）“应收利息”项目，反映政府财政期末尚未收回应收利息金额。本项目应当根据“应收地方政府债券转贷款”科目和“应收主权外债转贷款”科目下“应收利息”明细科目的期末余额合计数填列。

（10）“与下级往来”项目，正数反映下级政府财政欠本级政府财政的款项金额；负数反映本级政府财政欠下级政府财政的款项金额。本项目应当根据“与下级往来”科目的期末余额填列，期末余额如为借方则以正数填列；如为贷方则以“-”号填列。

（11）“其他应收款”项目，反映政府财政期末尚未收回的其他应收款的金额。本项目应当根据“其他应收款”科目的期末余额填列。

（12）“应收地方政府债券转贷款”项目，反映政府财政期末尚未收回的地方政府债券转贷款的本金金额。本项目应当根据“应收地方政府债券转贷款”科目下“应收本金”明细科目的期末余额填列。

（13）“应收主权外债转贷款”项目，反映政府财政期末尚未收回的主权外债转贷款的本金金额。本项目应当根据“应收主权外债转贷款”科目下的“应收本金”明细科目的期末余额填列。

（14）“股权投资”项目，反映政府期末持有的股权投资的金额。本项目应当根据“股权投资”科目的期末余额填列。

（15）“待发国债”项目，反映中央政府财政期末尚未使用的国债发行额度。本项目应当根据“待发国债”科目的期末余额填列。

2. 负债类项目

（1）“应付短期政府债券”项目，反映政府财政期末尚未偿还的发行期限不超过1年（含1年）的政府债券的本金金额。本项目应当根据“应付短期政府债券”科目下的“应付本金”明细科目的期末余额填列。

（2）“应付利息”项目，反映政府财政期末尚未支付的应付利息金额。本项目应当根据“应付短期政府债券”“借入款项”“应付地方政府债券转贷款”“应付主权外债转贷款”科目下的“应付利息”明细科目期末余额，以及属于分期付息到期还本的“应付长期政府债券”的“应付利息”明细科目期末余额计算填列。

（3）“应付国库集中支付结余”项目，反映政府财政期末尚未支付的国库集中支付结余金额。本项目应当根据“应付国库集中支付结余”科目的期末余额填列。

（4）“与上级往来”项目，正数反映本级政府财政期末欠上级政府财政的款项金额；负数反映上级政府财政欠本级政府财政的款项金额。本项目应当根据“与上级往来”科目的期末余额填列，如为借方余额则以“-”号填列。

（5）“其他应付款”项目，反映政府财政期末尚未支付的其他应付款的金额。本项目应当根据“其他应付款”科目的期末余额填列。

（6）“应付代管资金”项目，反映政府财政期末尚未支付的代管资金金额。本项目应当根据“应付代管资金”科目的期末余额填列。

（7）“一年内到期的非流动负债”项目，反映政府财政期末承担的1年以内（含1年）到偿还期的非流动负债。本项目应当根据“应付长期政府债券”“借入款项”“应付地方政府债券转贷款”“应付主权外债转贷款”“其他负债”等科目的期末余额及债务管理部门提供的资料分析填列。

（8）“应付长期政府债券”项目，反映政府财政期末承担的偿还期限超过1年的长期政府债券的本金金额及到期一次还本付息的长期政府债券的应付利息金额。本项目应当根据“应付长期政府债券”科目的期末余额分析填列。

（9）“应付地方政府债券转贷款”项目，反映政府财政期末承担的偿还期限超过1年的地方政府债券转贷款的本金金额。本项目应当根据“应付地方政府债券转贷款”科目下“应付本金”明细科目的期末余额分析填列。

（10）“应付主权外债转贷款”项目，反映政府财政期末承担的偿还期限超过1年的主权外债转贷款的本金金额。本项目应当根据“应付主权外债转贷款”科目下“应付本金”明细科目的期末余额分析填列。

（11）“借入款项”项目，反映政府财政期末承担的偿还期限超过1年的借入款项的本金金额。本项目应当根据“借入款项”科目下“应付本金”明细科目的期末余额分析填列。

（12）“其他负债”项目，反映政府财政期末承担的偿还期限超过1年的其他负债金额。本项目应当根据“其他负债”科目的期末余额分析填列。

3. 净资产类项目

（1）“一般公共预算结转结余”项目，反映政府财政期末滚存的一般公共预算结转金额。本项目应当根据“一般公共预算结转结余”科目的期末余额填列。

（2）“政府性基金预算结转结余”项目，反映政府财政期末滚存的政府性基金预算结转结余金额。本项目应当根据“政府性基金预算结转结余”科目的期末余额填列。

（3）“国有资本经营预算结转结余”项目，反映政府财政期末滚存的国有资本经营预算结转结余金额。本项目应当根据“国有资本经营预算结转结余”科目的期末余额填列。

（4）“财政专户管理资金结余”项目，反映政府财政期末滚存的财政专户管理资金结余金额。本项目应当根据“财政专户管理资金结余”科目的期末余额填列。

（5）“专用基金结余”项目，反映政府财政期末滚存的专用基金结余金额。本项目应当根据“专用基金结余”科目的期末余额填列。

（6）“预算稳定调节基金”项目，反映政府财政期末预算稳定调节基金的余额。本项目应当根据“预算稳定调节基金”科目的期末余额填列。

（7）“预算周转金”项目，反映政府财政期末预算周转金的余额。本项目应当根据“预算周转金”科目的期末余额填列。

（8）“资产基金”项目，反映政府财政期末持有的应收地方政府债券转贷款、应收主权外债转贷款、股权投资和应收股利等资产在净资产中占用的金额。本项目应当根据“资产基金”科目的期末余额填列。

（9）“待偿债净资产”项目，反映政府财政期末因承担应付短期政府债券、应付长期政府债券、借入款项、应付地方政府债券转贷款、应付主权外债转贷款、其他负债等负债相应需在净资产中冲减的金额。本项目应当根据“待偿债净资产”科目的期末借方余额以“-”号填列。

【例11-2】某政府财政20××年末资产负债类科目余额表见表11-3，收入支出类科目余额表见表11-4。

表11-3　　20××年末资产负债类科目余额表　　单位：元

资产	借方余额	负债和净资产	贷方余额
国库存款	11 430 000	应付短期政府债券	0
国库现金管理存款	630 000	应付利息	260 000
其他财政存款	4 820 000	应付国库集中支付结余	2 980 000
有价证券	0	与上级往来	5 220 000
在途款	1 830 000	其他应付款	910 000
预拨经费	960 000	应付代管资金	0
借出款项	0	应付长期政府债券	0
应收股利	540 000	借入款项	0

续表

资产	借方余额	负债和净资产	贷方余额
应收利息	240 000	应付地方政府债券转贷款	6 000 000
与下级往来	750 000	应付主权外债转贷款	4 000 000
其他应收款	990 000	其他负债	0
应收地方政府债券转贷款	5 000 000	负债合计	19 370 000
应收主权外债转贷款	3 000 000	一般公共预算结转结余	5 500 000
股权投资	1 070 000	政府性基金预算结转结余	3 000 000
待发国债	0	国有资本经营预算结转结余	1 190 000
		财政专户管理资金结余	470 000
		专用基金结余	260 000
		预算稳定调节基金	80 000
		预算周转金	100 000
		资产基金	9 850 000
		减：待偿债净资产	-10 260 000
资产总计	31 260 000	负债和净资产总计	10 190 000

表 11-4　　20××年末转账前收入支出类科目余额表　　单位：元

支出	借方余额	收入	贷方余额
一般公共预算本级支出	42 500 000	一般公共预算本级收入	47 200 000
政府性基金预算本级支出	14 700 000	政府性基金预算本级收入	15 800 000
国有资本经营预算本级支出	4 080 000	国有资本经营预算本级收入	4 140 000
补助支出	3 000 000	补助收入	4 500 000
其中：一般公共预算补助支出	1 800 000	其中：一般公共预算补助收入	3 000 000
政府性基金预算补助支出	1 200 000	政府性基金预算补助收入	1 500 000
上解支出	7 500 000	上解收入	2 800 000
其中：一般公共预算上解支出	7 500 000	其中：一般公共预算上解收入	2 800 000
政府性基金预算上解支出	0	政府性基金预算上解收入	0
地区间援助支出	800 000	地区间援助收入	0
调出资金	1 000 000	调入资金	1 000 000
其中：一般公共预算调出资金	0	其中：一般公共预算调入资金	1 000 000
政府性基金预算调出资金	1 000 000	政府性基金预算调入资金	0
国有资本经营预算调出资金	0		
债务还本支出	1 700 000	债务收入	3 200 000
其中：一般债务还本支出	1 000 000	其中：一般债务收入	2 000 000
专项债务还本支出	700 000	专项债务收入	1 200 000
债务转贷支出	1 300 000	债务转贷收入	0
其中：地方政府一般债务转贷支出	900 000	其中：地方政府一般债务转贷收入	0
地方政府专项债务转贷支出	400 000	地方政府专项债务转贷收入	0
安排预算稳定调节基金	500 000	动用预算稳定调节基金	0
财政专户管理资金支出	1 760 000	财政专户管理资金收入	1 810 000
专用基金支出	1 160 000	专用基金收入	1 250 000
合计	80 000 000	合计	81 700 000

根据以上表列信息，办理年终结转账。

（1）将与一般公共预算有关的收支办理结转。

借：一般公共预算本级收入　47 200 000
　补助收入——一般公共预算补助收入　3 000 000
　上解收入——一般公共预算上解收入　2 800 000
　调入资金——一般公共预算调入资金　1 000 000
　债务收入——一般债务收入　2 000 000
　贷：一般公共预算本级支出　42 500 000
　　补助支出——一般公共预算补助支出　1 800 000
　　上解支出——一般公共预算上解支出　7 500 000
　　地区间援助支出　800 000
　　债务还本支出——一般债务还本支出　1 000 000
　　债务转贷支出——地方政府一般债务转贷支出　900 000
　　安排预算稳定调节基金　500 000
　　一般公共预算结转结余　1 000 000

（2）将与政府性基金预算有关的收支办理结转。

借：政府性基金预算本级收入　15 800 000
　补助收入——政府性基金预算补助收入　1 500 000
　债务收入——专项债务收入　1 200 000
　贷：政府性基金预算本级支出　14 700 000
　　补助支出——政府性基金预算补助支出　1 200 000
　　调出资金——政府性基金预算调出资金　1 000 000
　　债务还本支出——专项债务还本支出　700 000
　　债务转贷支出——地方政府专项债务转贷支出　400 000
　　政府性基金预算结转结余　500 000

（3）将与国有资本经营预算有关的收支办理结转。

借：国有资本经营预算本级收入　4 140 000
　贷：国有资本经营预算本级支出　4 080 000
　　国有资本经营预算结转结余　60 000

（4）将与财政专户管理资金有关的收支办理结转。

借：财政专户管理资金收入　1 810 000
　贷：财政专户管理资金支出　1 760 000
　　财政专户管理资金结余　50 000

（5）将与专用基金有关的收支办理结转。

借：专用基金收入　1 250 000
　贷：专用基金支出　1 160 000
　　专用基金结余　90 000

年终结账后的资产负债表见表 11－5。

表 11－5　　资产负债表

编制单位：　　20××年 12 月 31 日　　单位：元

资产	年初余额	期末余额	负债和净资产	年初余额	期末余额
流动资产：			流动负债：		
国库存款		11 430 000	应付短期政府债券		
国库现金管理存款		630 000	应付利息		260 000
其他财政存款		4 820 000	应付国库集中支付结余		2 980 000
有价证券			与上级往来		5 220 000
在途款		1 830 000	其他应付款		910 000
预拨经费		960 000	应付代管资金		
借出款项			一年内到期的非流动负债		
应收股利		540 000	流动负债合计		9 370 000
应收利息		240 000	非流动负债：		
与下级往来		750 000	应付长期政府债券		
其他应收款		990 000	借入款项		
流动资产合计		22 190 000	应付地方政府债券转贷款		6 000 000
非流动资产：			应付主权外债转贷款		4 000 000
应收地方政府债券转贷款		5 000 000	其他负债		
应收主权外债转贷款		3 000 000	非流动负债合计		10 000 000
股权投资		1 070 000	负债合计		19 370 000
待发国债			一般公共预算结转结余		6 500 000
非流动资产合计		9 070 000	政府性基金预算结转结余		3 500 000
			国有资本经营预算结转结余		1 250 000
			财政专户管理资金结余		520 000
			专用基金结余		350 000
			预算稳定调节基金		80 000
			预算周转金		100 000
			资产基金		9 850 000
			减：待偿债净资产		－10 260 000
			净资产合计		11 890 000
资产总计		31 260 000	负债和净资产总计		31 260 000

第三节　收入支出表

一、收入支出表及其格式

收入支出表是反映政府财政在某一会计期间各类财政资金收支余情况的报表。根据资金性质按照收入、支出、结转结余的构成分类、分项列示。收入支出表的一般格式如表 11－6 所示。

表 11－6　　　　收入支出表　　　　会财政 02 表

编制单位：　　　　年　月　　　　单位：元

项目	一般公共预算		政府性基金预算		国有资本经营预算		财政专户管理资金		专用基金	
	本月数	本年累计数	本月数	本年累计数	本月数	本年累计数	本月数	本年累计数	本月数	本年累计数
年初结转结余										
收入合计										
本级收入										
其中：来自预算安排的收入	—	—	—	—	—	—	—	—		
补助收入					—	—	—	—	—	—
上解收入					—	—	—	—	—	—
地区间援助收入			—	—	—	—	—	—	—	—
债务收入					—	—	—	—	—	—
债务转贷收入					—	—	—	—	—	—
动用预算稳定调节基金			—	—	—	—	—	—	—	—
调入资金					—	—	—	—	—	—
支出合计										
本级支出										
其中：权责发生制列支							—	—	—	—
预算安排专用基金的支出			—	—	—	—	—	—	—	—
补助支出					—	—	—	—	—	—
上解支出					—	—	—	—	—	—
地区间援助支出			—	—	—	—	—	—	—	—
债务还本支出					—	—	—	—	—	—
债务转贷支出					—	—	—	—	—	—
安排预算稳定调节基金			—	—	—	—	—	—	—	—
调出资金							—	—	—	—
结余转出			—	—	—	—	—	—	—	—
其中：增设预算周转金			—	—	—	—	—	—	—	—
年末结转结余										

注：表中有“—”的部分不必填列。

二、收入支出表的编制

（一）本表“本月数”栏反映各项目的本月实际发生数

在编制年度收入支出表时，应将本栏改为“上年数”栏，反映上年度各项目的实际发生数；如果本年度收入支出表规定的各个项目的名称和内容同上年度不一致，应对上年度收入支出表各项目的名称和数字按照本年度的规定进行调整，填入本年度收入支出表的“上年数”栏。

本表“本年累计数”栏反映各项目自年初起至报告期末止的累计实际发生数。编制年度收入支出表时，应当将本栏改为“本年数”。

（二）本表“本月数”栏各项目的内容和填列方法

（1）“年初结转结余”项目，反映政府财政本年初各类资金结转结余金额。其中，一般公共预算的“年初结转结余”应当根据“一般公共预算结转结余”科目的年初余额填列；政府性基金预算的“年初结转结余”应当根据“政府性基金预算结转结余”科目的年初余额填列；国有资本经营预算的“年初结转结余”应当根据“国有资本经营预算结转结余”科目的年初余额填列；财政专户管理资金的“年初结转结余”应当根据“财政专户管理资金结余”科目的年初余额填列；专用基金的“年初结转结余”应当根据“专用基金结余”科目的年初余额填列。

（2）“收入合计”项目，反映政府财政本期取得的各类资金的收入合计金额。其中，一般公共预算的“收入合计”应当根据属于一般公共预算的“本级收入”“补助收入”“上解收入”“地区间援助收入”“债务收入”“债务转贷收入”“动用预算稳定调节基金”“调入资金”各行项目金额的合计填列；政府性基金预算的“收入合计”应当根据属于政府性基金预算的“本级收入”“补助收入”“上解收入”“债务收入”“债务转贷收入”“调入资金”各行项目金额的合计填列；国有资本经营预算的“收入合计”应当根据属于国有资本经营预算的“本级收入”项目的金额填列；财政专户管理资金的“收入合计”应当根据属于财政专户管理资金的“本级收入”项目的金额填列；专用基金的“收入合计”应当根据属于专用基金的“本级收入”项目的金额填列。

（3）“本级收入”项目，反映政府财政本期取得的各类资金的本级收入金额。其中，一般公共预算的“本级收入”应当根据“一般公共预算本级收入”科目的本期发生额填列；政府性基金预算的“本级收入”应当根据“政府性基金预算本级收入”科目的本期发生额填列；国有资本经营预算的“本级收入”应当根据“国有资本经营预算本级收入”科目的本期发生额填列；财政专户管理资金的“本级收入”应当根据“财政专户管理资金收入”科目的本期发生额填列；专用基金的“本级收入”应当根据“专用基金收入”科目的本期发生额填列。

（4）“补助收入”项目，反映政府财政本期取得的各类资金的补助收入金额。其中，一般公共预算的“补助收入”应当根据“补助收入”科目下的“一般公共预算补助收入”明细科目的本期发生额填列；政府性基金预算的“补助收入”应当根据“补助收入”科目下的“政府性基金预算补助收入”明细科目的本期发生额填列。

（5）“上解收入”项目，反映政府财政本期取得的各类资金的上解收入金额。其中，一般公共预算的“上解收入”应当根据“上解收入”科目下的“一般公共预算上解收入”明细科目的本期发生额填列；政府性基金预算的“上解收入”应当根据“上解收入”科目下的“政府性基金预算上解收入”明细科目的本期发生额填列。

（6）“地区间援助收入”项目，反映政府财政本期取得的地区间援助收入金额。本项目应当根据“地区间援助收入”科目的本期发生额填列。

（7）“债务收入”项目，反映政府财政本期取得的债务收入金额。其中，一般公共预算的“债务收入”应当根据“债务收入”科目下除“专项债务收入”以外的其他明细科目的本期发生额填列；政府性基金预算的“债务收入”应当根据“债务收入”科目下的“专项债务收入”明细科目的本期发生额填列。

(8)“债务转贷收入”项目，反映政府财政本期取得的债务转贷收入金额。其中，一般公共预算的“债务转贷收入”应当根据“债务转贷收入”科目下“地方政府一般债务转贷收入”明细科目的本期发生额填列；政府性基金预算的“债务转贷收入”应当根据“债务转贷收入”科目下的“地方政府专项债务转贷收入”明细科目的本期发生额填列。

(9)“动用预算稳定调节基金”项目，反映政府财政本期调用的预算稳定调节基金金额。本项目应当根据“动用预算稳定调节基金”科目的本期发生额填列。

(10)“调入资金”项目，反映政府财政本期取得的调入资金金额。其中，一般公共预算的“调入资金”应当根据“调入资金”科目下“一般公共预算调入资金”明细科目的本期发生额填列；政府性基金预算的“调入资金”应当根据“调入资金”科目下“政府性基金预算调入资金”明细科目的本期发生额填列。

(11)“支出合计”项目，反映政府财政本期发生的各类资金的支出合计金额。其中，一般公共预算的“支出合计”应当根据属于一般公共预算的“本级支出”“补助支出”“上解支出”“地区间援助支出”“债务还本支出”“债务转贷支出”“安排预算稳定调节基金”“调出资金”各行项目金额的合计填列；政府性基金预算的“支出合计”应当根据属于政府性基金预算的“本级支出”“补助支出”“上解支出”“债务还本支出”“债务转贷支出”“调出资金”各行项目金额的合计填列；国有资本经营预算的“支出合计”应当根据属于国有资本经营预算的“本级支出”“调出资金”项目金额的合计填列；财政专户管理资金的“支出合计”应当根据属于财政专户管理资金的“本级支出”项目的金额填列；专用基金的“支出合计”应当根据属于专用基金的“本级支出”项目的金额填列。

(12)“补助支出”项目，反映政府财政本期发生的各类资金的补助支出金额。其中，一般公共预算的“补助支出”应当根据“补助支出”科目下的“一般公共预算补助支出”明细科目的本期发生额填列；政府性基金预算的“补助支出”应当根据“补助支出”科目下的“政府性基金预算补助支出”明细科目的本期发生额填列。

(13)“上解支出”项目，反映政府财政本期发生的各类资金的上解支出金额。其中，一般公共预算的“上解支出”应当根据“上解支出”科目下的“一般公共预算上解支出”明细科目的本期发生额填列；政府性基金预算的“上解支出”应当根据“上解支出”科目下的“政府性基金预算上解支出”明细科目的本期发生额填列。

(14)“地区间援助支出”项目，反映政府财政本期发生的地区间援助支出金额。本项目应当根据“地区间援助支出”科目的本期发生额填列。

(15)“债务还本支出”项目，反映政府财政本期发生的债务还本支出金额。其中，一般公共预算的“债务还本支出”应当根据“债务还本支出”科目下除“专项债务还本支出”以外的其他明细科目的本期发生额填列；政府性基金预算的“债务还本支出”应当根据“债务还本支出”科目下的“专项债务还本支出”明细科目的本期发生额填列。

(16)“债务转贷支出”项目，反映政府财政本期发生的债务转贷支出金额。其中，一般公共预算的“债务转贷支出”应当根据“债务转贷支出”科目下“地方政府一般债务转贷支出”明细科目的本期发生额填列；政府性基金预算的“债务转贷支出”应当根据“债务转贷支出”科目下的“地方政府专项债务转贷支出”明细科目的本期发生额填列。

(17)“安排预算稳定调节基金”项目，反映政府财政本期安排的预算稳定调节基金金额。本项目根据“安排预算稳定调节基金”科目的本期发生额填列。

(18)“调出资金”项目，反映政府财政本期发生的各类资金的调出资金金额。其中，一般公共预算的“调出资金”应当根据“调出资金”科目下“一般公共预算调出资金”明细科目的本期发生额填列；政府性基金预算的“调出资金”应当根据“调出资金”科目下“政府性基金预算调出资金”明细科目的本期发生额填列；国有资本经营预算的“调出资金”应当根据“调出资金”科目下“国有资本经营预算调出资金”明细科目的本期发生额填列。

(19)“增设预算周转金”项目，反映政府财政本期设置和补充预算周转金的金额。本项目应当根据“预算周转金”科目的本期贷方发生额填列。

(20)“年末结转结余”项目，反映政府财政本年末的各类资金的结转结余金额。其中，一般公共预算的“年末结转结余”应当根据“一般公共预算结转结余”科目的年末余额填列；政府性基金预算的“年末结转结余”应当根据“政府性基金预算结转结余”科目的年末余额填列；国有资本经营预算的“年末结转结余”应当根据“国有资本经营预算结转结余”科目的年末余额填列；财政专户管理资金的“年末结转结余”应当根据“财政专户管理资金结余”科目的年末余额填列；专用基金的“年末结转结余”应当根据“专用基金结余”科目的年末余额填列。

第四节　预算执行情况表

财政总预算会计编制的预算执行情况表是反映各级政府财政年度预算收支执行情况的报表。一般由一般公共预算执行情况表、政府性基金预算执行情况表、国有资本经营预算执行情况表、财政专户管理资金收支情况表、专用基金收支情况表等组成。财政总预算会计编制预算执行情况表年报，要求根据财政部届时制定的有关规定办理。

一、一般公共预算执行情况表及其格式

一般公共预算执行情况表是反映政府财政在某一会计期间一般公共预算收支执行结果的报表，按照《政府收支分类科目》中一般公共预算收支科目列示。一般公共预算执行情况表应当按旬、月度和年度编制。旬报、月报的报送期限及编报内容应当根据上级政府财政具体要求和本行政区域预算管理的需要办理。一般公共预算执行情况表的参考格式如表 11－7 所示。

表 11－7　　一般公共预算执行情况表　　会财政 03－1 表

编制单位：　　年　月　日　　单位：元

项目	本月（日）数	本年（月）累计数
一般公共预算本级收入		
101 税收收入		
10101 增值税		
1010101 国内增值税		
一般公共预算本级支出		
201 一般公共服务支出		
20101 人大事务		
2010101 行政运行		

一般公共预算执行情况表的编制说明：

（1）“一般公共预算本级收入”项目及所属各明细项目，应当根据“一般公共预算本级收入”科目及所属各明细科目的本期发生额填列。

（2）“一般公共预算本级支出”项目及所属各明细项目，应当根据“一般公共预算本级支出”科目及所属各明细科目的本期发生额填列。

二、政府性基金预算执行情况表及其格式

政府性基金预算执行情况表是反映政府财政在某一会计期间政府性基金预算收支执行结果的报表，按照《政府收支分类科目》中政府性基金预算收支科目列示。政府性基金预算执行情况表应当按旬、月度和年度编制。旬报、月报的报送期限及编报内容应当根据上级政府财政具体要求和本行政区域预算管理的需要办理。政府性基金预算执行情况表的一般格式如表 11－8 所示。

表 11－8　　政府性基金预算执行情况表　　会财政 03－2 表

编制单位：　　年　月（日）数　　单位：元

项目	本月（日）数	本年（月）累计数
政府性基金预算本级收入		
10301 政府性基金收入		
1030102 农网还贷资金收入		
103010201 中央农网还贷资金收入		
	—	
政府性基金预算本级支出		
206 科学技术支出		
20610 核电站乏燃料处理处置基金支出		
2061001 乏燃料运输		

政府性基金预算执行情况表的编制说明：

（1）“政府性基金预算本级收入”项目及所属各明细项目，应当根据“政府性基金预算本级收入”科目及所属各明细科目的本期发生额填列。

（2）“政府性基金预算本级支出”项目及所属各明细项目，应当根据“政府性基金预算本级支出”科目及所属各明细科目的本期发生额填列。

三、国有资本经营预算执行情况表

国有资本经营预算执行情况表是反映政府财政在某一会计期间国有资本经营预算收支执行结果的报表，按照《政府收支分类科目》中国有资本经营预算收支科目列示，一般格式如表 11－9 所示。国有资本经营预算执行情况表应当按旬、月度和年度编制。旬报、月报的报送期限及编报内容应当根据上级政府财政具体要求和本行政区域预算管理的需要办理。

表 11－9　国有资本经营预算执行情况表　会财政 03－3 表

编制单位：　年　月　日　单位：元

项目	本月（日）数	本年（月）累计数
国有资本经营预算本级收入		
10306 国有资本经营收入		
1030601 利润收入		
103060103 烟草企业利润收入		
国有资本经营预算本级支出		
208 社会保障和就业支出		
20804 补充全国社会保障基金		
2080451 国有资本经营预算补充社保基金支出		

国有资本经营预算执行情况表的编制说明：

（1）“国有资本经营预算本级收入”项目及所属各明细项目，应当根据“国有资本经营预算本级收入”科目及所属各明细科目的本期发生额填列。

（2）“国有资本经营预算本级支出”项目及所属各明细项目，应当根据“国有资本经营预算本级支出”科目及所属各明细科目的本期发生额填列。

四、财政专户管理资金收支情况表

财政专户管理资金收支情况表是反映政府财政在某一会计期间纳入财政专户管理的财政专户管理资金全部收支情况的报表，按照相关政府收支分类科目列示。财政专户管理资金收支情况表应按月度和年度编制，格式参见表 11－10。

表 11－10　　财政专户管理资金收支情况表　　会财政 04 表

编制单位：　　年　月　　单位：元

项目	本月数	本年累计数
财政专户管理资金收入		
财政专户管理资金支出		

财政专户管理资金收支情况表的编制说明：

（1）“财政专户管理资金收入”项目及所属各明细项目，应当根据“财政专户管理资金收入”科目及所属各明细科目的本期发生额填列。

（2）“财政专户管理资金支出”项目及所属各明细项目，应当根据“财政专户管理资金支出”科目及所属各明细科目的本期发生额填列。

五、专用基金收支情况表

专用基金收支情况表是反映政府财政在某一会计期间专用基金全部收支情况的报表，按照不同类型的专用基金分别列示，格式如表 11－11 所示。专用基金收支情况表应当按月度和年度编制。

表 11－11　　专用基金收支情况表　　会财政 05 表

编制单位：　　年　月　　单位：元

项目	本月数	本年累计数
专用基金收入		
粮食风险基金		
专用基金支出		
粮食风险基金		

专用基金收支情况表的编制说明：

（1）“专用基金收入”项目及所属各明细项目，应当根据“专用基金收入”科目及所属各明细科目的本期发生额填列。

（2）“专用基金支出”项目及所属各明细项目，应当根据“专用基金支出”科目及所属各明细科目的本期发生额填列。

六、会计报表附注

附注是指对在会计报表中列示项目的文字描述或明细资料，以及对未能在会计报表中列示项目的说明。附注应当至少按年度编制。

财政总预算会计报表附注应当至少披露下列内容：

（1）遵循《财政总预算会计制度》的声明。

（2）本级政府财政预算执行情况和财务状况的说明。

（3）会计报表中列示的重要项目的进一步说明，包括其主要构成、增减变动情况等。

（4）或有负债情况的说明。

（5）有助于理解和分析会计报表的其他需要说明的事项。

第五节　财政总预算会计报表的合并及汇总

一、本级政府合并财务报表

本级政府合并财务报表的合并范围一般应当以财政预算拨款关系为基础予以确定。本级政府财政为合并主体，其所属部门（单位）等为被合并主体。

本级政府合并财务报表应当以本级政府财政和其被合并主体符合本准则要求的个别财务报表或合并财务报表为基础，在抵销内部业务或事项对合并财务报表的影响后，由本级政府财政部门合并编制。

编制本级政府合并财务报表时，需要抵销的内部业务或事项，如本级政府财政和其被合并主体之间的债权债务、收入费用等项目；被合并主体相互之间的债权债务、收入费用等项目。

本级政府合并资产负债表中的资产类至少应当单独列示反映货币资金、短期投资、应收及预付款项、存货、一年内到期的非流动资产、长期投资、应收转贷款、固定资产净值、在建工程、无形资产净值、公共基础设施净值、政府储备物资、文物文化资产、保障性住房净值及受托代理资产。

本级政府合并资产负债表中的资产类应当包括流动资产、非流动资产的合计项目。

本级政府合并资产负债表中的负债类应包括应付短期政府债券、短期借款、应付及预收款项、应付职工薪酬、应付政府补贴款、一年内到期的非流动负债、应付长期政府债券、应付转贷款、长期借款、长期应付款、预计负债及受托代理负债。

本级政府合并资产负债表中的负债类应当包括流动负债、非流动负债和负债的合计项目。

本级政府合并资产负债表应当列示净资产项目。

本级政府合并资产负债表应当列示资产总计项目、负债和净资产总计项目。

本级政府合并收入费用表中的收入，应当按照收入来源进行分类列示。本级政府合并收入费用表中的收入类至少应当包括税收收入、非税收入、事业收入、经营收入、投资收益及政府间转移性收入。

本级政府合并收入费用表中的收入类应当包括收入的合计项目。

本级政府合并收入费用表中的费用，应当按照费用的性质进行分类列示。本级政府合并收入费用表中的费用类至少应当包括工资福利费用、商品和服务费用、对个人和家庭补助费用、对企事业单位补贴费用、政府间转移性费用、折旧费用、摊销费用及资产处置费用。本级政府合并收入费用表中的费用类应当包括费用的合计项目。本级政府合并收入费用表应当列示本期盈余项目。

二、行政区政府合并财务报表

行政区政府合并财务报表的合并范围一般应当以行政隶属关系为基础予以确定。行政区本级政府为合并主体，其所属下级政府为被合并主体。县级以上政府应当编制本行政区政府合并财务报表。行政区政府合并财务报表应当以本级政府和其所属下级政府合并财务报表为基础，在抵销内部业务或事项对合并财务报表的影响后，由本级政府财政部门合并编制。

编制行政区政府合并财务报表时，需要抵销的内部业务或事项包括本级政府和其所属下级政府之间的债权债务、收入费用等项目；本级政府所属下级政府相互之间的债权债务、收入费用等项目。列示与本级政府合并财务报表一致。

三、合并财务表附注

合并财务报表的编制基础。遵循政府会计准则制度的声明。合并财务报表的合并主体、被合并主体清单；合并主体、被合并主体个别财务报表所采用的编制基础，所采用的与政府会计准则制度规定不一致的会计政策，编制合并财务报表时的调整情况及其影响；本期增加、减少被合并主体的基本情况及影响；合并财务报表重要项目明细信息及说明；未在合并财务报表中列示但对报告主体财务状况和运行情况有重大影响的事项的说明；需要说明的其他事项。

四、预算执行情况表的汇总

各级财政总预算会计应编出本级财政总预算会计的资产负债表，然后与经审核无误的所属下级财政总预算会计汇总的资产负债表，汇编成本地区财政汇总的资产负债表。

在汇编会计报表时，应将上下级报表中相同项目的数字加总，但对上下级之间对应科目的数字应相互冲销。如应将本级财政的“与下级往来”与下级财政的“与上级往来”、将本级财政的“补助支出”与下级财政的“补助收入”、将本级财政的“上解收入”与下级财政的“上解支出”等核对无误相互冲销，以免重复汇总，多计收入。

县级以上各级财政总预算会计，除编报本级财政总预算会计各类收支明细表外，还应将本级各表与所属下级政府各表汇总，并参与写出预算执行情况说明书。

思考与练习题

一、思考题

1. 财政总预算会计年终应该办理哪些清理事项？

2. 说明财政总预算会计年终结算的含义及方法。

3. 财政总预算会计需要办理的年终结转账项有哪些？

4. 财政总预算会计报表包括哪些种类？

5. 财政总预算会计报表的编制要求有哪些？

6. 什么是财政总预算会计的资产负债表？如何编制资产负债表？

7. 什么是财政总预算会计的收入支出表？如何编制收入支出表？

8. 什么是预算执行情况表？预算执行情况表包括哪些？

9. 什么是一般公共预算执行情况表？如何编制一般公共预算执行情况表？

10. 什么是政府性基金预算执行情况表？如何编制政府性基金预算执行情况表？

11. 什么是国有资本经营预算执行情况表？如何编制国有资本经营预算执行情况表？

12. 什么是财政专户管理资金收支情况表？如何编制财政专户管理资金收支情况表？

13. 什么是专用基金收支情况表？如何编制专用基金收支情况表？

14. 财政总预算会计的会计报表附注包括哪些内容？

二、练习题

某市财政总预算会计年终转账后有关总账科目的余额如下：

1. 资产类科目的借方余额：国库存款 7 500 000 元，其他财政存款 1 400 000 元，国库管理现金存款 900 000 元，有价证券 2 000 000 元，与下级往来 800 000 元，借出款项 900 000 元，其他应收款 2 000 000 元。

2. 负债类科目的贷方余额：其他应付款 200 000 元，与上级往来 400 000 元，借入款项 800 000 元。

3. 净资产类科目的贷方余额：一般公共预算结转结余 6 000 000 元，政府性基金预算结转结余 2 000 000 元，国有资本经营预算结转结余 500 000 元，专用基金结余 1 100 000 元，财政专户管理资金结余 500 000 元，预算周转金 3 000 000 元，预算稳定调节基金 1 000 000 元。

要求：根据以上资料编制年终资产负债表。

第三篇

行政事业单位会计

第十二章

行政事业单位会计概述

第一节　行政事业单位财会管理

一、单位财会规范的执行范围

（一）行政单位会计适用的范围

行政单位是实现国家各项职能的专职机构。行政单位应当对其自身发生的经济业务或者事项进行会计核算。行政单位会计主体为行政单位，包括中央和地方国家机关、组织部门批复行政编制的民主党派、人民团体等单位。

（1）国家权力机关，即全国人民代表大会和地方各级人民代表大会及其常委会。

（2）国家行政机关，即国务院和地方各级人民政府及其工作机构。

（3）各级审判机关和检察机关。

（4）政党组织。政党组织就其本身性质而言不是行政单位，但由于其财务活动的特点与行政单位相同或相近，其所需经费全部或大部分由国家财政供给，其财务管理应纳入行政单位财务管理体系。

（5）社会团体。我国有部分社会团体被列为行政编制并接受财政拨款，明确规定这些单位要纳入行政单位的管理范围，如工会、青年团、妇联组织。

（6）行使行政管理职能的单位。一些单位虽未被列为行政编制但完全行使行政管理职能，如审计署派出机构、特派办、财政部监察专员办，这些单位要执行行政单位的财务管理制度。

行政单位所属的独立核算的企业，不行使国家行政职能，且在业务活动、资金来源及资金运行方式等方面与行政单位具有较大差异。所以，这些单位已经被纳入企业财务制度体系，不执行行政单位财务规则。

（二）事业单位会计适用的范围

事业单位是主要以精神产品和各种劳务的形式，以实现社会效益为宗旨，向社会提供生产性或生活性服务的单位。我国的事业单位是指受国家机关领导，一般不具有社会生产职能和国家管理职能，直接或间接为社会主义生产建设和改善人民生活服务的单位。各类事业单位工作任务、业务性质及财务状况不同，主要任务是发展社会主义各项事业。事业单位相对于企业单位而言，它们不以营利为目的，是一些国家机构的分支，一般是以增进社会福利，满足社会文化、教育、科学、卫生等方面需要，提供各种社会服务为直接目的的社会组织。

《事业单位登记管理暂行条例》定义的事业单位是指国家为了社会公益目的，由国家机关举办或者其他组织利用国有资产举办的，从事教育、科技、文化、卫生等活动的社会服务组织。全国事业单位分布在28个行业，事业单位按其具体的业务性质大体上分为以下两大类：①科教文卫体、新闻出版、广播影视、信息服务等公共事业单位；②农林牧水气、勘探勘察设计、测绘、地震、交通、环境保护、计划生育、社会福利等公益事业单位。

根据中共中央、国务院关于事业单位分类改革的有关规定，事业单位分类改革后将分为承担行政职能事业单位、公益一类事业单位、公益二类事业单位、生产经营类事业单位。对于已经完成事业单位分类改革的单位，应当按照改革后确定的事业单位具体类型。同时，考虑到各地事业单位分类改革推进进度不同，有的事业单位类型暂未定性，因此事业单位类型除了"行政类""公益一类""公益二类""生产经营类"外，增设"暂未分类"用于临时过渡。待事业单位分类改革完成，所有事业单位都定性后，再取消"暂未分类"。

二、行政事业单位会计核算的特点

（1）统一会计科目。所有会计科目统一归为《政府会计制度——行政事业单位会计科目和报表》，包括财务会计科目与预算会计科目。

（2）双核算体系并行。同时执行财务会计核算体系和预算会计核算体系，两个核算体系并存于一个账套反映。财务会计信息生成财务报告；预算会计信息生成决算报告。

（3）两种会计处理基础并存。会计核算基础实行权责发生制与收付实现制并存。单位财务会计核算实行权责发生制；单位预算会计核算实行收付实现制，国务院另有规定的，依照其规定。单位对于纳入部门预算管理的现金收支业务，在采用财务会计核算的同时应当进行预算会计核算；对于其他业务，仅需进行财务会计核算。在财务会计核算中全面引入权责发生制，在会计科目设置和账务处理说明中着力强化财务会计功能，对于科学编制权责发生制政府财务报告、准确反映单位财务状况和运行成本等情况具有重要的意义。同时，在核算内容上，预算会计仅需核算预算收入、预算支出和预算结余。在核算基础上，预算会计除按《预算法》要求的权责发生制事项外，均采用收付实现制核算，有利于避免现在制度下存在的虚列预算收支的问题。

（4）引入平行记账法。由于实行财务会计和预算会计两种核算体系，就要求单位财务人员在记账时要同时考虑财务会计记账方法和预算会计记账方法。

（5）"5+3"会计要素核算模式。政府会计要素包括财务会计要素和预算会计要素。财务会计要素包括资产、负债、净资产、收入和费用，其中：资产+费用=负债+净资产+收入。

预算会计要素包括预算收入、预算支出和预算结余，其中：预算收入-预算支出=预算结余。

此外，整合基建会计核算。单位对基本建设投资按照《政府会计准则制度》规定统一进行会计核算，不再单独建账，大大简化了单位基本建设业务的会计核算，有利于提高单位会计信息的完整性。

三、行政事业单位主要会计规范

随着我国实行部门预算、综合预算、国库集中收付和政府采购等改革的深化，财政管理的重心开始由收入管理转向支出管理，而支出管理的目标是努力提高支出绩效，但由于我国各地存在着差异性，因此需渐进式引入权责发生制来确认和计量政府财政活动。为此，我国按照准则加制度，构建了新的统一的行政事业单位会计制度——《政府会计准则制度》。

行政事业单位会计在遵循《政府会计准则——基本准则》基础上，需要遵守《政府会计准则第 1 号——存货》《政府会计准则第 2 号——投资》《政府会计准则第 3 号——固定资产》《政府会计准则第 4 号——无形资产》《政府会计准则第 5 号——公共基础设施》《政府会计准则第 6 号——政府储备物资》等具体会计准则，《政府会计制度——行政事业单位会计科目和报表》《政府会计准则第 10 号——政府和社会资本合作项目合同》应用指南以及政府会计准则制度解释等规范。因此，行政事业单位会计核算将更加规范，会计信息质量更加被进一步提高，且纳入预算管理一体化之中，不仅有利于依据权责发生制来编制政府决算报告与政府综合财务报告，而且有利于全面及时反馈行政事业单位资金运行状况以及预算执行进度。

第二节 行政事业单位预算管理

依据《预算法》，各部门预算由本部门及其所属各单位预算组成。因此，各部门及其所属各单位都应当列入预算管理。《预算管理一体化规范》范围涵盖部门本级及所属各单位，既不仅是与财政有领拨款关系的行政事业单位，也包括列入预算管理的企业和其他单位。为了反映预算资金的去向，由财政安排财政拨款资金或部门用单位资金直接给予补助的企业，应将这些企业列入部门预算管理。考虑到用预算资金给予企业的补助经常是一次性的，所以对企业的管理方式不同于行政事业单位。

一、单位预算收入管理

财政拨款资金是指财政拨款收入及其安排的支出，即政府预算资金。财政拨款收入是指单位从同级财政部门取得的各类财政拨款。其中：“从同级财政部门取得”是指单位直接或者按照部门预算隶属关系从同一级次财政部门取得的财政拨款；“各类财政拨款”是指单位从同级财政部门取得的所有财政拨款，强调全面、完整，既包括一般公共预算资金，也包括政府性基金预算资金和国有资本经营预算资金等。“财政补助收入”是指事业单位按照部门预算隶属关系从同级财政部门直接取得的各类财政拨款。事业单位从非同级财政部门取得的财政拨款，在账务处理上作为“非同级财政拨款收入”或“事业收入——非同级财政拨款”等。财政专户管理资金专指教育收费，包括目前在财政专户管理的高中以上学费、住宿费，高校委托培养费，党校收费，教育考试考务费，函大、电大、夜大及短训班培训费等。教育收费收缴比照非税收入收缴管理制度执行，纳入财政专户管理，与财政拨款有很大的相似度，应参照财政拨款纳入部门预算管理。

单位资金收入与财政拨款收入共同构成保障单位开展活动的资金来源。

单位资金是指除财政拨款和财政专户管理资金以外的资金。单位资金应全部列入部门预算，财政部门根据单位资金收入情况统筹合理安排财政拨款预算。单位资金收入要全部纳入预算管理，同财政拨款一样编入年初预算并生成相关预算指标，预算管理一体化系统相应登记预算指标账。执行中，单位资金收入超过年初预算的，原则上不新增安排当年支出，确需新增的要编制收入预算和支出预算调剂方案，并报财政部门审批。但是，如果单位资金收入预算实现不足，就有可能由政府和财政来兜底。

单位资金收入包括事业收入（不含教育收费）、上级补助收入、附属单位上缴收入、事业单位经营收入和其他收入。事业收入是指事业单位开展专业业务活动及其辅助活动取得的现金流入，不含财政专户管理资金（教育收费）。上级补助收入是指事业单位从主管部门和上级单位取得的非财政补助收入。附属单位上缴收入是指事业单位取得附属独立核算单位根据有关规定上缴的收入。事业单位经营收入是指事业单位在专业业务活动及其辅助活动之外开展非独立核算经营活动取得的现金流入。其他收入是指单位除财政拨款收入、财政专户管理资金收入、事业收入、上级补助收入、附属单位上缴收入、事业单位经营收入之外的纳入部门预算管理的收入（包括债务收入、非同级财政拨款收入、投资收益、捐赠收入、利息收入、租金收入、现金盘盈收入等）。

单位资金收入要全部纳入预算管理，同财政拨款一样编入年初预算并生成相关预算指标，预算管理一体化系统相应登记预算指标账。

二、单位预算支出管理

国库集中支付制度是指预算支出通过国库单一账户体系，采取国库集中支付方式，将资金直接支付到最终收款人的制度办法。它是对预算资金分配、使用、银行清算及资金到达商品和劳务供应者账户的全过程集中进行管理监控的制度。

现行国库集中支付的控制机制是“预算指标控制用款计划，用款计划控制资金支付”，在预算管理一体化系统中控制机制调整为“用预算指标直接控制资金支付”。

单位资金应当按照预算法关于“政府的全部收入和支出都应当纳入预算”的规定，依法加强管理，保证公共资源利用效益的最大化。单位资金收支应全部纳入预算管理，单位资金的支付应按照预算指标控制。

三、单位资金账户管理

（一）单位资金收入账户管理

依据《预算管理一体化规范》，单位资金收入存放的管理可以沿用单位实有资金账户分散管理模式，也可以统一到财政代管资金专户集中管理。

1. 沿用单位实有资金账户分散管理模式

（1）财政部门要与单位账户开户银行进行联网，同时单位要与财政部门、开户银行签订三方协议，约定开户银行要按时向财政一体化系统发送单位资金账户的资金余额、收付信息等。通过三方协议来明确预算单位、财政部门和开户银行在单位资金存放管理中的权利和义务，解决单位资金存放管理难题。

（2）预算管理一体化系统自动对单位资金实际收入与收入预算指标进行比对，反映两者差异。

（3）财政部门也可以通过预算管理一体化系统集中单位会计账，及时获得单位资金收入的变化、余额、往来方单位信息等，并与单位资金账户中的资金变动情况进行比对校验。

（4）单位资金收入信息通过预算管理一体化系统对财政部门和单位主管部门开放。财政部门和主管部门利用一体化系统中的信息，对于单位资金收入进行监控和分析，发现问题及时予以纠正和反映，以加强预算执行监管。

2. 单位资金在财政代管资金财政专户集中管理

（1）开户银行要对专户中资金按单位进行分账核算，开户银行应按照财政部门有关要求定期将财政代管资金财政专户中分单位的收入、支出、余额信息发送财政部门，预算管理一体化系统进行自动记录。

（2）预算管理一体化系统自动对单位资金实际收入与收入预算指标进行比对，反映两者差异。

（3）财政部门也可以通过预算管理一体化系统集中单位会计账，及时获得单位资金收入的变化、余额、往来方单位信息等，并与单位资金账户中的资金变动情况进行比对校验。

（4）单位资金收入信息通过预算管理一体化系统对财政部门和单位主管部门开放。财政部门和主管部门利用预算管理一体化系统中的信息，对于单位资金收入进行监控和分析，发现问题及时予以纠正和反映，以加强预算执行监管。

（二）单位资金支出账户管理

行政单位、事业单位中的行政类和公益一类单位，单位资金支付应参照国库集中支付的流程严格按照预算控制执行。其他事业单位的单位资金，暂不具备条件的，可暂时采取记录和反映的模式。

记录和反映的模式要求：①预算管理一体化系统根据财政部门批复的单位资金支出预算，生成单位资金支出预算指标，预算管理一体化系统相应登记预算指标账。②单位需要支付单位资金时，按照财务管理和内控制度的有关规定，维持现行的资金支付模式，由财务人员到银行办理资金支付。③支付资金后，单位会计相应进行会计核算，在单位会计账上动态反映单位资金实际支出情况。④预算管理一体化系统对单位会计账记录的支出信息、单位资金账户的余额变化信息和预算指标进行比对，对不一致的情况发出预警。财政部门会同主管部门在预算管理一体化系统中进行动态监控，实时掌握单位资金支付情况，要求预算单位及时整改超预算支出等问题。

第三节　行政事业单位会计的账簿组织

一、行政事业单位会计科目的设置

（1）单位财务科目分为资产、负债、净资产、收入和支出五要素，具体内容如

表12－1所示。

表12－1　　单位财务科目设置

序号	科目编号	科目名称	序号	科目编号	科目名称
一、资产类			30	1821	文物文化资产
1	1001	库存现金	31	1831	保障性住房
2	1002	银行存款	32	1832	保障性住房累计折旧
3	1011	零余额账户用款额度	33	1891	受托代理资产
4	1021	其他货币资金	34	1901	长期待摊费用
5	1101	短期投资	35	1902	待处理财产损溢
6	1201	财政应返还额度	二、负债类		
7	1211	应收票据	36	2001	短期借款
8	1212	应收账款	37	2101	应交增值税
9	1214	预付账款	38	2102	其他应交税费
10	1215	应收股利	39	2103	应缴财政款
11	1216	应收利息	40	2201	应付职工薪酬
12	1218	其他应收款	41	2301	应付票据
13	1219	坏账准备	42	2302	应付账款
14	1301	在途物品	43	2303	应付政府补贴款
15	1302	库存物品	44	2304	应付利息
16	1303	加工物品	45	2305	预收账款
17	1401	待摊费用	46	2307	其他应付款
18	1501	长期股权投资	47	2401	预提费用
19	1502	长期债券投资	48	2501	长期借款
20	1601	固定资产	49	2502	长期应付款
21	1602	固定资产累计折旧	50	2601	预计负债
22	1611	工程物资	51	2901	受托代理负债
23	1613	在建工程	三、净资产类		
24	1701	无形资产	52	3001	累计盈余
25	1702	无形资产累计摊销	53	3101	专用基金
26	1703	研发支出	54	3201	权益法调整
27	1801	公共基础设施	55	3301	本期盈余
28	1802	公共基础设施累计折旧（摊销）	56	3302	本年盈余分配
29	1811	政府储备物资	57	3401	无偿调拨净资产

续表

序号	科目编号	科目名称	序号	科目编号	科目名称
58	3501	以前年度盈余调整	68	4605	租金收入
四、收入类			69	4609	其他收入
59	4001	财政拨款收入	五、费用类		
60	4101	事业收入	70	5001	业务活动费用
61	4201	上级补助收入	71	5101	单位管理费用
62	4301	附属单位上缴收入	72	5201	经营费用
63	4401	经营收入	73	5301	资产处置费用
64	4601	非同级财政拨款收入	74	5401	上缴上级费用
65	4602	投资收益	75	5501	对附属单位补助费用
66	4603	捐赠收入	76	5801	所得税费用
67	4604	利息收入	77	5901	其他费用

（2）行政事业单位预算会计科目包括预算收入、预算支出及预算结余三要素，具体内容如表12－2所示。

表12－2　　行政事业单位预算会计科目设置

序号	科目编号	科目名称	序号	科目编号	科目名称
一、预算收入			13	7401	上缴上级支出
1	6001	财政拨款预算收入	14	7501	对附属单位补助支出
2	6101	事业预算收入	15	7601	投资支出
3	6201	上级补助预算收入	16	7701	债务还本支出
4	6301	附属单位上缴预算收入	17	7901	其他支出
5	6401	经营预算收入	三、预算结余		
6	6501	债务预算收入	18	8101	资金结存
7	6601	非同级财政拨款预算收入	19	8102	财政拨款结转
8	6602	投资预算收益	20	8201	财政拨款结余
9	6609	其他预算收入	21	8202	非财政拨款结转
二、预算支出			22	8301	非财政拨款结余
10	7101	行政支出	23	8401	专用结余
11	7201	事业支出	24	8501	经营结余
12	7301	经营支出	25	8701	其他结余

二、行政事业单位的会计账簿

各单位应当按照国家统一会计制度的规定和会计业务的需要设置会计账簿，行政事业单位的会计账簿包括总账、各种明细账和各种日记账。

1. 总账

这是在明细账和日记账基础上总括地反映单位资金活动情况的账簿。行政单位会计主体必须根据会计制度的统一规定，结合本单位业务的实际情况设置总账。总账一般采用三栏式账簿。

业务量小的单位，可依据记账凭单直接逐笔登记总账；业务量大的单位，可根据编制的总账科目汇总表定期登记总账。

2. 明细账

明细账是记录资金来源和运用详细情况的账簿，对总账起分析说明作用。明细账采用活页式。一般包括各种收入明细账、各种支出明细账、应收预付和应付预收等各种往来资金款项明细账、财产物资明细账、各项专用基金情况的明细账。

3. 日记账

日记账又称出纳账，是按时间顺序反映和控制各种货币资金收、支及余存情况的账簿，包括库存现金日记账和银行存款日记账。日记账必须采用订本式账簿，必须逐日结出余额，不得用银行对账单或者其他方法代替日记账。银行存款日记账根据记账凭单和所附的银行结算凭证一单一记，并在期末与银行对账；库存现金日记账根据现金收付款记账凭证及所附原始凭证序时登记，并做到日清月结。

三、行政事业单位会计报表体系

《政府会计准则制度》完善了报表体系和结构。报表分为预算会计报表和财务报表两大类。预算会计报表由预算收入表、预算结转结余变动表和财政拨款预算收入支出表组成，是编制部门决算报表的基础。预算会计报表是按年度编制，一年一报。财务报表由会计报表和附注构成，会计报表由资产负债表、收入费用表、净资产变动表和现金流量表组成，其中，单位可自行选择编制现金流量表。资产负债表和收入费用表是每个月编制和年度编制，净资产变动表和现金流量表是按年度编报。同时，行政事业单位月度和年度终了，根据管理工作需要，编制报送相关实物资产报表。

此外，要求报表附注披露的内容需要细化，并依据《政府会计准则制度》提供的参考披露格式对会计报表重要项目进行说明，要求按经济分类披露费用的信息、本年预算结余和本年盈余的差异调节过程等。新的报表体系全面反映单位财务信息和预算执行信息，有利于提高部门、单位会计信息的透明度和决策实用性。

思考与练习题

1. 行政事业单位会计规范的执行范围有哪些？
2. 行政事业单位会计核算具有哪些特点？
3. 理解预算管理一体化中单位预算收支管理。
4. 简述行政事业单位资金收入账户管理模式。
5. 简述行政事业单位资金支出账户记录和反映模式。

第十三章

行政事业单位资产

第一节　单位资产管理概述

一、单位资产的内涵

资产是指政府会计主体过去的经济业务或者事项形成的，由政府会计主体控制的，预期能够产生服务潜力或者带来经济利益流入的经济资源。服务潜力是指政府会计主体利用资产提供公共产品和服务以履行政府职能的潜在能力。经济利益流入表现为现金及现金等价物的流入，或者现金及现金等价物流出的减少。

政府会计主体的资产按照流动性，分为流动资产和非流动资产。流动资产是指预计在1年内（含1年）耗用或者可以变现的资产，包括货币资金、短期投资、应收及预付款项、存货等。非流动资产是指流动资产以外的资产，包括固定资产、在建工程、无形资产、长期投资、公共基础设施、政府储备资产、文物文化资产、保障性住房和自然资源资产等。

二、资产的确认

资产定义的经济资源，在同时满足以下条件时，确认为资产：

（1）与该经济资源相关的服务潜力很可能实现或者经济利益很可能流入政府会计主体；

（2）该经济资源的成本或者价值能够可靠地计量。

三、资产的计价

资产的计量主要包括历史成本、重置成本、现值、公允价值和名义金额。

（1）在历史成本计量下，资产按照取得时支付的现金金额或者支付对价的公允价值计量，它又称为原始价值（账面余额），即是指某会计科目的账面实际余额。例如固定资产的账面原价，即为单位购建某项资产并使其达到可使用状态前所发生的一切合理、必要的支出。

（2）在重置成本计量下，资产按照现在购买相同或者相似资产所需支付的现金金额计量。

（3）在现值计量下，资产按照预计从其持续使用和最终处置中所产生的未来净现金流入量的折现金额计量。

（4）在公允价值计量下，资产按照市场参与者在计量日发生的有序交易中，出售资产所能收到的价格计量。

无法采用上述计量属性的，采用名义金额（即人民币1元）计量。这种计价方法主要用于接受捐赠、无偿调入固定资产的核算。

此外，还有账面价值，即折余价值，又称账面净值，是指某会计科目的账面余额减去相关备抵科目（如“累计折旧”“累计摊销”科目）账面余额后的净值。例如固定资产账面价值，即为固定资产原始价值或重置完全价值减去已计提折旧后的净额。这种计价方法主要用于计算投资、转让、毁损、报废的固定资产。

政府会计主体在对资产进行计量时，一般应当采用历史成本。采用重置成本、现值、公允价值计量的，应当保证所确定的资产金额能够持续、可靠计量。

四、单位资产管理的规则

（1）单位应当建立健全单位资产管理制度，加强和规范资产配置、使用和处置管理，维护资产安全完整。

（2）单位应当按照科学规范、从严控制、保障工作需要的原则合理配置资产。

（3）单位应当加强资产日常管理工作，做好资产建账、核算和登记工作，定期或者不定期进行清查盘点，保证账账相符、账实相符。年度终了，应当进行全面清查盘点。对资产盘盈、盘亏应当及时处理。

（4）单位的资产增加时，应当及时登记入账；减少时，应当按照资产处置规定办理报批手续，进行账务处理。

五、资产类会计科目

资产类会计科目适用范围如表13－1所示。

表13－1　资产类会计科目适用范围

科目编码	科目名称	行政单位	事业单位
1001	库存现金	√	√
1002	银行存款	√	√
1011	零余额账户用款额度	√	√
1021	其他货币资金	√	√
1101	短期投资		√
1201	财政应返还额度	√	√
1211	应收票据		√
1212	应收账款		√
1214	预付账款	√	√

续表

科目编码	科目名称	行政单位	事业单位
1215	应收股利		√
1216	应收利息		√
1218	其他应收款	√	√
1219	坏账准备		√
1301	在途物品	√	√
1302	库存物品	√	√
1303	加工物品	√	√
1401	待摊费用	√	√
1501	长期股权投资		√
1502	长期债权投资		√
1601	固定资产	√	√
1602	固定资产累计折旧	√	√
1611	工程物资	√	√
1613	在建工程	√	√
1701	无形资产	√	√
1702	无形资产累计摊销	√	√
1703	研发支出	√	√
1801	公共基础设施	√	√
1802	公共基础设施累计折旧（摊销）	√	√
1811	政府储备物资	√	√
1821	文物文化资产	√	√
1831	保障性住房	√	√
1832	保障性住房累计折旧	√	√
1891	受托代理资产	√	√
1901	长期待摊费用	√	√
1902	待处理财产损溢	√	√

第二节　货币资金

一、加强货币资金管理的意义

货币资金是指行政事业单位所拥有的处于货币形态的资产，它是流动资产的重要组成部分，包括现金、各种存款。货币资金是流动性最大的资产，可以自由流通，在资产负债表中是列在流动资产首位的项目。

货币资金作为标准的支付手段，其主要特点是具有可接受性和最强的流动性，可以不受任何限制地立刻用于购买物资或偿还债务。由于货币资金是社会一般财富的代表，是唯一能够转化成其他任何类型资产的资产，所以极易被盗窃、挪用或发生其他舞弊行为。货币资金的流动是否合理和恰当，对单位的资金运作影响极大。因此，加强对货币资金的管理和核算，对防止职员的不法行为和其他意外事件发生，保证单位财产安全完整，促使管好、用好货币资金，具有十分重要的意义。

二、货币资金的管理要求

为了加强货币资金管理和核算，应健全货币资金内部控制制度。要使货币资金内部控制制度有效，必须建立处理货币资金收支业务的日常规程、合理分工、钱账分管和进行经常性检查的控制系统。单位货币资金的内部控制，必须达到如下要求：

（1）建立货币资金收支业务处理的会计程序，明确责任分工，严格凭证手续。

（2）贯彻会计内部牵制原则，实行钱账分管，收支分线。把掌管货币资金与记录货币资金的工作分开，将货币资金支付业务与货币资金收入业务分开。掌管货币资金的人员不能记账，记录货币资金事项的人员不能掌管货币资金，以利相互验证、相互制约。

（3）规定现金使用范围，控制现金库存额度。银行是我国现金管理的执行机关，是全国现金出纳的中心。中国人民银行总行制定了《现金管理暂行条例》及其实施细则，规范单位的现金收支活动。单位在经济往来中，凡是直接用现金进行结算的，称现金结算；通过银行划拨转账的，称转账结算。

（4）严格银行结算纪律。每个单位均应在银行的一个分支机构或其他金融机构开立存款户，以便办理银行存款的存取及转账结算业务。为了保证银行存款的安全性，单位应在开户银行预留有效印章，以便验证单位开出的银行结算凭证的真实性和有效性。大额往来结算业务应通过银行办理转账结算。单位不得出租或出借银行账号；不得签发空头支票或远期支票；不得套取银行信用。

（5）实行本位币和外币分户制度。随着我国经济的不断发展，改革开放不断深入，经济主体的货币资金除本币资金——人民币资金以外，还会涉及相当数量的外币资金。由于不同货币之间存在不同的汇率，而且国际市场汇率波动也将对单位产生极大影响。因此会计上必须将人民币资金与外币资金分别予以核算。

（6）开展对货币资金账款的经常性检查和突击性检查，核对账实是否相符，及时查明长、短款的原因，做出正确处理。

通过上述货币资金的管理和控制措施，可以保证会计信息的准确性、货币资金的安全性、业务活动的有效性。

三、库存现金

单位应当严格按照国家有关现金管理的规定收支现金，并按照本制度规定核算现金的各项收支业务。单位应当设置“库存现金日记账”，由出纳人员根据收付款凭证，按照业务发生顺序逐笔登记。每日终了，应当计算当日的现金收入合计数、现金支出合计数和结余数，并将结余数与实际库存数相核对，做到账款相符。现金收入业务繁多、单独设有收款部门的单位，收款部门的收款员应当将每天所收现金连同收款凭据一并交财务部门核收记账，或者将每天所收现金直接送存开户银行后，将收款凭据及向银行送存现金的凭证等一并交财务部门核收记账。

（一）库存现金的科目设置

“库存现金”科目核算单位的库存现金，增加记在借方，减少记在贷方。单位应当严格按照国家有关现金管理的规定收支现金，并按照本制度规定核算现金的各项收支业务。本科目期末借方余额，反映单位实际持有的库存现金。

每日账款核对中发现有待查明原因的现金短缺或溢余的；本科目应当设置“受托代理资产”明细科目，核算单位受托代理、代管的现金；单位有外币现金的，应当分别按照人民币、外币种类设置“库存现金日记账”进行明细核算。

（二）库存现金的主要账务处理

1. 存取现金

从银行等金融机构提取现金，按照实际提取的金额，借记本科目，贷记“银行存款”科目；将现金存入银行等金融机构，按照实际存入金额，借记“银行存款”科目，贷记本科目。

2. 出差借款或报销现金

因内部职工出差等原因借出的现金，按照实际借出的现金金额，借记“其他应收款”科目，贷记本科目。

出差人员报销差旅费时，按照实际报销的金额，借记“业务活动费用”“单位管理费用”等科目，按照实际借出的现金金额，贷记“其他应收款”科目，按照其差额，借记或贷记本科目；同时，预算会计核算（平行记账）。

3. 因开展业务等事项收到或支付现金，对外捐赠现金（需要平行记账）

（事业单位）收取现金。因提供服务、物品或者其他事项收到现金，按照实际收到的金额，借记本科目，贷记“事业收入”“应收账款”等相关科目。涉及增值税业务的，相关账务处理参见“应交增值税”科目。

支付现金。因购买服务、物品或者其他事项支付现金，按照实际支付的金额，借记“业务活动费用”“单位管理费用”“库存物品”等相关科目，贷记本科目。涉及增值税业务的，相关账务处理参见“应交增值税”科目。

对外捐赠。以库存现金对外捐赠时，按照实际捐出的金额，借记“其他费用”科目，贷记本科目。

4. 受托代理、代管现金

收到受托代理、代管的现金，按照实际收到的金额，借记本科目（受托代理资产），贷记“受托代理负债”科目；支付受托代理、代管的现金，按照实际支付的金额，借记“受托代理负债”科目，贷记本科目（受托代理资产）。

5. 现金盘点——库存现金账目管理与核对（平行记账）

每日账款核对中发现有待查明原因的现金短缺或溢余的，作相应账务处理。应当通过“待处理财产损溢”科目核算。

现金溢余。应当按照实际溢余的金额，借记本科目，贷记“待处理财产损溢”科目。

现金短缺。应当按照实际短缺的金额，借记“待处理财产损溢”科目，贷记本科目。待查明原因后及时进行账务处理。

6. 外币管理

有关外币现金业务的账务处理参见“银行存款”科目的相关规定。

（三）行政事业单位库存现金活动核算举例

【例 13-1】 某市农业局 5 月 6 日从银行取现金 1 000 元，5 月 10 日存入银行现金 3 000 元。

提取现金核算：

借：库存现金　　1 000

　　贷：银行存款　　1 000

存入现金核算：

借：银行存款　　3 000

　　贷：库存现金　　3 000

根据规定从单位零余额账户提取现金，按照实际提取的金额，借记本科目，贷记“零余额账户用款额度”科目。

【例 13-2】 市交通局开出“财政授权支付凭证”提取现金 5 000 元备用。

财务会计账务处理：

借：库存现金　　5 000

　　贷：零余额账户用款额度　　5 000

预算会计账务处理：

借：资金结存——货币资金（库存现金）　　5 000

　　贷：资金结存——零余额账户用款额度　　5 000

将现金退回单位零余额账户，按照实际退回的金额，借记“零余额账户用款额度”科目，贷记本科目。

【例 13-3】 某省人事局职工张某出差，经批准预借差旅费 2 000 元（只作财务会计账务处理）。

借：其他应收款——张某　　2 000

　　贷：库存现金　　2 000

【例 13-4】 张某出差回来报销差旅费 1 200 元（平行记账）。

财务会计账务处理：

借：业务活动费用　　1 200

　　库存现金　　800

　　贷：其他应收款——张某　　2 000

预算会计账务处理：

借：行政支出　　1 200

　　贷：资金结存——货币资金（库存现金）　　1 200

因开展业务等事项收到或支付现金，对外捐赠现金。

【例 13-5】 某公安局受到个人办理证件成本费 3 600 元，尚未上缴财政。

借：库存现金　　3 600
　　贷：应缴财政款　　3 600

【例 13－6】某水利局单位职工报销邮寄费 100 元以现金付讫。

财务会计账务处理：

借：业务活动费用　　100
　　贷：库存现金　　100

预算会计账务处理：

借：行政支出　　100
　　贷：资金结存——货币资金（库存现金）　　100

【例 13－7】某省博物馆职工为灾区捐赠现金 50 000 元。

财务会计账务处理：

借：其他费用　　50 000
　　贷：库存现金　　50 000

预算会计账务处理：

借：其他支出　　50 000
　　贷：资金结存——货币资金（库存现金）　　50 000

【例 13－8】某市经信局收到受托代理的一笔现金 20 000 元；根据委托人的要求，该笔现金应当转赠给有关的受赠人。

借：库存现金——受托代理资产　　20 000
　　贷：受托代理负债　　20 000

【例 13－9】该经信局按照委托人的要求，将受托代理的现金支付给了有关的受赠人。

借：受托代理负债　　20 000
　　贷：库存现金——受托代理资产　　20 000

【例 13－10】某县教育局会计现金清查时，发现库存现金比账面余额多了 500 元，原因待查。

财务会计账务处理：

借：库存现金　　500
　　贷：待处理财产损溢　　500

预算会计账务处理：

借：资金结存——货币资金（库存现金）　　500
　　贷：其他预算收入　　500

【例 13－11】该县教育局现金溢余原因不明，经批准确认为其他收入。

借：待处理财产损溢　　500
　　贷：其他收入　　500

【例 13－12】某省文体局现金清查时，发现库存现金比其账面余额少 240 元，原因待查。

财务会计账务处理：

借：待处理财产损溢　240

　　贷：库存现金　240

预算会计账务处理：

借：其他支出　240

　　贷：资金结存——货币资金（库存现金）　240

【例 13－13】 经查实，某省文体局现金短缺无法查明原因，经批准确认为资产处置费用。

借：资产处置费用　240

　　贷：待处理财产损溢　240

【例 13－14】 某事业单位提供技术服务取得不需要上缴财政收入 3 000 元，现金入账。

财务会计账务处理：

借：库存现金　3 000

　　贷：事业收入　3 000

预算会计账务处理：

借：资金结存——货币资金　3 000

　　贷：事业预算收入　3 000

【例 13－15】 某事业单位后勤管理购买办公用品花费 1 200 元。

财务会计账务处理：

借：单位管理费用　1 200

　　贷：库存现金　1 200

预算会计账务处理：

借：事业支出　1 200

　　贷：资金结存——货币资金　1 200

【例 13－16】 某事业单位职工报销邮寄费 100 元以现金付讫。

财务会计账务处理：

借：业务活动费用　100

　　贷：库存现金　100

预算会计账务处理：

借：事业支出　100

　　贷：资金结存——货币资金　100

（四）行政事业单位“库存现金”活动核算比较

行政事业单位“库存现金”活动核算比较如表 13－2 所示。

表 13-2　　　　行政事业单位“库存现金”活动核算比较

<table>
<tr><th colspan="3" rowspan="2">情形</th><th colspan="2">财务会计</th><th colspan="2">预算会计</th></tr>
<tr><th>行政单位</th><th>事业单位</th><th>行政单位</th><th>事业单位</th></tr>
<tr><td rowspan="2">1</td><td rowspan="2">现金的提取和存入</td><td>提现</td><td colspan="2">借：库存现金
贷：银行存款</td><td colspan="2">—</td></tr>
<tr><td>存现</td><td colspan="2">借：银行存款等
贷：库存现金</td><td colspan="2">—</td></tr>
<tr><td rowspan="2">2</td><td rowspan="2">内部职工出差借出或报销现金</td><td>职工出差等借出现金</td><td colspan="2">借：其他应收款
贷：库存现金</td><td colspan="2">—</td></tr>
<tr><td>出差人员报销差旅费</td><td>借：业务活动费用［实际报销金额］/库存现金［实际报销金额小于借款金额的差额］
贷：其他应收款
或：
借：业务活动费用［实际报销金额］
贷：其他应收款/库存现金［实际报销金额大于借款金额的差额］</td><td>借：业务活动费用/单位管理费用［实际报销金额］/库存现金［实际报销金额小于借款金额的差额］
贷：其他应收款
或：
借：业务活动费用［实际报销金额］
贷：其他应收款/库存现金［实际报销金额大于借款金额的差额］</td><td>借：行政支出［实际报销金额］
贷：资金结存——货币资金</td><td>借：事业支出［实际报销金额］
贷：资金结存——货币资金</td></tr>
<tr><td rowspan="3">3</td><td rowspan="3">因开展业务等事项收到或者支出现金，对外捐赠现金</td><td>因开展业务等其他事项收到现金</td><td>—</td><td>借：库存现金
贷：事业收入/应收账款等</td><td>—</td><td>借：资金结存——货币资金
贷：事业预算收入等</td></tr>
<tr><td>因购买服务、商品或其他事项支出现金</td><td>借：业务活动费用/其他费用/应付账款等
贷：库存现金</td><td>借：单位管理费用/其他费用/应付账款等
贷：库存现金</td><td>借：行政支出/其他支出等
贷：资金结存——货币资金</td><td>借：事业支出/其他支出等
贷：资金结存——货币资金</td></tr>
<tr><td>对外捐赠现金资产</td><td colspan="2">借：其他费用
贷：库存现金</td><td colspan="2">借：其他支出
贷：资金结存——货币资金</td></tr>
</table>

续表

情形			财务会计		预算会计	
			行政单位	事业单位	行政单位	事业单位
4	受托代理、代管现金	收到现金	借：库存现金——受托代理资产 贷：受托代理负债		—	
		支付现金	借：受托代理负债 贷：库存现金——受托代理资产		—	
5	现金溢余	按照溢余金额转入待处理财产损溢	借：库存现金 贷：待处理财产损溢		借：资金结存——货币资金 贷：其他预算收入	
		属于应支付给有关人员或单位的部分	借：待处理财产损溢 贷：其他应付款 借：其他应付款 贷：库存现金		借：其他预算收入 贷：资金结存——货币资金	
		属于无法查明原因的部分，报经批准后	借：待处理财产损溢 贷：其他收入		—	
6	现金短缺	按照短缺金额转入待处理财产损溢	借：待处理财产损溢 贷：库存现金		借：其他支出 贷：资金结存——货币资金	
		属于责任人赔偿的部分	借：其他应收款 贷：待处理财产损溢 借：库存现金 贷：其他应收款		借：资金结存——货币资金 贷：其他支出	
		属于无法查明原因的部分，报经批准后	借：资产处置费用 贷：待处理财产损溢		—	

四、银行存款的核算

（一）银行存款科目设置

银行存款核算单位存入银行或者其他金融机构的各种存款。单位应当严格按照国家有关支付结算办法的规定办理银行存款收支业务，并按照政府会计制度规定核算银行存款的各项收支业务。本科目应当设置“受托代理资产”明细科目，核算单位受托代理、代管的银行存款。本科目期末借方余额，反映单位实际存放在银行或其他金融机构的款项。

单位应当按照开户银行或其他金融机构、存款种类及币种等，分别设置“银行存款日记账”，由出纳人员根据收付款凭证，按照业务的发生顺序逐笔登记，每日终了应结出余额。“银行存款日记账”应定期与“银行对账单”核对，至少每月核对一次。月度终了，单位银行存款日记账账面余额与银行对账单余额之间如有差额，应当逐笔查明原因并进行处理，按月编制“银行存款余额调节表”，调节相符。

（二）银行存款的主要账务处理

（1）将款项存入银行或者其他金融机构，按照实际存入的金额，借记本科目，贷记“库存现金”“应收账款”“事业收入”“经营收入”“其他收入”等相关科目。涉及增值税业务的，相关账务处理参见“应交增值税”科目。收到银行存款利息，按照实际收到的金额，借记本科目，贷记“利息收入”科目。

（2）从银行等金融机构提取现金，按照实际提取的金额，借记“库存现金”科目，贷记本科目。

（3）以银行存款支付相关费用，按照实际支付的金额，借记“业务活动费用”“单位管理费用”“其他费用”等相关科目，贷记本科目。涉及增值税业务的，相关账务处理参见“应交增值税”科目。以银行存款对外捐赠，按照实际捐出的金额，借记“其他费用”科目，贷记本科目；预算会计财务平行记账，借记“其他支出”，贷记“资金结存”（货币资金）。

（4）收到受托代理、代管的银行存款，按照实际收到的金额，借记本科目（受托代理资产），贷记“受托代理负债”科目。支付受托代理、代管的银行存款，按照实际支付的金额，借记“受托代理负债”科目，贷记本科目（受托代理资产）。

（三）行政事业单位银行存款活动核算举例

【例 13－17】某市科技局从非同级财政部门取得款项 4 000 元，用于完成委托的专项任务款项已存入银行。

财务会计账务处理：

借：银行存款　　4 000

　　贷：非同级财政拨款收入　　4 000

预算会计账务处理：

借：资金结存——货币资金　　4 000

　　贷：非同级财政拨款预算收入　　4 000

【例 13－18】某市司法局通过银行存款账户支付租赁房屋费 800 元。

财务会计账务处理：

借：业务活动费用　　800

　　贷：银行存款　　800

预算会计账务处理：

借：行政支出　　800

　　贷：资金结存——货币资金　　800

【例 13－19】某行政单位收到外单位转来的转赠灾区捐款 80 000 元。

借：银行存款——受托代理资产　　80 000

　　贷：受托代理负债　　80 000

【例 13－20】某事业单位因提供技术服务，银行账户收到 3 000 元。

财务会计账务处理：

借：银行存款　　3 000

贷：事业收入　　3 000

预算会计账务处理：

借：资金结存——货币资金　　3 000

贷：事业预算收入　　3 000

【例 13-21】某事业单位通过银行存款账户支付租赁房屋费 800 元。

财务会计账务处理：

借：业务活动费用　　800

贷：银行存款　　800

预算会计账务处理：

借：事业支出　　800

贷：资金结存——货币资金　　800

【例 13-22】某事业单位后勤购买办公用品 1 200 元，银行存款转讫。

财务会计账务处理：

借：单位管理费用　　1 200

贷：银行存款　　1 200

预算会计账务处理：

借：事业支出　　1 200

贷：资金结存——货币资金　　1 200

（四）外币业务核算与管理

单位发生外币业务的，应当按照业务发生当日的即期汇率，将外币金额折算为人民币金额记账，并登记外币金额和汇率。期末，各种外币账户的期末余额，应当按照期末的即期汇率折算为人民币，作为外币账户期末人民币余额。调整后的各种外币账户人民币余额与原账面余额的差额，作为汇兑损益计入当期费用。

（1）以外币购买物资、设备等，按照购入当日的即期汇率将支付的外币或应支付的外币折算为人民币金额，借记“库存物品”等科目，贷记本科目、“应付账款”等科目的外币账户。涉及增值税业务的，相关账务处理参见“应交增值税”科目。

（2）销售物品、提供服务以外币收取相关款项等，按照收入确认当日的即期汇率将收取的外币或应收取的外币折算为人民币金额，借记本科目、“应收账款”等科目的外币账户，贷记“事业收入”等相关科目。

（3）期末，根据各外币银行存款账户按照期末汇率调整后的人民币余额与原账面人民币余额的差额，作为汇兑损益，借记或贷记本科目，贷记或借记“业务活动费用”“单位管理费用”等科目。“应收账款”“应付账款”等科目有关外币账户期末汇率调整业务的账务处理参照本科目。

【例 13-23】年末，行政单位银行外币存款账户中，美元汇兑损失 30 000 元，英镑溢出 5 000 元。

1. 汇兑损失

财务会计账务处理：

借：业务活动费用　　30 000

贷：银行存款　　30 000

预算会计账务处理：

借：行政支出　　30 000

　贷：资金结存　　30 000

2. 汇兑溢出

财务会计账务处理：

借：银行存款　　5 000

　贷：业务活动费用　　5 000

预算会计账务处理：

借：资金结存　　5 000

　贷：行政支出　　5 000

（五）行政事业单位“银行存款”活动核算比较

行政事业单位“银行存款”活动核算比较如表 13－3 所示。

表 13－3　　行政事业单位“银行存款”活动核算比较

<table>
<tr><th colspan="3" rowspan="2">情形</th><th colspan="2">财务会计</th><th colspan="2">预算会计</th></tr>
<tr><th>行政单位</th><th>事业单位</th><th>行政单位</th><th>事业单位</th></tr>
<tr><td>1</td><td>将款项存入银行或其他金融机构</td><td>存入银行</td><td>借：银行存款
贷：库存现金/其他收入等</td><td>借：银行存款
贷：库存现金/事业收入/其他收入等</td><td>借：资金结存——货币资金
贷：其他预算收入</td><td>借：资金结存——货币资金
贷：事业预算收入/其他预算收入等</td></tr>
<tr><td>2</td><td>提现业务</td><td>提现</td><td colspan="2">借：库存现金
贷：银行存款</td><td colspan="2">—</td></tr>
<tr><td>3</td><td>支付款项业务</td><td>支付款项</td><td>借：业务活动费用/其他费用等
贷：银行存款</td><td>借：单位管理费用/其他费用等
贷：银行存款</td><td>借：行政支出/其他支出等
贷：资金结存——货币资金</td><td>借：事业支出/其他支出等
贷：资金结存——货币资金</td></tr>
<tr><td rowspan="2">4</td><td rowspan="2">银行存款账户收到及支付款项</td><td>收到银行存款利息</td><td colspan="2">借：银行存款
贷：利息收入</td><td colspan="2">借：资金结存——货币资金
贷：其他预算收入</td></tr>
<tr><td>支付银行手续费等</td><td>借：单位管理费用等
贷：银行存款</td><td>借：业务活动费用等
贷：银行存款</td><td>借：行政支出等
贷：资金结存——货币资金</td><td>借：事业支出等
贷：资金结存——货币资金</td></tr>
</table>

续表

情形			财务会计		预算会计	
			行政单位	事业单位	行政单位	事业单位
5	受托代理、代管银行存款	收到	借：银行存款——受托代理资产 贷：受托代理负债		—	
5	受托代理、代管银行存款	支付	借：受托代理负债 贷：银行存款——受托代理资产		—	
6	外币业务	以外币购买物资、劳务等	—	借：在途物品/库存物品等 贷：银行存款［外币账户］/应付账款等［外币账户］	—	借：事业支出等 贷：资金结存——货币资金
6	外币业务	以外币收取相关款项等	—	借：银行存款［外币账户］/应收账款等［外币账户］ 贷：事业收入等	—	借：资金结存——货币资金 贷：事业预算收入等
6	外币业务	期末，根据各外币账户按照期末的即期汇率调整后的人民币余额与原账面人民币余额的差额，作为汇兑损益	借：业务活动费用等［汇兑损失］ 贷：银行存款/应收账款/应付账款等	借：单位管理费用等［汇兑损失］ 贷：银行存款/应收账款/应付账款等	借：资金结存——货币资金 贷：行政支出等［汇兑收益］ 借：行政支出等［汇兑损失］ 贷：资金结存——货币资金	借：资金结存——货币资金 贷：事业支出等［汇兑收益］ 借：事业支出等［汇兑损失］ 贷：资金结存——货币资金

五、零余额账户用款额度

（一）零余额账户用款额度的概念和管理

零余额账户用款额度是指执行国库集中支付制度的单位，在办理财政授权支付业务时，通过零余额账户核算的用款额度。

零余额账户用款额度是指实行国库集中支付的行政单位根据财政部门批复的用款计划收到和支用的零余额账户用款额度。这是实行财政国库管理制度改革试点单位对财政授权支付资金的有关事项所增设的科目。实行国库支付制度改革的单位的资产类“银行存款”科目，核算内容改变为预算单位的自筹资金收入、以前年度结余和各项往来款项等。

实行国库集中支付的单位应该设立“零余额账户用款额度”科目，核算实行国库集中支付的单位根据财政部门批复的用款计划收到和支用的零余额账户用款额度。本科目期末借方余额，反映单位尚未支用的零余额账户用款额度。年末注销单位零余额账户用款额度后，本科目应无余额。

（二）零余额账户用款额度的主要账务处理

1. 收到额度

单位收到“财政授权支付到账通知书”时，根据通知书所列金额，借记本科目，贷记“财政拨款收入”科目。

2. 支用额度

（1）支付日常活动费用时，按照支付的金额，借记“业务活动费用”等科目，贷记本科目。

（2）购买库存物品或购建固定资产，按照实际发生的成本，借记“库存物品”“固定资产”“在建工程”等科目，按照实际支付或应付的金额，贷记本科目、“应付账款”等科目。涉及增值税业务的，相关账务处理参见“应交增值税”科目。

（3）从零余额账户提取现金时，按照实际提取的金额，借记“库存现金”科目，贷记本科目。

3. 年末处理

年末根据代理银行提供的对账单作注销额度的相关账务处理，借记“财政应返还额度——财政授权支付”科目，贷记本科目。年末，单位本年度财政授权支付预算指标数大于零余额账户用款额度下达数的，根据未下达的用款额度，借记“财政应返还额度——财政授权支付”科目，贷记“财政拨款收入”科目。

下年年初，单位根据代理银行提供的上年度注销额度恢复到账通知书作恢复额度的相关账务处理，借记本科目，贷记“财政应返还额度——财政授权支付”科目。单位收到财政部门批复的上年未下达零余额账户用款额度，借记本科目，贷记“财政应返还额度——财政授权支付”科目。

（三）行政事业单位零余额账户用款额度活动核算举例

【例 13－24】某市工商局收到代理银行转来的“财政授权支付到账通知书”，拥有本月授权额度为 200 万元。

财务会计账务处理：

借：零余额账户用款额度	200	
贷：财政拨款收入		200

预算会计账务处理：

借：资金结存——零余额账户用款额度	200	
贷：财政拨款预算收入		200

【例 13－25】公安局机关以零余额账户购买一批随用的办公用品 7 000 元。

财务会计账务处理：

借：业务活动费用	7 000	
贷：零余额账户用款额度		7 000

预算会计账务处理：

借：行政支出　　7 000

　　贷：资金结存——零余额账户用款额度　　7 000

【例 13－26】某市农业局从零余额账户购买材料 48 000 元。

财务会计账务处理：

借：库存物品　　48 000

　　贷：零余额账户用款额度　　48 000

预算会计账务处理：

借：行政支出　　48 000

　　贷：资金结存——零余额账户用款额度　　48 000

【例 13－27】期末，交通局本年度财政授权支付预算指标数大于零余额账户用款额度下达数，差额为 360 000 元。

财务会计账务处理：

借：财政应返还额度——财政授权支付　　360 000

　　贷：财政拨款收入　　360 000

预算会计账务处理：

借：资金结存——财政应返还额度　　360 000

　　贷：财政拨款预算收入　　360 000

【例 13－28】下年度，该交通局下年度收到银行转来额度恢复通知书。

财务会计账务处理：

借：零余额账户用款额度　　40 000

　　贷：财政应返还额度——财政授权支付　　40 000

预算会计账务处理：

借：资金结存——零余额账户用款额度　　40 000

　　贷：资金结存——财政应返还额度　　40 000

【例 13－29】下年度，该交通局下年度收到财政部门批复的上年未下达零余额账户用款额度 360 000 元。

财务会计账务处理：

借：零余额账户用款额度　　360 000

　　贷：财政应返还额度——财政授权支付　　360 000

预算会计账务处理：

借：资金结存——零余额账户用款额度　　360 000

　　贷：资金结存——财政应返还额度　　360 000

【例 13－30】某省高校以零余额账户购买一批随用的办公用品 7 000 元。

财务会计账务处理：

借：业务活动费用　　7 000

　　贷：零余额账户用款额度　　7 000

预算会计账务处理：

借：事业支出　　7 000

　　贷：资金结存——零余额账户用款额度　　7 000

【例 13 –31】某省高校以零余额账户支付邮资 800 元。

财务会计账务处理：

借：单位管理费用　　800

　　贷：零余额账户用款额度　　800

预算会计账务处理：

借：事业支出　　800

　　贷：资金结存——零余额账户用款额度　　800

（四）行政事业单位“零余额账户用款额度”活动核算比较

行政事业单位“零余额账户用款额度”活动核算比较如表 13 –4 所示。

表 13 –4　　行政事业单位“零余额账户用款额度”活动核算比较

<table>
<tr><th colspan="3" rowspan="2">情形</th><th colspan="2">财务会计</th><th colspan="2">预算会计</th></tr>
<tr><th>行政单位</th><th>事业单位</th><th>行政单位</th><th>事业单位</th></tr>
<tr><td>1</td><td>收到额度</td><td>收到《授权支付到账通知书》</td><td colspan="2">借：零余额账户用款额度
贷：财政拨款收入</td><td colspan="2">借：资金结存——零余额账户用款额度
贷：财政拨款预算收入</td></tr>
<tr><td rowspan="2">2</td><td rowspan="2">按规定支出额度</td><td>支付日常活动费用</td><td>借：业务活动费用
贷：零余额账户用款额度</td><td>借：单位管理费等
贷：零余额账户用款额度</td><td>借：行政支出
贷：资金结存——零余额账户用款额度</td><td>借：事业支出
贷：资金结存——零余额账户用款额度</td></tr>
<tr><td>购买库存物品或购建固定资产等</td><td colspan="2">借：库存物品/固定资产/在建工程等
贷：零余额账户用款额度
借：库存物品/固定资产/在建工程等
贷：零余额账户用款额度</td><td>借：行政支出等
贷：资金结存——零余额账户用款额度</td><td>借：事业支出等
贷：资金结存——零余额账户用款额度</td></tr>
<tr><td rowspan="2">3</td><td rowspan="2">提现</td><td>从零余额账户提取现金</td><td colspan="2">借：库存现金
贷：零余额账户用款额度</td><td colspan="2">借：资金结存——货币资金
贷：资金结存——零余额账户用款额度</td></tr>
<tr><td>将现金退回单位零余额账户</td><td colspan="2">借：零余额账户用款额度
贷：库存现金</td><td colspan="2">借：资金结存——零余额账户用款额度
贷：资金结存——货币资金</td></tr>
</table>

续表

<table>
<tr><th colspan="3" rowspan="2">情形</th><th colspan="2">财务会计</th><th colspan="2">预算会计</th></tr>
<tr><th>行政单位</th><th>事业单位</th><th>行政单位</th><th>事业单位</th></tr>
<tr><td rowspan="2">4</td><td rowspan="2">因购货退回等发生国库授权支付额度退回</td><td>本年度授权支付的款项</td><td colspan="2">借：零余额账户用款额度
贷：库存物品等</td><td>借：资金结存——零余额账户用款额度
贷：行政支出等</td><td>借：资金结存——零余额账户用款额度
贷：事业支出等</td></tr>
<tr><td>以前年度授权支付的款项</td><td colspan="2">借：零余额账户用款额度
贷：库存物品/以前年度盈余调整等</td><td colspan="2">借：资金结存——零余额账户用款额度
贷：财政拨款结转——年初余额调整/财政拨款结余——年初余额调整</td></tr>
<tr><td rowspan="2">5</td><td rowspan="2">年末注销额度</td><td>根据代理银行提供的对账单注销财政授权支付额度</td><td colspan="2">借：财政应返还额度——财政授权支付
贷：零余额账户用款额度</td><td colspan="2">借：资金结存——财政应返还额度
贷：资金结存——零余额账户用款额度</td></tr>
<tr><td>本年度财政授权根据代理银行提供的对账单注销财政授权支付额度</td><td colspan="2">借：财政应返还额度——财政授权支付
贷：财政拨款收入</td><td colspan="2">借：资金结存——财政应返还额度
贷：财政拨款预算收入</td></tr>
<tr><td rowspan="2">6</td><td rowspan="2">下年初恢复额度</td><td>根据代理银行提供的额度恢复到账通知书恢复财政授权支付额度</td><td colspan="2">借：零余额账户用款额度
贷：财政应返还额度——财政授权支付</td><td colspan="2">借：资金结存——零余额账户用款额度
贷：资金结存——财政应返还额度</td></tr>
<tr><td>收到财政部门批复的上年末未下达零余额账户用款额度</td><td colspan="2">借：零余额账户用款额度
贷：财政应返还额度——财政授权支付</td><td colspan="2">借：资金结存——零余额账户用款额度
贷：资金结存——货币资金</td></tr>
</table>

六、其他货币资金

（一）其他货币资金科目的设置

“其他货币资金”科目核算单位的外埠存款、银行本票存款、银行汇票存款、信用卡存款等各种其他货币资金。

本科目应当设置“外埠存款”“银行本票存款”“银行汇票存款”“信用卡存款”等明细科目，进行明细核算。

单位应当加强对其他货币资金的管理，及时办理结算，对于逾期尚未办理结算的银行汇票、银行本票等，应当按照规定及时转回，并按照上述规定进行相应账务处理。

本科目期末借方余额，反映单位实际持有的其他货币资金。

（二）其他货币资金的主要账务处理

（1）单位按照有关规定需要在异地开立银行账户，将款项委托本地银行汇往异地开立账户时，借记本科目，贷记“银行存款”科目。收到采购员交来供应单位发票账单等报销凭证时，借记“库存物品”等科目，贷记本科目。将多余的外埠存款转回本地银行时，根据银行的收账通知，借记“银行存款”科目，贷记本科目。

（2）将款项交存银行取得银行本票、银行汇票，按照取得的银行本票、银行汇票金额，借记本科目，贷记“银行存款”科目。使用银行本票、银行汇票购买库存物品等资产时，按照实际支付金额，借记“库存物品”等科目，贷记本科目。如有余款或因本票、汇票超过付款期等原因而退回款项，按照退款金额，借记“银行存款”科目，贷记本科目。

（3）将款项交存银行取得信用卡，按照交存金额，借记本科目，贷记“银行存款”科目。用信用卡购物或支付有关费用，按照实际支付金额，借记“业务活动费用”“库存物品”等科目，贷记本科目。单位信用卡在使用过程中，需向其账户续存资金的，按照续存金额，借记本科目，贷记“银行存款”科目。

（三）行政事业单位其他货币资金活动核算举例

【例 13－32】某市工商局在外埠开立临时采购账户，委托银行汇往采购地款项 5 000 000 元。

借：其他货币资金——外埠存款　　5 000 000
　　贷：银行存款　　5 000 000

【例 13－33】某行政单位采购员以外埠存款购买材料，材料价款 2 000 000 元，材料已入库。

财务会计账务处理：

借：库存物品　　2 000 000
　　贷：其他货币资金——外埠存款　　2 000 000

预算会计账务处理：

借：行政支出　　2 000 000
　　贷：资金结存——货币资金　　2 000 000

【例 13－34】某市公安局因业务需要使用信用卡，需要向其账户续存资金 20 000 元。

借：其他货币资金——信用卡存款　　20 000
　　贷：银行存款　　20 000

【例 13－35】某市医院使用银行汇票购买库存物品 50 000 元。

财务会计账务处理：

借：库存物品　　50 000
　　贷：其他货币资金——外埠存款　　50 000

预算会计账务处理：

借：事业支出　　5 000

贷：资金结存——货币资金　　5 000

【例 13－36】 某市事业单位在外埠开立临时采购账户，委托银行汇往采购地款项 500 000 元。

借：其他货币资金——外埠存款　　500 000

　　贷：银行存款　　500 000

【例 13－37】 该单位采购员以外埠存款购买材料，材料价款 2 000 000 元，材料已入库。

财务会计账务处理：

借：库存物品　　200 000

　　贷：其他货币资金——外埠存款　　200 000

预算会计账务处理：

借：事业支出　　200 000

　　贷：资金结存——货币资金（其他货币资金）　　200 000

（四）行政事业单位“其他货币资金”活动核算比较

行政事业单位“其他货币资金”活动核算比较如表 13－5 所示。

表 13－5　　行政事业单位“其他货币资金”活动核算比较

<table>
<tr><th colspan="3" rowspan="2">情形</th><th colspan="2">财务会计</th><th colspan="2">预算会计</th></tr>
<tr><th>行政单位</th><th>事业单位</th><th>行政单位</th><th>事业单位</th></tr>
<tr><td>1</td><td>形成其他货币资金</td><td>取得银行本票、银行汇票、信用卡时</td><td colspan="2">借：其他货币资金——银行本票存款
——银行汇票存款
——信用卡存款
贷：银行存款</td><td colspan="2">—</td></tr>
<tr><td>2</td><td>发生支付</td><td>用银行本票、银行汇票、信用卡时</td><td colspan="2">借：在途物品/库存物品等
贷：其他货币资金——银行本票存款
——银行汇票存款
——信用卡存款</td><td>借：行政支出等［实际支付金额］
贷：资金结存——货币资金</td><td>借：事业支出等［实际支付金额］
贷：资金结存——货币资金</td></tr>
<tr><td>3</td><td>余额退回时</td><td>银行本票、银行汇票、信用卡的余款退回时</td><td colspan="2">借：银行存款
贷：其他货币资金——银行本票存款
——银行汇票存款
——信用卡存款</td><td colspan="2">—</td></tr>
</table>

第三节　应收及预付款项

一、财政应返还额度

（一）财政应返还额度科目的设置

“财政应返还额度”科目核算实行国库集中支付的单位应收财政返还的资金额度，包括可以使用的以前年度财政直接支付资金额度和财政应返还的财政授权支付资金额度。本科目应当设置“财政直接支付”“财政授权支付”两个明细科目进行明细核算。本科目期末借方余额，反映单位应收财政返还的资金额度。

（二）财政应返还额度的主要账务处理

1. 财政直接支付

年末，单位根据本年度财政直接支付预算指标数大于当年财政直接支付实际发生数的差额，借记本科目（财政直接支付），贷记“财政拨款收入”科目。单位使用以前年度财政直接支付额度支付款项时，借记“业务活动费用”“单位管理费用”等科目，贷记本科目（财政直接支付）

2. 财政授权支付

年末，根据代理银行提供的对账单作注销额度的相关账务处理，借记本科目（财政授权支付），贷记“零余额账户用款额度”科目。年末，单位本年度财政授权支付预算指标数大于零余额账户用款。额度下达数的，根据未下达的用款额度，借记本科目（财政授权支付），贷记“财政拨款收入”科目。

下年初，单位根据代理银行提供的上年度注销额度恢复到账通知书作恢复额度的相关账务处理，借记“零余额账户用款额度”科目，贷记本科目（财政授权支付）。单位收到财政部门批复的上年未下达零余额账户用款额度，借记“零余额账户用款额度”科目，贷记本科目（财政授权支付）。

（三）行政事业单位财政应返还额度活动核算举例

【例 13－38】年末，某行政单位本年度财政直接支付年终结余资金 250 000 元。

财务会计账务处理：

借：财政应返还额度——财政直接支付　　250 000

　　贷：财政拨款收入　　250 000

预算会计账务处理：

借：资金结存——财政应返还额度　　250 000

　　贷：财政拨款预算收入　　250 000

该行政单位下年初收到《财政直接支付额度恢复到账通知书》，恢复上年度财政直接支付额度 25 万元。

该行政单位对恢复财政直接支付额度不作会计处理，在使用恢复的财政直接支付额度时再作会计处理。

【例 13－39】某行政单位实际支用上年度财政直接支付额度 250 000 元。

财务会计账务处理：

借：业务活动费用　　250 000

　　贷：财政应返还额度——财政直接支付　　250 000

预算会计账务处理：

借：行政支出　　250 000

　　贷：资金结存——财政应返还额度　　250 000

（四）行政事业单位“财政应返还额度”活动核算比较

行政事业单位“财政应返还额度”活动核算比较如表13－6所示。

表13－6　行政事业单位“财政应返还额度”活动核算比较

<table>
<tr><th colspan="3" rowspan="2">情形</th><th colspan="2">财务会计</th><th colspan="2">预算会计</th></tr>
<tr><th>行政单位</th><th>事业单位</th><th>行政单位</th><th>事业单位</th></tr>
<tr><td rowspan="2">1</td><td rowspan="2">财政直接支付方式下，确认财政应返还额度</td><td>年末本年度预算指标数与当年实际支付数的差额</td><td colspan="2">借：财政应返还额度——财政直接支付
贷：财政拨款收入</td><td colspan="2">借：资金结存——财政应返还额度
贷：财政拨款预算收入</td></tr>
<tr><td>下年度使用以前年度财政直接支付额度支付款项时</td><td>借：业务活动费用/库存物品等
贷：财政应返还额度——财政直接支付</td><td>借：单位管理费用/库存物品等
贷：财政应返还额度——财政直接支付</td><td>借：行政支出等
贷：资金结存——财政应返还额度</td><td>借：事业支出等
贷：资金结存——财政应返还额度</td></tr>
<tr><td rowspan="3">2</td><td rowspan="3">财政授权支付方式下，确认财政应返还额度</td><td>年末本年度预算指标数大于额度下达数的，根据未下达的用款额度</td><td colspan="2">借：财政应返还额度——财政授权支付
贷：财政拨款收入</td><td colspan="2">借：资金结存——财政应返还额度
贷：财政拨款预算收入</td></tr>
<tr><td>年末根据代理银行提供的对账单作注销额度处理</td><td colspan="2">借：财政应返还额度——财政授权支付
贷：零余额账户用款额度</td><td colspan="2">借：资金结存——财政应返还额度
贷：资金结存——零余额账户用款额度</td></tr>
<tr><td>下年初额度恢复和下年初收到财政部门批复的上年末未下达零余额账户用款额</td><td colspan="2">借：零余额账户用款额度
贷：财政应返还额度——财政授权支付</td><td colspan="2">借：资金结存——零余额账户用款额度
贷：资金结存——财政应返还额度</td></tr>
</table>

二、应收票据

（一）应收票据会计科目设置

“应收票据”科目核算事业单位因开展经营活动销售产品、提供有偿服务等而收到的商业汇票，包括银行承兑汇票和商业承兑汇票。本科目应当按照开出、承兑商业汇票的单位等进行明细核算。本科目期末借方余额，反映事业单位持有的商业汇票票面金额。

（二）应收票据主要账务处理

（1）销售产品、提供服务等收到商业汇票，按照商业汇票的票面金额，借记本科目，按照确认的收入金额，贷记“经营收入”等科目。涉及增值税业务的，相关账务处理参见“应交增值税”科目

（2）商业汇票到期时，应当分别以下两种情况处理：收回票款时，按照实际收到的商业汇票票面金额，借记“银行存款”科目，贷记本科目。因付款人无力支付票款，收到银行退回的商业承兑汇票、委托收款凭证、未付票款通知书或拒付款证明等，按照商业汇票的票面金额，借记“应收账款”科目，贷记本科目。

（三）事业单位应收票据活动核算举例

【例 13－40】某市事业单位销售经营产品 200 000 元，收到 6 个月期的带息商业汇票，票面利率为 10%。

借：应收票据　　200 000
　　贷：经营收入　　200 000

【例 13－41】承上例该事业单位将面值为 200 000 元，票面利率为 10%，期限为 6 个月的带息商业汇票兑付。

财务会计账务处理：

借：银行存款　　220 000
　　贷：应收票据　　200 000
　　　　经营收入　　20 000

预算会计账务处理：

借：资金结存——货币资金（银行存款）　　220 000
　　贷：经营预算收入　　220 000

但是因付款人无力支付票款，收到银行退回的商业承兑汇票、委托收款凭证、未付票款通知书或拒付款证明等，按照商业汇票的票面金额，借记“应收账款”科目，贷记本科目。

（四）事业单位“应收票据”活动核算比较

事业单位“应收票据”活动核算比较如表 13－7 所示。

表 13－7　　事业单位“应收票据”活动核算比较

情形			财务会计	预算会计
1	收到商业汇票	销售产品、提供服务等收到商业汇票	借：应收票据 　贷：经营收入等	—
2	商业汇票向银行贴现	持未到期的商业汇票向银行贴现	借：银行存款［贴现净额］ 　经营费用等［贴现利息］ 　贷：应收票据［不附追索权］ 　　短期借款［附追索权］	借：资金结存——货币资金 　贷：经营预算收入等［贴现净额］
		附追索权的商业汇票到期未发生追索事项	借：短期借款 　贷：应收票据	—
3	商业汇票背书转让	将持有的商业汇票背书转让以取得所需物资	借：库存物品等 　贷：应收票据 　　银行存款［差额］	借：经营支出等［支付的金额］ 　贷：资金结存——货币资金
4	商业汇票到期	商业汇票到期，收回应收票据	借：银行存款 　贷：应收票据	借：资金结存——货币资金 　贷：经营预算收入等
		商业汇票到期，付款人无力支付票款时	借：应收账款 　贷：应收票据	—

三、应收账款

（一）应收账款会计科目设置

“应收账款”科目核算单位因出租资产、出售物资等应收取的款项。本科目应当按照债务单位（或个人）进行明细核算。本科目期末借方余额，反映单位尚未收回的应收账款。

（二）应收账款的主要账务处理

（1）应收账款收回后不需上缴财政。单位发生应收账款时，按照应收未收金额，借记本科目，贷记“租金收入”“其他收入”等科目。涉及增值税业务的，相关账务处理参见“应交增值税”科目。收回应收账款时，按照实际收到的金额，借记“银行存款”等科目，贷记本科目。

（2）应收账款收回后需上缴财政。

（3）逾期无法收回应收账款。其分为需要上缴财政款逾期核销和不需要上缴财政款逾期核销。

（三）事业单位应收账款活动核算举例

【例 13－42】 某事业单位 3 月份出售主要生产物资应获得收入 5 000 元，但货款暂未收到。

借：应收账款　　5 000

　　贷：事业收入　　5 000

【例 13－43】 该事业单位 6 月份收到出售主要生产物资应获得收入 5 000 元，但不需要上缴财政。

借：银行存款　　5 000

　　贷：应收款项　　5 000

同时

借：资金结存　　5 000

　　贷：事业预算收入　　5 000

【例 13－44】 某事业单位 3 月份出售主要生产物资应获得收入 5 000 元（应上缴财政），但货款暂未收到。

借：应收账款　　5 000

　　贷：应缴财政款　　5 000

【例 13－45】 该单位 6 月份收到出售主要生产物资应获得收入 5 000 元，需要上缴财政但尚未缴。

借：银行存款　　5 000

　　贷：应收款项　　5 000

【例 13－46】 该单位 6 月份收到出售主要生产物资应获得收入 5 000 元，但需要上缴财政

借：应缴财政款　　5 000

　　贷：银行存款　　5 000

【例 13－47】 某事业单位 3 月份出售主要生产物资应获得收入 5 000 元需要上缴财政，但货款无法收回，上报财政部门批准予以核销。

借：应缴财政款　　5 000

　　贷：应收账款　　5 000

【例 13－48】 某事业单位 3 月份出售主要生产物资应获得收入 5 000 元，且不需要上缴财政，但货款无法收回，上报财政部门批准予以核销。

借：坏账准备　　5 000

　　贷：应收账款　　5 000

（四）事业单位“应收账款”活动核算比较

事业单位“应收账款”活动核算比较如表 13－8 所示。

表 13－8　　事业单位“应收账款”活动核算比较

		情形	财务会计	预算会计
1	发生应收账款时	应收账款收回后不需上缴财政	借：应收账款 贷：事业收入/经营收入/其他收入等	—
		应收账款收回后需上缴财政	借：应收账款 贷：应缴财政款	—
2	收回应收账款时	应收账款收回后不需上缴财政	借：银行存款等 贷：应收账款	借：资金结存——货币资金等 贷：事业预算收入/经营预算收入/其他预算收入等
		应收账款收回后需上缴财政	借：银行存款 贷：应收账款	—
3	逾期无法收回的应收账款	报批后予以核销	借：坏账准备/应缴财政款 贷：应收账款	—
		事业单位已核销不需上缴财政的应收账款在以后期间收回	借：应收账款 贷：坏账准备 借：银行存款 贷：应收账款	借：资金结存——货币资金 贷：非财政拨款结余等
		单位已核销需上缴财政的应收账款在以后期间收回	借：银行存款等 贷：应缴财政款	—

四、预付账款

（一）预付账款会计科目设置

预付账款核算单位按照购货、服务合同或协议规定预付给供应单位（或个人）的款项，以及按照合同规定向承包工程的施工企业预付的备料款和工程款。

本科目应当按照供应单位（或个人）及具体项目进行明细核算；对于基本建设项目发生的预付账款，还应当在本科目所属基建项目明细科目下设置“预付备料款”“预付工程款”“其他预付款”等明细科目，进行明细核算。本科目期末借方余额，反映单位实际预付但尚未结算的款项。

（二）预付账款的主要账务处理

（1）根据购货、服务合同或协议规定预付款项时，按照预付金额，借记本科目，贷记“财政拨款收入”“零余额账户用款额度”“银行存款”等科目。

（2）收到所购资产或服务时，按照购入资产或服务的成本，借记“库存物品”“固定资产”“无形资产”“业务活动费用”等相关科目，按照相关预付账款的账面余额，借记本科目，按照实际补付的金额，贷记“财政拨款收入”“零余额账户用款额度”

“银行存款”等科目。涉及增值税业务的，相关账务处理应见“应交增值税”科目。

（3）根据工程进度结算工程价款及备料款时，按照结算金额，借记“在建工程”科目，按照相关预付账款的账面余额，贷记本科目；按照实际补付的金额，贷记“财政拨款收入”“零余额账户用款额度”“银行存款”等科目。

（4）发生预付账款退回的，按照实际退回金额，借记“财政拨款收入”［本年直接支付］、“财政应返还额度”［以前年度直接支付］、“零余额账户用款额度”“银行存款”等科目，贷记本科目。

（5）预付账款的核销。应当于每年年末，对预付账款进行全面检查。如果有确凿证据表明预付账款不再符合预付款项性质，或者因供应单位破产、撤销等原因可能无法收到所购货物、服务的，应当先将其转入其他应收款，再按照规定进行处理。将预付账款账面余额转入其他应收款时，借记“其他应收款”科目，贷记本科目。

（三）行政事业单位预付账款活动核算举例

【例13－49】某市建设局订购材料70 000元，预付货款40 000元，已通过单位零余额账户支付。

财务会计账务处理：

借：预付账款　　40 000

　　贷：零余额账户用款额度　　40 000

预算会计账务处理：

借：行政支出　　40 000

　　贷：资金结存——零余额账户用款额度　　40 000

【例13－50】该建设局收到材料通过单位零余额账户补足余款30 000元

财务会计账务处理：

借：库存物品　　70 000

　　贷：预付账款　　40 000

　　　　零余额账户用款额度　　30 000

预算会计账务处理：

借：行政支出　　30 000

　　贷：资金结存——零余额账户用款额度　　300 00

【例13－51】该建设局仅收到32 000元材料验收入库，同时收到退回的余款8 000元存入单位零余额账户。

财务会计账务处理：

借：库存物品　　32 000

　　贷：预付账款　　32 000

借：零余额账户用款额度　　8 000

　　贷：预付账款　　8 000

预算会计账务处理：

借：资金结存——零余额账户用款额度　　8 000

　　贷：行政支出　　8 000

【例 13－52】某行政单位预付材料款 56 000 元逾期 3 年，有证据表明该笔款项确实无法收回，按规定报经批准后予以核销。

借：其他应收款　56 000
　　贷：预付账款　56 000

核销时

借：资产处置费　56 000
　　贷：其他应收款　56 000

【例 13－53】某事业单位订购材料 70 000 元，预付货款 40 000 元，已通过单位零余额账户支付。

财务会计账务处理：

借：预付账款　40 000
　　贷：零余额账户用款额度　40 000

预算会计账务处理：

借：事业支出　40 000
　　贷：资金结存——零余额账户用款额度　40 000

【例 13－54】某事业单位收到材料通过单位零余额账户补余款 30 000 元。

财务会计账务处理：

借：库存物品　70 000
　　贷：预付账款　40 000
　　　　零余额账户用款额度　30 000

预算会计账务处理：

借：事业支出　30 000
　　贷：资金结存——零余额账户用款额度　30 000

【例 13－55】承〖例 13－54〗如果该事业单位仅收到 32 000 元材料验收入库，同时收到退回的余款 8 000 元存入单位零余额账户。

财务会计账务处理：

借：库存物品　32 000
　　贷：预付账款　32 000

借：零余额账户用款额度　8 000
　　贷：预付账款　8 000

预算会计账务处理：

借：资金结存——零余额账户用款额度　8 000
　　贷：事业支出　8 000

（四）行政事业单位“预付账款”活动核算比较

行政事业单位“预付账款”活动核算比较如表 13－9 所示。

表 13－9　　　　行政事业单位“预付账款”活动核算比较

<table>
<tr><th colspan="3" rowspan="2">情形</th><th colspan="2">财务会计</th><th colspan="2">预算会计</th></tr>
<tr><th>行政单位</th><th>事业单位</th><th>行政单位</th><th>事业单位</th></tr>
<tr><td>1</td><td>发生预付账款时</td><td>支付时</td><td colspan="2">借：预付账款
　贷：财政拨款收入/零余额账户用款额度/银行存款等</td><td>借：行政支出等
　贷：财政拨款预算收入/资金结存</td><td>借：事业支出等
　贷：财政拨款预算收入/资金结存</td></tr>
<tr><td>2</td><td>收到所购物资或劳务，以及根据工程进度结算工程价款等</td><td>收到时</td><td>借：业务活动费用/库存物品/固定资产/在建工程等
　贷：预付账款
　　零余额账户用款额度/财政拨款收入/银行存款等［补付款项］</td><td>借：单位管理费用/库存物品/固定资产/在建工程等
　贷：预付账款
　　零余额账户用款额度/财政拨款收入/银行存款等［补付款项］</td><td>借：行政支出等［补付款项］
　贷：财政拨款预算收入/资金结存</td><td>借：事业支出等［补付款项］
　贷：财政拨款预算收入/资金结存</td></tr>
<tr><td rowspan="2">3</td><td rowspan="2">预付账款退回时</td><td>当年预付账款退回</td><td colspan="2">借：财政拨款收入/零余额账户用款额度/银行存款等
　贷：预付账款</td><td>借：财政拨款预算收入/资金结存
　贷：行政支出等</td><td>借：财政拨款预算收入/资金结存
　贷：事业支出等</td></tr>
<tr><td>以前年度预付账款退回</td><td colspan="2">借：财政应返还额度/零余额账户用款额度/银行存款等
　贷：预付账款</td><td colspan="2">借：资金结存
　贷：财政拨款结余——年初余额调整/财政拨款结转——年初余额调整等</td></tr>
<tr><td>4</td><td>逾期无法收回预付账款</td><td>确认时</td><td colspan="2">借：其他应收款
　贷：预付账款</td><td colspan="2">—</td></tr>
</table>

五、应收股利

（一）应收股利科目的设置

“应收股利”科目核算事业单位持有长期股权投资应当收取的现金股利或应当分得的利润。本科目应当按照被投资单位等进行明细核算。本科目期末借方余额，反映事业单位应当收取但尚未收到的现金股利或利润。

（二）应收股利的主要账务处理

1. 取得长期股权投资

按照支付的价款中所包含的已宣告但尚未发放现金股利，借记本科目，按照确定的长期股权投资成本，借记“长期股权投资”科目，按照实际支付的金额，贷记“银行存款”等科目。

收到取得投资时实际支付价款中所包含的已宣告但尚未发放的现金股利时，按照收到的金额，借记“银行存款”科目，贷记本科目。

【例 13-56】某事业单位在 2019 年 6 月购得某企业股权 15%，支付 3 200 000 元，支付的价款中所包含的已宣告但尚未发放的现金股利 200 000 元。年末收到现金股利 200 000 元。

购买股权时，财务会计处理：

借：长期股权投资 3 000 000

　　应收股利 200 000

　　贷：银行存款 3 200 000

预算会计处理：

借：投资支出 3 200 000

　　贷：资金结存——货币资金 3 200 000

收到现金股利时，财务会计处理：

借：银行存款 200 000

　　贷：应收股利 200 000

预算会计处理：

借：资金结存——货币资金 200 000

　　贷：投资支出 200 000

2. 长期股权投资持有期间

被投资单位宣告发放现金股利或利润的，按照应享有的份额，借记本科目，贷记“投资收益”（成本法下）或“长期股权投资”（权益法下）科目。

借：应收股利

　　贷：投资收益/长期股权投资

实际收到现金股利或利润时，按照收到的金额，借记“银行存款”等科目，贷记本科目。

借：应收股利

　　贷：银行存款

（三）事业单位“应收股利”活动核算比较

事业单位“应收股利”活动核算比较如表 13-10 所示。

表 13-10　　事业单位“应收股利”活动核算比较

情形			财务会计	预算会计
1	取得长期股权投资所支付价款中包含的已宣告但未发放的股利或利润时	取得长期股权投资	借：长期股权投资 应收股利［取得投资支付价款中包含的已宣告但尚未发放的现金股利或利润］ 贷：银行存款［取得投资支付的全部价款］	借：投资支出［取得投资支付的全部价款］ 贷：资金结存——货币资金

续表

<table>
<tr><th colspan="3">情形</th><th>财务会计</th><th>预算会计</th></tr>
<tr><td>1</td><td>取得长期股权投资所支付价款中包含的已宣告但未发放的股利或利润时</td><td>收到取得长期股权投资所支付价款中包含的已宣告但尚未发放的股利或利润时</td><td>借：银行存款
　　贷：应收股利</td><td>借：资金结存——货币资金
　　贷：投资支出等</td></tr>
<tr><td rowspan="2">2</td><td rowspan="2">持有投资期间</td><td>被投资单位宣告发放现金股利或利润</td><td>借：应收股利
　　贷：投资收益/长期股权投资</td><td>—</td></tr>
<tr><td>收到现金股利或利润时</td><td>借：银行存款
　　贷：应收股利</td><td>借：资金结存——货币资金
　　贷：投资预算收益</td></tr>
</table>

六、应收利息

（一）应收利息科目的设置

“应收利息”科目，核算事业单位长期债券投资应当收取的利息。本科目应当按照被投资单位等进行明细核算。本科目期末借方余额，反映事业单位应收未收的长期债券投资利息。

事业单位购入的到期一次还本付息的长期债券投资持有期间的利息，应当通过“长期债券投资——应计利息”科目核算，不通过本科目核算。

（二）应收利息的主要账务处理

1. 取得长期债券投资

按照确定的投资成本，借记“长期债券投资”科目，按照支付的价款中包含的已到付息期但尚未领取的利息，借记本科目，按照实际支付的金额，贷记“银行存款”等科目。

借：长期债券投资

　　应收利息

　　贷：银行存款

收到取得投资时实际支付的价款中所包含的已到付息期但尚未领取的利息时，按照收到的金额，借记“银行存款”等科目，贷记本科目。

借：银行存款

　　贷：应收利息

2. 持有投资期间

按期计算确认长期债券投资利息收入时，对于分期付息、一次还本的长期债券投资，按照以票面金额和票面利率计算确定的应收未收利息金额，借记本科目，贷记“投资收益”科目。

借：应收利息

　　贷：投资收益

实际收到应收利息时，按照收到的金额，借记“银行存款”等科目，贷记本科目。

借：银行存款

　贷：应收利息

（三）事业单位“应收利息”活动核算比较

事业单位“应收利息”活动核算比较如表 13－11 所示。

表 13－11　　　　事业单位“应收利息”活动核算比较

情形			财务会计	预算会计
1	取得长期股权投资所支付价款中包含的已宣告但尚未发放的股利或利润时	取得长期债券投资	借：长期债券投资 应收利息［取得投资支付价款中包含的已到付息期但尚未领取的利息］ 贷：银行存款［取得投资支付的全部价款］	借：投资支出［取得投资支付的全部价款］ 贷：资金结存——货币资金
		收到取得投资所支付价款中包含的已到付息期但尚未领取的利息时	借：银行存款 贷：应收利息	借：资金结存——货币资金 贷：投资支出等
2	持有投资期间	按期计提利息	借：应收利息［分期付息、到期还本债券计提的利息］ 贷：投资收益	—
		实际收到利息	借：银行存款 贷：应收利息	借：资金结存——货币资金 贷：投资预算收益

七、其他应收款

（一）其他应收款科目的设置

“其他应收款”科目核算单位除财政应返还额度、应收账款、预付账款、应收利息以外的其他各项应收及暂付款项，如职工预借的差旅费、已经偿还银行尚未报销的本单位公务卡欠款、拨付给内部有关部门的备用金、应向职工收取的各种垫付款项、支付的可以收回的订金或押金等。

本科目应当按照其他应收款的类别以及债务单位（或个人）进行明细核算。本科目期末借方余额，反映单位尚未收回的其他应收款。

（二）其他应收款的主要账务处理

（1）发生其他各种应收及暂付款项时，按照实际发生金额，借记本科目，贷记“零余额账户用款额度”“银行存款”“库存现金”等科目。涉及增值税业务的，相关账务处理参见“应交增值税”科目。

（2）收回其他各种应收及暂付款项时，按照收回的金额，借记“库存现金”“银行存款”等科目，贷记本科目。

(3) 单位内部实行备用金制度的，有关部门使用备用金以后应当及时到财务部门报销并补足备用金。

单位财务部门核定并发放备用金时，按照实际发放金额，借记本科目，贷记“库存现金”等科目。

根据报销金额用现金补足备用金定额时，借记“业务活动费用”等科目，贷记“库存现金”等科目，报销数和拨补数都不再通过本科目核算。

(4) 偿还尚未报销的本单位公务卡欠款时，按照偿还的款项，借记本科目，贷记“零余额账户用款额度”“银行存款”等科目；持卡人报销时，按照报销金额，借记“业务活动费用”等科目，贷记本科目。

(5) 将预付账款账面余额转入其他应收款时，借记本科目，贷记“预付账款”科目。具体说明见“预付账款”科目。

（三）行政事业单位其他应收款活动核算举例

【例 13－57】某行政单位经核查确认以非财政拨款收入为职工李某代垫房租 3 000 元无法收回，报经相关部门批准后予以核销。

借：资产处置费用　　　　3 000
　　贷：其他应收款——李某　　　　3 000

【例 13－58】某事业单位经核查确认以非财政拨款收入为职工李某代垫房租 3 000 元无法收回，报经相关部门批准后予以核销。

借：坏账准备　　　　3 000
　　贷：其他应收款　　　　3 000

（四）无法收回款项处理

行政单位应当于每年年末，对其他应收款进行全面检查。对于超过规定年限、确认无法收回的其他应收款，应当按照有关规定报经批准后予以核销。核销的其他应收款应在备查簿中保留登记。

(1) 经批准核销其他应收款时，按照核销金额，借记“资产处置费用”科目，贷记本科目。

借：资产处置费用
　　贷：其他应收款

(2) 已核销的其他应收款在以后期间又收回的，按照收回金额，借记“银行存款”等科目，贷记“其他收入”科目。

财务会计账务处理：

借：银行存款
　　贷：其他收入

预算会计账务处理：

借：资金结存——货币资金（银行存款）
　　贷：其他预算收入

（五）行政事业单位“其他应收款”活动核算比较

行政事业单位“其他应收款”活动核算比较如表 13－12 所示。

表 13－12　　行政事业单位“其他应收款”活动核算比较

<table>
<tr><th colspan="3" rowspan="2">情形</th><th colspan="2">财务会计</th><th colspan="2">预算会计</th></tr>
<tr><th>行政单位</th><th>事业单位</th><th>行政单位</th><th>事业单位</th></tr>
<tr><td rowspan="3">1</td><td rowspan="3">发生暂付款项</td><td>暂付款项时</td><td colspan="2">借：其他应收款
贷：银行存款/库存现金/零余额账户用款额度等</td><td colspan="2">—</td></tr>
<tr><td>报销时</td><td>借：业务活动费用等［实际报销金额］
贷：其他应收款</td><td>借：单位管理费用等［实际报销金额］
贷：其他应收款</td><td>借：行政支出等［实际报销金额］
贷：资金结存</td><td>借：事业支出等［实际报销金额］
贷：资金结存</td></tr>
<tr><td>收回暂付款项时</td><td colspan="2">借：库存现金/银行存款等
贷：其他应收款</td><td colspan="2">—</td></tr>
<tr><td rowspan="2">2</td><td rowspan="2">发生其他各种应收款项</td><td>确定其他应收款时</td><td>借：其他应收款
贷：其他收入等</td><td>借：其他应收款
贷：上级补助收入/附属单位上缴收入/其他收入等</td><td colspan="2">—</td></tr>
<tr><td>收到其他应收款项</td><td colspan="2">借：银行存款/库存现金等
贷：其他应收款</td><td>借：资金结存货币资金
贷：其他预算收入等</td><td>借：资金结存——货币资金
贷：上级补助预算收入/附属单位上缴预算收入/其他预算收入等</td></tr>
<tr><td rowspan="2">3</td><td rowspan="2">拨付给内部有关部门的备用金</td><td>财务部门核定并发放备用金</td><td colspan="2">借：其他应收款
贷：库存现金</td><td colspan="2">—</td></tr>
<tr><td>根据报销数用现金补足备用金定额时</td><td>借：业务活动费用等
贷：库存现金</td><td>借：单位管理费用
贷：库存现金</td><td>借：行政支出等
贷：资金结存——货币资金</td><td>借：事业支出等
贷：资金结存——货币资金</td></tr>
<tr><td rowspan="2">4</td><td rowspan="2">逾期无法收回的其他应收款</td><td>经批准核销时</td><td>借：资产处置费用
贷：其他应收款</td><td>借：坏账准备
贷：其他应收款</td><td colspan="2">—</td></tr>
<tr><td>已核销的其他应收款在以后期间收回</td><td>借：银行存款
贷：其他收入</td><td>借：其他应收款
贷：坏账准备
借：银行存款等
贷：其他应收款</td><td colspan="2">借：资金结存——货币资金
贷：其他预算收入</td></tr>
</table>

八、坏账准备

（一）坏账准备科目的设置

“坏账准备”科目核算事业单位对收回后不需上缴财政的应收账款和其他应收款提取的坏账准备。本科目应当分别应收账款和其他应收款进行明细核算。本科目期末贷方余额，反映事业单位提取的坏账准备金额。

事业单位应当于每年年末对收回后不需上缴财政的应收账款和其他应收款进行全面检查，分析其可收回性，对预计可能产生的坏账损失计提坏账准备、确认坏账损失。

事业单位可以采用应收款项余额百分比法、账龄分析法、个别认定法等方法计提坏账准备。坏账准备计提方法一经确定，不得随意变更。如需变更，应当按照规定报经批准，并在财务报表附注中予以说明。

（二）坏账准备的主要账务处理

1. 计提坏账准备

提取坏账准备时，借记“其他费用”科目，贷记本科目；冲减坏账准备时，借记本科目，贷记“其他费用”科目

借：其他费用

　　贷：坏账准备

2. 坏账报批核销

对于账龄超过规定年限并确认无法收回的应收账款、其他应收款，应当按照有关规定报经批准后，按照无法收回的金额，借记本科目，贷记“应收账款”“其他应收款”科目。

借：坏账准备

　　贷：应收账款/其他应收款

已核销的应收账款、其他应收款在以后期间又收回的，按照实际收回金额，借记“应收账款”“其他应收款”科目，贷记本科目；同时，借记“银行存款”等科目，贷记“应收账款”“其他应收款”科目。

（三）事业单位“坏账准备”活动核算比较

事业单位“坏账准备”活动核算比较如表13－13所示。

表13－13　　　　事业单位“坏账准备”活动核算比较

情形			财务会计	预算会计
1	年末全面分析不需上缴财政的应收账款和其他应收款	计提坏账准备，确认坏账损失	借：其他费用 　　贷：坏账准备	—
		冲减坏账准备	借：坏账准备 　　贷：其他费用	—
2	逾期无法收回的应收账款和其他应收款	报批后予以核销	借：坏账准备 　　贷：应收账款/其他应收款	—
		已核销不需上缴财政的应收款项在以后期间收回	借：应收账款/其他应收款 　　贷：坏账准备 借：银行存款 　　贷：应收账款/其他应收款	借：资金结存——货币资金等 　　贷：非财政拨款结余等

第四节 存 货

一、存货概述

存货是指行政事业单位在开展业务活动及其他活动中为耗用或出售而储存的资产，如材料、产品、包装物和低值易耗品等，以及未达到固定资产标准的用具、装具、动植物等，但不包括政府储备物资、收储土地等。

（一）存货的确认

（1）与该存货相关的服务潜力很可能实现或者经济利益很可能流入政府会计主体；

（2）该存货的成本或者价值能够可靠地计量。

（二）存货的初始计量

（1）存货在取得时应当按照成本进行初始计量。

（2）购入的存货，其成本包括购买价款、相关税费、运输费、装卸费、保险费以及使得存货达到目前场所和状态所发生的归属于存货成本的其他支出。

（3）自行加工的存货，其成本包括耗用的直接材料费用、发生的直接人工费用和按照一定方法分配的与存货加工有关的间接费用。

（4）委托加工的存货，其成本包括委托加工前存货成本、委托加工的成本（如委托加工费以及按规定应计入委托加工存货成本的相关税费等），以及使存货达到目前场所和状态所发生的归属于存货成本的其他支出。

（5）通过置换取得的存货，其成本按照换出资产的评估价值，加上支付的补价或减去收到的补价，加上为换入存货发生的其他相关支出确定。

（6）接受捐赠的存货，其成本按照有关凭据注明的金额加上相关税费、运输费等确定；没有相关凭据可供取得，但按规定经过资产评估的，其成本按照评估价值加上相关税费、运输费等确定；没有相关凭据可供取得、也未经资产评估的，其成本比照同类或类似资产的市场价格加上相关税费、运输费等确定；没有相关凭据且未经资产评估、同类或类似资产的市场价格也无法可靠取得的，按照名义金额入账，相关税费、运输费等计入当期费用。

（7）无偿调入的存货，其成本按照调出方账面价值加上相关税费、运输费等确定。

（8）盘盈的存货，按规定经过资产评估的，其成本按照评估价值确定；未经资产评估的，其成本按照重置成本确定。

但是下列各项应当在发生时确认为当期费用，不计入存货成本：

（1）非正常消耗的直接材料、直接人工和间接费用。

（2）仓储费用（不包括在加工过程中为达到下一个加工阶段所必需的费用。

（3）不能归属于使存货达到目前场所和状态所发生的其他支出。

（三）存货的后续计量

（1）应当根据实际情况采用先进先出法、加权平均法或者个别计价法确定发出存货的实际成本。计价方法一经确定，不得随意改变。

（2）存货对于性质和用途相似的存货，应当采用相同的成本计价方法确定发出存货的成本。

（3）对于不能替代使用的存货、为特定项目专门购入或加工的存货，通常采用个别计价法确定发出存货的成本。

（4）对于已发出的存货，应当将其成本结转为当期费用或者计入相关资产成本。

按规定报经批准对外捐赠、无偿调出的存货，应当将其账面余额予以转销，对外捐赠、无偿调出中发生的归属于捐出方、调出方的相关费用应当计入当期费用。

（5）应当采用一次转销法或者“五五摊销法”对低值易耗品、包装物进行摊销，将其成本计入当期费用或者相关资产成本。

（6）对于发生的存货毁损，应当将存货账面余额转销计入当期费用，并将毁损存货处置收入扣除相关处置税费后的差额按规定作应缴款项处理（差额为净收益时）或计入当期费用（差额为净损失时）。

（7）存货盘亏造成的损失，按规定报经批准后应当计入当期费用。

（四）存货的披露

应当在附注中披露与存货有关的情况，如：

（1）各类存货的期初和期末账面余额。

（2）确定发出存货成本所采用的方法。

（3）以名义金额计量的存货名称、数量，以及以名义金额计量的理由。

（4）其他有关存货变动的重要信息。

二、在途物品

（一）在途物品科目的设置

“在途物品”科目核算单位在采购材料等物资时货款已付或已开出商业汇票但尚未验收入库的在途物品的采购成本。本科目可按照供应单位和物品种类进行明细核算。本科目期末借方余额，反映单位在途物品的采购成本。

（二）在途物品的主要账务处理

（1）单位购入材料等物品，按照确定的物品采购成本的金额，借记本科目，按照实际支付的金额，贷记“财政拨款收入”“零余额账户用款额度”“银行存款”等科目。涉及增值税业务的，相关账务处理参见“应交增值税”科目。

（2）所购材料等物品到达验收入库，按照确定的库存物品成本金额，借记“库存物品”科目，按照物品采购成本金额，贷记本科目，按照使得入库物品达到目前场所和状态所发生的其他支出，贷记“银行存款”等科目。

（三）行政事业单位在途物品活动核算举例

【例 13－59】某市工商局购入一批材料 19 000 000 元，以零余额账户支付，材料尚未验收入库。

财务会计账务处理：

借：在途物品　　19 000 000

　　贷：零余额账户用款额度　　19 000 000

预算会计账务处理：

借：行政支出　　19 000 000

　　贷：资金结存——零余额账户用款额度　　19 000 000

【例 13－60】该市工商局将材料验收入库。

借：库存物品　　20 000

　　贷：在途物品　　20 000

【例 13－61】某市实验小学购入一批材料 19 000 000 元，以零余额账户支付，材料尚未验收入库。

财务会计账务处理：

借：在途物品　　19 000 000

　　贷：零余额账户用款额度　　19 000 000

预算会计账务处理：

借：事业支出　　19 000 000

　　贷：资金结存——零余额账户用款额度　　19 000 000

（四）行政事业单位“在途物品”活动核算比较

行政事业单位“在途物品”活动核算比较如表 13－14 所示。

表 13－14　　行政事业单位“在途物品”活动核算比较

<table>
<tr><th colspan="2" rowspan="2">情形</th><th colspan="2">财务会计</th><th colspan="2">预算会计</th></tr>
<tr><th>行政单位</th><th>事业单位</th><th>行政单位</th><th>事业单位</th></tr>
<tr><td>1</td><td>购入材料等物资，结算凭证收到货未到，款已付或已开出商业汇票</td><td colspan="2">借：在途物品
　贷：财政拨款收入/零余额账户用款额度/银行存款/应付票据等</td><td>借：行政支出
　贷：财政拨款预算收入/资金结存</td><td>借：事业支出/经营支出等
　贷：财政拨款预算收入/资金结存</td></tr>
<tr><td>2</td><td>所购材料等物资到达验收入库</td><td colspan="2">借：库存物品
　贷：在途物品</td><td colspan="2">—</td></tr>
</table>

三、库存物品

（一）库存物品科目的设置

“库存物品”科目核算行政单位在开展业务活动及其他活动中为耗用或出售而储存的各种材料、产品、包装物、低值易耗品，以及达不到固定资产标准的用具、装具、动植物等的成本。已完成的测绘、地质勘察、设计成果等的成本，也通过本科目核算。

具体可以分为以下几类：

（1）原材料，指使用以后即消耗或逐渐消耗不能复原的各种物资，如燃料、实验室材料、改装使用的原件、零配件等；

（2）低值易耗品，指不能满足固定资产条件的各种可重复使用的劳动资料，如某些仪器仪表、工具、量具、器皿、一般用具和劳保用品等；

（3）办公用品，指单位在办公活动中使用的各种物料，如纸张、笔墨等；

（4）产成品类，指单位生产完工已验收入库的产成品。

但是单位随买随用的零星办公用品，可以在购进时直接列作费用，不通过本科目核算。单位控制的政府储备物资，应当通过“政府储备物资”科目核算，不通过本科目核算。单位受托存储保管的物资和受托转赠的物资，应当通过“受托代理资产”科目核算，不通过本科目核算。单位为在建工程购买和使用的材料物资，应当通过“工程物资”科目核算，不通过本科目核算。

单位储存的低值易耗品、包装物较多的，可以在本科目（低值易耗品、包装物）下按照“在库”“在用”和“摊销”等进行明细核算。本科目期末借方余额，反映单位库存物品的实际成本。

本科目期末借方余额，反映单位库存物品的实际成本。

（二）库存物品的主要账务处理

1. 取得的库存物品，应当按照其取得时的成本入账

（1）外购的库存物品验收入库，按照确定的成本，借记本科目，贷记“财政拨款收入”“零余额账户用款额度”“银行存款”“应付账款”“在途物品”等科目。涉及增值税业务的，相关账务处理参见“应交增值税”科目。

（2）自制的库存物品加工完成并验收入库，按照确定的成本，借记本科目，贷记“加工物品——自制物品”科目。

（3）委托外单位加工收回的库存物品验收入库，按照确定的成本，借记本科目，贷记“加工物品——委托加工物品”等科目。

（4）接受捐赠的库存物品验收入库，按照确定的成本，借记本科目，按照发生的相关税费、运输费等，贷记“银行存款”等科目，按照其差额，贷记“捐赠收入”科目。接受捐赠的库存物品按照名义金额入账的，按照名义金额，借记本科目，贷记“捐赠收入”科目；同时，按照发生的相关税费、运输费等，借记“其他费用”科目，贷记“银行存款”等科目。

（5）无偿调入的库存物品验收入库，按照确定的成本，借记本科目，按照发生的相关税费、运输费等，贷记“银行存款”等科目，按照其差额，贷记“无偿调拨净资产”科目。

（6）置换换入的库存物品验收入库，按照确定的成本，借记本科目，按照换出资产的账面余额，贷记相关资产科目（换出资产为固定资产、无形资产的，还应当借记“固定资产累计折旧”“无形资产累计摊销”科目），按照置换过程中发生的其他相关支出，贷记“银行存款”等科目，按照借贷方差额，借记“资产处置费用”科目或贷记“其他收入”科目。

2. 库存物品在发出时，分别以下情况处理

（1）单位开展业务活动等领用、按照规定自主出售发出或加工发出库存物品，按照领用、出售等发出物品的实际成本，借记“业务活动费用”“加工物品”等科目，贷记本科目。

（2）经批准对外出售的库存物品（不含可自主出售的库存物品）发出时，按照库

存物品的账面余额，借记“资产处置费用”科目，贷记本科目。

（3）经批准对外捐赠的库存物品发出时，按照库存物品的账面余额和对外捐赠过程中发生的归属于捐出方的相关费用合计数，借记“资产处置费用”科目，按照库存物品账面余额，贷记本科目，按照对外捐赠过程中发生的归属于捐出方的相关费用，贷记“银行存款”等科目。

3. 盘盈盘亏

单位应当定期对库存物品进行清查盘点，每年至少盘点一次。对于发生的库存物品盘盈、盘亏或者报废、毁损，应当先记入“待处理财产损溢”科目，按照规定报经批准后及时进行后续账务处理。

（1）盘盈的库存物品，其成本按照有关凭据注明的金额确定；没有相关凭据、但按照规定经过资产评估的，其成本按照评估价值确定；没有相关凭据、也未经过评估的，其成本按照重置成本确定。如无法采用上述方法确定盘盈的库存物品成本的，按照名义金额入账。盘盈的库存物品，按照确定的入账成本，借记本科目，贷记“待处理财产损溢”科目。

（2）盘亏或者毁损、报废的库存物品，按照待处理库存物品的账面余额，借记“待处理财产损溢”科目，贷记本科目。

（三）行政事业单位在途物品活动核算举例

【例 13－62】某行政单位为小规模纳税人，购买专业试验用材料含税价款 6 000 元，运杂费 500 元，通过财政直接支付。

财务会计账务处理：

借：库存物品	6 500	
贷：财政拨款收入		6 500

预算会计账务处理：

借：行政支出	6 500	
贷：财政拨款预算收入		6 500

【例 13－63】某行政单位接收一企业捐赠的装具一批价值 3 000 元，但需要支付运输费用 600 元，用现金支付。

财务会计账务处理：

借：库存物品	3 600	
贷：库存现金		600
捐赠收入		3 000

预算会计账务处理：

借：其他支出	600	
贷：资金结存——货币资金		600

【例 13－64】某行政单位接收兄弟单位无偿调入一批价值 5 000 元材料验收入库，发生运输费 150 元，用银行存款转讫。

财务会计账务处理：

借：库存物品	5 150	

贷：无偿调拨净资产　　5 000

　　银行存款　　150

预算会计账务处理：

借：其他支出　　150

　　贷：资金结存　　150

【例 13－65】某市建设局以评估价值为 1 500 000 元的材料与其材料置换，以银行存款支付了 20 000 元补价，不考虑相关税费。

财务会计账务处理：

借：库存物品——换入材料　　1 520 000

　　贷：库存物品——换出材料　　1 500 000

　　　　银行存款　　20 000

预算会计账务处理：

借：其他支出　　20 000

　　贷：资金结存——货币资金　　20 000

【例 13－66】某市教育局在业务活动中领用材料 7 000 元。

借：业务活动费　　7 000

　　贷：库存物品　　7 000

【例 13－67】某行政机关不可自主出售的材料 20 000 元。

财务会计账务处理：

借：业务活动费用　　20 000

　　贷：库存物品　　20 000

借：银行存款　　20 000

　　贷：应缴财政款　　20 000

【例 13－68】某市民政局捐赠一批材料，价值为 80 000 元，另以银行存款支付运费 5 000 元。

财务会计账务处理：

借：资产处置费用　　85 000

　　贷：库存物品　　80 000

　　　　银行存款　　5 000

预算会计账务处理：

借：其他支出　　5 000

　　贷：资金结存——货币资金　　5 000

【例 13－69】北京市林业局月底盘存材料甲亏 2 000 元，报经批准后予以处理；盘盈材料乙 700 元。

（1）盘亏的材料。

借：待处理财产损溢　　2 000

　　贷：库存物品　　2 000

借：业务活动费　　2 000

贷：待处理财产损溢　　2 000

（2）盘盈的材料。

借：库存物品　　700

　　贷：待处理财产损溢　　700

借：待处理财产损溢　　700

　　贷：业务活动费用　　700

【例 13－70】某事业单位为小规模纳税人，购买专业试验用材料含税价款 6 000 元，运杂费 500 元，通过财政直接支付。

财务会计账务处理：

借：库存物品　　6 500

　　贷：财政拨款收入　　6 500

预算会计账务处理：

借：事业支出　　6 500

　　贷：财政拨款预算收入　　6 500

【例 13－71】某事业单位在后勤部门领用材料 7 000 元，经营活动领用材料 1 000 元。

借：单位管理费用　　7 000

　　贷：库存物品　　7 000

借：经营管理费用　　1 000

　　贷：库存物品　　1 000

（四）行政事业单位"库存物品"活动核算比较

行政事业单位"库存物品"活动核算比较如表 13－15 所示。

表 13－15　　行政事业单位"库存物品"活动核算比较

<table>
<tr><th colspan="3" rowspan="2">情形</th><th colspan="2">财务会计</th><th colspan="2">预算会计</th></tr>
<tr><th>行政单位</th><th>事业单位</th><th>行政单位</th><th>事业单位</th></tr>
<tr><td rowspan="3">1</td><td rowspan="3">取得库存物品</td><td>外购的库存物品验收入库</td><td colspan="2">借：库存物品
贷：财政拨款收入/财政应返还额度/零余额账户用款额度/银行存款/应付账款</td><td>借：行政支出
贷：财政拨款预算收入／资金结存</td><td>借：事业支出/经营支出等
贷：财政拨款预算收入／资金结存</td></tr>
<tr><td>自制的库存物品加工完成、验收入库</td><td>—</td><td>借：库存物品——相关明细科目
贷：加工物品——自制物品</td><td colspan="2">—</td></tr>
<tr><td>委托外单位加工收回的库存物品</td><td colspan="2">借：库存物品——相关明细科目
贷：加工物品 ——委托加工物品</td><td colspan="2">—</td></tr>
</table>

续表

情形			财务会计		预算会计	
			行政单位	事业单位	行政单位	事业单位
1	取得库存物品	置换换入的库存物品	借：库存物品［换出资产评估价值＋其他相关支出］ 固定资产累计折旧/无形资产累计摊销 资产处置费用［借差］ 贷：库存物品/固定资产/无形资产等［账面余额］ 银行存款等［其他相关支出］ 其他收入［贷差］		借：其他支出［实际支付的其他相关支出］ 贷：资金结存	
		涉及补价：支付补价	借：库存物品［换出资产评估价值＋其他相关支出＋补价］ 固定资产累计折旧/无形资产累计摊销 资产处置费用［借差］ 贷：库存物品/固定资产/无形资产等［账面余额］		借：其他支出［实际支付的补价和其他相关支出］ 贷：资金结存	
		涉及补价的：收到补价	借：库存物品［换出资产评估价值＋其他相关支出＋补价］ 固定资产累计折旧/无形资产累计摊销 资产处置费用［借差］ 贷：库存物品/固定资产/无形资产等［账面余额］ 银行存款等［其他相关支出＋补价］ 应缴财政款［补价——其他相关支出］		借：其他支出［其他相关支出大于收到的补价的差额］ 贷：资金结存	
		接受捐赠的库存物品	借：库存物品［按照确定的成本］ 贷：银行存款等［相关税费］ 捐赠收入		借：其他支出［实际支付的相关税费］ 贷：资金结存	
		无偿调入的库存物品	借：库存物品［按照确定的成本］ 贷：银行存款等［相关税费］ 无偿调拨净资产		借：其他支出［实际支付的相关税费］ 贷：资金结存	
		按照名义金额入账的接收捐赠、无偿调入的库存物品及发生的相关税费、运输费等	借：库存物品［名义金额］ 贷：捐赠收入［接受捐赠］/无偿调拨净资产［无偿调入］		—	
			借：其他费用 贷：银行存款等		借：其他支出 贷：资金结存	

续表

<table>
<tr><th colspan="3" rowspan="2">情形</th><th colspan="2">财务会计</th><th colspan="2">预算会计</th></tr>
<tr><th>行政单位</th><th>事业单位</th><th>行政单位</th><th>事业单位</th></tr>
<tr><td rowspan="6">2</td><td rowspan="6">发出库存商品</td><td rowspan="2">开展业务活动、按照规定自主出售或加工物品等领用、发出库存物品</td><td colspan="2">借：库存物品［名义金额］
贷：捐赠收入［接受捐赠］/无偿调拨净资产［无偿调入］</td><td colspan="2">—</td></tr>
<tr><td colspan="2">借：其他费用
贷：银行存款等</td><td colspan="2">借：其他支出
贷：资金结存</td></tr>
<tr><td>经批准对外捐赠的库存物品发出</td><td colspan="2">借：资产处置费用
贷：库存物品［账面余额］
银行存款［归属于捐出方的相关费用］</td><td colspan="2">借：其他支出［实际支付的相关费用］
贷：资金结存</td></tr>
<tr><td>经批准无偿调出的库存物品发出</td><td colspan="2">借：无偿调拨净资产
贷：库存物品［账面余额］
借：资产处置费用
贷：银行存款等［归属于调出方的相关费用］</td><td colspan="2">借：其他支出［实际支付的相关费用］
贷：资金结存</td></tr>
<tr><td>经批准对外出售［自主出售除外］的库存物品发出</td><td colspan="2">借：资产处置费用
贷：库存物品［账面余额］
借：银行存款等［收到的价款］
贷：银行存款等［发生的相关税费］
应缴财政款</td><td colspan="2">—</td></tr>
<tr><td>经批准置换换出库存物品</td><td colspan="2">参照置换换入“库存物品”的处理</td><td colspan="2">—</td></tr>
<tr><td rowspan="3">3</td><td rowspan="3">库存物品定期盘点及毁损、报废</td><td>盘盈的库存物品</td><td colspan="2">借：库存物品
贷：待处理财产损溢</td><td colspan="2">—</td></tr>
<tr><td>盘亏或者毁损、报废的库存物品转入待处理资产</td><td colspan="2">借：待处理财产损溢
贷：库存物品［账面余额］</td><td colspan="2">—</td></tr>
<tr><td>增值税一般纳税人购进的非自用材料发生盘亏或者毁损、报废的</td><td colspan="2">借：待处理财产损溢
贷：应交增值税——应交税金（进项税额转出）</td><td colspan="2">—</td></tr>
</table>

四、加工物品

（一）加工物品科目的设置

“加工物品”本科目核算单位自制或委托外单位加工的各种物品的实际成本。未完成的测绘、地质勘察、设计成果的实际成本，也通过本科目核算。本科目期末借方余额，反映单位自制或委托外单位加工但尚未完工的各种物品的实际成本。

本科目应当设置“自制物品”“委托加工物品”两个一级明细科目，并按照物品类别、品种、项目等设置明细账，进行明细核算。本科目“自制物品”一级明细科目下应当设置“直接材料”“直接人工”“其他直接费用”等二级明细科目归集自制物品发生的直接材料、直接人工（专门从事物品制造人员的人工费）等直接费用；对于自制物品发生的间接费用，应当在本科目“自制物品”一级明细科目下单独设置“间接费用”二级明细科目予以归集，期末，再按照一定的分配标准和方法，分配计入有关物品的成本。

（二）加工物品的主要账务处理

1. 自制物品

（1）为自制物品领用材料等，按照材料成本，借记本科目（自制物品——直接材料），贷记“库存物品”科目。

借：加工物品（自制物品——直接材料）

　　贷：库存商品

（2）专门从事物品制造的人员发生的直接人工费用，按照实际发生的金额，借记本科目（自制物品——直接人工），贷记“应付职工薪酬”科目。

借：加工物品（自制物品——直接材料）

　　贷：应付职工薪酬

（3）为自制物品发生的其他直接费用，按照实际发生的金额，借记本科目（自制物品——其他直接费用），贷记“零余额账户用款额度”“银行存款”等科目。

借：加工物品（自制物品——其他直接费用）

　　贷：零余额账户用款额度/银行存款

（4）为自制物品发生的间接费用，按照实际发生的金额，借记本科目（自制物品——间接费用），贷记“零余额账户用款额度”“银行存款”“应付职工薪酬”“固定资产累计折旧”“无形资产累计摊销”等科目。

借：加工物品（自制物品——间接费用）

　　贷：零余额账户用款额度/银行存款/应付职工薪酬/固定资产累计折旧/无形资产累计摊销

间接费用一般按照生产人员工资、生产人员工时、机器工时、耗用材料的数量或成本、直接费用（直接材料和直接人工）或产品产量等进行分配。单位可根据具体情况自行选择间接费用的分配方法。分配方法一经确定，不得随意变更。

（5）已经制造完成并验收入库的物品，按照所发生的实际成本（包括耗用的直接材料费用、直接人工费用、其他直接费用和分配的间接费用），借记“库存物品”科目，贷记本科目（自制物品）。

借：库存物品

　　贷：加工物品（自制物品）

2. 委托加工物品

（1）发给外单位加工的材料等，按照其实际成本，借记本科目（委托加工物品），贷记“库存物品”科目。

借：加工物品（委托加工物品）

　　贷：库存物品

（2）支付加工费、运输费等费用，按照实际支付的金额，借记本科目（委托加工物品），贷记“零余额账户用款额度”“银行存款”等科目。涉及增值税业务的，相关账务处理见“应交增值税”科目。

借：加工物品（委托加工物品）

　　贷：零余额账户用款额度/银行存款

（3）委托加工完成的材料等验收入库，按照加工前发出材料的成本和加工、运输成本等，借记“库存物品”等科目，贷记本科目（委托加工物品）。

借：库存物品

　　贷：加工物品（委托加工物品）

（三）行政事业单位“加工物品”活动核算比较

行政事业单位“加工物品”活动核算比较如表 13－16 所示。

表 13－16　　　　行政事业单位“加工物品”活动核算比较

<table>
<tr><th colspan="3" rowspan="2">情形</th><th colspan="2">财务会计</th><th colspan="2">预算会计</th></tr>
<tr><th>行政单位</th><th>事业单位</th><th>行政单位</th><th>事业单位</th></tr>
<tr><td rowspan="4">1</td><td rowspan="4">自制物品（本明细科目属于事业单位使用）</td><td>为自制物品领用材料时</td><td>—</td><td>借：加工物品——自制物品（直接材料）
贷：库存物品（相关明细科目）</td><td colspan="2">—</td></tr>
<tr><td>专门从事物资制造的人员发生的直接人工费用</td><td>—</td><td>借：加工物品——自制物品（直接人工）
贷：应付职工薪酬</td><td colspan="2">—</td></tr>
<tr><td>为自制物品发生其他直接费用和间接费用</td><td>—</td><td>借：加工物品——自制物品（其他直接费用、间接费用）
贷：财政拨款收入/零余额账户用款额度/银行存款等</td><td>—</td><td>借：事业支出/经营支出等［实际支付金额］
贷：财政拨款预算收入/资金结存</td></tr>
<tr><td>自制加工完成、验收入库</td><td>—</td><td>借：库存物品（相关明细科目）
贷：加工物品——自制物品（直接材料、直接人工、其他直接费用、间接费用）</td><td colspan="2">—</td></tr>
</table>

续表

<table>
<tr><th colspan="3" rowspan="2">情形</th><th colspan="2">财务会计</th><th colspan="2">预算会计</th></tr>
<tr><th>行政单位</th><th>事业单位</th><th>行政单位</th><th>事业单位</th></tr>
<tr><td rowspan="3">2</td><td rowspan="3">委托加工物品</td><td>发给外单位加工的材料</td><td colspan="2">借：加工物品——委托加工物品
贷：库存物品（相关明细科目）</td><td colspan="2">—</td></tr>
<tr><td>支付加工费用</td><td colspan="2">借：加工物品——委托加工物品
贷：财政拨款收入/零余额账户用款额度/银行存款等</td><td>借：行政支出
贷：财政拨款预算收入/资金结存</td><td>借：行政支出/事业支出/经营支出等
贷：财政拨款预算收入/资金结存</td></tr>
<tr><td>委托加工完成的物品验收入库</td><td colspan="2">借：库存物品（相关明细科目）
贷：加工物品——委托加工物品</td><td colspan="2">—</td></tr>
</table>

第五节 政府投资

政府投资是指事业单位按规定以货币资金、实物资产、无形资产等方式形成的债权或股权投资。

投资分为短期投资和长期投资。短期投资是指取得的持有时间不超过 1 年（含 1 年）的投资。长期投资是指取得的除短期投资以外的债权和股权性质的投资，即投资分为长期债权投资和长期股权投资。另外，外币投资的折算适用其他相关政府会计准则。

应当在附注中披露与投资有关的情况：一是短期投资的增减变动及期初、期末账面余额；二是各类长期债权投资和长期股权投资的增减变动及期初、期末账面余额；三是长期股权投资的投资对象及核算方法；四是当期发生的投资净损益，其中重大的投资净损益项目应当单独披露。

一、短期投资

（一）短期投资科目的设置

“短期投资”科目核算事业单位按照规定取得的、持有时间不超过 1 年（含 1 年）的投资。本科目应当按照投资的种类等进行明细核算。本科目期末借方余额，反映事业单位持有短期投资的成本。

（二）短期投资的主要账务处理

（1）短期投资在取得时，应当按照实际成本（包括购买价款和相关税费，下同）作为初始投资成本。按照确定的投资成本，借记本科目，贷记“银行存款”等科目。

实际支付价款中包含的已到付息期但尚未领取的利息，应当于收到时冲减短期投资成本，按照实际收到的金额，借记“银行存款”科目，贷记本科目。

（2）短期投资持有期间的利息，应当于实际收到时确认为投资收益，而短期投资应当按照账面余额计量。收到短期投资待有期间的利息，按照实际收到的金额，借记“银行存款”科目，贷记“投资收益”科目。

（3）按规定出售或到期收回短期投资，应当将收到的价款扣除短期投资账面余额和相关税费后的差额计入投资损益。出售短期投资或到期收回短期投资本息，按照实际收到的金额，借记“银行存款”科目，按照出售或收回短期投资的账面余额，贷记本科目，按照其差额，借记或贷记“投资收益”科目。涉及增值税业务的，相关账务处理参见“应交增值税”科目。

（三）行政事业单位短期投资活动核算举例

【例 13－72】某事业单位使用结余资金购入 1 年期的国债 50 000 元。

财务会计记账：

借：短期投资　　50 000

　　贷：银行存款　　50 000

预算会计记账：

借：投资支出　　50 000

　　贷：资金结存——货币资金（银行存款）　　50 000

【例 13－73】该事业单位到期收到投资款项 50 500 元，其中投资收益 500 元。

财务会计记账：

借：银行存款　　50 500

　　贷：短期投资　　50 000

　　　　投资收益　　500

预算会计记账：

借：资金结存——货币资金（银行存款）　　50 500

　　贷：投资支出　　50 000

　　　　投资预算收益　　500

（四）事业单位“短期投资”活动核算对比

事业单位“短期投资”活动核算对比如表 13－17 所示。

表 13－17　　事业单位“短期投资”活动核算对比

情形			财务会计	预算会计
1	取得短期投资	取得短期投资支付投资成本时	借：短期投资 　贷：银行存款等	借：投资支出 　贷：资金结存——货币资金
		收到购买时已到付息期但尚未领取的利息时	借：银行存款 　贷：短期投资	借：资金结存——货币资金 　贷：投资支出
2	收到短期投资持有期间收到利息	短期投资持有期间收到利息	借：银行存款 　贷：投资收益	借：资金结存——货币资金 　贷：投资预算收益

续表

情形			财务会计	预算会计
3	出售短期投资或到期收回短期投资（国债）本息	出售短期投资或到期收回短期投资（国债）本息	借：银行存款［实际收到的金额］ 投资收益［借差］ 贷：短期投资［账面余额］ 投资收益［贷差］	借：资金结存——货币资金［实收款］ 投资预算收益［实收款小于投资成本的差额］ 贷：投资支出［出售或收回当年投资的］/其他结余［出售或收回以前年度投资的］ 投资预算收益［实收款大于投资成本的差额］

二、长期债券投资

（一）长期债券投资科目的设置

“长期债券投资”科目核算事业单位按照规定取得的，持有时间超过1年（不含1年）的债券投资。本科目应当设置“长期债券投资——成本”和“应收利息”明细科目，并按照债券投资的种类进行明细核算。本科目期末借方余额，反映事业单位持有的长期债券投资的价格。

（二）长期债券投资的主要账务处理

长期债券投资在取得时，应当按照其实际成本作为投资成本。

（1）取得长期债券投资，按照确定的投资成本，借记本科目（成本），按照交付的价款中包含的已到付息期但尚未领取的利息，借记“应收利息”科目，按照实际支付的金额，借记或贷记“银行存款”等科目。

（2）长期债券投资持有期间，按期以债券票面余额与票面利率计算确认利息收入时，如为到期一次还本付息的债券投资，借记本科目（应计利息），贷记“投资收益”科目；如为分期付息、到期一次还本的债券投资，借记“应收利息”科目，贷记“投资收益”科目。收到分期给付的利息时，按照实收的金额，借记“银行存款”等科目，贷记“应收利息”科目。

（3）到期收回长期债券投资，按照实际收到的金额，借记“银行存款”科目，按照长期债券投资的账面余额，贷记本科目，按照相关应收利息金额，贷记“应收利息”科目，按照其差额，贷记“投资收益”科目（平行记账）。

（4）对外出售长期债券投资，按照实际收到的金额，借记“银行存款”科目，按照长期债券投资的账面余额，贷记本科目，按照已记入“应收利息”科目但尚未收取的金额，贷记“应收利息”科目，按照其差额，贷记或借记“投资收益”科目。涉及增值税业务的，相关账务处理见“应交增值税”科目（平行记账）。

（三）行政事业单位长期投资活动核算举例

【例13-74】年初，某市教育培训中心以银行存款购买100 000元的5年期债券，支付相关税费600元，到期一次还本付息。

财务会计记账：

借：长期债券投资——成本　　100 600

　　贷：银行存款　　100 600

预算会计记账：

借：投资支出　　100 600

　　贷：资金结存——货币资金（银行存款）　　100 600

【例 13－75】本年底上述教育培训中心确认债券利息收入 800 元。

借：长期债券投资——应计利息　　800

　　贷：投资收益　　800

以后每年年底，该单位财务会计记账会计分录应为：

借：长期债券投资——应计利息　　800

　　贷：投资收益　　800

【例 13－76】某市场管理中心购得 5 年期分期付息、到期一次还本的有价证券，支付价款 610 000 元（包含已到付息期但尚未领取的利息 10 000 元），银行已转讫。

财务会计记账：

借：长期债券投资　　600 000

　　应收利息　　10 000

　　贷：银行存款　　610 000

预算会计记账：

借：投资支出　　610 000

　　贷：资金结存——货币资金　　610 000

实际收到上述已到付息期但尚未领取的利息时：

财务会计记账：

借：银行存款　　10 000

　　贷：应收利息　　10 000

预算会计记账：

借：资金结存——货币资金　　10 000

　　贷：投资支出　　10 000

【例 13－77】上述市场管理中心持有该有价证券满一年后收到应付利息 10 000 元。

（1）确认分期付息时。

财务会计记账：

借：应收利息　　10 000

　　贷：投资收益　　10 000

（2）收到分期支付利息时。

财务会计记账：

借：银行存款　　10 000

　　贷：应收利息　　10 000

预算会计记账：

借：资金结存——货币资金　　10 000

　　贷：投资预算收益　　10 000

【例 13 – 78】某事业单位将持有国债到期收回本息 120 000 元（本金 100 000 元，应计利息 20 000 元），存入银行。取得收入纳入单位预算管理。

财务会计记账：

借：银行存款　　120 000

　　贷：长期债券投资——成本　　100 000

　　　　　　　　　　——应计利息　　20 000

预算会计记账：

借：资金结存——货币资金　　120 000

　　贷：其他结余　　100 000

　　　　投资预算收益　　20 000

（四）事业单位“长期债券投资”活动核算比较

事业单位“长期债券投资”活动核算比较如表 13 – 18 所示。

表 13 – 18　　事业单位“长期债券投资”活动核算比较

情形			财务会计	预算会计
1	取得长期债券投资时	取得长期债券投资时	借：长期债券投资——成本 应收利息［实际支付价款中包含的已到付息期但尚未领取的利息］ 贷：银行存款等［实际支付价款］	借：投资支出［实际支付价款］ 贷：资金结存——货币资金
		收到取得投资所支付价款中包含的已到付息期但尚未领取的利息时	借：银行存款 贷：应收利息	借：资金结存——货币资金 贷：投资支出等
2	持有长期债券投资期间	按期以票面金额与票面利率计算确认利息收入	借：应收利息［分期付息、到期还本］ 长期债券投资——应计利息［到期一次还本付息］ 贷：投资收益	—
		实际收到分期支付的利息	借：银行存款 贷：应收利息	借：资金结存——货币资金 贷：投资预算收益
3	到期收回长期债券投资本息	到期收回长期债券投资本息	借：银行存款等 贷：长期债券投资［账面余额］ 应收利息投资收益	借：资金结存——货币资金 贷：投资支出/其他结余［投资成本］ 投资预算收益
4	对外出售长期债券投资	对外出售长期债券投资	借：银行存款等［实际收到的款项］ 投资收益［借差］ 贷：长期债券投资［账面余额］ 应收利息投资收益［贷差］	借：资金结存——货币资金 贷：投资支出/其他结余［投资成本］ 投资预算收益

三、长期股权投资

长期股权投资是指事业单位按照规定取得的持有时间超过1年（不含1年）的股权性质的投资。事业单位通过投资拥有被投资单位的股权并成为被投资单位的股东，按所持股份比例享有权益并承担责任。事业单位长期股权投资一般是指直接投资，而且事业单位不得使用财政拨款及其结余进行对外投资。

（一）长期股权投资科目的设置

“长期股权投资”科目核算事业单位按照规定取得的持有时间超过1年（不含1年）的股权性质的投资。本科目应当按照被投资单位和长期股权投资取得的方式等进行明细核算。长期股权投资采用权益法核算的，还应当按照“成本”“损益调整”“其他权益变动”设置明细科目，进行明细核算。本科目期末借方余额，反映事业单位持有的长期股权投资的价值。

（二）长期股权投资的主要账务处理

1. 长期股权投资在取得时，应当按照其实际成本作为初始投资成本

（1）以现金取得的长期股权投资，按照确定的投资成本，借记本科目或本科目（成本），按照支付的价款中包含的已宣告但尚未发放的现金股利，借记“应收股利”科目，按照实际支付的全部价款，贷记“银行存款”等科目。实际支付价款中包含的已宣告但尚未发放的现金股利，应当单独确认为应收股利，不计入长期股权投资初始投资成本。

实际收到取得投资时所支付价款中包含的已宣告但尚未发放的现金股利时，借记“银行存款”科目，贷记“应收股利”科目。

（2）以现金以外的其他资产置换取得的长期股权投资，参照“库存物品”科目中置换取得库存物品的相关规定进行账务处理。其成本按照换出资产的评估价值加上支付的补价或减去收到的补价，加上换入长期股权投资发生的其他相关支出确定。

对未涉及补差价取得长期股权。事业单位置换的长期股权投资，按照确定的成本，借记“长期股权投资”科目，按照换出资产的账面余额，贷记相关资产科目，对于换出资产为固定资产、无形资产，加借记“固定资产累计折旧”“无形资产累计摊销”科目。按照置换过程中发生的其他相关支出，贷记“银行存款”等科目，按照借贷差额，借记“资产处置费用”科目或贷记“其他收入”科目。

涉及补价取得长期股权投资。一是支付补价取得长期股权投资。事业单位置换的长期股权投资需要支付差价的，按照确定的成本，借记“长期股权投资”科目，按照换出资产的账面余额，贷记相关资产科目，对于换出资产为固定资产、无形资产，加借记“固定资产累计折旧”“无形资产累计摊销”科目。按照支付的补价和置换过程中发生的其他相关支出，贷记“银行存款”等科目，并按照借贷差额，借记“资产处置费用”等科目贷记“其他收入”科目。二是收到补价取得长期股权投资。事业单位置换的长期股权投资收到支付补价的，按照确定的成本，借记“长期股权投资”科目，按照收到的补价，借记“银行存款”等科目，按照换出资产的账面余额，贷记相关资产科目，如果换出资产为固定资产、无形资产，还要加借记“固定资产累计折旧”“无形资产累

计摊销”科目。按照置换过程中发生的其他相关支出，贷记“银行存款”等科目，按照补价减去其他相关支出后的净收入，贷记“应缴财政款”科目，按照借贷方差额，借记“资产处置费用”科目或贷记“其他收入”科目。

（3）以未入账的无形资产取得的长期股权投资，按照评估价值加相关税费作为投资成本，借记本科目，按照发生的相关税费，贷记“银行存款”“其他应交税费”等科目，按其差额，贷记“其他收入”科目。

（4）接受捐赠的长期股权投资，按照确定的投资成本，借记本科目或本科目（成本），按照发生的相关税费，贷记“银行存款”等科目，按照其差额，贷记“捐赠收入”科目。接受捐赠的长期股权投资，其成本按照有关凭据注明的金额加上相关税费确定；没有相关凭据可供取得，但按规定经过资产评估的，其成本按照评估价值加上相关税费确定；没有相关凭据可供取得，也未经资产评估的，其成本比照同类或类似资产的市场价格加上相关税费确定。

（5）无偿调入的长期股权投资，其成本按照调出方账面价值加上相关税费确定。按照确定的投资成本，借记本科目或本科目（成本），按照发生的相关税费，贷记“银行存款”等科目，按照其差额，贷记“无偿调拨净资产”科目。

2. 长期股权投资持有期间应当按照规定采用成本法或权益法进行核算

（1）采用成本法核算。被投资单位宣告发放现金股利或利润时，按照应收的金额，借记“应收股利”科目，贷记“投资收益”科目。

收到现金股利或利润时，按照实际收到的金额，借记“银行存款”等科目，贷记“应收股利”科目。

（2）采用权益法核算。被投资单位实现净利润的，按照应享有的份额，借记本科目（损益调整），贷记“投资收益”科目。

被投资单位发生净亏损的，按照应分担的份额，借记“投资收益”科目，贷记本科目（损益调整），但以本科目的账面余额减记至零为限。发生亏损的被投资单位以后年度又实现净利润的，按照收益分享额弥补未确认的亏损分担额等后的金额，借记本科目（损益调整），贷记“投资收益”科目。

被投资单位宣告分派现金股利或利润的，按照应享有的份额，借记“应收股利”科目，贷记本科目（损益调整）。

被投资单位发生除净损益和利润分配以外的所有者权益变动的，按照应享有或应分担的份额，借记或贷记“权益法调整”科目，贷记或借记本科目（其他权益变动）。

（3）成本法与权益法的转换。单位因处置部分长期股权投资等原因而对处置后的剩余股权投资由权益法改按成本法核算的，应当按照权益法下本科目账面余额作为成本法下本科目账面余额（成本）。

其后，被投资单位宣告分派现金股利或利润时，属于单位已计入投资账面余额的部分，按照应分得的现金股利或利润份额，借记“应收股利”科目，贷记本科目。

单位因追加投资等原因对长期股权投资的核算从成本法改为权益法的，应当按照成本法下本科目账面余额与追加投资成本的合计金额，借记本科目（成本），按照成本法下本科目账面余额，贷记本科目，按照追加投资的成本，贷记“银行存款”等科目。

3. 按照规定报经批准处置长期股权投资

按照规定报经批准出售（转让）长期股权投资时，应当区分长期股权投资取得方式分别进行处理。

处置以现金取得的长期股权投资，按照实际取得的价款，借记“银行存款”等科目，按照被处置长期股权投资的账面余额，贷记本科目，按照尚未领取的现金股利或利润，贷记“应收股利”科目，按照发生的相关税费等支出，贷记“银行存款”等科目，按照借贷方差额，借记或贷记“投资收益”科目。

处置以现金以外的其他资产取得的长期股权投资，按照被处置长期股权投资的账面余额，借记“资产处置费用”科目，贷记本科目；同时，按照实际取得的价款，借记“银行存款”等科目，按照尚未领取的现金股利或利润，贷记“应收股利”科目，按照发生的相关税费等支出，贷记“银行存款”等科目，按照贷方差额，贷记“应缴财政款”科目。按照规定将处置时取得的投资收益纳入本单位预算管理的，应当按照所取得价款大于被处置长期股权投资账面余额、应收股利账面余额和相关税费支出合计的差额，贷记“投资收益”科目。

因被投资单位破产清算等原因，有确凿证据表明长期股权投资发生损失，按照规定报经批准后予以核销时，按照予以核销的长期股权投资的账面余额，借记“资产处置费用”科目，贷记本科目。

报经批准置换转出长期股权投资时，见“库存物品”科目中置换换入库存物品的规定进行账务处理。

采用权益法核算的长期股权投资的处置，除进行上述账务处理外，还应结转原直接计入净资产的相关金额，借记或贷记“权益法调整”科目，贷记或借记“投资收益”科目。

（三）事业单位长期股权投资活动核算举例

【例 13－79】某事业单位买入 M 企业 3% 的股份，其中已宣告但尚未发放的现金股利 10 000 元，且在购买过程中支付手续费 20 000 元，共计 5 030 000 元，已通过银行转讫，数月后，收到股利。

财务会计处理：

借：长期股权投资——成本——M 公司	5 020 000	
应收股利	10 000	
贷：银行存款		5 030 000

预算会计处理：

借：投资支出	5 030 000	
贷：资金结存——货币资金		5 030 000

实际收到现金股利时的财务会计处理：

借：银行存款	10 000	
贷：应收股利		10 000

预算会计处理：

借：资金结存——货币资金	10 000	

贷：投资支出　　10 000

【例 13 - 80】某事业单位有一台设备原始价值 5 000 000 元，已计提折旧 100 000 元，该单位将此设备对外进行长期股权投资，双方协商价 4 500 000 元，在置换过程中以银行存款支付补价 50 000 元，相关费用 20 000 元。

财务会计账务处理：

借：长期股权投资——成本　　4 570 000

固定资产折旧　　100 000

资产处置费　　400 000

贷：固定资产　　5 000 000

银行存款　　70 000

预算会计账务处理：

借：其他支出　　70 000

贷：资金结存——货币资金　　70 000

【例 13 - 81】某事业单位以接受捐赠的某企业股权 8 000 000 元，发生相关税费 150 000 元。

财务会计账务处理：

借：长期股权投资——成本　　8 150 000

贷：银行存款　　150 000

捐赠收入　　8 000 000

预算会计账务处理：

借：其他支出　　150 000

贷：资金结存——货币资金　　150 000

【例 13 - 82】2020 年初，某事业单位主管部门将其他单位的固定资产长期投资股权，该资产原账面价值 2 000 000 元，该单位支付相关运杂费 10 000 元，银行存款支付。

财务会计账务处理：

借：长期股权投资——成本　　2 010 000

贷：无偿调拨净资产　　2 000 000

银行存款　　10 000

预算会计账务处理：

借：其他支出　　10 000

贷：资金结存　　10 000

【例 13 - 83】2019 年某事业单位以未入账的专利技术投资长期股权。此项无形资产评估价 1 500 000 元，支付评估和投资活动相关费用 30 000 元。

财务会计账务处理：

借：长期股权投资——成本　　1 530 000

贷：其他收入　　1 500 000

银行存款　　30 000

预算会计账务处理：

借：其他支出　　30 000
　　贷：资金结存　　30 000

【例 13 - 84】省展览馆收到其拥有股权企业的现金股利 20 000 元，采取成本法核算股权收益。

现金股利宣告发放时的财务会计账户处理：

借：应收股利　　20 000
　　贷：投资收益　　20 000

现金股利收到时的财务会计账户处理：

借：银行存款　　20 000
　　贷：应收股利　　20 000

预算会计账务处理：

借：资金结存——货币资金　　20 000
　　贷：投资预算收益　　20 000

【例 13 - 85】某省事业单位所持有股权投资的公司获得 200 000 元利润，采用权益法核算。

利润实现时财务会计账务处理：

借：长期股权投资——损益调整　　200 000
　　贷：投资收益　　200 000

宣告从其利润中发放现金股利 100 000 元，那么

借：应收股利　　100 000
　　贷：长期股权投资——损益调整　　100 000

【例 13 - 86】某市事业单位投资 1 000 000 元持有一公司股份 20%，采用成本法核算，上年末该单位追加投资 500 000 元，占此公司股权 30%，改用权益法核算。

财务会计账务处理：

借：长期股权投资——成本　　1 500 000
　　贷：长期股权投资　　1 000 000
　　　　银行存款　　500 000

预算会计账务处理：

借：投资支出　　500 000
　　贷：资金结存——货币资金　　500 000

【例 13 - 87】某事业单位转让它拥有的甲单位股权，该股权账面余额 1 850 000 元，实际转让收到价款 2 300 000 元，处理过程中支付 10 000 元手续费。

借：资产处置费用　　1 850 000
　　贷：长期股权投资　　1 850 000

处置净收入上缴财政：

借：银行存款　　2 300 000
　　贷：银行存款　　10 000
　　　　投资收益　　440 000

应缴财政款 1 850 000

预算会计账务处理：

借：资金结存 440 000

贷：投资预算收益 440 000

【例 13 – 88】某事业单位拥有甲单位股权，该股权账面余额为 2 050 000 元，甲单位后因经营不善而破产。

借：资产处置费 2 050 000

贷：长期股权投资 2 050 000

（四）事业单位“长期股权投资”活动核算比较

事业单位“长期股权投资”活动核算比较如表 13 – 19 所示。

表 13 – 19　　事业单位“长期股权投资”活动核算比较

情形			财务会计	预算会计
1	取得长期股权投资	以现金取得的长期股权投资	借：长期股权投资——成本/长期股权投资 应收股利［实际支付价款中包含的已宣告但尚未发放的股利或利润］ 贷：银行存款等［实际支付的价款］	借：投资支出［实际支付的价款］ 贷：资金结存——货币资金
		收到取得投资时实际支付价款中所包含的已宣告但尚未发放的股利或利润时	借：银行存款 贷：应收利息	借：资金结存——货币资金 贷：投资支出等
		以现金以外的其他资产置换取得长期股权投资	参照“库存物品”科目中置换取得库存物品的账务处理	—
		以未入账的无形资产取得的长期股权投资	借：长期股权投资 贷：银行存款/其他应交税费 其他收入	借：其他支出［支付的相关税费］ 贷：资金结存
		接受捐赠的长期股权投资	借：长期股权投资——成本/长期股权投资 贷：银行存款等［相关税费］ 捐赠收入	借：其他支出［支付的相关税费］ 贷：资金结存
		无偿调入的长期股权投资	借：长期股权投资 贷：无偿调拨净资产 银行存款等［相关税费］	借：其他支出［支付的相关税费］ 贷：资金结存
2	持有长期股权投资期间：成本法下	被投资单位宣告发放现金股利或利润时	借：应收股利 贷：投资收益	—
		收到被投资单位发放的现金股利时	借：银行存款 贷：应收股利	借：资金结存——货币资金 贷：投资预算收益

续表

情形			财务会计	预算会计
2	持有长期股权投资期间：权益法下	被投资单位实现净利润的，按照其份额	借：长期股权投资——损益调整 　贷：投资收益	—
		被投资单位发生净亏损的，按照其份额	借：投资收益 　贷：长期股权投资——损益调整	—
		被投资单位发生净亏损，但以后年度又实现净利润的，按规定恢复确认投资收益的	借：长期股权投资——损益调整 　贷：投资收益	—
		被投资单位宣告发放现金股利或利润的，按照其份额	借：应收股利 　贷：长期股权投资——损益调整	—
		被投资单位除净损益和利润分配以外的所有者权益变动时，按照其份额	借：长期股权投资——其他权益变动 　贷：权益法调整 或： 借：权益法调整 　贷：长期股权投资——其他权益变动	—
		权益法下收到被投资单位发放的现金股利	借：银行存款 　贷：应收股利	借：资金结存——货币资金 　贷：投资预算收益
3	成本法改为权益法	追加投资成本法改为权益法	借：长期股权投资——成本 　贷：长期股权投资［成本法下账面余额］ 　　银行存款等［追加投资］	借：投资支出［实际支付的金额］ 　贷：资金结存——货币资金
4	权益法改为成本法	权益法改为成本法	借：长期股权投资 　贷：长期股权投资——成本 　　长期股权投资——损益调整 　　长期股权投资——其他权益变动	—
5	出售（转让）长期股权投资	处置以现金取得的长期股权投资	借：银行存款［实际取得价款］ 　投资收益［借差］ 　贷：长期股权投资［账面余额］ 　　应收股利［尚未领取的现金股利或利润］ 　　银行存款等［支付的相关税费］ 　　投资收益［贷差］	借：资金结存——货币资金［取得价款扣减支付的相关税费后的金额］ 　贷：投资支出/其他结余［投资款］ 　　投资预算收益

续表

<table>
<tr><th colspan="3">情形</th><th>财务会计</th><th>预算会计</th></tr>
<tr><td rowspan="2">5</td><td rowspan="2">出售（转让）长期股权投资</td><td>处置净收入上缴财政的</td><td>借：资产处置费用
贷：长期股权投资
借：银行存款［实际取得价款］
贷：应收股利［尚未领取的现金股利或利润］
银行存款等［支付的相关税费］
应缴财政款</td><td>借：资金结存——货币资金
贷：投资预算收益［获得的现金股利或利润］</td></tr>
<tr><td>按照规定投资收益纳入单位预算管理的</td><td>借：资产处置费用
贷：长期股权投资
借：银行存款［实际取得价款］
贷：应收股利［尚未领取的现金股利或利润］
银行存款等［支付的相关税费］
投资收益［取得价款减投资账面余额、应收股利和相关税费后的差额］
应缴财政款［贷差］</td><td>借：资金结存——货币资金［取得价款扣减投资账面余额和相关税费后的差额］
贷：投资预算收益</td></tr>
<tr><td rowspan="2">6</td><td rowspan="2">权益法改为成本法</td><td>按照规定核销时</td><td>借：资产处置费用
贷：长期股权投资［账面余额］</td><td>—</td></tr>
<tr><td>置换转出时</td><td>参照“库存物品”科目中置换取得库存物品的账务处理</td><td>—</td></tr>
<tr><td>7</td><td>处置时</td><td>权益法下，处置时结转原直接计入净资产的相关金额</td><td>借：权益法调整
贷：投资收益——或做相反分录</td><td>—</td></tr>
</table>

四、基本建设投资

（一）基本建设项目会计核算主体

基本建设项目应当由负责编报基本建设项目预决算的单位（即建设单位）作为会计核算主体。建设单位应当按照《政府会计准则制度》规定在相关会计科目下分项目对基本建设项目进行明细核算。

基本建设项目管理涉及多个主体难以明确识别会计核算主体的，项目主管部门应当按照《基本建设财务规则》相关规定确定建设单位。

建设项目按照规定实行代建制的，代建单位应当配合建设单位做好项目会计核算和财务管理的基础工作。

（二）代建制项目投资账务处理

建设项目实行代建制的，建设单位应当要求代建单位通过工程结算或年终对账确认在建工程成本的方式，提供项目明细支出、建设工程进度和项目建设成本等资料，归集“在建工程”成本，及时核算所形成的“在建工程”资产，全面核算项目建设成本等情况。有关账务处理如下：

1. 建设单位的账务处理

（1）拨付代建单位工程款时，按照拨付的款项金额记账。

财务会计账务处理：

借：预付账款——预付工程款

　　贷：财政拨款收入/零余额账户用款额度/银行存款

预算会计账务处理：

借：行政支出/事业支出

　　贷：财政拨款预算收入/资金结存

（2）按照工程进度结算工程款或年终与代建单位对账确认在建工程成本时，按照确定的金额记账。

财务会计账务处理：

借：在建工程——建筑安装工程投资

　　贷：预付账款——预付工程款

（3）确认代建管理费时，按照确定的金额记账。

财务会计账务处理：

借：在建工程——待摊投资

　　贷：预付账款——预付工程款

（4）项目完工交付使用资产时，按照代建单位转来在建工程成本中尚未确认入账的金额记账。

财务会计账务处理：

借：在建工程——建筑安装工程投资

　　贷：预付账款——预付工程款

同时，按照在建工程成本：

财务会计账务处理：

借：固定资产/公共基础设施

　　贷：在建工程

工程结算、确认代建费或竣工决算时涉及补付资金的，应当在确认在建工程的同时，按照补付的金额，贷记“财政拨款收入”“零余额账户用款额度”“银行存款”等科目；同时在预算会计中进行相应的账务处理。

2. 代建单位的账务处理

代建单位为事业单位的，应当设置“1615 代建项目”一级科目，并与建设单位相对应，按照工程性质和类型设置“建筑安装工程投资”“设备投资”“待摊投资”“其他投资”“待核销基建支出”“基建转出投资”等明细科目，对所承担的代建项目建设成本进行会计核算，全面反映工程的资金资源消耗情况；同时，在“代建项目”科目下设置“代建项目转出”明细科目，通过工程结算或年终对账确认在建工程成本的方式，将代建项目的成本转出，体现在建设单位相应“在建工程”账上。年末，“代建项目”科目应无余额。

有关账务处理规定如下：

（1）收到建设单位拨付的建设项目资金时，按照收到的款项金额。

借：银行存款

　　贷：预收账款——预收工程款

预算会计不做处理。

（2）工程项目使用资金或发生其他耗费时，按照确定的金额。

借：代建项目——建筑安装工程投资

　　贷：银行存款/应付职工薪酬/工程物资/累计折旧

预算会计不做处理。

（3）按工程进度与建设单位结算工程款或年终与建设单位对账确认在建工程成本并转出时，按照确定的金额。

借：代建项目——代建项目转出

　　贷：代建项目——建筑安装工程投资

同时，

借：预收账款——预收工程款

　　贷：代建项目——代建项目转出

（4）确认代建费收入时，按照确定的金额记账。

财务会计账务处理：

借：预收账款——预收工程款

　　贷：有关收入科目

预算会计账务处理：

借：资金结存

　　贷：有关预算收入科目

（5）项目完工交付使用资产时，按照代建项目未转出的在建工程成本记账。

财务会计账务处理：

借：代建项目——代建项目转出

　　贷：代建项目——建筑安装工程投资

同时，

借：预收账款——预收工程款

　　贷：代建项目——代建项目转出

工程竣工决算时收到补付资金的，按照补付的金额进行账务处理：

借：银行存款

　　贷：预收账款——预收工程款

代建单位为企业的，按照企业类会计准则制度相关规定进行账务处理。

（三）“在建工程”科目账务处理

（1）工程交付使用时，单位应当按照合理的分配方法分配待摊投资：

借：在建工程——建筑安装工程投资、设备投资

　　贷：在建工程——待摊投资

待摊投资中有按规定应当分摊计入转出投资价值和待核销基建支出时：

借：在建工程——待核销基建支出、基建转出投资

贷：在建工程——待摊投资

（2）建设项目竣工验收交付使用时，按规定直接转入建设单位以外的会计主体的，建设单位应当按照转出的建设项目的成本进行账务处理：

借：在建工程——基建转出投资

贷：在建工程——建筑安装工程投资、设备投资

同时，

借：无偿调拨净资产

贷：在建工程——基建转出投资

建设项目竣工验收交付使用时，按规定先转入建设单位，再无偿划拨给其他会计主体的，建设单位应当按照《政府会计制度》规定，先将在建工程转入“固定资产”“公共基础设施”等科目，再按照无偿调拨资产相关规定进行账务处理。

建设单位与资产调入方应当按规定做好资产核算工作的衔接和相关会计资料的交接，确保交付使用资产在记账上不重复、不遗漏。

（四）基本建设项目的明细科目或辅助核算

单位按照《政府会计准则制度》对基本建设项目进行会计核算的，应当通过在有关会计科目下设置与基本建设项目相关的明细科目或增加标记，或设置基建项目辅助账户等方式，满足基本建设项目竣工决算报表编制的需要。

五、对外投资（PPP）

（一）对外投资会计科目

（1）政府方应当设置“1841 PPP 项目资产”一级科目，核算按照本准则规定确认的 PPP 项目资产，并按照资产类别、项目等进行明细核算。本科目的期末借方余额，反映了 PPP 项目资产的账面余额。

（2）政府方应当设置“1842 PPP 项目资产累计折旧（摊销）”一级科目，核算按照本准则规定计提的 PPP 项目资产累计折旧（摊销），并按照资产类别、项目等进行明细核算。本科目期末贷方余额，反映政府方计提的 PPP 项目资产折旧（摊销）的累计数。

（3）政府方应当设置“3601 PPP 项目净资产”一级科目，核算按照本准则规定所确认的 PPP 项目净资产。本科目的期末贷方余额，反映 PPP 项目净资产的账面余额。

（二）对外投资主要账务处理

1. 取得时的账务处理

社会资本方投资建造形成的 PPP 项目资产，政府方应当在资产验收合格交付使用时，按照确定的成本（包括该项资产自建造开始至验收合格交付使用前所发生的全部必要支出）。

借：PPP 项目资产

贷：PPP 项目净资产

对于已交付使用但尚未办理竣工财务决算手续的 PPP 项目资产，政府方应当按暂估价值入账。

借：PPP 项目资产

　　贷：PPP 项目净资产

待办理竣工财务决算后，政府方应当按照实际成本与暂估价值的差额，借记或贷记“PPP 项目资产”科目，贷记或借记“PPP 项目净资产”科目。

社会资本方从第三方购买形成的 PPP 项目资产，政府方应当在资产验收合格交付使用时，按照确定的成本（包括该项资产的购买价款、相关税费以及验收合格交付使用前发生的可归属于该项资产的运输费、装卸费、安装费和专业人员服务费等）入账。

借：PPP 项目资产

　　贷：PPP 项目净资产

使用社会资本方现有资产形成的 PPP 项目资产，政府方应当在 PPP 项目开始运营日，按照该项资产的评估价值入账。

借：PPP 项目资产

　　贷：PPP 项目净资产

使用政府方现有资产形成的 PPP 项目资产，无须进行资产评估的，政府方应当在 PPP 项目开始运营日，按照该资产的账面价值，借记“PPP 项目资产”科目，按照资产已计提的累计折旧或摊销，借记“公共基础设施累计折旧（摊销）”等科目，按照资产的账面余额，贷记“公共基础设施”等科目；按照相关规定需要进行资产评估的，政府方应当按照资产评估价值，借记“PPP 项目资产”科目，按照资产已计提的累计折旧或摊销，借记“公共基础设施累计折旧（摊销）”等科目，按照资产的账面余额，贷记“公共基础设施”等科目，按照资产评估价值与账面价值的差额贷记“其他收入”科目或借记“其他费用”科目。

无须进行资产评估时：

借：PPP 项目资产

　　公共基础设施累计折旧（摊销）

　　贷：公共基础设施

需要进行资产评估时：

借：PPP 项目资产

　　公共基础设施累计折旧（摊销）

　　其他费用

　　贷：公共基础设施

　　　　其他收入

社会资本方对政府方原有资产进行改建、扩建形成的 PPP 项目资产，政府方应当在资产验收合格交付使用时，按照资产改建、扩建前的账面价值加上改建、扩建发生的支出，再扣除资产被替换部分账面价值后的金额，借记“PPP 项目资产”科目，按照资产改建、扩建前已计提的累计折旧或摊销，借记“公共基础设施累计折旧（摊销）”等科目，按照资产的账面余额，贷记“公共基础设施”等科目，按照 PPP 项目资产初始入账金额与原有资产账面价值的差额，贷记“PPP 项目净资产”科目。

借：PPP 项目资产

　　公共基础设施累计折旧（摊销）

　　贷：公共基础设施

　　　　PPP 项目净资产

2. 在项目运营期间的账务处理

对于为维护 PPP 项目资产的正常使用而发生的日常维修、养护等后续支出，不记入 PPP 项目资产的成本。

对于为增加 PPP 项目资产的使用效能或延长其使用年限而发生的大修、改建、扩建等后续支出，政府方应当在资产验收合格交付使用时，按照相关支出扣除资产被替换部分账面价值的差额，借记“PPP 项目资产”科目，贷记“PPP 项目净资产”科目。

在 PPP 项目运营期间，政府方应当按月对 PPP 项目资产计提折旧（摊销），但社会资本方持续进行良好维护使得其性能得到永久维护的 PPP 项目资产除外。对于作为 PPP 项目资产单独计价入账的土地使用权，政府方应当按照其他政府会计准则制度的规定进行摊销。

政府方初始确认的 PPP 项目净资产金额等于 PPP 项目资产初始入账金额的，按月计提 PPP 项目资产折旧（摊销）时，应当按照计提的 PPP 项目资产折旧（摊销）金额，借记“PPP 项目净资产”科目，贷记“PPP 项目资产累计折旧（摊销）”科目。

政府方初始确认的 PPP 项目净资产金额小于 PPP 项目资产初始入账金额的，按月计提 PPP 项目资产折旧（摊销）时，应当按照计提的 PPP 项目资产折旧（摊销）金额的相应比例（即 PPP 项目净资产初始入账金额占 PPP 项目资产初始入账金额的比例），借记“PPP 项目净资产”科目，按照计提的 PPP 项目资产折旧（摊销）金额，贷记“PPP 项目资产累计折旧（摊销）”科目，按照当期计提的折旧（摊销）金额与所冲减的 PPP 项目净资产金额的差额，借记“业务活动费用”等科目。

3. PPP 项目合同终止时的账务处理

PPP 项目合同终止时，PPP 项目资产按规定移交至政府方的，政府方应当根据 PPP 项目资产的性质和用途，将其重分类为公共基础设施等资产。

无须对所移交的 PPP 项目资产进行资产评估的，政府方应当按移交日 PPP 项目资产的账面价值，借记“公共基础设施”等科目，按照已计提的累计折旧（摊销），借记“PPP 项目资产累计折旧（摊销）”科目，按照 PPP 项目资产的账面余额，贷记“PPP 项目资产”科目。

借：公共基础设施

　　PPP 项目资产累计折旧（摊销）

　　贷：PPP 项目资产

按规定需要对所移交的 PPP 项目资产进行资产评估的，政府方应当按照资产评估价值，借记“公共基础设施”等科目，按照已计提的累计折旧（摊销），借记“PPP 项目资产累计折旧（摊销）”科目，按照 PPP 项目资产的账面余额，贷记“PPP 项目资产”科目，按照资产评估价值与 PPP 项目资产账面价值的差额，贷记“其他收入”科目或借记“其他费用”科目。

借：公共基础设施

PPP 项目资产累计折旧（摊销）

贷：PPP 项目资产

其他收入

PPP 项目合同终止时，政府方应当将尚未冲减完的 PPP 项目净资产账面余额转入累计盈余，即按 PPP 项目净资产的账面余额，借记“PPP 项目净资产”科目，贷记“累计盈余”科目。

借：PPP 项目净资产

贷：累计盈余

4. 其他相关业务的账务处理

对于上述规定中未明确的其他相关经济业务或事项，政府方应当按照其他政府会计准则制度的规定进行账务处理。

（三）后续计量

单位股权投资、基本建设投资、对外投资等形成资产后，参照《政府会计准则》相关资产准则及应用指南进行管理。

第六节　固定资产与折旧

一、固定资产概述

固定资产是指政府会计主体为满足自身开展业务活动或其他活动需要而控制的，使用年限超过 1 年（不含 1 年）、单位价值在规定标准以上，并在使用过程中基本保持原有物质形态的资产，一般包括房屋及构筑物、专用设备、通用设备等。

而单位价值虽未达到规定标准，但是使用年限超过 1 年（不含 1 年）的大批同类物资，如图书、家具、用具、装具等，应当确认为固定资产。但公共基础设施、政府储备物资、保障性住房、自然资源资产等，适用其他相关政府会计准则。

（一）固定资产的确认

固定资产确认时应符合下列条件：

（1）与该固定资产相关的服务潜力很可能实现或者经济利益很可能流入行政事业单位。

（2）该固定资产的成本或者价值能够可靠地计量。

（3）通常情况下，购入、换入、接受捐赠、无偿调入不需安装的固定资产，在固定资产验收合格时确认；购入、换入、接受捐赠、无偿调入需要安装的固定资产，在固定资产安装完成交付使用时确认；自行建造、改建、扩建的固定资产，在建造完成交付使用时确认。

但应当考虑以下情况：

（1）固定资产的各组成部分具有不同使用年限或者以不同方式为行政事业单位实

现服务潜力或提供经济利益，适用不同折旧率或折旧方法且可以分别确定各自原价的，应当分别将各组成部分确认为单项固定资产。

（2）应用软件构成相关硬件不可缺少的组成部分的，应当将该软件的价值包括在所属的硬件价值中，一并确认为固定资产；不构成相关硬件不可缺少的组成部分的，应当将该软件确认为无形资产。

（3）购建房屋及构筑物时，不能分清购建成本中的房屋及构筑物部分与土地使用权部分的，应当全部确认为固定资产；能够分清购建成本中的房屋及构筑物部分与土地使用权部分的，应当将其中的房屋及构筑物部分确认为固定资产，将其中的土地使用权部分确认为无形资产。

值得注意的是，固定资产在使用过程中发生的后续支出，符合确认条件的，应当计入固定资产成本；不符合确认条件的，应当在发生时计入当期费用或者相关资产成本。将发生的固定资产后续支出计入固定资产成本的，应当同时从固定资产账面价值中扣除被替换部分的账面价值。

（二）固定资产的初始计量

固定资产在取得时应当按照成本进行初始计量。

外购的固定资产，其成本包括购买价款、相关税费以及固定资产交付使用前所发生的可归属于该项资产的运输费、装卸费、安装费和专业人员服务费等。

以一笔款项购入多项没有单独标价的固定资产，应当按照各项固定资产同类或类似资产市场价格的比例对总成本进行分配，分别确定各项固定资产的成本。

自行建造的固定资产，其成本包括该项资产至交付使用前所发生的全部必要支出。

在原有固定资产基础上进行改建、扩建、修缮后的固定资产，其成本按照原固定资产账面价值加上改建、扩建、修缮发生的支出，再扣除固定资产被替换部分的账面价值后的金额确定。

为建造固定资产借入的专门借款的利息，属于建设期间发生的，计入在建工程成本；不属于建设期间发生的，计入当期费用。

已交付使用但尚未办理竣工决算手续的固定资产，应当按照估计价值入账，待办理竣工决算后再按实际成本调整原来的暂估价值。

通过置换取得的固定资产，其成本按照换出资产的评估价值加上支付的补价或减去收到的补价，加上换入固定资产发生的其他相关支出确定。

接受捐赠的固定资产，其成本按照有关凭据注明的金额加上相关税费、运输费等确定；没有相关凭据可供取得，但按规定经过资产评估的，其成本按照评估价值加上相关税费、运输费等确定；没有相关凭据可供取得，也未经资产评估的，其成本比照同类或类似资产的市场价格加上相关税费、运输费等确定；没有相关凭据且未经资产评估、同类或类似资产的市场价格也无法可靠取得的，按照名义金额入账，相关税费、运输费等计入当期费用。

如受赠的系旧的固定资产，在确定其初始入账成本时应当考虑该项资产的新旧程度。

对于无偿调入的固定资产，其成本按照调出方账面价值加上相关税费、运输费等确定。

盘盈的固定资产，按规定经过资产评估的，其成本按照评估价值确定；未经资产评估的，其成本按照重置成本确定。

融资租赁取得的固定资产，其成本按照其他相关政府会计准则确定。

（三）固定资产的处置

按规定报经批准出售、转让固定资产或固定资产报废、毁损的，应当将固定资产账面价值转销计入当期费用，并将处置收入扣除相关处置税费后的差额按规定作应缴款项处理（差额为净收益时）或计入当期费用（差额为净损失时）。

按规定报经批准对外捐赠、无偿调出固定资产的，应当将固定资产的账面价值予以转销，对外捐赠、无偿调出中发生的归属于捐出方、调出方的相关费用应当计入当期费用。

按规定报经批准以固定资产对外投资的，应当将该固定资产的账面价值予以转销，并将固定资产在对外投资时的评估价值与其账面价值的差额计入当期收入或费用。

固定资产盘亏造成的损失，按规定报经批准后应当计入当期费用。

（四）固定资产的披露

应当在附注中披露各类固定资产的分类和折旧方法；使用年限、折旧率；账面余额、累计折旧额、账面价值的期初、期末数及其本期变动情况；以名义金额计量的固定资产名称、数量，以及以名义金额计量的理由；已提足折旧的固定资产名称、数量等情况；接受捐赠、无偿调入的固定资产名称、数量等情况；出租、出借固定资产以及以固定资产投资的情况；固定资产对外捐赠、无偿调出、毁损等重要资产处置的情况；暂估入账的固定资产账面价值变动情况。

二、固定资产的主要账务处理

1. 固定资产在取得时，应当按照成本进行初始计量

（1）购入不需安装的固定资产验收合格时，按照确定的固定资产成本，借记本科目，贷记“财政拨款收入”“零余额账户用款额度”“应付账款”“银行存款”等科目。购入需要安装的固定资产，在安装完毕交付使用前通过“在建工程”科目核算，安装完毕交付使用时再转入本科目。

（2）自行建造的固定资产交付使用时，按照在建工程成本，借记本科目，贷记“在建工程”科目。

（3）融资租赁取得的固定资产，其成本按照租赁协议或者合同确定的租赁价款、相关税费以及固定资产交付使用前所发生的可归属于该项资产的运输费、途中保险费、安装调试费等确定。

（4）按照规定跨年度分期付款购入固定资产的账务处理，参照融资租入固定资产。

（5）接受捐赠的固定资产，按照确定的固定资产成本，借记本科目（不需安装）或“在建工程”科目（需安装），按照发生的相关税费、运输费等，贷记“零余额账户用款额度”“银行存款”等科目，按照其差额，贷记“捐赠收入”科目。

（6）无偿调入的固定资产，按照确定的固定资产成本，借记本科目（不需安装）

或“在建工程”科目（需安装），按照发生的相关税费、运输费等，贷记“零余额账户用款额度”“银行存款”等科目，按照其差额，贷记“无偿调拨净资产”科目。

2. 与固定资产有关的后续支出

（1）符合固定资产确认条件的后续支出。通常情况下，将固定资产转入改建、扩建时，按照固定资产的账面价值，借记“在建工程”科目，按照固定资产已计提折旧，借记“固定资产累计折旧”科目，按照固定资产的账面余额，贷记本科目。

（2）不符合固定资产确认条件的后续支出。为保证固定资产正常使用发生的日常维修等支出，借记“业务活动费用”等科目，贷记“财政拨款收入”“零余额账户用款额度”“银行存款”等科目。

3. 按照规定报经批准处置固定资产，应当分别以下情况处理

（1）报经批准出售、转让固定资产，按照被出售、转让固定资产的账面价值，借记“资产处置费用”科目，按照固定资产已计提的折旧，借记“固定资产累计折旧”科目，按照固定资产账面余额，贷记本科目；同时，按照收到的价款，借记“银行存款”等科目，按照处置过程中发生的相关费用，贷记“银行存款”等科目，按照其差额，贷记“应缴财政款”科目。

（2）报经批准对外捐赠固定资产，按照固定资产已计提的折旧，借记“固定资产累计折旧”科目，按照被处置固定资产账面余额，贷记本科目，按照捐赠过程中发生的归属于捐出方的相关费用，贷记“银行存款”等科目，按照其差额，借记“资产处置费用”科目。

（3）报经批准无偿调出固定资产，按照固定资产已计提的折旧，借记“固定资产累计折旧”科目，按照被处置固定资产账面余额，贷记本科目，按照其差额，借记“无偿调拨净资产”科目；同时，按照无偿调出过程中发生的归属于调出方的相关费用，借记“资产处置费用”科目，贷记“银行存款”等科目。

（4）报经批准置换换出固定资产，参照“库存物品”中置换换入库存物品的规定进行账务处理。固定资产处置时涉及增值税业务的，相关账务处理参见“应交增值税”科目。

4. 单位应当定期对固定资产进行清查盘点，每年至少盘点一次

对于发生的固定资产盘盈、盘亏或毁损、报废，应当先记入“待处理财产损溢”科目，按照规定报经批准后及时进行后续账务处理。

（1）盘盈的固定资产，其成本按照有关凭据注明的金额确定；没有相关凭据，但按照规定经过资产评估的，其成本按照评估价值确定；没有相关凭据，也未经过评估的，其成本按照重置成本确定。如无法采用上述方法确定盘盈固定资产成本的，按照名义金额（人民币1元）入账。

盘盈的固定资产，按照确定的入账成本，借记本科目，贷记“待处理财产损溢”科目。

（2）盘亏、毁损或报废的固定资产，按照待处理固定资产的账面价值，借记“待处理财产损溢”科目，按照已计提折旧，借记“固定资产累计折旧”科目，按照固定资产的账面余额，贷记本科目。

5. 固定资产对外投资

对于固定资产对外投资，借记“长期股权对外投资”“固定资产累计折旧”“资产处置费用”科目，贷记本科目及“银行存款”科目；或者借记“长期股权对外投资”“固定资产累计折旧”“银行存款”科目，贷记本科目，及“应缴财政款”科目或“其他收入”科目。

三、行政事业单位固定资产活动核算举例

【例 13-89】某市卫生局以财政资金直接支付方式购入一台不需要安装的设备，设备价款为 500 000 元，不考虑其他相关税费。

财务会计账务处理：

借：固定资产	500 000	
贷：财政拨款收入		500 000

预算会计账务处理：

借：行政支出	500 000	
贷：财政拨款预算收入		500 000

【例 13-90】某市区法院经批准使用财政拨款资金加盖楼房；以银行存款支付工程款 1 500 000 元。

（1）支付工程价款时。

财务会计账务处理：

借：在建工程	1 500 000	
贷：银行存款		1 500 000

预算会计账务处理：

借：行政支出	1 500 000	
贷：资金结存——货币资金		1 500 000

（2）工程完工交付使用时。

借：固定资产	1 500 000	
贷：在建工程		1 500 000

【例 13-91】某行政单位采用融资租赁方式从社会租入一台需安装的专用设备，协议价款为 700 000 元，每年年末支付租金 100 000 元，分 7 年付清，租入该项专用设备时，该单位支付运杂费等 3 000 元。

（1）购得时。

财务会计账务处理：

借：固定资产——融资租入	703 000	
贷：长期应付款		700 000
银行存款		3 000

预算会计账务处理：

借：行政支出	3 000	
贷：资金结存——货币资金		3 000

（2）年末支付租金时。

财务会计账务处理：

借：长期应付款　　　　100 000

　　贷：银行存款　　　　100 000

预算会计账务处理：

借：行政支出　　　　100 000

　　贷：资金结存——货币资金　　　　100 000

【例 13-92】某市教育局接受甲公司捐赠一台不需要安装的通信设备，价格为 50 000 元，接受捐赠资产发生相关支出 4 000 元，以银行存款付讫。

财务会计账务处理：

借：固定资产　　　　54 000

　　贷：银行存款　　　　4 000

　　　　捐赠收入　　　　50 000

预算会计账务处理：

借：其他支出　　　　4 000

　　贷：资金结存——货币资金（银行存款）　　　　4 000

【例 13-93】某市农业局根据主管部门的“固定资产调拨单”无偿调入业务活动用设备两台，每台价款 30 000 元。

财务会计账务处理：

借：固定资产　　　　60 000

　　贷：无偿调拨净资产　　　　60 000

置换取得的固定资产，参照“库存物品”科目中置换取得库存物品的相关规定进行账务处理。固定资产取得时涉及增值税业务的，相关账务处理参见“应交增值税”科目。

【例 13-94】某行政单位转让办公室设备 3 台，其账面余额 60 000 元，累计折旧 40 000 元，处理固定资产收到价款 50 000 元。

财务会计账务处理：

借：资产处置费用　　　　20 000

　　固定资产累计折旧　　　　40 000

　　贷：固定资产　　　　60 000

借：银行存款　　　　50 000

　　贷：应缴财政款　　　　50 000

【例 13-95】某行政单位将办公室的一台设备无偿捐赠给某单位使用，该设备账面余额为 500 000 元，累计折旧 300 000 元，用银行存款支付。

借：资产处置费用　　　　200 000

　　固定资产累计折旧　　　　300 000

　　贷：固定资产　　　　500 000

【例 13-96】某市卫生局进行资产清查盘点，盘盈设备一台，市场价格为 80 000

元，当年报经批准后处理。

借：固定资产　　80 000

　　贷：待处理财产损溢　　80 000

借：待处理财产损溢　　80 000

　　贷：资产处置费用　　80 000

【例 13－97】某市建设局报损设备原价 200 000 元，已计提折旧 160 000 元；其残料变价收入 15 000 元存入银行，以现金支付。

借：待处理财产损溢——待处理财产价值　　40 000

　　固定资产累计折旧　　160 000

　　贷：固定资产　　200 000

借：资产处置费　　40 000

　　贷：待处理财产损溢——待处理财产价值　　40 000

借：库存现金　　15 000

　　贷：待处理财产损溢——处理净收入　　15 000

【例 13－98】某事业单位以财政资金直接支付方式购入一台不需要安装的设备，设备价款为 500 000 元，不考虑其他相关税费。

财务会计账务处理：

借：固定资产　　500 000

　　贷：财政拨款收入　　500 000

预算会计账务处理：

借：事业支出　　500 000

　　贷：财政拨款预算收入　　500 000

【例 13－99】某市中心医院单位采用融资租赁方式从社会租入一台需安装的专用设备，协议价款为 700 000 元，每年年末支付租金 100 000 元，分 7 年付清，租入该项专用设备时该单位支付运杂费等 3 000 元。

（1）购得时。

财务会计账务处理：

借：固定资产——融资租入　　703 000

　　贷：长期应付款　　700 000

　　　　银行存款　　3 000

预算会计账务处理：

借：事业支出　　3 000

　　贷：资金结存——货币资金　　3 000

（2）年末支付租金时。

财务会计账务处理：

借：长期应付款　　100 000

　　贷：银行存款　　100 000

预算会计账务处理：

借：事业支出 100 000

贷：资金结存——货币资金 100 000

四、行政事业单位“固定资产”活动核算比较

行政事业单位“固定资产”活动核算比较如表13－20所示。

表13－20 行政事业单位“固定资产”活动核算比较

<table>
<tr><th colspan="4" rowspan="2">情形</th><th colspan="2">财务会计</th><th colspan="2">预算会计</th></tr>
<tr><th>行政单位</th><th>事业单位</th><th>行政单位</th><th>事业单位</th></tr>
<tr><td rowspan="8">1</td><td rowspan="8">取得</td><td rowspan="5">外购</td><td>不需安装的</td><td colspan="2">借：固定资产
贷：财政拨款收入/零余额账户用款额度/应付账款/银行存款等</td><td>借：行政支出
贷：财政拨款预算收入/资金结存</td><td>借：事业支出/经营支出等
贷：财政拨款预算收入/资金结存</td></tr>
<tr><td>需要安装的固定资产先通过“在建工程”科目核算</td><td colspan="2">借：在建工程
贷：财政拨款收入/零余额账户用款额度/应付账款/银行存款等</td><td>借：行政支出
贷：财政拨款预算收入/资金结存</td><td>借：事业支出/经营支出等
贷：财政拨款预算收入/资金结存</td></tr>
<tr><td>安装完工交付使用</td><td colspan="2">借：固定资产
贷：在建工程</td><td colspan="2">—</td></tr>
<tr><td>购入固定资产扣留质量保证金的</td><td colspan="2">借：固定资产［不需安装］/在建工程［需要安装］
贷：财政拨款收入/零余额账户用款额度/应付账款/银行存款等其他应付款［扣留期在1年以内（含1年）］/长期应付款［扣留期超过1年］</td><td>借：行政支出
贷：财政拨款预算收入/资金结存</td><td>借：事业支出/经营支出等［购买固定资产实际支付的金额］
贷：财政拨款预算收入/资金结存</td></tr>
<tr><td>质保期满支付质量保证金时</td><td colspan="2">借：其他应付款/长期应付款
贷：财政拨款收入/零余额账户用款额度/银行存款等</td><td>借：行政支出
贷：财政拨款预算收入/资金结存</td><td>借：事业支出/经营支出等
贷：财政拨款预算收入/资金结存</td></tr>
<tr><td>自行建造</td><td>工程完工交付使用</td><td colspan="2">借：固定资产
贷：在建工程</td><td colspan="2">—</td></tr>
<tr><td rowspan="2">融资租入</td><td>融资租入（或跨年度分期付款购入）的固定资产</td><td colspan="2">借：固定资产［不需安装］/在建工程［需安装］
贷：长期应付款［协议或合同确定的租赁价款］
财政拨款收入/零余额账户用款额度/银行存款等［实际支付的相关税费、运输费等］</td><td>借：行政支出［实际支付的相关税费、运输费等］
贷：财政拨款预算收入/资金结存</td><td>借：事业支出/经营支出等［实际支付的相关税费、运输费等］
贷：财政拨款预算收入/资金结存</td></tr>
<tr><td>定期支付租金（或分期付款）</td><td colspan="2">借：长期应付款
贷：财政拨款收入/零余额账户用款额度/银行存款等</td><td>借：行政支出
贷：财政拨款预算收入/资金结存</td><td>借：事业支出/经营支出等
贷：财政拨款预算收入/资金结存</td></tr>
</table>

续表

<table>
<tr><th colspan="4" rowspan="2">情形</th><th colspan="2">财务会计</th><th colspan="2">预算会计</th></tr>
<tr><th>行政单位</th><th>事业单位</th><th>行政单位</th><th>事业单位</th></tr>
<tr><td rowspan="4">1</td><td rowspan="4">取得</td><td rowspan="2">接受捐赠</td><td>接受捐赠的固定资产</td><td colspan="2">借：固定资产［不需安装］/在建工程［需安装］
贷：银行存款/零余额账户用款额度等［发生的相关税费、运输费等］
捐赠收入［差额］</td><td colspan="2">借：其他支出［支付的相关税费、运输费等］
贷：资金结存</td></tr>
<tr><td>接受捐赠的固定资产按照名义金额入账的</td><td colspan="2">借：固定资产［名义金额］
贷：捐赠收入
借：其他费用
贷：银行存款/零余额账户用款额度等［发生的相关税费、运输费等］</td><td colspan="2">借：其他支出［支付的相关税费、运输费等］
贷：资金结存</td></tr>
<tr><td>无偿取得</td><td>无偿调入固定资产</td><td colspan="2">借：固定资产［不需安装］/在建工程［需安装］
贷：银行存款/零余额账户用款额度［发生的相关税费、运输费等］
无偿调拨净资产［差额］</td><td colspan="2">借：其他支出［支付的相关税费、运输费等］
贷：资金结存</td></tr>
<tr><td colspan="2">置换取得</td><td colspan="4">参照“库存物品”科目中置换取得库存物品的账务处理</td></tr>
<tr><td rowspan="3">2</td><td rowspan="3">后续支出</td><td colspan="2" rowspan="2">符合固定资产确认条件的（增加固定资产使用效能或延长其使用年限而发生的改建、扩建等后续支出）</td><td colspan="2">借：在建工程［固定资产账面价值］
固定资产累计折旧
贷：固定资产［账面余额］</td><td colspan="2">—</td></tr>
<tr><td colspan="2">借：在建工程
贷：财政拨款收入/零余额账户用款额度/应付账款/银行存款等</td><td>借：行政支出
贷：财政拨款预算收入/资金结存</td><td>借：事业支出/经营支出等
贷：财政拨款预算收入/资金结存</td></tr>
<tr><td colspan="2">不符合固定资产确认条件的</td><td>借：业务活动费用/单位管理费用/经营费用
贷：财政拨款收入/零余额账户用款额度/银行存款等</td><td>借：业务活动费用/单位管理费用/经营费用等
贷：财政拨款收入/零余额账户用款额度/银行存款等</td><td>借：行政支出
贷：财政拨款预算收入/资金结存</td><td>借：事业支出/经营支出等
贷：财政拨款预算收入/资金结存</td></tr>
</table>

续表

<table>
<tr><th colspan="3" rowspan="2">情形</th><th colspan="2">财务会计</th><th colspan="2">预算会计</th></tr>
<tr><th>行政单位</th><th>事业单位</th><th>行政单位</th><th>事业单位</th></tr>
<tr><td rowspan="7">3</td><td rowspan="7">处置</td><td rowspan="2">出售、转让固定资产</td><td colspan="2">借：资产处置费用
固定资产累计折旧
贷：固定资产［账面余额］</td><td colspan="2">—</td></tr>
<tr><td colspan="2">借：银行存款［处置固定资产收到的价款］
贷：应缴财政款
银行存款等［发生的相关费用］</td><td colspan="2">—</td></tr>
<tr><td>对外捐赠固定资产</td><td colspan="2">借：资产处置费用
固定资产累计折旧
贷：固定资产［账面余额］
银行存款等［归属于捐出方的相关费用］</td><td colspan="2">按照对外捐赠过程中发生的归属于捐出方的相关费用
借：其他支出
贷：资金结存</td></tr>
<tr><td rowspan="2">无偿调出固定资产</td><td colspan="2">借：无偿调拨净资产
固定资产累计折旧
贷：固定资产［账面余额］</td><td colspan="2">—</td></tr>
<tr><td colspan="2">借：资产处置费用
贷：银行存款等［归属于调出方的相关费用］</td><td colspan="2">借：其他支出
贷：资金结存</td></tr>
<tr><td>置换换出固定资产</td><td colspan="4">参照“库存物品”科目中置换取得库存物品的规定进行账务处理</td></tr>
<tr><td colspan="5"></td></tr>
<tr><td rowspan="2">4</td><td rowspan="2">盘点清查</td><td>盘盈的固定资产</td><td colspan="2">借：固定资产
贷：待处理财产损溢</td><td colspan="2">—</td></tr>
<tr><td>盘亏、毁损或报废的固定资产</td><td colspan="2">借：待处理财产损溢［账面价值］
固定资产累计折旧
贷：固定资产［账面余额］</td><td colspan="2">—</td></tr>
<tr><td>5</td><td>对外投资</td><td>未涉及补差价/涉及补差价</td><td colspan="2">参照“长期股权投资”科目中规定进行账务处理</td><td colspan="2">—</td></tr>
</table>

五、固定资产累计折旧

（一）累计折旧概述

累计折旧是指在固定资产的预计使用年限内，按照确定的方法对应计提的折旧额进行系统分摊。固定资产应计提的折旧额为其成本，计提固定资产折旧时不考虑预计净残值。

应当对暂估入账的固定资产计提折旧，实际成本确定后不需调整原已计提的折旧额。

但是文物和陈列品；动植物；图书、档案；单独计价入账的土地；以名义金额计量的固定资产不计提折旧。

根据相关规定以及固定资产的性质和使用情况，合理确定固定资产的使用年限。确定固定资产使用年限，应当考虑预计实现服务潜力或提供经济利益的期限、预计有形损耗和无形损耗、法律或者类似规定对资产使用的限制。固定资产的使用年限一经确定，不得随意变更。

在确定固定资产的折旧方法时，应当考虑与固定资产相关的服务潜力或经济利益的预期实现方式。一般应当采用年限平均法或者工作量法计提固定资产折旧；固定资产折旧方法一经确定，不得随意变更。因改建、扩建等原因而延长固定资产使用年限的，应当重新确定固定资产的折旧年限。政府会计主体盘盈、无偿调入、接受捐赠以及置换的固定资产，应当考虑该项资产的新旧程度，按照其尚可使用的年限计提折旧。

固定资产应当按月计提折旧，并根据用途计入当期费用或者相关资产成本。固定资产提足折旧后，无论能否继续使用，均不再计提折旧；提前报废的固定资产，也不再补提折旧。已提足折旧的固定资产，可以继续使用的，应当继续使用，规范实物管理。

（二）累计折旧科目的设置

“累计折旧”科目核算单位计提的固定资产累计折旧。公共基础设施和保障性住房计提的累计折旧，应当分别通过“公共基础设施累计折旧（摊销）”科目和“保障性住房累计折旧”科目核算，不通过本科目核算。本科目期末贷方余额，反映单位计提的固定资产折旧累计数。本科目应当按照所对应固定资产的明细分类进行明细核算。

单位计提融资租入固定资产折旧时，应当采用与自有固定资产相一致的折旧政策。能够合理确定租赁期届满时将会取得租入固定资产所有权的，应当在租入固定资产尚可使用年限内计提折旧；无法合理确定租赁期届满时能够取得租入固定资产所有权的，应当在租赁期与租入固定资产尚可使用年限两者中较短的期间内计提折旧。

（三）固定资产累计折旧的主要账务处理

（1）按月计提固定资产折旧时，按照应计提折旧金额，借记“业务活动费用”“加工物品”“在建工程”等科目，贷记本科目。

【例 13－100】 某市第五研究所有设备一台，原值 1 440 000 元，预计使用年限 6 年。

借：业务活动费用	240 000	
贷：固定资产累计折旧		240 000

（2）经批准处置或处理固定资产时，按照所处置或处理固定资产的账面价值，借记“资产处置费用”“无偿调拨净资产”“待处理财产损溢”等科目，按照已计提折旧，借记本科目，按照固定资产的账面余额，贷记“固定资产”科目。

借：固定资产累计折旧

　　贷：固定资产

（四）行政事业单位“固定资产累计折旧”活动核算对比

行政事业单位“固定资产累计折旧”活动核算对比如表 13－21 所示。

表 13－21　　行政事业单位“固定资产累计折旧”活动核算对比

<table>
<tr><th colspan="2" rowspan="2">情形</th><th colspan="2">财务会计</th><th colspan="2">预算会计</th></tr>
<tr><th>行政单位</th><th>事业单位</th><th>行政单位</th><th>事业单位</th></tr>
<tr><td>1</td><td>按月计提固定资产折旧时</td><td>借：业务活动费用
贷：固定资产累计折旧</td><td>借：业务活动费用/单位管理费用/经营费用等
贷：固定资产累计折旧</td><td colspan="2">—</td></tr>
<tr><td>2</td><td>处置固定资产时</td><td colspan="2">借：待处理财产损溢/无偿调拨净资产/资产处置费用/固定资产累计折旧
贷：固定资产［账面余额］</td><td colspan="2">涉及资金支付的，参照“固定资产”科目相关账务处理</td></tr>
</table>

第七节　在建工程

一、工程物资

（一）工程物资科目的设置

“工程物资”科目核算单位为在建工程准备的各种物资的成本，包括工程用材料、设备等。本科目可按照“库存材料”“库存设备”等工程物资类别进行明细核算。本科目期末借方余额，反映单位为在建工程准备的各种物资的成本。

（二）工程物资的主要账务处理

（1）购入为工程准备的物资，按照确定的物资成本，借记本科目，贷记“财政拨款收入”“零余额账户用款额度”“银行存款”“应付账款”等科目。

借：工程物资

　　贷：财政拨款收入/零余额账户用款额度/银行存款/应付账款

（2）领用工程物资，按照物资成本，借记“在建工程”科目，贷记本科目。工程完工后将领出的剩余物资退库时作相反的会计分录。

借：在建工程

　　贷：工程物资

（3）工程完工后将剩余的工程物资转作本单位存货的，按照物资成本，借记“库存物品”等科目，贷记本科目。

【例 13－101】某市水利局通过财政转移支付方式购入工程物资 10 000 000 元，领用了 6 000 000 元，剩余的工程物资全部转为原材料。

（1）工程物资购入时。

财务会计账务处理：

借：工程物资　　　　10 000 000

　　贷：财政拨款收入　　　　10 000 000

预算会计账务处理：

借：行政支出　　　　10 000 000

　　贷：财政拨款预算收入　　　　　　　　　　　　　10 000 000

（2）领用工程物资时。

借：在建工程　　　　　　　　　　　　　　　　6 000 000

　　贷：工程物资　　　　　　　　　　　　　　　　6 000 000

将剩余的工程物资转作原材料时：

借：库存物品　　　　　　　　　　　　　　　　4 000 000

　　贷：工程物资　　　　　　　　　　　　　　　　4 000 000

涉及增值税业务的，相关账务处理参见“应交增值税”科目。

（三）行政事业单位“工程物资”活动核算比较

行政事业单位“工程物资”活动核算比较如表 13－22 所示。

表 13－22　　　　行政事业单位“工程物资”活动核算比较

情形			财务会计		预算会计	
			行政单位	事业单位	行政单位	事业单位
1	取得	购入工程物资	借：工程物资 贷：财政拨款收入/零余额账户用款额度/银行存款/应付账款/其他应付款等		借：行政支出［实际支付的款项］ 贷：财政拨款预算收入/资金结存	借：事业支出/经营支出等［实际支付的款项］ 贷：财政拨款预算收入/资金结存
2	领用工程物资	发出工程物资	借：在建工程 贷：工程物资		—	
3	剩余工程物资	剩余工程物资转为存货	借：库存物品 贷：工程物资		—	

二、在建工程

（一）在建工程科目的设置

“在建工程”科目核算行政单位在建的建设项目工程的实际成本。行政单位在建的信息系统项目工程、公共基础设施项目工程、保障性住房项目工程的实际成本，也通过本科目核算。本科目期末借方余额，反映单位尚未完工的建设项目工程发生的实际成本。

本科目应当设置“建筑安装工程投资”“设备投资”“待摊投资”“其他投资”“待核销基建支出”“基建转出投资”等明细科目，并按照具体项目进行明细核算。

（1）“建筑安装工程投资”明细科目，核算单位发生的构成建设项目实际支出的建筑工程和安装工程的实际成本，不包括被安装设备本身的价值以及按照合同规定支付给施工单位的预付备料款和预付工程款。本明细科目应当设置“建筑工程”和“安装工程”两个明细科目进行明细核算。

（2）“设备投资”明细科目，核算单位发生的构成建设项目实际支出的各种设备的实际成本。

（3）“待摊投资”明细科目，核算单位发生的构成建设项目实际支出的、按照规定应当分摊计入有关工程成本和设备成本的各项间接费用和税费支出。本明细科目的具体核算内容包括以下方面：

①勘察费、设计费、研究试验费、可行性研究费及项目其他前期费用。

②土地征用及迁移补偿费、土地复垦及补偿费、森林植被恢复费及其他为取得土地使用权、租用权而发生的费用。

③土地使用税、耕地占用税、契税、车船税、印花税及按照规定缴纳的其他税费。

④项目建设管理费、代建管理费、临时设施费、监理费、招投标费、社会中介审计（审查）费及其他管理性质的费用。

项目建设管理费是指项目建设单位从项目筹建之日起至办理竣工财务决算之日止发生的管理性质的支出，包括不在原单位发工资的工作人员工资及相关费用、办公费、办公场地租用费、差旅交通费、劳动保护费、工具用具使用费、固定资产使用费、招募生产工人费、技术图书资料费（含软件）、业务招待费、施工现场津贴、竣工验收费等。

⑤项目建设期间发生的各类专门借款利息支出或融资费用。

⑥工程检测费、设备检验费、负荷联合试车费及其他检验检测类费用。

⑦固定资产损失、器材处理亏损、设备盘亏及毁损、单项工程或单位工程报废、毁损净损失及其他损失。

⑧系统集成等信息工程的费用支出。

⑨其他待摊性质支出。

本明细科目应当按照上述费用项目进行明细核算，其中有些费用（如项目建设管理费等），还应当按照更为具体的费用项目进行明细核算。

（4）“其他投资”明细科目，核算单位发生的构成建设项目实际支出的房屋购置支出，基本畜禽、林木等购置、饲养、培育支出，办公生活用家具、器具购置支出，软件研发和不能计入设备投资的软件购置等支出。单位为进行可行性研究而购置的固定资产，以及取得土地使用权支付的土地出让金，也通过本明细科目核算。本明细科目应当设置“房屋购置”“基本畜禽支出”“林木支出”“办公生活用家具、器具购置”“可行性研究固定资产购置”“无形资产”等明细科目。

（5）“待核销基建支出”明细科目，核算建设项目发生的江河清障、航道清淤、飞播造林、补助群众造林、水土保持、城市绿化、取消项目的可行性研究费以及项目整体报废等不能形成资产部分的基建投资支出。本明细科目应按照待核销基建支出的类别进行明细核算。

（6）“基建转出投资”明细科目，核算为建设项目配套而建成的、产权不归属本单位的专用设施的实际成本。本明细科目应按照转出投资的类别进行明细核算。

（二）在建工程的主要账务处理

1. 建筑安装工程投资

（1）将固定资产等资产转入改建、扩建等时，按照固定资产等资产的账面价值，借记本科目（建筑安装工程投资），按照已计提的折旧或摊销，借记“固定资产累计折旧”等科目，按照固定资产等资产的原值，贷记“固定资产”等科目。

借：固定资产累计折旧

　　贷：固定资产

固定资产等资产改建、扩建过程中涉及替换（或拆除）原资产的某些组成部分的，按照被替换（或拆除）部分的账面价值，借记“待处理财产损溢”科目，贷记本科目（建筑安装工程投资）。

借：待处理财产损溢

　　贷：在建工程——建筑安装工程投资

（2）单位对于发包建筑安装工程，根据建筑安装工程价款结算账单与施工企业结算工程价款时，按照应承付的工程价款，借记本科目（建筑安装工程投资），按照预付工程款余额，贷记“预付账款”科目，按照其差额，贷记“财政拨款收入”“零余额账户用款额度”“银行存款”“应付账款”等科目。

借：在建工程——建筑安装工程投资

　　贷：财政拨款收入/零余额账户用款额度/银行存款/应付账款

（3）单位自行施工的小型建筑安装工程，按照发生的各项支出金额，借记本科目（建筑安装工程投资），贷记“工程物资”“零余额账户用款额度”“银行存款”“应付职工薪酬”等科目。

借：在建工程——建筑安装工程投资

　　贷：工程物资/零余额账户用款额度/银行存款/应付职工薪酬

（4）工程竣工，办妥竣工验收交接手续交付使用时，按照建筑安装工程成本（含应分摊的待摊投资），借记“固定资产”等科目，贷记本科目（建筑安装工程投资）。

借：固定资产

　　贷：在建工程——建筑安装工程投资

2. 设备投资

（1）购入设备时，按照购入成本，借记本科目（设备投资），贷记“财政拨款收入”“零余额账户用款额度”“银行存款”等科目；采用预付款方式购入设备的，有关预付款的账务处理参照本科目有关“建筑安装工程投资”明细科目的规定。

借：在建工程——设备投资

　　贷：财政拨款收入/零余额账户用款额度/银行存款

（2）设备安装完毕，办妥竣工验收交接手续交付使用时，按照设备投资成本（含设备安装工程成本和分摊的待摊投资），借记“固定资产”等科目，贷记本科目（设备投资、建筑安装工程投资——安装工程）。

借：固定资产

　　贷：在建工程——设备投资/建筑安装工程投资——安装工程

将不需要安装的设备和达不到固定资产标准的工具、器具交付使用时，按照相关设备、工具、器具的实际成本，借记“固定资产”“库存物品”科目，贷记本科目（设备投资）。

借：固定资产/库存物品

　　贷：在建工程——设备投资

3. 待摊投资

建设工程发生的构成建设项目实际支出的、按照规定应当分摊计入有关工程成本和设备成本的各项间接费用和税费支出，先在本明细科目中归集；建设工程办妥竣工验收手续交付使用时，按照合理的分配方法，摊入相关工程成本、在安装设备成本等。

（1）单位发生的构成待摊投资的各类费用，按照实际发生金额，借记本科目（待摊投资），贷记“财政拨款收入”“零余额账户用款额度”“银行存款”“应付利息”“长期借款”“其他应交税费”“固定资产累计折旧”“无形资产累计摊销”等科目。

借：在建工程——待摊投资

　　贷：财政拨款收入/零余额账户用款额度/银行存款/应付利息/长期借款/其他应交税费/固定资产累计折旧/无形资产累计摊销等

（2）对于建设过程中试生产、设备调试等产生的收入，按照取得的收入金额，借记“银行存款”等科目，按照依据有关规定应当冲减建设工程成本的部分，贷记本科目（待摊投资），按照其差额贷记“应缴财政款”或“其他收入”科目。

借：银行存款等

　　贷：在建工程——待摊投资

　　　　应缴财政款/其他收入

（3）由于自然灾害、管理不善等原因造成的单项工程或单位工程报废或毁损，扣除残料价值和过失人或保险公司等赔款后的净损失，报经批准后计入继续施工的工程成本的，按照工程成本扣除残料价值和过失人或保险公司等赔款后的净损失，借记本科目（待摊投资），按照残料变价收入、过失人或保险公司赔款等，借记“银行存款”“其他应收款”等科目，按照报废或毁损的工程成本，贷记本科目（建筑安装工程投资）。

借：在建工程——待摊投资

　　银行存款/其他应收款

　　贷：建筑安装工程投资

（4）工程交付使用时，按照合理的分配方法分配待摊投资，借记本科目（建筑安装工程投资/设备投资），贷记本科目（待摊投资）。

借：在建工程——建筑安装工程投资/设备投资

　　贷：在建工程——待摊投资

待摊投资的分配方法，可按照下列公式计算：

一是按照实际分配率分配。适用于建设工期较短、整个项目的所有单项工程一次竣工的建设项目。

实际分配率＝待摊投资明细科目余额÷（建筑工程明细科目余额＋安装工程明细科目余额＋设备投资明细科目余额）×100%

二是按照概算分配率分配。适用于建设工期长、单项工程分期分批建成投入使用的建设项目。

概算分配率 =（概算中各待摊投资项目的合计数 - 其中可直接分配部分）÷（概算中建筑工程、安装工程和设备投资合计）×100%

三是某项固定资产应分配的待摊投资 = 该项固定资产的建筑工程成本或该项固定资产（设备）的采购成本和安装成本合计 × 分配率

4. 其他投资

（1）单位为建设工程发生的房屋购置支出，基本的畜禽、林木等购置、饲养、培育支出，办公生活用家具、器具购置支出，软件研发和不能计入设备投资的软件购置等支出，按照实际发生金额，借记本科目（其他投资），贷记“财政拨款收入”“零余额账户用款额度”“银行存款”等科目。

借：在建工程——其他投资

　　贷：财政拨款收入/零余额账户用款额度/银行存款等

（2）工程完成将形成的房屋、基本的畜禽、林木等各种财产以及无形资产交付使用时，按照其实际成本，借记“固定资产”“无形资产”等科目，贷记本科目（其他投资）。

借：固定资产/无形资产等

　　贷：在建工程——其他投资

5. 待核销基建支出

（1）建设项目发生的江河清障、航道清淤、飞播造林、补助群众造林、水土保持、城市绿化等不能形成资产的各类待核销基建支出，按照实际发生金额，借记本科目（待核销基建支出），贷记“财政拨款收入”“零余额账户用款额度”“银行存款”等科目。

借：在建工程——待核销基建支出

　　贷：财政拨款收入/零余额账户用款额度/银行存款等

（2）取消的建设项目发生的可行性研究费，按照实际发生金额，借记本科目（待核销基建支出），贷记本科目（待摊投资）。

借：在建工程——待核销基建支出

　　贷：在建工程——待摊投资

由于自然灾害等原因发生的建设项目整体报废所形成的净损失，报经批准后转入待核销基建支出，按照项目整体报废所形成的净损失，借记本科目（待核销基建支出），按照报废工程回收的残料变价收入、保险公司赔款等，借记“银行存款”“其他应收款”等科目，按照报废的工程成本，贷记本科目（建筑安装工程投资等）。

借：在建工程——待核销基建支出

　　银行存款/其他应收款等

　　贷：在建工程——建筑安装工程投资等

（3）建设项目竣工验收交付使用时，对发生的待核销基建支出进行冲销，借记“资产处置费用”科目，贷记本科目（待核销基建支出）。

借：资产处置费用

　　贷：在建工程——待核销基建支出

6. 基建转出投资

为建设项目配套而建成的、产权不归属本单位的专用设施，在项目竣工验收交付使用时，按照转出的专用设施的成本，借记本科目（基建转出投资），贷记本科目（建筑安装工程投资）；同时，借记“无偿调拨净资产”科目，贷记本科目（基建转出投资）。

借：在建工程——基建转出投资
　　贷：在建工程——建筑安装工程投资
借：无偿调拨净资产
　　贷：在建工程——基建转出投资

【例 13 -102】某市人事局经批准对其办公楼进行改建、扩建，发生如下相关交易与事项：

（1）将办公大楼转入改建、扩建，该大楼的账面价值为86 000 000元，已计提折旧70 000 000元。

借：在建工程	16 000 000	
固定资产累计折旧	70 000 000	
贷：固定资产		86 000 000

（2）拆除办公大楼的一部分，其账面价值为6 000 000元（只作财务会计账务处理）。

借：待处理财产损溢	6 000 000	
贷：在建工程		6 000 000

（3）领用工程物资8 000 000元，用于办公大楼的改建、扩建工程。

借：在建工程	8 000 000	
贷：工程物资		8 000 000

（4）根据工程进度支付首次工程款5 000 000元，款项以财政直接支付方式结算。

财务会计账务处理：

借：在建工程	5 000 000	
贷：财政拨款		5 000 000

预算会计账务处理：

借：行政支出	5 000 000	
贷：财政拨款预算收入		5 000 000

（5）办公大楼改建、扩建工程使用非本单位的资金产生应计利息费用1 000 000元。

借：在建工程	1 000 000	
贷：应付利息		1 000 000

（6）收到工程价款结算单，以零余额账户补付上程款2 000 000元。

财务会计账务处理：

借：在建工程	2 000 000	
贷：零余额账户用款额度		2 000 000

预算会计账务处理：

借：行政支出	2 000 000	
贷：资金结存——零余额账户用款额度		2 000 000

（三）行政事业单位“在建工程”活动核算比较

行政事业单位“在建工程”活动核算比较如表13-23所示。

表 13－23　　行政事业单位“在建工程”活动核算比较

情形			财务会计		预算会计	
			行政单位	事业单位	行政单位	事业单位
1	建筑安装工程投资	将固定资产等转入改建、扩建时	借：在建工程——建筑安装工程投资 固定资产累计折旧等 贷：固定资产等		—	
		发包工程预付工程款时	借：预付账款——预付工程款 贷：财政拨款收入/零余额账户用款额度/银行存款等		借：行政支出 贷：财政拨款预算收入/资金结存	借：事业支出等 贷：财政拨款预算收入/资金结存
		按照进度结算工程款时	借：在建工程——建筑安装工程投资 贷：预付账款——预付工程款 财政拨款收入/零余额账户用款额度/银行存款/应付账款等		借：行政支出[补付款项] 贷：财政拨款预算收入/资金结存	借：事业支出等[补付款项] 贷：财政拨款预算收入/资金结存
		自行施工小型建筑安装工程发生支出时	借：在建工程——建筑安装工程投资 贷：工程物资/零余额账户用款额度/银行存款/应付职工薪酬等		借：行政支出[实际支付的款项] 贷：资金结存等	借：事业支出等[实际支付的款项] 贷：资金结存等
		改扩建过程中替换（拆除）原资产某组成部分时	借：待处理财产损溢 贷：在建工程——建筑安装工程投资		—	
		工程竣工验收交付使用时	借：固定资产 贷：在建工程——建筑安装工程投资		—	
2	设备投资	购入设备时	借：在建工程——设备投资 贷：财政拨款收入/零余额账户用款额度/应付账款/银行存款等		借：行政支出[实际支付的款项] 贷：财政拨款预算收入/资金结存	借：事业支出[实际支付的款项] 贷：财政拨款预算收入/资金结存
		安装完毕，交付使用时	借：固定资产等 贷：在建工程——设备投资 ——建筑安装工程投资 ——安装工程		—	

续表

<table>
<tr><th colspan="3" rowspan="2">情形</th><th colspan="2">财务会计</th><th colspan="2">预算会计</th></tr>
<tr><th>行政单位</th><th>事业单位</th><th>行政单位</th><th>事业单位</th></tr>
<tr><td>2</td><td>设备投资</td><td>不需要安装设备和达不到固定资产标准的工具器具交付使用时</td><td colspan="2">借：固定资产/库存物资
　贷：在建工程——设备投资</td><td colspan="2">—</td></tr>
<tr><td rowspan="4">3</td><td rowspan="4">待摊投资</td><td>发生构成待摊投资的各类费用</td><td colspan="2">借：在建工程——待摊投资
　贷：财政拨款收入/零余额账户用款额度/银行存款/应付利息/长期借款/其他应交税费等</td><td>借：行政支出［实际支付的款项］
　贷：财政拨款预算收入/资金结存</td><td>借：事业支出等［实际支付的款项］
　贷：财政拨款预算收入/资金结存</td></tr>
<tr><td>对于建设过程中生产、设备调试等产生的收入</td><td colspan="2">借：银行存款等
　贷：在建工程——待摊投资［按规定冲减工程成本的部分］
　　应缴财政款/其他收入［差额］</td><td colspan="2">借：资金结存
　贷：其他预算收入</td></tr>
<tr><td>经批准将单项工程或单位工程报废净损失计入继续施工的工程成本的</td><td colspan="2">借：在建工程——待摊投资
　银行存款/其他应收款等［残料变价收入、赔款等］
　贷：在建工程——建筑安装工程投资［毁损报废工程成本］</td><td colspan="2">—</td></tr>
<tr><td>工程交付使用时，按照一定的分配方法进行待摊投资分配</td><td colspan="2">借：在建工程——建筑安装工程投资
　　　　　——设备投资
　贷：在建工程——待摊投资</td><td colspan="2">—</td></tr>
<tr><td rowspan="2">4</td><td rowspan="2">其他投资</td><td>发生其他投资支出时</td><td colspan="2">借：在建工程——其他投资
　贷：财政拨款收入/零余额账户用款额度/银行存款等</td><td>借：行政支出［实际支付的款项］
　贷：财政拨款预算收入/资金结存</td><td>借：事业支出等［实际支付的款项］
　贷：财政拨款预算收入/资金结存</td></tr>
<tr><td>资产交付使用</td><td colspan="2">借：固定资产/无形资产等
　贷：在建工程——其他投资</td><td colspan="2">—</td></tr>
</table>

续表

<table>
<tr><th colspan="3" rowspan="2">情形</th><th colspan="2">财务会计</th><th colspan="2">预算会计</th></tr>
<tr><th>行政单位</th><th>事业单位</th><th>行政单位</th><th>事业单位</th></tr>
<tr><td rowspan="2">5</td><td rowspan="2">基建转出投资</td><td>建造的产权不归属本单位的专用设施转出时</td><td colspan="2">借：在建工程——基建转出投资
贷：在建工程——建筑安装工程投资</td><td colspan="2">—</td></tr>
<tr><td>冲销转出的在建工程时</td><td colspan="2">借：无偿调拨净资产
贷：在建工程——基建转出投资</td><td colspan="2">—</td></tr>
<tr><td rowspan="4">6</td><td rowspan="4">待核销基建支出</td><td>发生各类待核销基建支出时</td><td colspan="2">借：在建工程——待核销基建支出
贷：财政拨款收入/零余额账户用款额度/银行存款等</td><td>借：行政支出［实际支付的款项］
贷：财政拨款预算收入/资金结存</td><td>借：事业支出［实际支付的款项］
贷：财政拨款预收入/资金结存</td></tr>
<tr><td>取消的项目发生的可行性研究费</td><td colspan="2">借：在建工程——待核销基建支出
贷：在建工程——待摊投资</td><td colspan="2">—</td></tr>
<tr><td>由于自然灾害等原因发生的项目整体报废所形成的净损失</td><td colspan="2">借：在建工程——待核销基建支出/银行存款/其他应收款等［残料变价收入、保险赔款等］
贷：在建工程——建筑安装工程投资等</td><td colspan="2">—</td></tr>
<tr><td>经批准冲销待核销基建支出时</td><td colspan="2">借：资产处置费用
贷：在建工程——待核销基建支出</td><td colspan="2">—</td></tr>
</table>

第八节　无形资产与摊销

一、无形资产

（一）无形资产概述

无形资产是指行政事业单位控制的没有实物形态的可辨认非货币性资产，如专利权、商标权、著作权、土地使用权、非专利技术等。由此可见，无形资产能够从行政事业单位中分离或者划分出来，并能单独或者与相关合同、资产或负债一起，用于出售、转移、授予许可、租赁或者交换；不仅如此，还可以源自合同性权利或其他法定权利，无论这些权利是否可以从行政事业单位或其他权利和义务中转移或者分离。

1. 无形资产确认

（1）同时满足两个条件可以确认为无形资产。

一是与该无形资产相关的服务潜力很可能实现或者经济利益很可能流入政府会计

主体；

二是该无形资产的成本或者价值能够可靠地计量。

在判断无形资产的服务潜力或经济利益是否很可能实现或流入时，应当对无形资产在预计使用年限内可能存在的各种社会、经济、科技因素做出合理估计，并且应当有确凿的证据支持。

（2）购入的不构成相关硬件不可缺少组成部分的软件，应当确认为无形资产。

（3）自行研究开发项目的支出，应当区分研究阶段支出与开发阶段支出。研究是指为获取并理解新的科学或技术知识而进行的独创性的有计划调查。开发是指在进行生产或使用前，将研究成果或其他知识应用于某项计划或设计，以生产出新的或具有实质性改进的材料、装置、产品等。

自行研究开发项目研究阶段的支出，应当于发生时计入当期费用。自行研究开发项目开发阶段的支出，先按合理方法进行归集，如果最终形成无形资产的，应当确认为无形资产；如果最终未形成无形资产的，应当计入当期费用。

自行研究开发项目尚未进入开发阶段，或者确实无法区分研究阶段支出和开发阶段支出，但按法律程序已申请取得无形资产的，应当将依法取得时发生的注册费、聘请律师费等费用确认为无形资产。

自创商誉及内部产生的品牌、报刊名等，不应确认为无形资产。

与无形资产有关的后续支出，符合规定的确认条件的，应当计入无形资产成本；不符合规定的确认条件的，应当在发生时计入当期费用或者相关资产成本。

2. 无形资产的初始计量

在取得时应当按照成本进行初始计量。

（1）外购的无形资产，其成本包括购买价款、相关税费以及可归属于该项资产达到预定用途前所发生的其他支出。

（2）委托软件公司开发的软件，视同外购无形资产确定其成本。

（3）自行开发的无形资产，其成本包括自该项目进入开发阶段后至达到预定用途前所发生的支出额。

（4）通过置换取得的无形资产，其成本按照换出资产的评估价值加上支付的补价或减去收到的补价，加上换入无形资产发生的其他相关支出确定。

（5）接受捐赠的无形资产，其成本按照有关凭据注明的金额加上相关税费确定；没有相关凭据可供取得，但按规定经过资产评估的，其成本按照评估价值加上相关税费确定；没有相关凭据可供取得，也未经资产评估的，其成本比照同类或类似资产的市场价格加上相关税费确定；没有相关凭据且未经资产评估、同类或类似资产的市场价格也无法可靠取得的，按照名义金额入账，相关税费计入当期费用。

（6）确定接受捐赠无形资产的初始入账成本时，应当考虑该项资产尚可为政府会计主体带来服务潜力或经济利益的能力。

（7）无偿调入的无形资产，其成本按照调出方账面价值加上相关税费确定。

3. 无形资产的处置

（1）按规定报经批准出售无形资产，应当将无形资产账面价值转销计入当期费用，并将处置收入大于相关处置税费后的差额按规定计入当期收入或者做应缴款项处理，将处置收入小于相关处置税费后的差额计入当期费用。

（2）按规定报经批准对外捐赠、无偿调出无形资产的，应当将无形资产的账面价值予以转销，对外捐赠、无偿调出中发生的归属于捐出方、调出方的相关费用应当计入当期费用。

（3）按规定报经批准以无形资产对外投资的，应当将该无形资产的账面价值予以转销，并将无形资产在对外投资时的评估价值与其账面价值的差额计入当期收入或费用。

（4）无形资产预期不能为政府会计主体带来服务潜力或者经济利益的，应当在报经批准后将该无形资产的账面价值予以转销。

4. 无形资产的披露

按照无形资产的类别在附注中披露与无形资产有关的信息，包括：

（1）无形资产账面余额、累计摊销额、账面价值的期初、期末数及其本期变动情况。

（2）自行开发无形资产的名称、数量，以及账面余额和累计摊销额的变动情况。

（3）以名义金额计量的无形资产名称、数量，以及以名义金额计量的理由。

（4）接受捐赠、无偿调入无形资产的名称、数量等情况。

（5）使用年限有限的无形资产，其使用年限的估计情况；使用年限不确定的无形资产，其使用年限不确定的确定依据。

（6）无形资产出售、对外投资等重要资产处置的情况。

（二）无形资产科目的设置

“无形资产”属于资产类科目，核算单位无形资产的原值。借方反映增加数，贷方反映减少数；无形资产科目应按其类别、项目等进行明细核算。本科目期末借方余额，反映单位无形资产的成本。

（三）无形资产的主要账务处理

1. 无形资产在取得时，应当按照成本进行初始计量

（1）外购的无形资产，按照确定的成本，借记本科目，贷记“财政拨款收入”“零余额账户用款额度”“应付账款”“银行存款”等科目。

（2）自行研究开发形成的无形资产，按照研究开发项目进入开发阶段后至达到预定用途前所发生的支出总额，借记本科目，贷记“研发支出——开发支出”科目。

（3）接受捐赠的无形资产，按照确定的无形资产成本，借记本科目，按照发生的相关税费等，贷记“零余额账户用款额度”“银行存款”等科目，按照其差额，贷记“捐赠收入”科目。

（4）无偿调入的无形资产，按照确定的无形资产成本，借记本科目，按照发生的相关税费等，贷记“零余额账户用款额度”“银行存款”等科目，按照其差额，贷记“无偿调拨净资产”科目。

（5）置换取得的无形资产，参照“库存物品”科目中置换取得库存物品的相关规定进行账务处理。

无形资产取得时涉及增值税业务的，相关账务处理参见“应交增值税”科目。

2. 按照规定报经批准处置无形资产

（1）报经批准出售、转让无形资产，按照被出售、转让无形资产的账面价值，借记“资产处置费用”科目，按照无形资产已计提的摊销，借记“无形资产累计摊销”科目，按照无形资产账面余额，贷记本科目。

（2）报经批准对外捐赠无形资产，按照无形资产已计提的摊销，借记“无形资产累计摊销”科目，按照被处置无形资产账面余额，贷记本科目，按照捐赠过程中发生的归属于捐出方的相关费用，贷记“银行存款”等科目，按照其差额，借记“资产处置费用”科目。

（3）报经批准无偿调出无形资产，按照无形资产已计提的摊销，借记“无形资产累计摊销”科目，按照被处置无形资产账面余额，贷记本科目，按照其差额，借记“无偿调拨净资产”科目；同时，按照无偿调出过程中发生的归属于调出方的相关费用，借记“资产处置费用”科目，贷记“银行存款”等科目。

3. 单位应当定期对无形资产进行清查盘点，每年至少盘点一次

单位资产清查盘点过程中发现的无形资产盘盈、盘亏等，参照“固定资产”科目相关规定进行账务处理。

（四）行政事业单位无形资产活动核算举例

【例 13-103】某市人事局购入价值 2 000 000 元无形资产，手续费 50 000 元，以银行存款支付。

财务会计账务处理：

借：无形资产	2 050 000	
贷：银行存款		2 050 000

预算会计账务处理：

借：行政支出	2 050 000	
贷：资金结存——货币资金（银行存款）		2 050 000

【例 13-104】某大学经财政部门批准，从其他单位无偿调入一项专利，评估价为 300 000 元，银行存款支付有关费用 20 000 元。

财务会计账务处理：

借：无形资产	320 000	
贷：无偿调拨净资产		300 000
银行存款		20 000

预算会计账务处理：

借：其他支出	20 000	
贷：资金结存——货币资金		20 000

【例 13-105】某科学研究院将一项商标所有权转让，取得价款 180 000 元存入银行，无形资产成本为 300 000 元，已摊销金额为 260 000 元。

注销无形资产账面余额时：

借：资产处置费用	40 000	

无形资产累计摊销　　260 000
　　贷：无形资产　　300 000

收到出售价款大于支付其他费用，转让收入上缴财政时，只作财务会计账务处理。

借：银行存款　　180 000
　　贷：应缴财政款　　180 000

但如果收到出售价款大于支付其他费用，转让收入留本单位，只作预算会计账务处理。

借：银行存款　　180 000
　　贷：其他收入　　180 000

【例 13－106】某市植物园对外捐赠一项专利技术，账面价值为 200 000 元，已摊销金额为 100 000 元。

财务会计账务处理：

借：资产处置费用　　100 000
　　无形资产累计摊销　　100 000
　　贷：无形资产　　200 000

【例 13－107】某市化学研究所专利权的账面价值为 600 000 元，累计摊销 480 000 元，8 年后不能再提供未来服务，予以报废处理。

借：资产处置费用　　120 000
　　无形资产累计摊销　　480 000
　　贷：无形资产　　600 000

（五）行政事业单位“无形资产”活动核算比较

行政事业单位“无形资产”活动核算比较如表 13－24 所示。

表 13－24　　行政事业单位“无形资产”活动核算比较

情形			财务会计		预算会计	
			行政单位	事业单位	行政单位	事业单位
1	取得	外购的无形资产入账时	借：无形资产 贷：财政拨款收入/零余额账户用款额度/应付账款/银行存款等		借：行政支出 贷：财政拨款预算收入/资金结存	借：事业支出/经营支出等 贷：财政拨款预算收入/资金结存
		委托软件公司开发的软件，按照合同约定预付开发费时	借：预付账款 贷：财政拨款收入/零余额账户用款额度/银行存款等		借：行政支出［预付的款项］ 贷：财政拨款预算收入/资金结存	借：事业支出/经营支出等［预付的款项］ 贷：财政拨款预算收入/资金结存

续表

情形				财务会计		预算会计	
				行政单位	事业单位	行政单位	事业单位
1	取得	委托开发的软件交付使用，并支付剩余或全部软件开发费用时		借：无形资产［开发费总额］ 贷：预付账款 财政拨款收入/零余额账户用款额度/银行存款等［支付的剩余款项］		按照支付的剩余款项金额： 借：行政支出 贷：财政拨款预算收入/资金结存	按照支付的剩余款项金额： 借：事业支出/经营支出 贷：财政拨款预算收入/资金结存
		自行开发	开发完成，达到预定用途形成无形资产的	借：无形资产 贷：研发支出——开发支出		—	
		自行开发	自行研究开发无形资产尚未进入开发阶段，或者确实无法区分研究阶段支出和开发阶段支出，但按照法律程序已申请取得无形资产的	借：无形资产［依法取得时发生的注册费、聘请律师费等费用］ 贷：财政拨款收入/零余额账户用款额度/银行存款等		借：行政支出 贷：财政拨款预算收入/资金结存	借：事业支出/经营支出等 贷：财政拨款预算收入/资金结存
		置换取得的无形资产		参照“库存物品”科目中置换取得库存物品的规定进行账务处理			
		接受捐赠的无形资产		借：无形资产 贷：银行存款/零余额账户用款额度等［发生的相关税费等］ 捐赠收入［差额］		借：其他支出［支付的相关税费等］ 贷：资金结存	
		接受捐赠的无形资产按照名义金额入账的		借：无形资产［名义金额］ 贷：捐赠收入 借：其他费用 贷：银行存款/零余额账户用款额度等［发生的相关税费等］		借：其他支出［支付的相关税费等］ 贷：资金结存	
		无偿调入的无形资产		借：无形资产 贷：银行存款/零余额账户用款额度等［发生的相关税费］ 无偿调拨净资产［差额］		借：其他支出［支付的相关税费等］ 贷：资金结存	

续表

<table>
<tr><th colspan="3" rowspan="2">情形</th><th colspan="2">财务会计</th><th colspan="2">预算会计</th></tr>
<tr><th>行政单位</th><th>事业单位</th><th>行政单位</th><th>事业单位</th></tr>
<tr><td rowspan="2">2</td><td rowspan="2">后续支出</td><td>符合无形资产确认条件的后续支出（如为增加无形资产的使用效能而发生的后续支出）</td><td colspan="2">借：在建工程
无形资产累计摊销
贷：无形资产
借：在建工程/无形资产［无须暂停计提摊销的］
贷：财政拨款收入/零余额账户用款额度/银行存款等</td><td>借：行政支出［实际支付的资金］
贷：财政拨款预算收入/资金结存</td><td>借：事业支出/经营支出等［实际支付的资金］
贷：财政拨款预算收入/资金结存</td></tr>
<tr><td>不符合无形资产确认条件的后续支出（为维护无形资产的正常使用而发生的后续支出）</td><td>借：业务活动费用
贷：财政拨款收入/零余额账户用款额度/银行存款等</td><td>借：业务活动费用/单位管理费用/经营费用等
贷：财政拨款收入/零余额账户用款额度/银行存款等</td><td>借：行政支出
贷：财政拨款预算收入/资金结存</td><td>借：事业支出/经营支出等
贷：财政拨款预算收入/资金结存</td></tr>
<tr><td rowspan="6">3</td><td rowspan="6">处置</td><td rowspan="2">出售、转让无形资产</td><td colspan="2">借：资产处置费用
无形资产累计摊销
贷：无形资产</td><td colspan="2">—</td></tr>
<tr><td colspan="2">借：银行存款等［收到的价款］
贷：银行存款等［发生的相关费用］
应缴财政款/其他收入</td><td colspan="2">如转让收入按照规定纳入本单位预算
借：资金结存
贷：其他预算收入</td></tr>
<tr><td>对外捐赠无形资产</td><td colspan="2">借：资产处置费用
无形资产累计摊销
贷：无形资产［账面余额］
银行存款等［归属于捐出方的相关费用］</td><td colspan="2">借：其他支出［归属于捐出方的相关费用］
贷：资金结存</td></tr>
<tr><td>无偿调出无形资产</td><td colspan="2">借：无偿调拨净资产
无形资产累计摊销
贷：无形资产［账面余额］
借：资产处置费用
贷：银行存款等［相关费用］</td><td colspan="2">借：其他支出［归属于调出方的相关费用］
贷：资金结存</td></tr>
<tr><td>置换换出无形资产</td><td colspan="4">参照“库存物品”科目中置换取得库存物品的规定进行账务处理</td></tr>
<tr><td>经批准核销无形资产</td><td colspan="2">借：资产处置费用
无形资产累计摊销
贷：无形资产［账面余额］</td><td colspan="2">—</td></tr>
<tr><td>4</td><td>对外投资</td><td>已入账无形资产投资；
未入账无形资产投资</td><td colspan="2">参照“长期股权投资”科目账务核算</td><td colspan="2">—</td></tr>
</table>

二、无形资产累计摊销

（一）无形资产摊销概述

摊销是指在无形资产使用年限内，按照确定的方法对应摊销金额进行系统分摊。

行政事业单位应当于取得或形成无形资产时合理确定其使用年限。无形资产的使用年限为有限的，应当估计该使用年限。无法预见无形资产为行政事业单位提供服务潜力或者带来经济利益期限的，应当视为使用年限不确定的无形资产。

对使用年限有限的无形资产应当进行摊销，但已摊销完毕仍继续使用的无形资产和以名义金额计量的无形资产除外。

使用年限有限的无形资产，应当按照以下原则确定无形资产的摊销年限：

（1）法律规定了有效年限的，按照法律规定的有效年限作为摊销年限；

（2）法律没有规定有效年限的，按照相关合同或单位申请书中的受益年限作为摊销年限；

（3）法律没有规定有效年限、相关合同或单位申请书也没有规定受益年限的，应当根据无形资产为政府会计主体带来服务潜力或经济利益的实际情况，预计其使用年限；

（4）非大批量购入、单价小于1 000元的无形资产，可以于购买的当期将其成本一次性全部转销。

应当按月对使用年限有限的无形资产进行摊销，并根据用途计入当期费用或者相关资产成本。采用年限平均法或者工作量法对无形资产进行摊销，应摊销金额为其成本，不考虑预计残值。

因发生后续支出而增加无形资产成本的，对于使用年限有限的无形资产，应当按照重新确定的无形资产成本以及重新确定的摊销年限计算摊销额。

使用年限不确定的无形资产不应摊销。

（二）累计摊销科目的设置

摊销是指在无形资产使用寿命内，按照确定的方法对应摊销金额进行系统分摊。单位应当对无形资产进行摊销，以名义金额计量的无形资产除外。

"累计摊销"科目核算行政事业单位使用年限有限的无形资产计提的累计摊销。贷方反映计提的摊销数，借方反映处置数；期末贷方余额，反映行政单位计提的无形资产摊销累计数。"累计摊销"科目应当按照所对应无形资产的明细分类进行明细核算。

（三）无形资产累计摊销的主要账务处理

（1）按月对无形资产进行摊销时，按照应摊销金额，借记"业务活动费用""加工物品""在建工程"等科目，贷记本科目。

借：业务活动费用/加工物品/在建工程

　　贷：无形资产

（2）经批准处置无形资产时，按照所处置无形资产的账面价值，借记"资产处置费用""无偿调拨净资产""待处理财产损溢"等科目，按照已计提摊销，借记本科目，按照无形资产的账面余额，贷记"无形资产"科目。

借：资产处置费用/无偿调拨净资产/待处理财产损溢
　　贷：无形资产

（四）行政事业单位“无形资产摊销”活动核算比较

行政事业单位“无形资产摊销”活动核算比较如表13－25所示。

表13－25　　行政事业单位“无形资产摊销”活动核算比较

情形		财务会计		预算会计	
		行政单位	事业单位	行政单位	事业单位
1	按月进行无形资产摊销	借：业务活动费用加工物品等 贷：无形资产累计摊销	借：业务活动费用/单位管理费用/加工物品等 贷：无形资产累计摊销	—	
2	处置无形资产	借：资产处置费用/无偿调拨净资产等 无形资产累计摊销 贷：无形资产［账面余额］		—	

三、研发支出

（一）研发支出科目的设置

“研发支出”科目核算单位自行研究开发项目研究阶段和开发阶段发生的各项支出。本科目应当按照自行研究开发项目，分别“研究支出”“开发支出”进行明细核算。本科目期末借方余额，反映单位预计能达到预定用途的研究开发项目在开发阶段发生的累计支出数。

建设项目中的软件研发支出，应当通过“在建工程”科目核算，不通过本科目核算。

（二）研发支出的主要账务处理

（1）自行研究开发项目研究阶段的支出，应当先在本科目归集。按照从事研究及其辅助活动人员计提的薪酬，研究活动领用的库存物品，发生的与研究活动相关的管理费、间接费和其他各项费用，借记本科目（研究支出），贷记“应付职工薪酬”“库存物品”“财政拨款收入”“零余额账户用款额度”“固定资产累计折旧”“银行存款”等科目。

期（月）末，应当将本科目归集的研究阶段的支出金额转入当期费用，借记“业务活动费用”等科目，贷记本科目（研究支出）。

（2）自行研究开发项目开发阶段的支出，先通过本科目进行归集。按照从事开发及其辅助活动人员计提的薪酬，开发活动领用的库存物品，发生的与开发活动相关的管理费、间接费和其他各项费用，借记本科目（开发支出），贷记“应付职工薪酬”“库存物品”“财政拨款收入”“零余额账户用款额度”“固定资产累计折旧”“银行存款”等科目。

自行研究开发项目完成，达到预定用途形成无形资产的，按照本科目归集的开发阶段的支出金额，借记“无形资产”科目，贷记本科目（研发支出）。

（3）单位应于每年年度终了评估研究开发项目是否能达到预定用途，如预计不能达到预定用途（如无法最终完成开发项目并形成无形资产的），应当将已发生的开发支出金额全部转入当期费用，借记“业务活动费用”等科目，贷记本科目（开发支出）。

自行研究开发项目时涉及增值税业务的，相关账务处理参见“应交增值税”科目。

（三）行政事业单位研发支出活动核算举例

【例13-108】某市科研所自行研制一种新材料，本月应付工资5 000元，材料费10 000元。

借：研发支出——研究支出　　15 000
　　贷：应付职工薪酬　　5 000
　　　　库存物品　　10 000

期末：

借：业务活动费用　　15 000
　　贷：研发支出——研究支出　　15 000

【例13-109】该新材料进入开发阶段消耗材料5 000元，用银行存款支付相关费用20 000元。

财务会计账务处理：

借：研发支出——开发支出　　25 000
　　贷：库存物品　　5 000
　　　　银行存款　　20 000

预算会计账务处理：

借：事业支出　　20 000
　　贷：资金结存（银行存款）　　20 000

【例13-110】该单位研制出的新材料申请专利取得专利权，支付相关费用共60 000元。

财务会计账务处理：

借：研发支出——开发支出　　60 000
　　贷：银行存款　　60 000

预算会计账务处理：

借：事业支出　　60 000
　　贷：资金结存——货币资金（银行存款）　　60 000

（四）行政事业单位“研发支出”活动核算对比

行政事业单位“研发支出”活动核算对比如表13-26所示。

表 13-26　　　　行政事业单位“研发支出”活动核算对比

<table>
<tr><td colspan="3" rowspan="2">情形</td><td colspan="2">财务会计</td><td colspan="2">预算会计</td></tr>
<tr><td>行政单位</td><td>事业单位</td><td>行政单位</td><td>事业单位</td></tr>
<tr><td rowspan="2">1</td><td rowspan="2">自行研究开发项目研究阶段的支出</td><td>应当按照合理的方法先归集时</td><td colspan="2">借：研发支出——研究支出
贷：应付职工薪酬/库存物品/财政拨款收入/零余额账户用款额度/银行存款等</td><td>借：行政支出等［实际支付的款项］
贷：财政拨款预算收入/资金结存</td><td>借：事业单位/经营支出等［实际支付的款项］
贷：财政拨款预算收入/资金结存</td></tr>
<tr><td>期（月）末转入当期费用时</td><td colspan="2">借：业务活动费用等
贷：研发支出——研究支出</td><td colspan="2">—</td></tr>
<tr><td>2</td><td>自行研究开发项目开发阶段的支出</td><td>自行开发项目时</td><td colspan="2">借：研发支出——开发支出
贷：应付职工薪酬
库存物品
财政拨款收入/零余额账户用款额度/银行存款等</td><td>借：行政支出等［实际支付的款项］
贷：财政拨款预算收入/资金结存</td><td>借：事业支出/经营支出等［实际支付的款项］
贷：财政拨款预算收入/资金结存</td></tr>
<tr><td>3</td><td>自行研究开发项目完成，达到预定用途形成无形资产</td><td>自行研究开发项目完成并达到预定用途时</td><td colspan="2">借：无形资产
贷：研发支出——开发支出</td><td colspan="2">—</td></tr>
<tr><td>4</td><td>年末经评估，研发项目预计不能达到预定用途</td><td>经评估，研发项目预计不能达到预定用途时</td><td colspan="2">借：业务活动费用等
贷：研发支出——开发支出</td><td colspan="2">—</td></tr>
</table>

第九节　公共基础设施

一、公共基础设施概要

（一）公共基础设施基本概念

公共基础设施是指政府会计主体为满足社会公共需求而控制的资产。

从资产的实物形态和相关价值标准而言，政府会计主体控制的公共基础设施与其固定资产有一定的相似性。但在资金来源、建造和管理方式、产权关系、用途等方面与政府会计主体占有、使用的固定资产有较大区别。公共基础设施作为政府会计主体维护管理的资产，其本身价值及产生的折旧费用等应区别于政府会计主体的固定资产单独核算。

（二）公共基础设施基本特征

公共基础设施具有以下特征：①是一个有形资产系统或网络的组成部分；②具有特定用途；③一般不可移动。

（三）公共基础设施主要范围

公共基础设施主要包括市政基础设施（如城市道路、桥梁、隧道、公交场站、路灯、广场、公园绿地、室外公共健身器材，以及环卫、排水、供水、供电、供气、供热、污水处理、垃圾处理系统等）、交通基础设施（如公路、航道、港口等）、水利基础设施（如大坝、堤防、水闸、泵站、渠道等）和其他公共基础设施。独立于公共基础设施、不构成公共基础设施使用不可缺少组成部分的管理维护用房屋建筑物、设备、车辆等，适用《政府会计准则第3号——固定资产》。属于文物文化资产的公共基础设施，适用其他相关政府会计准则。采用政府和社会资本合作模式（即PPP模式）形成的公共基础设施的确认和初始计量，适用其他相关政府会计准则。

（四）公共基础设施会计主体确认

政府公共基础设施按照“谁负责管理维护、谁入账”的原则，通常情况下，按负有管理维护职责的政府会计主体予以确认。多个政府会计主体共同管理维护的公共基础设施，应当由对该资产负有主要管理维护职责或者承担后续主要支出责任的政府会计主体予以确认。分为多个组成部分由不同政府会计主体分别管理维护的公共基础设施，应当由各个政府会计主体分别对其负责管理维护的公共基础设施的相应部分予以确认。负有管理维护公共基础设施职责的政府会计主体通过政府购买服务方式委托企业或其他会计主体代为管理维护公共基础设施的，该公共基础设施应当由委托方予以确认。

二、公共基础设施科目的设置

公共基础设施科目核算单位控制的公共基础设施的原值。本科目应当按照公共基础设施的类别、项目等进行明细核算。本科目期末借方余额，反映公共基础设施的原值。行政单位应当根据行业主管部门对公共基础设施的分类规定，制定适合于本单位管理的公共基础设施目录、分类方法，作为进行公共基础设施核算的依据。

三、公共基础设施主要账务处理

1. 公共基础设施在取得时，应当按照其成本入账

（1）自行建造的公共基础设施完工交付使用时，按照在建工程的成本，借记本科目，贷记“在建工程”科目。

已交付使用但尚未办理竣工决算手续的公共基础设施，按照估计价值入账，待办理竣工决算后再按照实际成本调整原来的暂估价值。

财务会计账务处理：

借：在建工程

贷：财政拨款收入

预算会计账务处理：

借：行政支出/事业支出

贷：财政拨款预算收入

结转时，只需进行财务会计账务处理：

借：公共基础设施

贷：在建工程

（2）接受其他单位无偿调入的公共基础设施，按照确定的成本，借记本科目，按照发生的归属于调入方的相关费用，贷记“财政拨款收入”“零余额账户用款额度”“银行存款”等科目，按照其差额，贷记“无偿调拨净资产”科目。

借：公共基础设施

贷：财政拨款收入/零余额账户用款额度/银行存款等

无偿调拨净资产

无偿调入的公共基础设施成本无法可靠取得的，按照发生的相关税费、运输费等金额，借记“其他费用”科目，贷记“财政拨款收入”“零余额账户用款额度”“银行存款”等科目。

借：其他费用

贷：财政拨款收入/零余额账户用款额度/银行存款等

（3）接受捐赠的公共基础设施，按照确定的成本，借记本科目，按照发生的相关费用，贷记“财政拨款收入”“零余额账户用款额度”“银行存款”等科目，按照其差额，贷记“捐赠收入”科目。

借：公共基础设施

贷：财政拨款收入/零余额账户用款额度/银行存款等

捐赠收入

接受捐赠的公共基础设施成本无法可靠取得的，按照发生的相关税费等金额，借记“其他费用”科目，贷记“财政拨款收入”“零余额账户用款额度”“银行存款”等科目。

借：其他费用

贷：财政拨款收入/零余额账户用款额度/银行存款等

（4）外购的公共基础设施，按照确定的成本，借记本科目，贷记“财政拨款收入”“零余额账户用款额度”“银行存款”等科目。

借：公共基础设施

贷：财政拨款收入/零余额账户用款额度/银行存款等

（5）对于成本无法可靠取得的公共基础设施，单位应当设置备查簿进行登记，待成本能够可靠确定后按照规定及时入账。

2. 与公共基础设施有关的后续支出

将公共基础设施转入改建、扩建时，按照公共基础设施的账面价值，借记“在建工程”科目，按照公共基础设施已计提折旧，借记“公共基础设施累计折旧（摊销）”科目，按照公共基础设施的账面余额，贷记本科目。

借：公共基础设施累计折旧（摊销）

　　贷：公共基础设施

为增加公共基础设施使用效能或延长其使用年限而发生的改建、扩建等后续支出，借记“在建工程”科目，贷记“财政拨款收入”“零余额账户用款额度”“银行存款”等科目。

借：在建工程

　　贷：财政拨款收入/零余额账户用款额度/银行存款等

公共基础设施改建、扩建完成，竣工验收交付使用时，按照在建工程成本，借记本科目，贷记“在建工程”科目。

借：公共基础设施

　　贷：在建工程

为保证公共基础设施正常使用发生的日常维修等支出，借记“业务活动费用”等科目，贷记“财政拨款收入”“零余额账户用款额度”“银行存款”等科目。

借：业务活动费用等

　　贷：财政拨款收入/零余额账户用款额度/银行存款等

3. 按照规定报经批准处置公共基础设施

（1）报经批准对外捐赠公共基础设施，按照公共基础设施已计提的折旧或摊销，借记“公共基础设施累计折旧（摊销）”科目，按照被处置公共基础设施账面余额，贷记本科目，按照捐赠过程中发生的归属于捐出方的相关费用，贷记“银行存款”等科目，按照其差额，借记“资产处置费用”科目。

借：公共基础设施累计折旧（摊销）

　　资产处置费用

　　贷：银行存款等

　　　　公共基础设施

（2）报经批准无偿调出公共基础设施，按照公共基础设施已计提的折旧或摊销，借记“公共基础设施累计折旧（摊销）”科目，按照被处置公共基础设施账面余额，贷记本科目，按照其差额，借记“无偿调拨净资产”科目；同时，按照无偿调出过程中发生的归属于调出方的相关费用，借记“资产处置费用”科目，贷记“银行存款”等科目。

借：公共基础设施累计折旧（摊销）

　　无偿调拨净资产

　　贷：公共基础设施

借：资产处置费用

　　贷：银行存款等

（3）单位应当定期对公共基础设施进行清查盘点。对于发生的公共基础设施盘盈、盘亏、毁损或报废，应当先记入“待处理财产损溢”科目，按照规定报经批准后及时进行后续账务处理。

盘盈的公共基础设施，其成本按照有关凭据注明的金额确定；没有相关凭据，但按照规定经过资产评估的，其成本按照评估价值确定；没有相关凭据，也未经过评估的，其成本按照重置成本确定。盘盈的公共基础设施成本无法可靠取得的，单位应当设置备查簿进行登记，待成本确定后按照规定及时入账。

盘盈的公共基础设施，按照确定的入账成本，借记本科目，贷记“待处理财产损溢”科目。

借：公共基础设施

　　贷：待处理财产损溢

盘亏、毁损或报废的公共基础设施，按照待处置公共基础设施的账面价值，借记“待处理财产损溢”科目，按照已计提折旧或摊销，借记“公共基础设施累计折旧（摊销）”科目，按照公共基础设施的账面余额，贷记本科目。

借：待处理财产损溢

　　公共基础设施累计折旧（摊销）

　　贷：公共基础设施

四、行政事业单位公共基础设施活动核算举例

【例13－111】某省文化厅通过招标4 000 000元委托某建筑公司承建建造文化广场及配套设施，首期支付2 000 000元，验收后再结清其余资金，以财政直接支付方式结算，现全部工程完工。

财务会计账务处理：

借：在建工程	2 000 000	
贷：财政拨款收入		2 000 000

预算会计账务处理：

借：行政支出	2 000 000	
贷：财政拨款预算收入		2 000 000

结转时财务会计账务处理：

借：公共基础设施	4 000 000	
贷：在建工程		4 000 000

【例13－112】某事业单位接受无偿调入的公共抗洪基础设施，其账面价值为5 800 000元。

借：公共基础设施	5 800 000	
贷：无偿调入净资产		5 800 000

【例13－113】某省交通厅对城市交通设施进行改造，此前该交通设施原值80 000 000元，已折旧65 000 000元，此次改造投入20 000 000元，通过财政授权支付。

借：在建工程	15 000 000	
公共基础设施累计折旧	65 000 000	
贷：公共基础设施		80 000 000
借：在建工程	20 000 000	
贷：零余额账户用款额度		20 000 000

预算会计账务处理：

借：行政支出　　20 000 000

　贷：资金结存——零余额账户用款额度　　20 000 000

五、行政事业单位“公共基础设施”活动核算比较

行政事业单位“公共基础设施”活动核算比较如表 13－27 所示。

表 13－27　行政事业单位“公共基础设施”活动核算比较

<table>
<tr><th colspan="3" rowspan="2">情形</th><th colspan="2">财务会计</th><th colspan="2">预算会计</th></tr>
<tr><th>行政单位</th><th>事业单位</th><th>行政单位</th><th>事业单位</th></tr>
<tr><td rowspan="4">1</td><td rowspan="4">取得</td><td>自行建造公共基础设施完工交付使用时</td><td colspan="2">借：公共基础设施
　贷：在建工程</td><td colspan="2">—</td></tr>
<tr><td>接受无偿调入的公共基础设施</td><td colspan="2">借：公共基础设施
　贷：无偿调拨净资产
　　财政拨款收入/零余额账户用款额度/银行存款等［发生的归属于调入方的相关费用］
如无偿调入的公共基础设施成本无法可靠取得的：
借：其他费用［发生的归属于调入方的相关费用］
　贷：财政拨款收入/零余额账户用款额度/银行存款等</td><td colspan="2">借：其他支出［支付的归属于调入方的相关费用］
　贷：财政拨款预算收入/资金结存</td></tr>
<tr><td>接受捐赠的公共基础设施</td><td colspan="2">借：公共基础设施
　贷：捐赠收入
　　财政拨款收入/零余额账户用款额度/银行存款等［发生的归属于捐入方的相关费用］
如接受捐赠的公共基础设施成本无法可靠取得的：
借：其他费用［发生的归属于捐入方的相关费用］
　贷：财政拨款收入/零余额账户用款额度/银行存款等</td><td colspan="2">借：其他支出［支付的归属于捐入方的相关费用］
　贷：财政拨款预算收入/资金结存</td></tr>
<tr><td>外购的公共基础设施</td><td colspan="2">借：公共基础设施
　贷：财政拨款收入/零余额账户用款额度/应付账款/银行存款等</td><td>借：行政支出
　贷：财政拨款预算收入/资金结存</td><td>借：事业支出
　贷：财政拨款预算收入/资金结存</td></tr>
</table>

续表

<table>
<tr><th colspan="3" rowspan="2">情形</th><th colspan="2">财务会计</th><th colspan="2">预算会计</th></tr>
<tr><th>行政单位</th><th>事业单位</th><th>行政单位</th><th>事业单位</th></tr>
<tr><td rowspan="2">2</td><td rowspan="2">后续支出</td><td>为增加公共基础设施使用效能或延长其使用年限而发生的改建、扩建等后续支出</td><td colspan="2">借：在建工程
公共基础设施累计折旧（摊销）
贷：公共基础设施［账面余额］
借：在建工程［发生的相关后续支出］
贷：财政拨款收入/零余额账户用款额度/应付账款/银行存款等</td><td>借：行政支出［实际支付的款项］
贷：财政拨款预算收入/资金结存</td><td>借：事业支出［实际支付的款项］
贷：财政拨款预算收入/资金结存</td></tr>
<tr><td>为维护公共基础设施的正常使用而发生的日常维修、养护等后续支出</td><td colspan="2">借：业务活动费用
贷：财政拨款收入/零余额账户用款额度/银行存款等</td><td>借：行政支出［实际支付的款项］
贷：财政拨款预算收入/资金结存</td><td>借：事业支出［实际支付的款项］
贷：财政拨款预算收入/资金结存</td></tr>
<tr><td rowspan="2">3</td><td rowspan="2">处置</td><td>对外捐赠公共基础设施</td><td colspan="2">借：资产处置费用
公共基础设施累计折旧（摊销）
贷：公共基础设施［账面余额］
银行存款等［归属于捐出方的相关费用］</td><td colspan="2">借：其他支出［支付的归属于捐出方的相关费用］
贷：资金结存等</td></tr>
<tr><td>无偿调出公共基础设施</td><td colspan="2">借：无偿调拨净资产
公共基础设施累计折旧（摊销）
贷：公共基础设施［账面余额］
借：资产处置费用
贷：银行存款等［归属于调出方的相关费用］</td><td colspan="2">借：其他支出［支付的归属于调出方的相关费用］
贷：资金结存等</td></tr>
<tr><td>4</td><td>损坏</td><td>报废、毁损的公共基础设施</td><td colspan="2">借：待处理财产损溢
公共基础设施累计折旧（摊销）
贷：公共基础设施［账面余额］</td><td colspan="2">—</td></tr>
</table>

六、公共基础设施累计折旧（摊销）

（一）公共基础设施累计折旧（摊销）科目的设置

“公共基础设施累计折旧（摊销）”科目核算行政单位计提的公共基础设施累计折旧和累计摊销。本科目应当按照所对应公共基础设施的明细分类进行明细核算。本科目期末贷方余额，反映单位提取的公共基础设施折旧和摊销的累计数。

（二）公共基础设施累计折旧（摊销）的主要账务处理

（1）按月计提公共基础设施折旧时，按照应计提的折旧额，借记“业务活动费用”科目，贷记本科目。

借：业务活动费用

　　贷：公共基础设施累计折旧（摊销）

（2）按月对确认为公共基础设施的单独计价入账的土地使用权进行摊销时，按照应计提的摊销额，借记“业务活动费用”科目，贷记本科目。

借：业务活动费用

　　贷：公共基础设施累计折旧（摊销）

（3）处置公共基础设施时，按照所处置公共基础设施的账面价值，借记“资产处置费用”“无偿调拨净资产”“待处理财产损溢”等科目，按照已提取的折旧和摊销，借记本科目，按照公共基础设施账面余额，贷记“公共基础设施”科目。

（三）行政事业单位“公共基础设施累计折旧（摊销）”活动核算对比

行政事业单位“公共基础设施累计折旧（摊销）”活动核算对比如表 13－28 所示。

表 13－28　　行政事业单位“公共基础设施累计折旧（摊销）”活动核算对比

情形		财务会计		预算会计	
		行政单位	事业单位	行政单位	事业单位
1	按月计提公共基础设施折旧或摊销时	借：业务活动费用 贷：公共基础设施累计折旧（摊销）		—	
2	处置公共基础设施时	借：待处理财产损溢/资产处置费用/无偿调拨净资产等 公共基础设施累计折旧（摊销） 贷：公共基础设施［账面余额］		—	

第十节　政府储备物资

一、政府储备物资概述

我国政府储备物资包括战略及能源物资、抢险抗灾救灾物资、农产品、医药物资和其他重要商品物资，对于保障国家安全、服务国计民生具有重要意义。从资产物质形态看，政府会计主体控制的政府储备物资与其占有、使用的存货具有一定相似性，但政府储备物资在功能作用、管理方式、资金来源、业务流程等方面与存货存在显著差异：

第一，从功能作用来看，政府储备物资是政府会计主体为满足特定公共需求而储备的物资，其主要目的是进行“储备”以用于应对可能发生的特定事件或情况，其规模和种类反映政府维护社会经济稳定、确保国家安全、部署发展战略、应对各类突发事件等的能力，与政府会计主体在开展日常性活动中为自身耗用或出售而储存的存货具有本质区别。

第二，从管理方式来看，政府会计主体对于存货一般采取由其自身直接储存的方式进行管理，而我国政府储备物资主要采取委托存储的管理模式，承储单位按照行政管理部门的要求进行实际储存和日常管理，行政管理和存储执行相分离。基层代储单位性质也呈现多样化，涉及政府会计主体和企业主体。此外，有些储备物资品种还涉及多个政府会计主体管理以及多级次政府会计主体管理的情况。

第三，从资金来源看，存货采购资金来源于部门预算资金，而政府储备物资的收储资金来源更为复杂，除来源于部门预算资金外，还存在来源于银行专项贷款等情况。

第四，从日常业务流程来看，政府储备物资具有区别于存货的独特业务内容和环节，如政府储备物资需要根据特定文件规定进行采购、存储、保管、轮换、发出等，发出物资收回往往具有不确定性。

政府储备物资是指政府会计主体为满足实施国家安全与发展战略、进行抗灾救灾、应对公共突发事件等特定公共需求而控制的，同时具有下列特征的有形资产：①在应对可能发生的特定事件或情形时动用；②其购入、存储保管、更新（轮换）、动用等由政府及相关部门发布的专门管理制度规范。

政府储备物资主要包括战略及能源物资、抢险抗灾救灾物资、农产品、医药物资和其他重要商品物资，通常情况下由政府会计主体委托承储单位存储。企业以及纳入企业财务管理体系的事业单位接受政府委托收储并按企业会计准则核算的储备物资，不适用本准则。

政府储备物资准则规定对政府储备物资负有行政管理职责的政府会计主体为政府储备物资的确认主体，对政府储备物资不负有行政管理职责但接受委托负责执行其存储保管等工作的政府会计主体应当将受托代储的政府储备物资作为受托代理资产核算。会计确认主体限定为“提出或拟订收储计划、更新（轮换）计划、动用方案等”的主体。

二、政府储备物资科目的设置

“政府储备物资”科目核算单位控制的政府储备物资的成本。对政府储备物资不负有行政管理职责但接受委托具体负责执行其存储保管等工作的单位，其受托代储的政府储备物资应当通过“受托代理资产”科目核算，不通过本科目核算。本科目应当按照政府储备物资的种类、品种、存放地点等进行明细核算。行政单位根据需要，可在本科目下设置“在库”“发出”等明细科目进行明细核算。本科目期末借方余额，反映政府储备物资的成本。

三、政府储备物资的主要账务处理

1. 政府储备物资取得时，应当按照其成本入账

（1）购入的政府储备物资验收入库，按照确定的成本，借记本科目，贷记“财政拨款收入”“零余额账户用款额度”“银行存款”等科目。

（2）涉及委托加工政府储备物资业务的，相关账务处理参照“加工物品”科目。

（3）接受捐赠的政府储备物资验收入库，按照确定的成本，借记本科目，按照单位承担的相关税费、运输费等，贷记“零余额账户用款额度”“银行存款”等科目，按照其差额，贷记“捐赠收入”科目。

借：政府储备物资

　　贷：零余额账户用款额度/银行存款等

　　　　捐赠收入

（4）接受无偿调入的政府储备物资验收入库，按照确定的成本，借记本科目，按

照单位承担的相关税费、运输费等，贷记“零余额账户用款额度”“银行存款”等科目，按照其差额，贷记“无偿调拨净资产”科目。

2. 政府储备物资发出时依据不同情况处理

（1）因动用而发出无须收回的政府储备物资的，按照发出物资的账面余额，借记“业务活动费用”科目，贷记本科目。

借：业务活动费用

　　贷：政府储备物资

（2）因动用而发出需要收回或者预期可能收回的政府储备物资的，在发出物资时，按照发出物资的账面余额，借记本科目（发出），贷记本科目（在库）。

借：政府储备物资（发出）

　　贷：政府储备物资（在库）

按照规定的质量验收标准收回物资时，按照收回物资原账面余额，借记本科目（在库），按照未收回物资的原账面余额，借记“业务活动费用”科目，按照物资发出时登记在本科目所属“发出”明细科目中的余额，贷记本科目（发出）。

借：政府储备物资（在库）/业务活动费用

　　贷：政府储备物资（发出）

（3）因行政管理主体变动等原因而将政府储备物资调拨给其他主体的，按照无偿调出政府储备物资的账面余额，借记“无偿调拨净资产”科目，贷记本科目。

借：无偿调拨净资产

　　贷：政府储备物资

（4）对外销售政府储备物资并将销售收入纳入单位预算统一管理的，发出物资时，按照发出物资的账面余额，借记“业务活动费用”科目，贷记本科目。

借：业务活动费用

　　贷：政府储备物资

实现销售收入时，按照确认的收入金额，借记“银行存款”“应收账款”等科目，贷记“事业收入”等科目。

借：银行存款/应收账款

　　贷：事业收入

对外销售政府储备物资并按照规定将销售净收入上缴财政的，发出物资时，按照发出物资的账面余额，借记“资产处置费用”科目，贷记本科目。

借：资产处置费用

　　贷：政府储备物资

取得销售价款时，按照实际收到的款项金额，借记“银行存款”等科目，按照发生的相关税费，贷记“银行存款”等科目，按照销售价款大于所承担的相关税费后的差额，贷记“应缴财政款”科目。

借：银行存款

　　贷：应缴财政款

3. 单位应当定期对政府储备物资进行清查盘点，每年至少盘点一次

对于发生的政府储备物资盘盈、盘亏或者报废、毁损，应当先记入“待处理财产损

溢”科目，按照规定报经批准后及时进行后续账务处理。

（1）盘盈的政府储备物资，按照确定的入账成本，借记本科目，贷记“待处理财产损溢”科目。

借：政府储备物资

　　贷：待处理财产损溢

（2）盘亏或者毁损、报废的政府储备物资，按照待处理政府储备物资的账面余额，借记“待处理财产损溢”科目，贷记本科目。

借：待处理财产损溢

　　贷：政府储备物资

四、行政事业单位政府储备物资活动核算举例

【例 13-114】某市农业局承担政府储备物资任务，采用直接支付方式购入政府储备物资 350 000 元、运输杂费 5 000 元。

财务会计账务处理会计分录为：

借：政府储备物资	355 000	
贷：财政拨款收入		355 000

预算会计账务处理会计分录为：

借：行政支出	355 000	
贷：财政拨款预算收入		355 000

【例 13-115】某行政单位接受无偿调入的一批政府储备物资 800 000 元，另以银行存款支付运输等费用 20 000 元。

财务会计账务处理会计分录为：

借：政府储备物资	820 000	
贷：银行存款		20 000
无偿调拨净资产		800 000

预算会计账务处理会计分录为：

借：其他支出	20 000	
贷：资金结存——货币资金（银行存款）		20 000

【例 13-116】某市民政局经批准无偿调出一批政府储备物资，价值 500 000 元。

借：无偿调拨净资产	500 000	
贷：政府储备物资		500 000

【例 13-117】某市农业局对外出售 200 000 元政府储备物资，取得收入 400 000 元应缴财政款。

借：资产处置费用	200 000	
贷：政府储备物资		200 000
借：银行存款	400 000	
贷：应缴财政款		400 000

五、行政事业单位“政府储备物资”活动核算比较

行政事业单位“政府储备物资”活动核算比较如表 13－29 所示。

表 13－29　　行政事业单位“政府储备物资”活动核算比较

情形			财务会计		预算会计	
			行政单位	事业单位	行政单位	事业单位
1	取得	购入的政府储备物资	借：政府储备物资 贷：财政拨款收入/零余额账户用款额度/应付账款/银行存款等		借：行政支出 贷：财政拨款收入/资金结存	借：事业支出 贷：财政拨款预算收入/资金结存
		接受捐赠的政府储备物资	借：政府储备物资 贷：捐赠收入 财政拨款收入/零余额账户用款额度/银行存款［捐入方承担的相关税费］		借：其他支出［捐入方承担的相关税费］ 贷：财政拨款预算收入/资金结存	
		无偿调入的政府储备物资	借：政府储备物资 贷：无偿调拨净资产 财政拨款收入/零余额账户用款额度/银行存款［调入方承担的相关税费］		借：其他支出［调入方承担的相关税费］ 贷：财政拨款预算收入/资金结存	
		动用发出无须收回的政府储备物资	借：业务活动费用 贷：政府储备物资［账面余额］		—	
		动用发出需要收回或预期可能收回的政府储备物资	发出物资时： 借：政府储备物资——发出 贷：政府储备物资——在库 按照规定的质量验收标准收回物资时： 借：政府储备物资——在库［收回物资的账面余额］ 业务活动费用［未收回物资的账面余额］ 贷：政府储备物资——发出		—	
2	发出	因行政管理主体变动等原因而将政府储备物资调拨给其他主体的	借：无偿调拨净资产 贷：政府储备物资［账面余额］		—	

续表

<table>
<tr><th colspan="4" rowspan="2">情形</th><th colspan="2">财务会计</th><th colspan="2">预算会计</th></tr>
<tr><th>行政单位</th><th>事业单位</th><th>行政单位</th><th>事业单位</th></tr>
<tr><td rowspan="2">2</td><td rowspan="2">发出</td><td rowspan="2">对外销售政府储备物资的</td><td>按照规定物资销售收入纳入本单位预算的</td><td>借：业务活动费用
贷：政府储备物资
借：银行存款/应收账款等
贷：其他收入等
借：业务活动费用
贷：银行存款等［发生的相关税费］</td><td>借：业务活动费用
贷：政府储备物资
借：银行存款/应收账款等
贷：事业收入等
借：业务活动费用
贷：银行存款等［发生的相关税费］</td><td>借：资金结存［收到的销售价］
贷：其他预算收入等
借：行政支出
贷：资金结存［支付的相关税费］</td><td>借：资金结存［收到的销售价款］
贷：事业预算收入等
借：事业支出
贷：资金结存［支付的相关税费］</td></tr>
<tr><td>按照规定销售收入扣除相关税费后上缴财政的</td><td colspan="2">借：资产处置费用
贷：政府储备物资
借：银行存款等［收到的销售价款］
贷：银行存款［发生的相关税费］
应缴财政款</td><td colspan="2">—</td></tr>
<tr><td rowspan="2">3</td><td rowspan="2">盘点</td><td colspan="2">盘盈的政府储备物资</td><td colspan="2">借：政府储备物资
贷：待处理财产损溢</td><td colspan="2">—</td></tr>
<tr><td colspan="2">盘亏、报废或毁损的政府储备物资</td><td colspan="2">借：待处理财产损溢
贷：政府储备物资</td><td colspan="2">—</td></tr>
</table>

第十一节 其他资产

一、文物文化资产

（一）文物文化资产科目的设置

“文物文化资产”科目核算单位为满足社会公共需求而控制的文物文化资产的成本。单位为满足自身开展业务活动或其他活动需要而控制的文物和陈列品，应当通过“固定资产”科目核算，不通过本科目核算。本科目应当按照文物文化资产的类别、项目等进行明细核算。本科目期末借方余额，反映文物文化资产的成本。

（二）文物文化资产的主要账务处理

（1）文物文化资产在取得时，应当按照其成本入账。外购的文物文化资产，其成本包括购买价款、相关税费以及可归属于该项资产达到预定用途前所发生的其他支出（如运输费、安装费、装卸费等）。外购的文物文化资产，按照确定的成本，借记本科目，贷记“财政拨款收入”“零余额账户用款额度”“银行存款”等科目。

借：文物文化资产

贷：财政拨款收入/零余额账户用款额度/银行存款

接受其他单位无偿调入的文物文化资产，其成本按照该项资产在调出方的账面价值加上归属于调入方的相关费用确定。

调入的文物文化资产，按照确定的成本，借记本科目，按照发生的归属于调入方的相关费用，贷记“零余额账户用款额度”“银行存款”等科目，按照其差额，贷记“无偿调拨净资产”科目。

借：文物文化资产

贷：零余额账户用款额度/银行存款

无偿调拨净资产

无偿调入的文物文化资产成本无法可靠取得的，按照发生的归属于调入方的相关费用，借记“其他费用”科目，贷记“零余额账户用款额度”“银行存款”等科目。

借：其他费用

贷：零余额账户用款额度/银行存款

接受捐赠的文物文化资产，其成本按照有关凭据注明的金额加上相关费用确定；没有相关凭据可供取得，但按照规定经过资产评估的，其成本按照评估价值加上相关费用确定；没有相关凭据可供取得、也未经评估的，其成本比照同类或类似资产的市场价格加上相关费用确定。

接受捐赠的文物文化资产，按照确定的成本，借记本科目，按照发生的相关税费、运输费等金额，贷记“零余额账户用款额度”“银行存款”等科目，按照其差额，贷记“捐赠收入”科目。

接受捐赠的文物文化资产成本无法可靠取得的，按照发生的相关税费、运输费等金额，借记“其他费用”科目，贷记“零余额账户用款额度”“银行存款”等科目。

对于成本无法可靠取得的文物文化资产，单位应当设置备查簿进行登记，待成本能够可靠确定后按照规定及时入账。

（2）与文物文化资产有关的后续支出，参照“公共基础设施”科目相关规定进行处理。

（3）按照规定报经批准处置文物文化资产，应当分别以下情况处理：

报经批准对外捐赠文物文化资产，按照被处置文物文化资产账面余额和捐赠过程中发生的归属于捐出方的相关费用合计数，借记“资产处置费用”科目，按照被处置文物文化资产账面余额，贷记本科目，按照捐赠过程中发生的归属于捐出方的相关费用，贷记“银行存款”等科目。

借：资产处置费用

贷：文物文化资产

银行存款

报经批准无偿调出文物文化资产，按照被处置文物文化资产账面余额，借记“无偿调拨净资产”科目，贷记本科目；同时，按照无偿调出过程中发生的归属于调出方的相关费用，借记“资产处置费用”科目，贷记“银行存款”等科目。

借：无偿调拨净资产

　　贷：文物文化资产

借：资产处置费用

　　贷：银行存款

（4）单位应当定期对文物文化资产进行清查盘点，每年至少盘点一次。对于发生的文物文化资产盘盈、盘亏、毁损或报废等，参照“公共基础设施”科目相关规定进行账务处理。

（三）行政事业单位文物文化资产活动核算举例

【例 13－118】某博物馆购文物文化资产 75 000 元，已归收入库，另付运杂费等 5 000 元。款项采用授权支付方式支付。

财务会计账务处理：

借：文物文化资产　　80 000

　　贷：零余额账户用款额度　　80 000

预算会计账务处理：

借：行政支出　　80 000

　　贷：资金结存——零余额账户用款额度　　80 000

【例 13－119】某高校收到捐赠文物文化资产价值 550 000 元，并支付运输费 20 000 元，用银行存款支付。

财务会计账务处理：

借：文物文化资产　　570 000

　　贷：银行存款　　20 000

　　　　捐赠收入　　550 000

预算会计账务处理：

借：其他支出　　20 000

　　贷：资金结存——货币资金（银行存款）　　20 000

（四）行政事业单位“文物文化资产”活动核算对比

行政事业单位“文物文化资产”活动核算对比如表 13－30 所示。

表 13－30　　行政事业单位“文物文化资产”活动核算对比

情形			财务会计		预算会计	
			行政单位	事业单位	行政单位	事业单位
1	取得	外购的文物文化资产	借：文物文化资产 　贷：财政拨款收入/零余额账户用款额度/应付账款/银行存款等		借：行政支出 　贷：财政拨款预算收入／资金结存	借：事业支出 　贷：财政拨款预算收入／资金结存

续表

<table>
<tr><th colspan="3" rowspan="2">情形</th><th colspan="2">财务会计</th><th colspan="2">预算会计</th></tr>
<tr><th>行政单位</th><th>事业单位</th><th>行政单位</th><th>事业单位</th></tr>
<tr><td rowspan="2">1</td><td rowspan="2">取得</td><td>接受无偿调入文物文化资产</td><td colspan="2">借：文物文化资产
贷：无偿调拨净资产
财政拨款收入/零余额账户用款额度/银行存款等［发生的归属于调入方的相关费用］
如无偿调入的文物文化资产成本无法可靠取得的：
借：其他费用［发生的归属于调入方的相关费用］
贷：财政拨款收入/零余额账户用款额度/银行存款等</td><td colspan="2">借：其他支出［支付的归属于调入方的相关费用］
贷：财政拨款预算收入/资金结存</td></tr>
<tr><td>接受捐赠的文物文化资产</td><td colspan="2">借：文物文化资产
贷：捐赠收入
财政拨款收入/零余额账户用款额度/银行存款［发生的归属于捐入方的相关费用］
接受捐赠的文物文化资产成本无法可靠取得的：
借：其他费用［发生的归属于捐入方的相关费用］
贷：财政拨款收入/零余额账户用款额度/银行存款等</td><td colspan="2">借：其他支出［支付的归属于捐入方的相关费用］
贷：资金结存等</td></tr>
<tr><td rowspan="2">2</td><td rowspan="2">处置</td><td>对外捐赠文物文化资产</td><td colspan="2">借：资产处置费用
贷：文物文化资产［账面余额］
银行存款等［归属于捐出方的相关费用］</td><td colspan="2">借：其他支出［支付的归属于捐出方的相关费用］
贷：资金结存等</td></tr>
<tr><td>无偿调出文物文化资产</td><td colspan="2">借：无偿调拨净资产
贷：文物文化资产［账面余额］
借：资产处置费用
贷：银行存款等［归属于调出方的相关费用］</td><td colspan="2">借：其他支出［支付的归属于调出方的相关费用］
贷：资金结存等</td></tr>
<tr><td rowspan="2">3</td><td rowspan="2">盘点</td><td>盘盈时</td><td colspan="2">借：文物文化资产
贷：待处理财产损溢</td><td colspan="2">—</td></tr>
<tr><td>盘亏、毁损、报废时</td><td colspan="2">借：待处理财产损溢
贷：文物文化资产［账面余额］</td><td colspan="2">—</td></tr>
</table>

二、保障性住房

（一）保障性住房科目的设置

“保障性住房”科目核算单位为满足社会公共需求而控制的保障性住房的原值。本科目应当按照保障性住房的类别、项目等进行明细核算。本科目期末借方余额，反映保障性住房的原值。

（二）保障性住房的主要账务处理

（1）保障性住房在取得时，应当按其成本入账。

①外购的保障性住房，其成本包括购买价款、相关税费以及可归属于该项资产达到预定用途前所发生的其他支出。

外购的保障性住房，按照确定的成本，借记本科目，贷记“财政拨款收入”“零余额账户用款额度”“银行存款”等科目。

借：保障性住房

　　贷：财政拨款收入/零余额账户用款额度/银行存款等

②自行建造的保障性住房交付使用时，按照在建工程成本，借记本科目，贷记“在建工程”科目。

借：保障性住房

　　贷：在建工程

已交付使用但尚未办理竣工决算手续的保障性住房，按照估计价值入账，待办理竣工决算后再按照实际成本调整原来的暂估价值。

③接受其他单位无偿调入的保障性住房，其成本按照该项资产在调出方的账面价值加上归属于调入方的相关费用确定。

无偿调入的保障性住房，按照确定的成本，借记本科目，按照发生的归属于调入方的相关费用，贷记“零余额账户用款额度”“银行存款”等科目，按照其差额，贷记“无偿调拨净资产”科目。

借：保障性住房

　　贷：零余额账户用款额度/银行存款等

　　　　无偿调拨净资产

④接受捐赠、融资租赁取得的保障性住房，参照“固定资产”科目相关规定进行处理。

（2）与保障性住房有关的后续支出，参照“固定资产”科目相关规定进行处理。

（3）按照规定出租保障性住房并将出租收入上缴同级财政，按照收取的租金金额，借“银行存款”等科目，贷记“应缴财政款”科目。

借：银行存款等

　　贷：应缴财政款

（4）按照规定报经批准处置保障性住房账务处理。

①报经批准无偿调出保障性住房，按照保障性住房已计提的折旧，借记“保障性住房累计折旧”科目，按照被处置保障性住房账面余额，贷记本科目，按照其差额，借记“无偿调拨净资产”科目；同时，按照无偿调出过程中发生的归属于调出方的相关费用，借记“资产处置费用”科目，贷记“银行存款”等科目。

借：保障性住房累计折旧

　　资产处置费用

　　贷：保障性住房

　　　　银行存款等

②报经批准出售保障性住房，按照被出售保障性住房的账面价值，借记“资产处置费用”科目，按照保障性住房已计提的折旧，借记“保障性住房累计折旧”科目，按照保障性住房账面余额，贷记本科目。

同时，按照收到的价款，借记“银行存款”等科目，按照出售过程中发生的相关费用，贷记“银行存款”等科目，按照其差额，贷记“应缴财政款”科目。

借：资产处置费用

　　保障性住房累计折旧

　　银行存款等

　　贷：保障性住房

　　　　应缴财政款

（5）单位应当定期对保障性住房进行清查盘点。对于发生的保障性住房盘盈、盘亏、毁损或报废等，参照“固定资产”科目相关规定进行账务处理。

（三）行政事业单位“保障性住房”活动核算比较

行政事业单位“保障性住房”活动核算比较如表13－31所示。

表13－31　　行政事业单位“保障性住房”活动核算比较

<table>
<tr><th colspan="3" rowspan="2">情形</th><th colspan="2">财务会计</th><th colspan="2">预算会计</th></tr>
<tr><th>行政单位</th><th>事业单位</th><th>行政单位</th><th>事业单位</th></tr>
<tr><td rowspan="3">1</td><td rowspan="3">取得</td><td>外购的保障性住房</td><td colspan="2">借：保障性住房
　贷：财政拨款收入/零余额账户用款额度/银行存款等</td><td>借：行政支出
　贷：财政拨款预算收入/资金结存</td><td>借：事业支出
　贷：财政拨款预收入/资金结存</td></tr>
<tr><td>自行建造的保障性住房，工程完工交付使用时</td><td colspan="2">借：保障性住房
　贷：在建工程</td><td colspan="2">—</td></tr>
<tr><td>无偿调入的保障性住房</td><td colspan="2">借：保障性住房
　贷：银行存款/零余额账户用款额度等［发生的相关费用］
　　无偿调拨净资产［差额］</td><td colspan="2">借：其他支出［支付的相关税费］
　贷：资金结存等</td></tr>
<tr><td>2</td><td>出租</td><td>按照收取或应收的租金金额</td><td colspan="2">借：银行存款/应收账款
　贷：应缴财政款</td><td colspan="2">—</td></tr>
<tr><td rowspan="2">3</td><td rowspan="2">处置</td><td rowspan="2">出售保障性住房</td><td colspan="2">借：资产处置费用
　保障性住房累计折旧
　贷：保障性住房［账面余额］</td><td colspan="2">—</td></tr>
<tr><td colspan="2">借：银行存款［处置保障性住房收到的价款］
　贷：应缴财政款
　　银行存款等［发生的相关费用］</td><td colspan="2">—</td></tr>
</table>

续表

情形			财务会计		预算会计	
			行政单位	事业单位	行政单位	事业单位
3	处置	无偿调出保障性住房	借：无偿调拨净资产 保障性住房累计折旧 贷：保障性住房［账面余额］		—	
			借：资产处置费用 贷：银行存款等［归属于调出方的相关费用］		借：其他支出 贷：资金结存等	
4	盘点清查	盘盈的保障性住房	借：保障性住房 贷：待处理财产损溢		—	
		盘亏、毁损或报废的保障性住房	借：待处理财产损溢［账面价值］ 保障性住房累计折旧 贷：保障性住房［账面余额］		—	

（四）保障性住房累计折旧

1. 保障性住房累计折旧科目的设置

“保障性住房累计折旧”科目核算单位计提的保障性住房的累计折旧。本科目应当按照所对应保障性住房的类别进行明细核算。单位应当参照《政府会计准则第 3 号——固定资产》及其应用指南的相关规定，按月对其控制的保障性住房计提折旧。本科目期末贷方余额，反映单位计提的保障性住房折旧累计数。

2. 保障性住房累计折旧的主要账务处理

（1）按月计提保障性住房折旧时，按照应计提的折旧额，借记“业务活动费用”科目，贷记本科目。

借：业务活动费用

　　贷：保障性住房累计折旧

（2）报经批准处置保障性住房时，按照所处置保障性住房的账面价值，借记“资产处置费用”“无偿调拨净资产”“待处理财产损溢”等科目，按照已计提折旧，借记本科目，按照保障性住房的账面余额，贷记“保障性住房”科目。

借：资产处置费用/无偿调拨净资产/待处理财产损溢

　　保障性住房累计折旧

　　贷：保障性住房

3. 行政事业单位“保障性住房累计折旧”活动核算比较（见表13－32）

表13－32　　行政事业单位“保障性住房累计折旧”活动核算比较

情形		财务会计		预算会计	
		行政单位	事业单位	行政单位	事业单位
1	按月计提保障性住房折旧时	借：业务活动费用 　贷：保障性住房累计折旧		—	
2	处置保障性住房时	借：待处理财产损溢/无偿调拨净资产/资产处置费用等 　保障性住房累计折旧 　贷：保障性住房［账面余额］		涉及资金支付的，参照“保障性住房”科目相关账务处理	

三、受托代理资产

（一）受托代理资产科目的设置

“受托代理资产”科目核算单位接受委托方委托管理的各项资产，包括受托指定转赠的物资、受托存储保管的物资等的成本。单位管理的罚没物资也应当通过本科目核算。

单位收到的受托代理资产为现金和银行存款的，不通过本科目核算，应当通过“库存现金”“银行存款”科目进行核算。

本科目应当按照资产的种类和委托人进行明细核算；属于转赠资产的，还应当按照受赠人进行明细核算。本科目期末借方余额，反映单位受托代理实物资产的成本。

（二）受托代理资产的主要账务处理

1. 受托转赠物资

（1）接受委托人委托需要转赠给受赠人的物资，其成本按照有关凭据注明的金额确定。接受委托转赠的物资验收入库，按照确定的成本，借记本科目，贷记“受托代理负债”科目。

受托协议约定由受托方承担相关税费、运输费等的，还应当按照实际支付的相关税费、运输费等金额，借记“其他费用”科目，贷记“银行存款”等科目。

借：其他费用

　贷：银行存款

（2）将受托转赠物资交付受赠人时，按照转赠物资的成本，借记“受托代理负债”科目，贷记本科目。

（3）转赠物资的委托人取消了对捐赠物资的转赠要求，且不再收回捐赠物资的，应当将转赠物资转为单位的存货、固定资产等。按照转赠物资的成本，借记“受托代理负债”科目，贷记本科目；同时，借记“库存物品”“固定资产”等科目，贷记“其他收入”科目。

借：受托代理负债

　贷：受托代理资产

借：库存物品/固定资产

　　贷：其他收入

2. 受托存储保管物资

（1）接受委托人委托存储保管的物资，其成本按照有关凭据注明的金额确定。接受委托储存的物资验收入库，按照确定的成本，借记本科目，贷记“受托代理负债”科目。

借：受托代理资产

　　贷：受托代理负债

（2）发生由受托单位承担的与受托存储保管的物资相关的运输费、保管费等费用时，按照实际发生的费用金额，借记“其他费用”等科目，贷记“银行存款”等科目。

借：其他费用

　　贷：银行存款

（3）根据委托人要求交付或发出受托存储保管的物资时，按照发出物资的成本，借记“受托代理负债”科目，贷记本科目。

借：受托代理负债

　　贷：受托代理资产

3. 罚没物资

（1）取得罚没物资时，其成本按照有关凭据注明的金额确定。罚没物资验收（入库），按照确定的成本，借记本科目，贷记“受托代理负债”科目。罚没物资成本无法可靠确定的，单位应当设置备查簿进行登记。

借：受托代理资产

　　贷：受托代理负债

（2）按照规定处置或移交罚没物资时，按照罚没物资的成本，借记“受托代理负债”科目，贷记本科目。处置时取得款项的，按照实际取得的款项金额，借记“银行存款”等科目，贷记“应缴财政款”等科目。

借：受托代理负债

　　贷：受托代理资产

借：银行存款

　　贷：应缴财政款

单位受托代理的其他实物资产，参照本科目有关受托转赠物资、受托存储保管物资的规定进行账务处理。

（三）行政事业单位受托代理资产活动核算举例

【例 13－120】 某市民政局接受委托转赠的一批抗旱物资 450 000 元，需支付运费杂费 10 000 元，以银行存款转讫。

财务会计账务处理：

借：受托代理资产	450 000	
贷：受托代理负债		450 000
借：其他费用	10 000	

贷：银行存款　10 000

预算会计账务处理：

借：其他支出　10 000

贷：资金结存——货币资金（银行存款）　10 000

【例 13－121】市民政局将受托转赠物资交付受赠人。

借：受托代理负债　450 000

贷：受托代理资产　450 000

（四）行政事业单位“受托代理资产”活动核算比较

行政事业单位“受托代理资产”活动核算比较如表 13－33 所示。

表 13－33　行政事业单位“受托代理资产”活动核算比较

<table>
<tr><th colspan="3" rowspan="2">情形</th><th colspan="2">财务会计</th><th colspan="2">预算会计</th></tr>
<tr><th>行政单位</th><th>事业单位</th><th>行政单位</th><th>事业单位</th></tr>
<tr><td rowspan="4">1</td><td rowspan="4">受托转赠物资</td><td>接受委托人委托需要转赠给受赠人的物资</td><td colspan="2">借：受托代理资产
贷：受托代理负债</td><td colspan="2">—</td></tr>
<tr><td>受托协议约定由受托方承担相关税费、运输费的</td><td colspan="2">借：其他费用
贷：财政拨款收入/零余额账户用款额度/银行存款等</td><td colspan="2">借：其他支出［实际支付的相关税费、运输费等］
贷：财政拨款预算收入/资金结存</td></tr>
<tr><td>将受托转赠物资交付受赠人时</td><td colspan="2">借：受托代理负债
贷：受托代理资产</td><td colspan="2">—</td></tr>
<tr><td>转赠物资的委托人取消了对捐赠物资的转赠要求，且不再收回捐赠物资</td><td colspan="2">借：受托代理负债
贷：受托代理资产
借：库存物品/固定资产等
贷：其他收入</td><td colspan="2">—</td></tr>
<tr><td rowspan="3">2</td><td rowspan="3">受托储存保管物资</td><td>接受委托人委托储存保管的物资</td><td colspan="2">借：受托代理资产
贷：受托代理负债</td><td colspan="2">—</td></tr>
<tr><td>支付由受托单位承担的与受托储存保管的物资相关的运输费、保管费等</td><td colspan="2">借：其他费用等
贷：财政拨款收入/零余额账户用款额度/银行存款等</td><td colspan="2">借：其他支出等［实际支付的运输费、保管费等］
贷：财政拨款预算收入/资金结存</td></tr>
<tr><td>根据委托人要求交付受托储存保管的物资时</td><td colspan="2">借：受托代理负债
贷：受托代理资产</td><td colspan="2">—</td></tr>
</table>

续表

<table>
<tr><td colspan="3" rowspan="2">情形</td><td colspan="2">财务会计</td><td colspan="2">预算会计</td></tr>
<tr><td>行政单位</td><td>事业单位</td><td>行政单位</td><td>事业单位</td></tr>
<tr><td rowspan="2">3</td><td rowspan="2">罚没</td><td>取得罚没物资时</td><td colspan="2">借：受托代理资产
　　贷：受托代理负债</td><td colspan="2">—</td></tr>
<tr><td>按照规定处置罚没物资</td><td colspan="2">借：受托代理负债
　　贷：受托代理资产
处置时取得款项的：
借：银行存款等
　　贷：应缴财政款</td><td colspan="2">—</td></tr>
</table>

第十二节　待处置资产

一、待摊费用

（一）待摊费用科目的设置

“待摊费用”科目核算单位已经支付，但应当由本期和以后各期分别负担的分摊期在1年以内（含1年）的各项费用，如预付航空保险费、预付租金等。摊销期限在1年以上的租入固定资产改良支出和其他费用，应当通过“长期待摊费用”科目核算，不通过本科目核算。

待摊费用应当在其受益期限内分期平均摊销，如预付航空保险费应在保险期的有效期内、预付租金应在租赁期内分期平均摊销，计入当期费用。本科目应当按照待摊费用种类进行明细核算。本科目期末借方余额，反映单位各种已支付但尚未摊销的分摊期在1年以内（含1年）的费用。

（二）待摊费用的主要账务处理

（1）发生待摊费用时，按照实际预付的金额，借记本科目，贷记“财政拨款收入”“零余额账户用款额度”“银行存款”等科目。

【例13－122】某市统计局年初订杂志通过零余额账户支付2 500元。

财务会计账务处理：

借：待摊费用　　2 500

　　贷：零余额账户用款额度　　2 500

预算会计账务处理：

借：行政支出　　2 500

　　贷：资金结存——零余额账户用款额度　　2 500

（2）按照受益期限分期平均摊销时，按照摊销金额，借记“业务活动费用”“单位管理费用”“经营费用”等科目，贷记本科目。

借：业务活动费用/单位管理费用/经营费用等

　　贷：待摊费用

（3）如果某项待摊费用已经不能使单位受益，应当将其摊余金额一次全部转入当期费用。按照摊销金额，借记“业务活动费用”“单位管理费用”“经营费用”等科目，贷记本科目。

借：业务活动费用/单位管理费用/经营费用等

　　贷：待摊费用

二、长期待摊费用

（一）长期待摊费用科目的设置

“长期待摊费用”科目核算单位已经支出，但应由本期和以后各期负担的分摊期限在1年以上（不含1年）的各项费用，如以经营租赁方式租入的固定资产发生的改良支出等。本科目应当按照费用项目进行明细核算。本科目期末借方余额，反映单位尚未摊销完毕的长期待摊费用。

（二）长期待摊费用的主要账务处理

（1）发生长期待摊费用时，按照支出金额，借记本科目，贷记“财政拨款收入”“零余额账户用款额度”“银行存款”等科目。

借：长期待摊费用

　　贷：财政拨款收入/余额账户用款额度/银行存款等

（2）受益期间摊销长期待摊费用时，按照摊销金额，借记“业务活动费用”“单位管理费用”“经营费用”等科目，贷记本科目。

借：业务活动费用/单位管理费用/经营费用等

　　贷：长期待摊费用

（3）如果某项长期待摊费用已经不能使单位受益，应当将其摊余金额一次全部转入当期费用。按照摊销金额，借记“业务活动费用”“单位管理费用”“经营费用”等科目，贷记本科目。

借：业务活动费用/单位管理费用/经营费用等

　　贷：长期待摊费用

三、待处理财产损溢

（一）待处理财产损溢科目的设置

“待处理财产损益”科目核算单位在资产清查过程中查明的各种资产盘盈、盘亏和报废、毁损的价值。本科目应当按照待处理的资产项目进行明细核算；对于在资产处理过程中取得收入或发生相关费用的项目，还应当设置“待处理财产价值”“处理净收入”明细科目，进行明细核算。单位资产清查中查明的资产盘盈、盘亏、报废和毁损，一般应当先记入本科目，按照规定报经批准后及时进行账务处理。年末结账前一般应处理完毕。本科目期末如为借方余额，反映尚未处理完毕的各种资产的净损失；期末如为贷方余额，反映尚未处理完毕的各种资产净溢余。年末，经批准处理后，本科目一般应无余额。

（二）待处理财产损溢的主要账务处理

（1）账款核对时发现的库存现金短缺或溢余。每日账款核对中发现现金短缺或溢余，属于现金短缺，按照实际短缺的金额，借记本科目，贷记“库存现金”科目；属于现金溢余，按照实际溢余的金额，借记“库存现金”科目，贷记本科目。

借：待处理财产损溢

　　贷：库存现金

借：库存现金

　　贷：待处理财产损溢

如为现金短缺，属于应由责任人赔偿或向有关人员追回的，借记“其他应收款”科目，贷记本科目；属于无法查明原因的，报经批准核销时，借记“资产处置费用”科目，贷记本科目。

借：其他应收款

　　贷：待处理财产损溢

借：资产处置费用

　　贷：待处理财产损溢

如为现金溢余，属于应支付给有关人员或单位的，借记本科目，贷记“其他应付款”科目；属于无法查明原因的，报经批准后，借记本科目，贷记“其他收入”科目。

借：待处理财产损溢

　　贷：其他应付款

借：待处理财产损溢

　　贷：其他收入

（2）资产清查过程中发现的存货、固定资产、无形资产、公共基础设施、政府储备物资、文物文化资产、保障性住房等各种资产盘盈、盘亏或报废、毁损。

①盘盈的各类资产。转入待处理资产时，按照确定的成本，借记“库存物品”“固定资产”“无形资产”“公共基础设施”“政府储备物资”“文物文化资产”“保障性住房”等科目，贷记本科目。

借：库存物品/固定资产/无形资产/公共基础设施/政府储备物资/文物文化资产/保障性住房等

　　贷：待处理财产损溢

按照规定报经批准后处理时，对于盘盈的流动资产，借记本科目，贷记“单位管理费用”（事业单位）或“业务活动费用”（行政单位）科目。对于盘盈的非流动资产，如属于本年度取得的，按照当年新取得相关资产进行账务处理；如属于以前年度取得的，按照前期差错处理，借记本科目，贷记“以前年度盈余调整”科目。

借：待处理财产损溢

　　贷：以前年度盈余调整

②盘亏或者毁损、报废的各类资产。当转入待处理资产时，借记本科目（待处理财产价值）[盘亏、毁损、报废固定资产、无形资产、公共基础设施、保障性住房的，还应借记“固定资产累计折旧”“无形资产累计摊销”“公共基础设施累计折旧（摊销）”“保障性住房累计折旧”科目]，贷记“库存物品”“固定资产”“无形资产”“公共基础设施”“政府储备物资”“文物文化资产”“保障性住房”“在建工程”等科目。涉及

增值税业务的，相关账务处理参见“应交增值税”科目。

借：待处理财产损溢

固定资产累计折旧/无形资产累计摊销/公共基础设施累计折旧（摊销）/保障性住房累计折旧

贷：库存物品/固定资产/无形资产/公共基础设施/政府储备物资/文物文化资产/保障性住房/在建工程

当报经批准处理时，借记“资产处置费用”科目，贷记本科目（待处理财产价值）。

借：资产处置费用

贷：待处理财产损溢

当处理毁损、报废实物资产过程中取得的残值或残值变价收入、保险理赔和过失人赔偿等，借记“库存现金”“银行存款”“库存物品”“其他应收款”等科目，贷记本科目（处理净收入）；处理毁损、报废实物资产过程中发生的相关费用，借记本科目（处理净收入），贷记“库存现金”“银行存款”等科目。

借：库存现金/银行存款/库存物品/其他应收款

贷：待处理财产损溢

借：待处理财产损溢

贷：库存现金/银行存款/库存物品/其他应收款

当处理收支结清时，如果处理收入大于相关费用的，按照处理收入减去相关费用后的净收入，借记本科目（处理净收入），贷记“应缴财政款”等科目；如果处理收入小于相关费用的，按照相关费用减去处理收入后的净支出，借记“资产处置费用”科目，贷记本科目（处理净收入）。

借：待处理财产损溢

贷：应缴财政款

借：资产处置费用

贷：待处理财产损溢

（三）行政事业单位“待处理财产损溢”活动核算比较

行政事业单位“待处理财产损溢”活动核算比较如表 13－34 所示。

表 13－34　　行政事业单位“待处理财产损溢”活动核算比较

情形			财务会计		预算会计	
			行政单位	事业单位	行政单位	事业单位
1	现金短缺或溢余	账款核对时发现的现金短缺或溢余	参照“库存现金”科目的账务处理			

续表

<table>
<tr><td colspan="4" rowspan="2">情形</td><td colspan="2">财务会计</td><td colspan="2">预算会计</td></tr>
<tr><td>行政单位</td><td>事业单位</td><td>行政单位</td><td>事业单位</td></tr>
<tr><td rowspan="3">2</td><td rowspan="3">盘盈</td><td colspan="2">转入待处理财产时</td><td colspan="2">借：库存物品/固定资产/无形资产/公共基础设施/政府储备物资/文物文化资产/保障性住房等
贷：待处理财产损溢</td><td colspan="2">—</td></tr>
<tr><td rowspan="2">报经批准后处理时</td><td>对于流动资产</td><td>借：待处理财产损溢
贷：业务活动费用</td><td>借：待处理财产损溢
贷：单位管理费用</td><td colspan="2">—</td></tr>
<tr><td>对于非流动资产</td><td colspan="2">借：待处理财产损溢
贷：以前年度盈余调整</td><td colspan="2">—</td></tr>
<tr><td rowspan="6">3</td><td rowspan="6">盘亏或毁损、报废</td><td colspan="2">转入待处理财产时</td><td colspan="2">借：待处理财产损溢——待处理财产价值
固定资产累计折旧/公共基础设施累计折旧（摊销）/无形资产累计摊销/保障性住房累计折旧
贷：库存物品/固定资产/公共基础设施/无形资产/政府储备物资/文物文化资产/保障性住房等</td><td colspan="2">—</td></tr>
<tr><td colspan="2">报经批准处理时</td><td colspan="2">借：资产处置费用
贷：待处理财产损溢——待处理财产价值</td><td colspan="2">—</td></tr>
<tr><td colspan="2">处理毁损、报废实物资产过程中取得的残值或残值变价收入、保险理赔或过失人赔偿等</td><td colspan="2">借：库存现金/银行存款/库存物品/其他应收款
贷：待处理财产损溢——处理净收入</td><td colspan="2">—</td></tr>
<tr><td colspan="2">处理毁损、报废实物资产过程中发生的相关费用</td><td colspan="2">借：待处理财产损溢——处理净收入
贷：库存现金/银行存款等</td><td colspan="2">—</td></tr>
<tr><td colspan="2">处理收支结清，处理收入大于相关费用的</td><td colspan="2">借：待处理财产损溢——处理净收入
贷：应缴财政款</td><td colspan="2">—</td></tr>
<tr><td colspan="2">处理收支结清，处理收入小于相关费用的</td><td colspan="2">借：资产处置费用
贷：待处理财产损溢——处理净收入</td><td colspan="2">借：其他支出
贷：资金结存等［支付的处理净支出］</td></tr>
</table>

思考与练习题

1. 某行政单位开出现金支票从银行提取现金600元备用。

2. 某行政单位用现金120元购买办公用品。

3. 某事业单位将本日超库存现金80元送交银行。

4. 某事业单位用闲散资金购入10 000元国库券，以转账方式支付。6个月到期后，利息为4 200元。

5. 某行政单位职工出差借款2 000元，实际开支1 780元，回来后报销，退回多余现金220元。

6. 某事业单位收到开户银行入账通知，主管单位拨来本月财政补助款300 000元。

7. 某事业单位开出现金支票一张，从银行提取现金5 000元备用。

8. 某事业单位开出转账支票一张，支付假期校舍维修款700 000元。

9. 某行政单位收到单位零余额账户代理银行盖章的“授权支付到账通知书”，列示金额16 000元。

10. 某事业单位从零余额账户提现1 000元，按规定签发付款凭证通知代理银行支付购买零星办公用品支出款500元。

11. 某行政单位收到代理银行转来的“财政授权支付入账通知书”，财政部门下达的财政授权支付用款额度41 000元，并与分月用款计划核对相符。

12. 某事业单位购买的办公设备实际支出12 500元，抵冲原来预付的设备款12 000元后用现金补足余额。

13. 某事业单位购入材料400千克，每千克15元，共计6 000元，税款1 020元，款项已用支票付讫，又用现金支付装卸费200元。材料已验收入库。

14. 某行政单位以银行存款预付大华公司6 000元购进材料。待材料验收入库时，支付其余的5 700元。

15. 某行政单位购进乙材料，价款（含税）35 100元，款未付，另以现金支付运杂费1 000元。

16. 某事业单位出售积压的甲材料150千克，收到价款1 400元，存入银行。该材料的实际成本为1 500元。

17. 某行政单位根据年终财产清查盘点结果，盘盈甲材料，账面价值700元；盘亏丙材料，原价1 000元。按规定程序批准后，分别予以补账和销账。

18. 某事业单位建成办公楼1幢，造价1 000 000元，经验收合格并交付使用。

19. 某事业单位购买电脑2台，价款11 000元，价款用支票付讫，货已验收。

20. 某事业单位自制文具柜20个，支付料工费3 000元，用银行存款支付。

21. 某行政单位自制的20个文具柜现已全部制成，共耗用料工费3 500元，经验收合格，交付使用，同时以银行存款补付500元。

22. 某行政单位经主管部门批准，在系统内有偿调入计算机一台，价值9 000元。

23. 某行政单位接到国外友好单位赠送的轿车一辆，价值1 000 000元，同时该机关支付关税和国内运杂费50 000元，已转账付款。

24. 某事业单位将一台价值8 000元的计算机有偿调给兄弟单位，价款6 000元，兄弟单位已转账付款。凭“调拨单”填制记账凭证。

25. 某事业单位将一辆原价200 000元的闲置汽车，作价100 000元出售，已办清有关银行转账手续，凭“调拨单”和“送款单”填制记账凭证。

26. 某行政单位经批准报废一台计算机，原价18 000元，变价收入1 200元，并以现金支付清理费150元，已办理完毕，根据“固定资产报废单”和“送款单”填制记账凭证。

27. 某行政单位采用临时性租赁方式租出房屋，预收本年度租金50 000元。

28. 某事业单位根据年终财产清查盘点结果，盘盈电风扇2台，重置完全价值400元；盘亏打印机1台，原价1 000元。按规定程序批准后，分别予以补账和销账。

29. 某行政单位接受某施工企业移交竣工的基础设施项目，工程造价6 780 000元。

30. 某事业单位按照规定报经批准后核销67 000元的预付账款。

31. 某事业单位为小规模纳税人，拟购入甲材料一批，按协议预付定金2 000元，签发凭证用单位存款支付。

32. 某事业单位购置不需要安装的设备，收到代理银行盖章的“财政直接支付支出通知书”，列示付款总金额295 000元，其中设备运输费1 300元，调试费1 200元。

33. 某事业单位用银行存款支付委托软件公司开发软件所发生的支出110 000元。

34. 某事业单位用银行存款购买某单位的长期股权，实际支出价款90 000元，同时支付人员差旅费800元，计算应该缴纳的有关税费300元。

35. 年终，某行政单位依据代理银行提供的对账单，将零余额账户用款额度500 000元注销。次年初，根据代理银行提供零余额账户用款额度恢复到账通知书，恢复原有额度。

36. 某事业单位向外单位提供经营劳务服务获得收入30 000元，款项尚未收到。

37. 某事业单位以银行存款2 000 000元购入甲公司30%股权，其中包括已宣布但未发放的股利40 000元，一个月后，该公司收到未发放股利40 000元。

38. 某事业单位出售持有乙公司的全部股权。该长期投资原值为1 000 000元，现账面余额1 200 000元，转让价格1 600 000元，转让过程中发生相关税费20 000元，相关款项银行转讫。

39. 某行政单位接收一批转赠聋哑福利院物资价值3 000 000元。三个月后依照要求，将该物资转交相关受赠人。

40. 某体育管理中心销售一批体育器材给A公司，收到面值100 000元、期限6个月的商业承兑汇票一张，含增值税3 000元。

41. 某行政单位订购业务活动材料，合同金额为50 000元，采取财政直接支付方式预付20 000元。

42. 某事业单位依据市财政局批准，从一省属高校无偿调入一项专利。该专利账面余额150 000元，累计摊销30 000元，用零余额账户支付有关费用5 000元。

43. 某行政单位依据规定购入政府储备物资价值5 000 000元，以财政授权支付结算。另外用银行存款支付运杂费 20 000 元。

44. 年底，某行政单位现金清查时发现库存现金比其账面余额多出600 元，原因不明。

45. 某事业单位资产盘查时发现有台设备尚未入账，其市场重置价 150 000 元，依据上级主管单位意见将此作为差错处理。

46. 某行政单位经财政批准对外捐赠某文物文化资产 450 000 元，以银行存款支付相关费用 3 000 元。

47. 某事业单位支付会计师事务所报表审计业务咨询费 3 600 元，以银行存款支付。

48. 某事业单位接受 B 公司捐赠一批材料，发票金额为 25 000 元，用现金支付税费和运输费 300 元。

49. 某行政单位采购一批办公用品，以财政授权支付价款 60 000 元，但货物尚在运输途中。

第十四章

行政事业单位负债

第一节　单位负债管理概述

一、单位负债含义

负债是指政府会计主体过去的经济业务或者事项形成的，预期会导致经济资源流出政府会计主体的现时义务。

现时义务是指政府会计主体在现行条件下已承担的义务。未来发生的经济业务或者事项形成的义务不属于现时义务，不应当确认为负债。

政府会计主体的负债按照流动性，分为流动负债和非流动负债。流动负债是指预计在1年内（含1年）偿还的负债，包括短期借款、应付及预收款项、应缴财政款项等。非流动负债是指流动负债以外的负债，包括长期借款、长期应付款等。

二、负债确认条件

在同时满足以下条件时，确认为负债：

（1）履行该义务很可能导致含有服务潜力或者经济利益的经济资源流出政府会计主体。

（2）该义务的金额能够可靠地计量。

三、负债范围

负债包括偿还时间与金额基本确定的负债和由或有事项形成的预计负债。偿还时间与金额基本确定的负债按政府会计主体的业务性质及风险程度，分为融资活动形成的举借债务及其应付利息、运营活动形成的应付及预收款项和暂收性负债。

借入的款项是指除政府以外的其他政府会计主体从银行或其他金融机构等借入的款项。

应付及预收款项是指政府会计主体在运营活动中形成的应当支付而尚未支付的款项及预先收到但尚未实现收入的款项，包括应付职工薪酬、应付账款、预收款项、应交税费、应付国库集中支付结余和其他应付未付款项。

暂收性负债是指政府会计主体暂时收取，随后应做上缴、退回、转拨等处理的款项。暂收性负债主要包括应缴财政款和其他暂收款项。

四、负债类会计科目

负债类会计科目如表 14－1 所示。

表 14－1　　负债类会计科目

财务会计负债类（16）		行政单位	事业单位
科目代码	科目名称		
2001	短期借款		√
2101	应交增值税		√
2102	其他应交税费	√	√
2103	应缴财政款	√	√
2201	应付职工薪酬	√	√
2301	应付票据		√
2302	应付账款	√	√
2303	应付政府补贴款	√	
2304	应付利息		√
2305	预收账款		√
2307	其他应付款	√	√
2401	预提费用	√	√
2501	长期借款		√
2502	长期应付款	√	√
2601	预计负债	√	√
2901	受托代理负债	√	√

第二节　短期借款和长期借款

一、短期借款

（一）短期借款科目的设置

“短期借款”科目核算事业单位经批准向银行或其他金融机构等借入的期限在 1 年内（含 1 年）的各种借款。本科目应当按照债权人和借款种类进行明细核算。本科目期末贷方余额，反映事业单位尚未偿还的短期借款本金。

（二）短期借款的主要账务处理

1. 借入各种短期借款时，按照实际借入的金额

【例 14－1】某市水利局从银行贷款 600 000 元，月利息 3 000 元。

财务会计账务处理：

借：银行存款　　600 000

　　贷：短期借款　　600 000

预算会计账务处理：

借：资金结存——货币资金（银行存款）　　600 000

　　贷：债务预算收入　　600 000

【例 14－2】本月按规定以银行存款支付贷款利息 3 000 元。

财务会计账务处理：

借：其他费用　　3 000

　　贷：银行存款　　3 000

预算会计账务处理：

借：其他支出　　3 000

　　贷：资金结存——货币资金（银行存款）　　3 000

2. 银行承兑汇票到期，本单位无力支付票款的，按照应付票据的账面余额

【例 14－3】某市教育局签发的一张银行承兑汇票 200 000 元到期，无力支付票款。

借：应付票据　　200 000

　　贷：短期借款　　200 000

3. 归还短期借款时

借：短期借款　　200 000

　　贷：银行存款　　200 000

（三）事业单位“短期借款”活动核算比较

事业单位“短期借款”活动核算比较如表 14－2 所示。

表 14－2　　事业单位“短期借款”活动核算比较

情形		财务会计	预算会计
1	借入各种短期借款	借：银行存款 　贷：短期借款	借：资金结存——货币资金 　贷：债务预算收入
2	银行承兑汇票到期，本单位无力支付票款	借：应付票据 　贷：短期借款	借：经营支出等 　贷：债务预算收入
3	归还短期借款	借：短期借款 　贷：银行存款	借：债务还本支出 　贷：资金结存——货币资金

二、长期借款

（一）长期借款科目的设置

“长期借款”科目，核算事业单位经批准向银行或其他金融机构等借入的期限超过 1 年（不含 1 年）的各种借款本息。本科目应当设置“本金”和“应计利息”明细科目，并按照贷款单位和贷款种类进行明细核算。对于建设项目借款，还应按照具体项目进行明细核算。本科目期末贷方余额，反映事业单位尚未偿还的长期借款本息金额。

（二）长期借款的主要账务处理

（1）借入各项长期借款时，按照实际借入的金额，借记“银行存款”科目，贷记本科目（本金）。

借：银行存款

　　贷：长期借款

（2）为建造固定资产、公共基础设施等应支付的专门借款利息，按期计提利息时，分别以下处理。

①属于工程项目建设期间发生的利息，计入工程成本，按照计算确定的应支付的利息金额，借记“在建工程”科目，贷记“应付利息”科目。

借：在建工程

　　贷：应付利息

②属于工程项目完工交付使用后发生的利息，计入当期费用，按照计算确定的应支付的利息金额，借记“其他费用”科目，贷记“应付利息”科目。

借：其他费用

　　贷：应付利息

（3）按期计提其他长期借款的利息时，按照计算确定的应支付的利息金额，借记“其他费用”科目，贷记“应付利息”科目［分期付息、到期还本借款的利息］或本科目（应计利息）［到期一次还本付息借款的利息］。

借：其他费用

　　贷：应付利息/长期借款——应计利息

（4）到期归还长期借款本金、利息时，借记本科目（本金、应计利息），贷记“银行存款”科目。

借：长期借款——本金

　　　　　　——应计利息

　　贷：银行存款

（三）事业单位“长期借款”活动核算比较

事业单位“长期借款”活动核算比较如表14－3所示。

表14－3　　事业单位“长期借款”活动核算比较

情形			财务会计	预算会计
1	取得	借入各种长期借款	借：银行存款 　贷：长期借款——本金	借：资金结存——货币资金 　贷：债务预算收入［本金］
2	为购建固定资产、公共基础设施等应支付的专门借款利息	属于工程项目建设期间发生的	借：在建工程 　贷：应付利息［分期付息、到期还本］ 　　长期借款——应计利息［到期一次还本付息］	—

续表

情形			财务会计	预算会计
2	为购建固定资产、公共基础设施等应支付的专门借款利息	属于工程项目完工交付使用后发生的	借：其他费用 　贷：应付利息［分期付息、到期还本］ 　　长期借款——应计利息［到期一次还本付息］	—
		实际支付利息时	借：应付利息 　贷：银行存款等	借：其他支出 　贷：资金结存
3	其他长期借款利息	计提利息时	借：其他费用 　贷：应付利息［分期付息、到期还本］ 　　长期借款——应计利息［到期一次还本付息］	—
		分期实际支付利息时	借：应付利息 　贷：银行存款等	借：其他支出 　贷：资金结存
4	归还	归还长期借款本金和利息	借：长期借款——本金 　　　——应计利息［到期一次还本付息］ 　贷：银行存款	借：债务还本支出［支付的本金］ 　贷：资金结存

第三节　应交税费

一、应交增值税

（一）应交增值税科目的设置

“应交增值税”科目核算事业单位按照税法规定计算应缴纳的增值税。

属增值税一般纳税人的单位，应当在本科目下设置“应交税金”“未交税金”“预交税金”“待抵扣进项税额”“待认证进项税额”“待转销项税额”“简易计税”“转让金融商品应交增值税”“代扣代交增值税”等明细科目。

小规模纳税人的明细科目设置：属于增值税小规模纳税人的单位只需在本科目下设置“代扣代缴增值税”明细科目。

本科目期末贷方余额，反映事业单位应交未交的增值税；期末如为借方余额，反映单位尚未抵扣或多交的增值税。

（二）应交增值税的主要账务处理

1. 事业单位取得资产或接受劳务等业务

（1）采购等业务进项税额允许抵扣。

事业单位购买用于增值税应税项目的资产或服务等时，按照应计入相关成本费用或资产的金额，借记“业务活动费用”“在途物品”“库存物品”“工程物资”“在建工程”“固定资产”“无形资产”等科目，按照当月未认证可抵扣增值税额，贷记“应付账款”“应付票据”“银行存款”“零余额账户用款额度”等科目。

借：业务活动费用/在途物品/库存物品/工程物资/在建工程/固定资产/无形资产等

　　应交增值税——待认证进项税额

　　贷：应付账款/应付票据/银行存款/零余额账户用款额度等

（2）采购等业务进项税额不得抵扣。

事业单位购进资产或服务等，用于简易计税方法计税项目、免征增值税项目、集体福利或个人消费等，其进项税额按照现行增值税制度规定不得从销项税额中抵扣的，取得增值税专用发票时，应按照增值税发票注明的金额，借记相关成本费用或资产科目，按照待认证的增值税进项税额，借记本科目（待认证进项税额），按照实际支付或应付的金额，贷记“银行存款”“应付账款”“零余额账户用款额度”等科目。

借：应交增值税——待认证进项税额

　　贷：银行存款/应付账款/零余额账户用款额度等

经税务机关认证为不可抵扣进项税额时，借记本科目（应交税金——进项税额）科目，贷记本科目（待认证进项税额），同时，将进项税额转出，借记相关成本费用科目，贷记本科目（应交税金—进项税额转出）。

借：应交增值税——进项税额

　　贷：应交增值税——待认证进项税额

（3）购进不动产或不动产在建工程按照规定进项税额分年抵扣。

事业单位取得应税项目为不动产或者不动产在建工程，其进项税额按照现行增值税制度规定自取得之日起分2年从销项税额中抵扣的，应当按照取得成本，借记“固定资产”“在建工程”等科目，按照当期可抵扣的增值税额，借记本科目（应交税金——进项税额），按照以后期间可抵扣的增值税额，借记本科目（待抵扣进项税额），按照应付或实际支付的金额，贷记“应付账款”“应付票据”“银行存款”“零余额账户用款额度”等科目。尚未抵扣的进项税额待以后期间允许抵扣时，按照允许抵扣的金额，借记本科目（应交税金——进项税额），贷记本科目（待抵扣进项税额）。

借：固定资产/在建工程

　　应交增值税——进项税额

　　应交增值税——待认证进项税额

　　贷：应付账款/应付票据/银行存款/零余额账户用款额度等

（4）进项税额抵扣情况发生改变。

事业单位因发生非正常损失或改变用途等，原已计入进项税额、待抵扣进项税额或待认证进项税额，但按照现行增值税制度规定不得从销项税额中抵扣的，借记“待处理财产损溢”“固定资产”“无形资产”等科目，贷记本科目（应交税金——进项税额转出）、本科目（待抵扣进项税额）或本科目（待认证进项税额）。

借：待处理财产损溢/固定资产/无形资产

　　贷：应交增值税——进项税额转出/应交税金——待认证进项税额

原不得抵扣且未抵扣进项税额的固定资产、无形资产等，因改变用途等用于允许抵扣进项税额的应税项目的，应按照允许抵扣的进项税额，借记本科目（应交税金——进项税额），贷记“固定资产”“无形资产”等科目。固定资产、无形资产等经上述调整后，应按照调整后的账面价值在剩余尚可使用年限内计提折旧或摊销。

借：应交增值税——进项税额

　　贷：固定资产/无形资产等

事业单位购进时已全额计入进项税额的货物或服务等转用于不动产在建工程的，对于结转以后期间的进项税额，应借记本科目（待抵扣进项税额），贷记本科目（应交税金——进项税额转出）。

借：应交增值税——待抵扣进项税额

　　贷：应交增值税——进项税额转出

（5）购买方作为扣缴义务人。

按照现行增值税制度规定，境外单位或个人在境内发生应税行为，在境内未设有经营机构的，以购买方为增值税扣缴资产的金额，借记“业务活动费用”“在途物品”“库存物品”“工程物资”“在建工程”“固定资产”“无形资产”等科目，按照可抵扣的增值税额，借记本科目（应交税金——进项税额）[小规模纳税人应借记相关成本费用或资产科目]，按照应付或实际支付的金额，贷记“银行存款”“应付账款”等科目，按照应代扣代缴的增值税额，贷记本科目（代扣代交增值税）。

借：业务活动费用/在途物品/库存物品/工程物资/在建工程/固定资产/无形资产

　　应交增值税——进项税额

　　贷：银行存款/应付账款等

　　　　应交增值税——代扣代交增值税

实际缴纳代扣代缴增值税时，按照代扣代缴的增值税额，借记本科目（代扣代交增值税），贷记“银行存款”“零余额账户用款额度”等科目。

借：应交增值税——代扣代交增值税

　　贷：银行存款/零余额账户用款额度

2. 单位销售资产或提供服务等业务

（1）销售资产或提供服务业务。

事业单位销售货物或提供服务，应当按照应收或已收的金额，借记“应收账款”“应收票据”“银行存款”等科目，按照确认的收入金额，贷记“经营收入”“事业收入”等科目，按照现行增值税制度规定计算销项税额（或采用简易计税方法计算的应纳增值税额），贷记本科目（应交税费——销项税额）或本科目（简易计税）[小规模纳税人应贷记本科目]。发生销售退回的，应根据按照规定开具的红字增值税专用发票作相反的会计分录。按照本制度及相关政府会计准则确认收入的时点早于按照增值税制度确认增值税纳税义务发生时点的，应将相关销项税额记入本科目（待转销项税额），待实际发生纳税义务时再转入本科目（应交税金——销项税额）或本科目（简易计税）。按照增值税制度确认增值税纳税义务发生时点早于按照本制度及相关政府会计准则确认收入的时点的，应按照应纳增值税额，借记“应收账款”科目，贷记（应交税金——销项税额）或本科目（简易计税）。

借：应收账款

　　贷：应交增值税——销项税额/简易计税

（2）金融商品转让按照规定以盈亏相抵后的余额。

金融商品实际转让销售收入，如产生转让收益，则按照应纳税额，借记“投资收益”科目，贷记本科目（转让金融商品应交增值税）。

借：投资收益

　　贷：应交增值税——转让金融商品应交增值税

如产生转让损失，则按照可结转下月抵扣税额，借记本科目（转让金融商品应交增值税），贷记“投资收益”科目。

借：应交增值税——转让金融商品应交增值税

　　贷：投资收益

缴纳增值税时，应借记本科目（转让金融商品应交增值税），贷记“银行存款”等科目。

借：应交增值税——转让金融商品应交增值税

　　贷：银行存款

年末本科目（转让金融商品应交增值税）如有借方余额，则借记“投资收益”，贷记本科目（转让金融商品应交增值税）。

借：投资收益

　　贷：应交税金——转让金融商品应交增值税

3. 月末转出多交增值税和未交增值税

月度终了，单位应当将当月应交未交或多交的增值税自“应交税金”明细科目转入“未交税金”明细科目。对于当月应交未交的增值税，借记本科目（应交税金——转出未交增值税），贷记本科目（未交税金）。

借：应交增值税——转出未交增值税

　　贷：应交增值税——未交税金

对于当月多交的增值税，借记本科目（未交税金），贷记本科目（应交税金——转出多交增值税）。

借：应交增值税——未交税金

　　贷：应交增值税——转出多交增值税

4. 缴纳增值税

（1）缴纳当月应交增值税。单位缴纳当月应交的增值税，借记本科目（应交税金——已交税金）[小规模纳税人借记本科目]，贷记“银行存款”等科目。

借：应交增值税——已交税金

　　贷：银行存款等

（2）缴纳以前期间未交增值税。单位缴纳以前期间未交的增值税，借记本科目（未交税金）[小规模纳税人借记本科目]，贷记“银行存款”等科目。

借：应交增值税——未交税金

　　贷：银行存款等

（3）预交增值税。单位预交增值税时，借记本科目（预交税金），贷记“银行存款”等科目。月末，单位应将“预交税金”明细科目余额转入“未交税金”明细科目，借记本科目（未交税金），贷记本科目（预交税金）。

借：应交增值税——预交税金

　　贷：银行存款等

借：应交增值税——未交税金

　　贷：应交增值税——预交税金

（4）减免增值税。对于当期直接减免的增值税，借记本科目（应交税金——减免税款），贷记“业务活动费用”“经营费用”等科目。

借：应交增值税——减免税款

　　贷：业务活动费用/经营费用等

按照现行增值税制度规定，单位初次购买增值税税控系统专用设备支付的费用以及缴纳的技术维护费允许在增值税应纳税额中全额抵减的，按照规定抵减的增值税应纳税额，借记本科目（应交税金——减免税款）［小规模纳税人借记本科目］，贷记“业务活动费用”“经营费用”等科目。

借：应交增值税——减免税款

　　贷：业务活动费用/经营费用

（三）事业单位“应交增值税”活动核算比较

事业单位“应交增值税”活动核算比较如表 14－4 所示。

表 14－4　　事业单位“应交增值税”活动核算比较

纳税人	情形			财务会计	预算会计
一般纳税人	1	购入资产或接受劳务	购入应税资产或服务时	借：业务活动费用/在途物品/库存物品/工程物资/在建工程/固定资产/无形资产等 应交增值税——应交税金（进项税额）［当月已认证可抵扣］ 应交增值税——待认证进项税额［当月未认证可抵扣］ 贷：银行存款/零余额账户用款额度等［实际支付的金额］/应付票据［开出并承兑的商业汇票］/应付账款等［应付的金额］	借：事业支出/经营支出等 贷：资金结存等［实际支付的金额］
			经税务机关认证为不可抵扣进项税额时	借：应交增值税——应交税金（进项税额） 贷：应交增值税——待认证进项税额 同时： 借：业务活动费用等 贷：应交增值税——应交税金（进项税额转出）	—

续表

纳税人	情形			财务会计	预算会计
一般纳税人	1	购入资产或接受劳务	购进应税不动产或在建工程按规定分年抵扣进项税额的	借：固定资产/在建工程等 应交增值税——应交税金（进项税额）［当期可抵扣］ 应交增值税——待抵扣进项税额［以后期间可抵扣］ 贷：银行存款/零余额账户用款额度等［实际支付的金额］/应付票据［开出并承兑的商业汇票］/应付账款等［应付的金额］	借：事业支出/经营支出等 贷：资金结存等［实际支付的金额］
			尚未抵扣的进项税额以后期间抵扣时	借：应交增值税——应交税金（进项税额） 贷：应交增值税——待抵扣进项税额	—
			购进属于增值税应税项目的资产后，发生非正常损失或改变用途的	借：待处理财产损溢/固定资产/无形资产等［按照现行增值税制度规定不得从销项税额中抵扣的进项税额］ 贷：应交增值税——应交税金（进项税额转出） 应交增值税——待认证进项税额/应交增值税——待抵扣进项税额	—
			原不得抵扣且未抵扣进项税额的固定资产、无形资产等，因改变用途等用于允许抵扣进项税额的应税项目	借：应交增值税——应交税金（进项税额）［可以抵扣的进项税额］ 贷：固定资产/无形资产等	—
			购进时已全额计入进项税额的货物或服务等转用于不动产在建工程的，对于结转以后期间的进项税额	借：应交增值税——待抵扣进项税额 贷：应交增值税——应交税金（进项税额转出）	—
			购进资产或服务时作为扣缴义务人	借：业务活动费用/在途物品/库存物品/工程物资/固定资产/无形资产等 应交增值税——应交税金（进项税额）［当期可抵扣］ 贷：银行存款［实际支付的金额］ 应付账款等 应交增值税——代扣代交增值税	借：事业支出/经营支出等 贷：资金结存［实际支付的金额］

续表

纳税人	情形			财务会计	预算会计
一般纳税人	1	购入资产或接受劳务	购进资产或服务时作为扣缴义务人	实际缴纳代扣代缴增值税时 借：应交增值税——代扣代交增值税 贷：银行存款、零余额账户用款额度	借：事业支出/经营支出 贷：资金结存［实际支付的金额］
	2	销售应税产品或提供应税服务	销售应税产品或提供应税服务时	借：银行存款/应收账款/应收票据等［包含增值税的价款总额］ 贷：事业收入/经营收入等［扣除增值税销项税额后的价款］ 应交增值税——应交税金（销项税额）/应交增值税——简易计税	借：资金结存［实际收到的含税金额］ 贷：事业预算收入/经营预算收入等
			金融商品转让产生收益	借：投资收益［按净收益计算的应纳增值税］ 贷：应交增值税——转让金融商品应交增值税	—
			金融商品转让产生损失	借：应交增值税——转让金融商品应交增值税 贷：投资收益［按净损失计算的应纳增值税］	—
			金融商品转让缴纳增值税	借：应交增值税——转让金融商品应交增值税 贷：银行存款等	借：投资预算收益等 贷：资金结存［实际支付的金额］
			年末，如有借方余额	借：投资收益 贷：应交增值税——转让金融商品应交增值税	—
	3	月末转出多交和未交增值税	月末转出本月未交增值税	借：应交增值税——应交税金（转出未交增值税） 贷：应交增值税——未交税金	—
			月末转出本月多交增值税	借：应交增值税——未交税金 贷：应交增值税——应交税金（转出多交增值税）	—
	4	缴纳增值税	本月缴纳本月增值税时	借：应交增值税——应交税金（已交税金） 贷：银行存款/零余额账户用款额度等	借：事业支出/经营支出等 贷：资金结存
			本月缴纳以前期间未交增值税	借：应交增值税——未交税金 贷：银行存款/零余额账户用款额度等	借：事业支出/经营支出等 贷：资金结存
			按规定预缴增值税	预缴时： 借：应交增值税——预交税金 贷：银行存款/零余额账户用款额度等 月末： 借：应交增值税——未交税金 贷：应交增值税——预交税金	借：事业支出/经营支出等 贷：资金结存

续表

<table>
<tr><th>纳税人</th><th colspan="4">情形</th><th>财务会计</th><th>预算会计</th></tr>
<tr><td>一般纳税人</td><td>4</td><td>缴纳增值税</td><td colspan="2">当期直接减免的增值税应纳税额</td><td>借：应交增值税——应交税金（减免税款）
贷：业务活动费用/经营费用等</td><td>—</td></tr>
<tr><td rowspan="8">小规模纳税人</td><td rowspan="2">1</td><td rowspan="2">购入应税资产或服务</td><td colspan="2">购入应税资产或服务时</td><td>借：业务活动费用/在途物品/库存物品等［按价税合计金额］
贷：银行存款等［实际支付的金额］/应付票据［开出并承兑的商业汇票］/应付账款等［应付的金额］</td><td>借：事业支出/经营支出等
贷：资金结存［实际支付的金额］</td></tr>
<tr><td colspan="2">购进资产或服务时作为扣缴义务人</td><td>借：在途物品/库存物品/固定资产/无形资产等
贷：应付账款/银行存款等
应交增值税——代扣代交增值税
实际缴纳增值税时参见一般纳税人的账务处理</td><td>借：事业支出/经营支出等
贷：资金结存［实际支付的金额］</td></tr>
<tr><td rowspan="4">2</td><td rowspan="4">销售应税产品或提供应税服务</td><td colspan="2">销售资产或提供服务</td><td>借：银行存款/应收账款/应收票据［包含增值税的价款总额］
贷：事业收入/经营收入等［扣除增值税金额后的价款］
应交增值税</td><td>借：资金结存［实际收到的含税金额］
贷：事业预算收入/经营预算收入等</td></tr>
<tr><td rowspan="3">金融商品转让</td><td>产生收益</td><td>借：投资收益［按净收益计算的应纳增值税］
贷：应交增值税——转让金融商品应交增值税</td><td>—</td></tr>
<tr><td>产生损失</td><td>借：应交增值税——转让金融商品应交增值税
贷：投资收益［按净损失计算的应纳增值税］</td><td>—</td></tr>
<tr><td>实际缴纳时</td><td>借：应交增值税——转让金融商品应交增值税
贷：银行存款等</td><td>借：投资预算收益等
贷：资金结存［实际支付的金额］</td></tr>
<tr><td>3</td><td colspan="3">缴纳增值税时</td><td>借：应交增值税
贷：银行存款等</td><td>借：事业支出/经营支出等
贷：资金结存</td></tr>
<tr><td>4</td><td colspan="3">减免增值税</td><td>借：应交增值税
贷：业务活动费用/经营费用等</td><td>—</td></tr>
</table>

二、其他应交税费

（一）其他应交税费科目的设置

“其他应交税费”科目核算单位按照税法等规定计算应缴纳的增值税以外的各种税费，包括城市维护建设税、教育费附加、地方教育附加、车船税、房产税、城镇土地使用税和企业所得税等。

单位代扣代缴的个人所得税，也通过本科目核算。

单位应缴纳的印花税不需要预提应交税费，直接通过“业务活动费用”“单位管理费用”“经营费用”等科目核算，不通过本科目核算。本科目应当按照国内的税费种类进行明细核算。本科目期末贷方余额，反映单位应交未交的除增值税以外的税费金额；期末如为借方余额，反映单位多缴纳的除增值税以外的税费金额。

（二）其他应交税费的主要账务处理

（1）发生城市维护建设税、教育费附加、地方教育附加、车船税、房产税、城镇土地使用税等纳税义务的，按照税法规定计算的应缴税费金额，借记“业务活动费用”“单位管理费用”“经营费用”等科目，贷记本科目（应交城市维护建设税、应交教育费附加、应交地方教育附加、应交车船税、应交房产税、应交城镇土地使用税等）。

借：业务活动费用/单位管理费用/经营费用

　　贷：其他应交税费——应交城市维护建设税/应交教育费附加/应交地方教育附加/应交车船税/应交房产税/应交城镇土地使用税等

（2）按照税法规定计算应代扣代缴职工（含长期聘用人员）的个人所得税，借记“应付职工薪酬”科目，贷记本科目（应交个人所得税）。

按照税法规定计算应代扣代缴支付给职工（含长期聘用人员）以外人员劳务费的个人所得税，借记“业务活动费用”“单位管理费用”等科目，贷记本科目（应交个人所得税）。

（3）发生企业所得税纳税义务的，按照税法规定计算的应交所得税额，借记“所得税费用”科目，贷记本科目（单位应交所得税）。

单位实际缴纳上述各种税费时，借记本科目（应交城市维护建设税，应交教育费附加、应交地方教育附加、应交车船税、应交房产税、应交城镇土地使用税、应交个人所得税、单位应交所得税等），贷记“财政拨款收入”“零余额账户用款额度”“银行存款”等科目。

（三）行政事业单位会计其他应交税费活动核算举例

【例 14－4】某市事业单位全年应缴纳相关税费 90 000 元。

借：业务活动费用	90 000	
贷：其他应交税费		90 000

【例 14－5】某市工商局为职工代扣代缴 4 月个人所得税 52 000 元。

借：应付职工薪酬	52 000	
贷：其他应交税费——应交个人所得税		52 000

【例 14－6】某市工商局以库存现金支付某服务人员劳务费 7 000 元，为其代扣个人所得税 1 120 元。

财务会计账务处理：

借：业务活动费用	8 120	
贷：库存现金		7 000
其他应交税费——应交个人所得税		1 120

预算会计账务处理：

借：行政支出　　7 000

　　贷：资金结存——库存现金　　7 000

【例 14－7】某市工商联的经营性所得全年应交的所得税为 58 000 元。

借：所得税费用　　58 000

　　贷：其他应交税费——单位应交所得税　　58 000

（四）行政事业单位“其他应交税费”活动核算比较

行政事业单位“其他应交税费”活动核算比较如表 14－5 所示。

表 14－5　　行政事业单位“其他应交税费”活动核算比较

<table>
<tr><th colspan="3" rowspan="2">情形</th><th colspan="2">财务会计</th><th colspan="2">预算会计</th></tr>
<tr><th>行政单位</th><th>事业单位</th><th>行政单位</th><th>事业单位</th></tr>
<tr><td rowspan="2">1</td><td rowspan="2">发生城建税、教育费附加、地方教育附加、车船税、房产税、城镇土地使用税等时</td><td>发生时，按照税法规定计算的应缴税费金额</td><td colspan="2">借：业务活动费用/单位管理费用/经营费用等
贷：其他应交税费——应交城市维护建设税/应交教育费附加/应交地方教育附加/应交车船税/应交房产税/应交城镇土地使用税等</td><td colspan="2">—</td></tr>
<tr><td>实际缴纳时</td><td colspan="2">借：其他应交税费——应交城市维护建设税/应交教育费附加/应交地方教育附加/应交车船税/应交房产税/应交城镇土地使用税等
贷：银行存款等</td><td colspan="2">借：事业支出/经营支出等
贷：资金结存</td></tr>
<tr><td rowspan="3">2</td><td rowspan="3">代扣代缴职工个人所得税</td><td>计算应代扣代缴职工的个人所得税金额</td><td colspan="2">借：应付职工薪酬
贷：其他应交税费——应交个人所得税</td><td colspan="2">—</td></tr>
<tr><td>计算应代扣代缴职工以外其他人员个人所得税</td><td>借：业务活动费用等
贷：其他应交税费——应交个人所得税</td><td>借：业务活动费用/单位管理费用等
贷：其他应交税费——应交个人所得税</td><td colspan="2">—</td></tr>
<tr><td>实际缴纳时</td><td colspan="2">借：其他应交税费——应交个人所得税
贷：财政拨款收入/银行存款/零余额账户用款额度等</td><td>借：行政支出等
贷：财政拨款预算收入/资金结存</td><td>借：事业支出/经营支出等
贷：财政拨款预算收入/资金结存</td></tr>
<tr><td rowspan="2">3</td><td rowspan="2">发生企业所得税纳税义务时</td><td>按照税法规定计算的应缴税费金额</td><td>—</td><td>借：所得税费用
贷：其他应交税费——单位应交所得税</td><td colspan="2">—</td></tr>
<tr><td>实际缴纳时</td><td>—</td><td>借：其他应交税费——单位应交所得税
贷：银行存款等</td><td>—</td><td>借：非财政拨款结余
贷：资金结存</td></tr>
</table>

第四节　应缴财政款

一、应缴财政款科目的设置

“应缴财政款”科目核算单位取得或应收的按照规定应当上缴财政的款项，包括应缴国库的款项和应缴财政专户的款项。单位按照国家税法等有关规定应当缴纳的各种税费，通过“应交增值税”“其他应交税费”科目核算，不通过本科目核算。本科目应当按照应缴财政款项的类别进行明细核算。本科目期末贷方余额，反映单位应当上缴财政但尚未缴纳的款项。年终清缴后，本科目一般应无余额。

二、应缴财政款的主要账务处理

（1）单位取得或应收按照规定应缴财政的款项时，借记“银行存款”“应收账款”等科目，贷记本科目。

（2）单位处置资产取得的应上缴财政的处置净收入的账务处理，参见“待处理财产损溢”等科目。

（3）单位上缴应缴财政的款项时，按照实际上缴的金额，借记本科目，贷记“银行存款”科目。

三、行政事业单位应缴财政款活动核算举例

【例 14－8】某事业单位 3 月份出售主要生产物资获得收入 5 000 元，但货款暂未收到。

借：应收账款	5 000	
贷：应缴财政款		5 000

【例 14－9】2019 年 2 月，某市公安局收到本部门负责收取的行政事业性收费 30 000 元，依据银行回单入账；月底上缴财政，银行转讫。

收到款项时：

借：银行存款	30 000	
贷：应缴财政款		30 000

上缴财政时：

借：应缴财政款	30 000	
贷：银行存款		30 000

【例 14－10】某事业单位 3 月份出售主要生产物资获得收入 5 000 元需要上缴财政，但货款无法收回，上报财政部门批准予以核销。

借：应缴财政款	5 000	
贷：应收账款		5 000

【例14－11】某行政单位转让办公室设备3台，其账面余额60 000元，累计折旧40 000元，处理固定资产收到价款50 000元。

财务会计账务处理：

借：资产处置费用 20 000

固定资产累计折旧 40 000

贷：固定资产 60 000

借：银行存款 50 000

贷：应缴财政款 50 000

【例14－12】某科学研究院将一项商标所有权转让，取得价款180 000元存入银行，无形资产成本为300 000元，已摊销金额为260 000元。

注销无形资产账面余额时：

借：资产处置费用 40 000

无形资产累计摊销 260 000

贷：无形资产 300 000

收到出售价款大于支付其他费用，转让收入上缴财政时，只作财务会计账务处理。

借：银行存款 180 000

贷：应缴财政款 180 000

但如果收到出售价款大于支付其他费用，转让收入留本单位，只作预算会计账务处理。

借：银行存款 180 000

贷：其他预算收入 180 000

四、行政事业单位“应缴财政款”活动核算比较

行政事业单位“应缴财政款”活动核算比较如表14－6所示。

表14－6 行政事业单位“应缴财政款”活动核算比较

情形		财务会计		预算会计	
		行政单位	事业单位	行政单位	事业单位
1	取得或应收款项	借：银行存款/应收账款等 贷：应缴财政款		—	
2	处置资产取得的应上缴财政的处置净收入	参照“待处理财产损溢”科目的相关账务处理			
3	上缴应缴财政的款项	借：应缴财政款 贷：银行存款等		—	

第五节 应付职工薪酬

一、应付职工薪酬科目的设置

“应付职工薪酬”科目核算单位按照有关规定应付给职工（含长期聘用人员）及为职工支付的各种薪酬，包括基本工资、国家统一规定的津贴补贴、规范津贴补贴（绩效工资）、改革性补贴、社会保险费（如职工基本养老保险费、职业年金、基本医疗保险费等）、住房公积金等。本科目应当根据国家机关规定按照“基本工资（含离退休费）”“国家统一规定的津贴补贴”“规范津贴补贴（绩效工资）”“改革性补贴”“社会保险费”“住房公积金”“其他个人收入”等进行明细核算。其中，“社会保险费”“住房公积金”明细科目核算内容包括单位从职工工资中代扣代缴的社会保险费、住房公积金，以及单位为职工计算缴纳的社会保险费、住房公积金。本科目期末贷方余额，反映单位应付未付的职工薪酬。

二、应付职工薪酬的主要账务处理

（1）计算确认当期应付职工薪酬时（含单位为职工计算缴纳的社会保险费、住房公积金）计提从事专业及其辅助活动人员的职工薪酬，借记“业务活动费用”“单位管理费用”科目，贷记本科目。

计提应由在建工程、加工物品、自行研发无形资产负担的职工薪酬，借记“在建工程”“加工物品”“研发支出”等科目，贷记本科目。

计提从事专业及其辅助活动之外的经营活动人员的职工薪酬，借记“经营费用”科目，贷记本科目。

因解除与职工的劳动关系而给予的补偿，借记“单位管理费用”等科目，贷记本科目。

（2）向职工支付工资、津贴补贴等薪酬时，按照实际支付的金额，借记本科目，贷记“财政拨款收入”“零余额账户用款额度”“银行存款”等科目。

（3）按照税法规定代扣职工个人所得税时，借记本科目（基本工资），贷记“其他应交税费——应交个人所得税”科目。

从应付职工薪酬中代扣为职工垫付的水电费、房租等费用时，按照实际扣除的金额，借记本科目（基本工资），贷记“其他应收款”等科目。

从应付职工薪酬中代扣社会保险费和住房公积金，按照代扣的金额，借记本科目（基本工资），贷记本科目（社会保险费、住房公积金）。

（4）按照国家有关规定缴纳职工社会保险费和住房公积金时，按照实际支付的金额，借记本科目（补会保险费、住房公积金），贷记“财政拨款收入”“零余额账户用款额度”“银行存款”等科目。

（5）从应付职工薪酬中支付的其他款项，借记本科目，贷记“零余额账户用款额度”“银行存款”等科目。

三、行政事业单位应付职工薪酬活动核算举例

【例 14 -13】2021 年 2 月某事业单位应付职工工资总额 200 000 元，其中从事专业活动人员工资为 150 000 元，从事后勤管理人员工资为 50 000 元。

借：业务活动费用　　150 000
　　单位管理费用　　50 000
　　贷：应付职工薪酬——工资　　200 000

【例 14 -14】2021 年 2 月某事业单位按规定应负担职工社会保险费 60 000 元，住房公积金 20 000 元。其中从事专业人员的社会保险费和住房公积金为 70 000 元，从事后勤管理人员社会保险费和住房公积金为 10 000 元。

借：业务活动费用　　70 000
　　单位管理费用　　10 000
　　贷：应付职工薪酬——工资　　80 000

【例 14 -15】2020 年 12 月某行政单位应发工资总额为 500 000 元，通过零余额账户实际支付职工工资和津贴，按规定代扣代缴个人所得税 20 000 元，代扣职工负担的社会保险费 60 000 元、住房公积金 50 000 元、代垫职工水电费 10 000 元。

（1）月底计提工资：

财务会计账务处理：

借：业务活动费用　　500 000
　　贷：应付职工薪酬　　500 000

（2）计提代扣：

财务会计账务处理：

借：应付职工薪酬　　140 000
　　贷：应付职工薪酬——应交个人所得税/社会保险费/住房公积金/职工水电费　　140 000

（3）支付职工薪酬：

财务会计账务处理：

借：应付职工薪酬　　360 000
　　贷：零余额账户用款额度　　360 000

预算会计账务处理：

借：行政支出　　360 000
　　贷：资金结存——零余额账户用款额度　　360 000

四、行政事业单位“应付职工薪酬”活动核算比较

行政事业单位“应付职工薪酬”活动核算比较如表 14 -7 所示。

表 14－7　　　　　　行政事业单位“应付职工薪酬”活动核算比较

<table>
<tr><th colspan="3" rowspan="2">情形</th><th colspan="2">财务会计</th><th colspan="2">预算会计</th></tr>
<tr><th>行政单位</th><th>事业单位</th><th>行政单位</th><th>事业单位</th></tr>
<tr><td rowspan="4">1</td><td rowspan="4">计算确认当期应付职工薪酬</td><td>从事专业及其辅助活动人员的职工薪酬</td><td>借：业务活动费用
贷：应付职工薪酬</td><td>借：业务活动费用/单位管理费用
贷：应付职工薪酬</td><td colspan="2">—</td></tr>
<tr><td>应由在建工程、加工物品、自行研发无形资产负担的职工薪酬</td><td>借：在建工程/加工物品/研发支出等
贷：应付职工薪酬</td><td>—</td><td colspan="2">—</td></tr>
<tr><td>从事专业及其辅助活动以外的经营活动人员的职工薪酬</td><td>—</td><td>借：经营费用
贷：应付职工薪酬</td><td colspan="2">—</td></tr>
<tr><td>因解除与职工的劳动关系而给予的补偿</td><td>—</td><td>借：单位管理费用
贷：应付职工薪酬</td><td colspan="2">—</td></tr>
<tr><td>2</td><td colspan="2">向职工支付工资、薪金补贴等薪酬</td><td colspan="2">借：应付职工薪酬
贷：财政拨款收入/零余额账户用款额度/银行存款等</td><td>借：行政支出
贷：财政拨款预算收入/资金结存</td><td>借：事业支出/经营支出等
贷：财政拨款预算收入/资金结存</td></tr>
<tr><td rowspan="3">3</td><td rowspan="3">从应付职工薪酬中代扣各种款项</td><td>代扣代缴个人所得税</td><td colspan="2">借：应付职工薪酬——基本工资
贷：其他应交税费——应交个人所得税</td><td colspan="2">—</td></tr>
<tr><td>代扣社会保险费和住房公积金</td><td colspan="2">借：应付职工薪酬——基本工资
贷：应付职工薪酬——社会保险费/住房公积金</td><td colspan="2">—</td></tr>
<tr><td>代扣为职工垫付的水电费、房租等费用时</td><td colspan="2">借：应付职工薪酬——基本工资
贷：其他应收款等</td><td colspan="2">—</td></tr>
</table>

续表

情形			财务会计		预算会计	
			行政单位	事业单位	行政单位	事业单位
4	缴纳职工社会保险费和住房公积金时	实际缴纳时	借：应付职工薪酬——社会保险费/住房公积金 贷：财政拨款收入/零余额账户用款额度/银行存款等		借：行政支出 贷：财政拨款预算收入/资金结存	借：事业支出/经营支出等 贷：财政拨款预算收入/资金结存
5	从应付职工薪酬中支付其他款项	支付其他款项时	借：应付职工薪酬 贷：零余额账户用款额度/银行存款等		借：行政支出 贷：资金结存等	借：事业支出/经营支出等 贷：资金结存等

第六节 应付和预收款项

一、应付票据

（一）应付票据科目的设置

“应付票据”科目核算事业单位因购买材料、物资等而开出、承兑的商业汇票，包括银行承兑汇票和商业承兑汇票。本科目应当按照债权人进行明细核算。本科目期末贷方余额，反映事业单位开出、承兑的尚未到期的应付票据金额。

（二）应付票据的主要账务处理

（1）开出、承兑商业汇票时，借记“库存物品”“固定资产”等科目，贷记本科目。涉及增值税业务的，相关账务处理参见“应交增值税”科目。

以商业汇票抵付应付账款时，借记“应付账款”科目，贷记本科目。

借：库存商品/固定资产/应付账款

　　贷：应付票据

（2）支付银行承兑汇票的手续费时，借记“业务活动费用”“经营费用”等科目，贷记“银行存款”“零余额账户用款额度”等科目。

借：业务活动费用/经营费用等

　　贷：银行存款/零余额账户用款额度等

（3）商业汇票到期时，应当分别以下情况处理。

①收到银行支付到期票据的付款通知时，借记本科目，贷记“银行存款”科目。

借：应付票据

　　贷：银行存款

②银行承兑汇票到期，单位无力支付票款的，按照应付票据账面余额，借记本科目，贷记“短期借款”科目。

借：应付票据
　　贷：短期借款

③商业承兑汇票到期，单位无力支付票款的，按照应付票据账面余额，借记本科目，贷记“应付账款”科目。

【例 14－16】 某事业单位购入业务活动材料价款 40 000 元，材料已经验收入库，尚未付款而出具一张 3 个月期的不带息商业承兑汇票。

购入原材料时：

借：库存物品　　40 000
　　贷：应付票据　　40 000

票据到期付款时，财务会计账务处理：

借：应付票据　　40 000
　　贷：银行存款　　40 000

预算会计账务处理：

借：事业支出　　40 000
　　贷：资金结存——货币资金（银行存款）　　40 000

票据到期未能付款时：

借：应付票据　　40 000
　　贷：应付账款　　40 000

单位应当设置“应付票据备查簿”，详细登记每一个应付票据的种类、号数、出票日期、到期日、票面金额、交易合同号、收款人姓名或单位名称，以及付款日期和金额等。应付票据到期结清票款后，应当在备查簿内逐笔注销。

（三）事业单位“应付票据”活动核算比较

事业单位“应付票据”活动核算比较如表 14－8 所示。

表 14－8　　事业单位“应付票据”活动核算比较

情形			财务会计	预算会计
1	开出、承兑商业汇票	实际开出、承兑商业汇票时	借：库存物品/固定资产等 　　贷：应付票据	—
2	以商业汇票抵付应付账款	实际抵付应付账款时	借：应付账款 　　贷：应付票据	—
3	支付银行承兑汇票的手续费	支付手续费时	借：业务活动费用/经营费用等 　　贷：银行存款等	借：事业支出/经营支出 　　贷：资金结存——货币资金

续表

情形			财务会计	预算会计
4	商业汇票到期	收到银行支付到期票据的付款通知时	借：应付票据 贷：银行存款	借：事业支出/经营支出 贷：资金结存——货币资金
		银行承兑汇票到期，本单位无力支付票款	借：应付票据 贷：短期借款	借：事业支出/经营支出 贷：债务预算收入
		商业承兑汇票到期，本单位无力支付票款	借：应付票据 贷：应付账款	—

二、应付账款

（一）应付账款科目的设置

“应付账款”科目核算单位因购买物资、接受服务、开展工程建设等而应付的偿还期限在1年以内（含1年）的款项。本科目应当按照债权人进行明细核算。对于建设项目，还应设置“应付器材款”“应付工程款”等明细科目，并按照具体项目进行明细核算。本科目期末贷方余额，反映单位尚未支付的应付账款金额。

（二）应付账款的主要账务处理

（1）收到所购材料、物资、设备或服务以及确认完成工程进度但尚未付款时，根据发票及账单等有关凭证，按照应付未付款项的金额，借记“库存物品”“固定资产”“在建工程”等科目，贷记本科目。涉及增值税业务的，相关账务处理，参见“应交增值税”科目。

（2）偿付应付账款时，按照实际支付的金额，借记本科目，贷记“财政拨款收入”“零余额账户用款额度”“银行存款”等科目。

（3）开出、承兑商业汇票抵付应付账款时，借记本科目，贷记“应付票据”科目。

（4）无法偿付或债权人豁免偿还的应付账款，应当按照规定报经批准后进行账务处理。经批准核销时，借记本科目，贷记“其他收入”科目。

核销的应付账款应在备查簿中保留登记。

（三）行政事业单位应付账款活动核算举例

【例14－17】某事业单位购入一批60 000元的材料，运费4 000元，材料已验收入库，但货款及费用尚未支付。

借：库存物品　　64 000

　　贷：应付账款　　64 000

【例14－18】某工商局通过零余额账户支付材料费用50 000元。

财务会计账务处理：

借：应付账款　　50 000
　　贷：零余额账户用款额度　　50 000

预算会计账务处理：

借：行政支出　　50 000
　　贷：资金结存——零余额账户用款额度　　50 000

【例 14－19】某市教育局购买社会服务需要支付 4 500 元，但尚未支付。

借：业务活动费用　　4 500
　　贷：应付账款　　4 500

【例 14－20】某市工商局有应付账款 8 000 元，因客观原因无法支付。

借：应付账款　　8 000
　　贷：其他收入　　8 000

（四）行政事业单位“应付账款”活动核算比较

行政事业单位“应付账款”活动核算比较如表 14－9 所示。

表 14－9　　行政事业单位“应付账款”活动核算比较

<table>
<tr><th colspan="2" rowspan="2">情形</th><th colspan="2">财务会计</th><th colspan="2">预算会计</th></tr>
<tr><th>行政单位</th><th>事业单位</th><th>行政单位</th><th>事业单位</th></tr>
<tr><td>1</td><td>收到所购物资、设备或服务以及确认完成工程进度但尚未付款时</td><td colspan="2">借：库存物品/固定资产/在建工程等
　　贷：应付账款</td><td colspan="2">—</td></tr>
<tr><td>2</td><td>偿付应付账款时</td><td colspan="2">借：应付账款
　　贷：财政拨款收入/零余额账户用款额度/银行存款等</td><td>借：行政支出等
　　贷：财政拨款预算收入/资金结存</td><td>借：事业支出等
　　贷：财政拨款预算收入/资金结存</td></tr>
<tr><td>3</td><td>开出、承兑商业汇票抵付应付账款时</td><td>—</td><td>借：应付账款
　　贷：应付票据</td><td colspan="2">—</td></tr>
<tr><td>4</td><td>无法偿付或债权人豁免偿还的应付账款</td><td>—</td><td>借：应付账款
　　贷：其他收入</td><td colspan="2">—</td></tr>
</table>

三、预收账款

（一）预收账款科目的设置

“预收账款”科目核算事业单位预先收取但尚未结算的款项。本科目应当按照债权人进行明细核算。本科目期末贷方余额，反映事业单位预收但尚未结算的款项金额。

（二）预收账款的主要账务处理

（1）从付款方预收款项时，按照实际预收的金额，借记“银行存款”等科目，贷记本科目。

（2）确认有关收入时，按照预收账款账面余额，借记本科目，按照应确认的收入金额，贷记“事业收入”“经营收入”等科目；按照付款方补付或退回付款方的金额，借记或贷记“银行存款”等科目。涉及增值税业务的，相关账务处理参见“应交增值税”科目。

（3）无法偿付或债权人豁免偿还的预收账款，应当按照规定报经批准后进行账务处理。经批准核销时，借记本科目，贷记“其他收入”科目。核销的预收账款应在备查簿中保留登记。

（三）事业单位预收账款活动核算举例

【例14－21】某省科研所预收业务货款30 000元，存入银行。

财务会计账务处理：

借：银行存款　　30 000

　　贷：预收账款　　30 000

预算会计账务处理：

借：资金结存——货币资金（银行存款）　　30 000

　　贷：经营预算收入　　30 000

【例14－22】省科研所收到补付货款20 000元。

财务会计账务处理：

借：银行存款　　20 000

　　贷：预收账款　　20 000

预算会计账务处理：

借：资金结存——货币资金（银行存款）　　20 000

　　贷：经营预算收入　　20 000

（四）事业单位“预收账款”活动核算比较

事业单位“预收账款”活动核算比较如表14－10所示。

表14－10　　事业单位“预收账款”活动核算比较

情形		财务会计	预算会计
1	从付款方预收款项	借：银行存款等 　贷：预收账款	借：资金结存——货币资金 　贷：事业预算收入/经营预算收入等
2	确认有关收入	借：预收账款 　银行存款［收到补付款］ 　贷：事业收入/经营收入等 　　银行存款［退回预收款］	借：资金结存——货币资金 　贷：事业预算收入/经营预算收入等 　［收到补付款］ 　退回预收款的金额作相反会计分录
3	无法偿付或债权人豁免偿还的预收账款	借：预收账款 　贷：其他收入	—

四、应付政府补贴款

（一）应付政府补贴款科目的设置

“应付政府补贴款”科目核算负责发放政府补贴的行政单位，按照规定应当支付给政府补贴接受者的各种政府补贴款。本科目应当按照应支付的政府补贴种类进行明细核算。单位还应当根据需要按照补贴接受者进行明细核算，或者建立备查簿对补贴接受者予以登记。本科目期末贷方余额，反映行政单位应付未付的政府补贴金额。

（二）应付政府补贴款的主要账务处理

（1）发生应付政府补贴时，按照依规定计算确定的应付政府补贴金额，借记“业务活动费用”科目，贷记本科目。

（2）支付应付政府补贴款时，按照支付金额，借记本科目，贷记“零余额账户用款额度”“银行存款”等科目。

【例 14－23】按照规定，某市人事局应支付给政府补贴接受人员的各种政府补贴 450 000 元，以零余额账户支付。

（1）确认应付政府补贴款时。

借：业务活动费用　　　　450 000

　　贷：应付政府补贴款　　　　450 000

（2）支付应付政府补贴款时。

财务会计账务处理：

借：应付政府补贴款　　　　450 000

　　贷：零余额账户用款额度　　　　450 000

预算会计账务处理：

借：行政支出　　　　450 000

　　贷：资金结存——零余额账户用款额度　　　　450 000

（三）行政单位“应付政府补贴款”活动核算比较

行政单位“应付政府补贴款”活动核算比较如表 14－11 所示。

表 14－11　　行政单位“应付政府补贴款”活动核算比较

情形		财务会计	预算会计
1	发生（确认）应付政府补贴时	借：业务活动费用 　　贷：应付政府补贴款	—
2	支付应付政府补贴款时	借：应付政府补贴款 　　贷：零余额账户用款额度/银行存款等	借：行政支出 　　贷：资金结存等

五、长期应付款

（一）长期应付款科目的设置

“长期应付款”科目，核算单位发生的偿还期限超过1年（不含1年）的应付款项，如以融资租赁方式取得固定资产应付的租赁费等。本科目应当按照长期应付款的类别以及债权人进行明细核算。本科目期末贷方余额，反映单位尚未支付的长期应付款金额。

（二）长期应付款的主要账务处理

（1）发生长期应付款时，借记“固定资产”“在建工程”等科目，贷记本科目。

借：固定资产/在建工程等

　　贷：长期应付款

（2）支付长期应付款时，按照实际支付的金额，借记本科目，贷记“财政拨款收入”“零余额账户用款额度”“银行存款”等科目。涉及增值税业务的，相关账务处理参见“应交增值税”科目。

借：长期应付款

　　贷：财政拨款收入/零余额账户用款额度/银行存款等

（3）无法偿付或债权人豁免偿还的长期应付款，应当按照规定报经批准，进行账务处理。经批准核销时，借记本科目，贷记“其他收入”科目。核销的长期应付款应在备查簿中保留登记。

借：长期应付款

　　贷：其他收入

（4）涉及质保金形成长期应付款的，相关账务处理参见“固定资产”科目

【例14－24】某省民政厅购买一批价款为80 000元的政府储备物资，已验收入库。根据约定，该批物资的付款期限为20个月，每月该行政单位以零余额账户支付价款。

（1）物资验收入库时。

借：政府储备物资　　80 000

　　贷：长期应付款　　80 000

（2）每期支付价款时。

财务会计账务处理：

借：长期应付款　　4 000

　　贷：零余额账户用款额度　　4 000

预算会计账务处理：

借：行政支出　　4 000

　　贷：资金结存——零余额账户用款额度　　4 000

（三）行政事业单位“长期应付款”活动核算比较

行政事业单位“长期应付款”活动核算比较如表14－12所示。

表 14－12　　行政事业单位“长期应付款”活动核算比较

<table>
<tr><th colspan="2" rowspan="2">情形</th><th colspan="2">财务会计</th><th colspan="2">预算会计</th></tr>
<tr><th>行政单位</th><th>事业单位</th><th>行政单位</th><th>事业单位</th></tr>
<tr><td>1</td><td>发生长期应付款时</td><td colspan="2">借：固定资产/在建工程等
　贷：长期应付款</td><td colspan="2">—</td></tr>
<tr><td>2</td><td>支付长期应付款时</td><td colspan="2">借：长期应付款
　贷：财政拨款收入/零余额账户用款额度/银行存款等</td><td colspan="2">借：行政支出/事业支出/经营支出等
　贷：财政拨款预算收入/资金结存</td></tr>
<tr><td>3</td><td>无法偿付或债权人豁免偿还的长期应付款</td><td colspan="2">借：长期应付款
　贷：其他收入</td><td colspan="2">—</td></tr>
<tr><td>4</td><td>涉及质保金形成长期应付款时</td><td colspan="4">参见“固定资产”科目</td></tr>
</table>

六、应付利息

（一）应付利息科目的设置

“应付利息”科目核算事业单位按照合同约定应支付的借款利息，包括短期借款、分期付息到期还本的长期借款等应支付的利息。本科目应当按照债权人等进行明细核算。本科目期末贷方余额，反映事业单位应付未付的利息金额。

（二）应付利息的主要账务处理

（1）为建造固定资产、公共基础设施等借入的专门借款的利息，属于建设期间发生的，按期计提利息费用时，按照计算确定的金额，借记“在建工程”科目，贷记本科目；不属于建设期间发生的，按期计提利息费用时，按照计算确定的金额，借记“其他费用”科目，贷记本科目。

借：在建工程/其他费用

　　贷：应付利息

（2）对于其他借款，按期计提利息费用时，按照计算确定的金额，借记“其他费用”科目，贷记本科目。

【例 14－25】某市中学计提应由本月负担的短期借款利息 320 元。

借：其他费用　　　　320

　　贷：应付利息　　　　320

（3）实际支付应付利息时，按照支付的金额，借记本科目，贷记“银行存款”等科目。

【例 14－26】〖例 14－25〗中的中学月末实际支付短期借款利息 960 元。

财务会计账务处理：

借：应付利息　　　　960

　　贷：银行存款　　　　960

预算会计账务处理：

借：其他支出　　960

　　贷：资金结存——货币资金（银行存款）　　960

（三）事业单位“应付利息”活动核算比较

事业单位“应付利息”活动核算比较如表14－13所示。

表14－13　　事业单位“应付利息”活动核算比较

<table>
<tr><th colspan="3">情形</th><th>财务会计</th><th>预算会计</th></tr>
<tr><td rowspan="2">1</td><td rowspan="2">计提为建造固定资产、公共基础设施等借入的专门借款的利息</td><td>属于建设期间发生的</td><td>借：在建工程
　　贷：应付利息</td><td>—</td></tr>
<tr><td>不属于建设期间发生的</td><td>借：其他费用
　　贷：应付利息</td><td>—</td></tr>
<tr><td>2</td><td>计提其他借款的利息费用</td><td>其他借款</td><td>借：其他费用
　　贷：应付利息</td><td>—</td></tr>
<tr><td>3</td><td>实际支付时</td><td>实际支付利息时</td><td>借：应付利息
　　贷：银行存款等</td><td>借：其他支出
　　贷：资金结存——货币资金</td></tr>
</table>

七、其他应付款

（一）其他应付款科目的设置

“其他应付款”科目核算单位除应交增值税、其他应交税费、应缴财政款、应付职工薪酬、应付票据、应付账款、应付政府补贴款、应付利息、预收账款以外，其他各项偿还期限在1年内（含1年）的应付及暂收款项，如收取的押金、存入保证金、已经报销但尚未偿还银行的本单位公务卡欠款等。同级政府财政部门预拨的下期预算款和没有纳入预算的暂付款项，以及采用实拨资金方式通过本单位转拨给下属单位的财政拨款，也通过本科目核算。本科目应当按照其他应付款的类别以及债权人等进行明细核算。本科目期末贷方余额，反映单位尚未支付的其他应付款金额。

（二）其他应付款的主要账务处理

（1）发生其他应付及暂收款项时，借记“银行存款”等科目，贷记本科目。

支付（或退回）其他应付及暂收款项时，借记本科目，贷记“银行存款”等科目。将暂收款项转为收入时，借记本科目，贷记“事业收入”等科目。

（2）收到同级政府财政部门预拨的下期预算款和没有纳入预算的暂付款项，按照实际收到的金额，借记“银行存款”等科目，贷记本科目；待到下一预算期或批准纳入预算时，借记本科目，贷记“财政拨款收入”科目。

采用实拨资金方式通过本单位转拨给下属单位的财政拨款，按照实际收到的金额，借记“银行存款”科目，贷记本科目；向下属单位转拨财政拨款时，按照转拨的金额，借记本科目，贷记“银行存款”科目。

（3）本单位公务卡持卡人报销时，按照审核报销的金额，借记“业务活动费用”“单位管理费用”等科目，贷记本科目；偿还公务卡欠款时，借记本科目，贷记“零余额账户用款额度”等科目。

（4）涉及质保金形成其他应付款的，相关账务处理参见“固定资产”科目。

（5）无法偿付或债权人豁免偿还的其他应付款项，应当按照规定报经批准后进行账务处理。经批准核销时，借记本科目，贷记“其他收入”科目。

核销的其他应付款应在备查簿中保留登记。

（三）行政事业单位其他应付款活动核算举例

【例 14－27】某市级医院收取保证金 13 500 元存入银行。

（1）收取押金、保证金时。

借：银行存款	13 500	
贷：其他应付款		13 500

（2）以后退还保证金时。

借：其他应付款	13 500	
贷：银行存款		13 500

【例 14－28】某省发改委收到同级政府财政部门预拨的下期预算款 500 万元存入银行。

（1）收到预拨的下期预算款时。

借：银行存款	500	
贷：其他应付款		500

（2）下一预算期纳入预算时。

财务会计账务处理：

借：其他应付款	500	
贷：财政拨款收入		500

预算会计账户处理：

借：资金结存（银行存款）	500	
贷：财政拨款预算收入		500

【例 14－29】某市农业局因故无法退回保证金 5 000 元。

财务会计账务处理：

借：其他应付款	5 000	
贷：其他收入		5 000

（四）行政事业单位“其他应付款”活动核算比较

行政事业单位“其他应付款”活动核算比较如表 14－14 所示。

表 14-14　　行政事业单位“其他应付款”活动核算比较

<table>
<tr><th colspan="3" rowspan="2">情形</th><th colspan="2">财务会计</th><th colspan="2">预算会计</th></tr>
<tr><th>行政单位</th><th>事业单位</th><th>行政单位</th><th>事业单位</th></tr>
<tr><td rowspan="3">1</td><td rowspan="3">发生其他应付及暂收款项</td><td>取得暂收款项时</td><td colspan="2">借：银行存款等
贷：其他应付款</td><td colspan="2">—</td></tr>
<tr><td>确认收入时</td><td>借：其他应付款
贷：其他收入</td><td>借：其他应付款
贷：事业收入等</td><td colspan="2">借：资金结存
贷：其他预算收入等</td></tr>
<tr><td>退回（转拨）暂收款时</td><td colspan="2">借：其他应付款
贷：银行存款等</td><td colspan="2">—</td></tr>
<tr><td rowspan="2">2</td><td rowspan="2">收到同级财政部门预拨的下期预算款和没有纳入预算的暂付款项</td><td>按照实际收到的金额</td><td colspan="2">借：银行存款等
贷：其他应付款</td><td colspan="2">—</td></tr>
<tr><td>待到下一预算期或批准纳入预算时</td><td colspan="2">借：其他应付款
贷：财政拨款收入</td><td colspan="2">借：资金结存
贷：财政拨款预算收入</td></tr>
<tr><td rowspan="2">3</td><td rowspan="2">发生其他应付款业务</td><td>确认其他应付款</td><td>借：业务活动费用
贷：其他应付款</td><td>借：业务活动费用/单位管理费用等
贷：其他应付款</td><td colspan="2">—</td></tr>
<tr><td>支付其他应付款</td><td colspan="2">借：其他应付款
贷：银行存款等</td><td colspan="2">借：行政支出
贷：资金结存</td></tr>
<tr><td>4</td><td colspan="2">涉及质保金形成的其他应付款无法偿付或债权人豁免偿还的其他应付款</td><td colspan="4">参见“固定资产”科目</td></tr>
<tr><td>5</td><td colspan="2">无法偿付或债权人豁免偿还的其他应付款项</td><td colspan="2">借：其他应付款
贷：其他收入</td><td colspan="2">—</td></tr>
</table>

第七节　预计预提负债

一、预计负债

（一）预计负债科目的设置

“预计负债”科目核算事业单位对因或有事项所产生的现时义务而确认的负债，如对未决诉讼等确认的负债。本科目应当按照预计负债的项目进行明细核算。本科目期末贷方余额，反映单位已确认但尚未支付的预计负债金额。

（二）预计负债的主要账务处理

（1）确认预计负债时，按照预计的金额，借记“业务活动费用”“经营费用”“其他费用”等科目，贷记本科目。

（2）实际偿付预计负债时，按照偿付的金额，借记本科目，贷记“银行存款”“零余额账户用款额度”等科目。

（3）根据确凿证据需要对已确认的预计负债账面余额进行调整的，按照调整增加的金额，借记有关科目，贷记本科目；按照调整减少的金额，借记本科目，贷记有关科目。

（三）事业单位预计负债活动核算举例

【例 14－30】某事业单位在经营活动过程中，向某公司销售一批产品，因产品存在一定的质量问题，导致该公司发生经济损失，并提起诉讼，请求事业单位赔偿 2 000 000 元，事业单位预计败诉的可能性在 60% 以上，最可能赔偿的金额为 1 800 000 元。

借：其他费用　　1 800 000
　　贷：预计负债　　1 800 000

【例 14－31】〖例 14－30〗该事业单位败诉，通过银行存款赔偿此公司 1 800 000 元。

财务会计账务处理：

借：预计负债　　1 800 000
　　贷：银行存款　　1 800 000

预算会计账务处理：

借：其他支出　　1 800 000
　　贷：资金结存——货币资金　　1 800 000

（四）事业单位“预计负债”活动核算比较

事业单位“预计负债”活动核算比较如表 14－15 所示。

表 14－15　　事业单位“预计负债”活动核算比较

情形		财务会计	预算会计
1	确认预计负债	借：业务活动费用/经营费用/其他费用等 　贷：预计负债	—
2	实际偿付预计负债	借：预计负债 　贷：银行存款/零余额账户用款额度	借：事业支出/经营支出/其他支出等 　贷：资金结存
3	对预计负债账面余额进行调整的	借：业务活动费用/经营费用/其他费用等 　贷：预计负债 或作相反会计分录	—

二、预提费用

（一）预提费用科目的设置

“预提费用”科目核算单位预先提取的已经发生但尚未支付的费用，如预提租金费用等。事业单位按规定从科研项目收入中提取的项目间接费用或管理费，也通过本科目核算。事业单位计提的借款利息费用，通过“应付利息”“长期借款”科目核算，不通过本科目核算。本科目应当按照预提费用的种类进行明细核算。对于提取的项目间接费用或管理费，应当在本科目下设置“项目间接费用或管理费”明细科目，并按项目进行明细核算。本科目期末贷方余额，反映单位已预提但尚未支付的各项费用。

（二）预提费用的主要账务处理

（1）按规定从科研项目收入中提取项目间接费用或管理费时，按照提取的金额，借记“单位管理费用”科目，贷记本科目（项目间接费用或管理费）。

实际使用计提的项目间接费用或管理费时，按照实际支付的金额，借记本科目（项目间接费用或管理费），贷记“银行存款”“库存现金”等科目。

（2）按期预提租金等费用时，按照预提的金额，借记“业务活动费用”“单位管理费用”“经营费用”等科目，贷记本科目。

实际支付款项时，按照支付金额，借记本科目，贷记“零余额账户用款额度”“银行存款”等科目。

（三）行政事业单位预提费用活动核算举例

【例 14－32】 某市教育局计提本季度房屋租金 45 000 元。

借：业务活动费用　　45 000
　　贷：预提费用　　45 000

【例 14－33】 教育局通过零余额账户支付本季度房屋租金 45 000 元。

财务会计账务处理：

借：预提费用　　45 000
　　贷：零余额账户用款额度　　45 000

预算会计账务处理：

借：行政支出　　45 000
　　贷：资金结存——零余额账户用款额度　　45 000

（四）行政事业单位“预提费用”活动核算比较

行政事业单位“预提费用”活动核算比较如表 14－16 所示。

表 14－16　　行政事业单位“预提费用”活动核算比较

情形			财务会计		预算会计	
			行政单位	事业单位	行政单位	事业单位
1	项目间接费用	按规定计提项目间接费用或管理费时	—	借：单位管理费用 贷：预提费用——项目间接费用或管理费	—	借：非财政拨款结转——项目间接费用或管理费 贷：非财政拨款结余——项目间接费用或管理费

续表

<table>
<tr><th colspan="3" rowspan="2">情形</th><th colspan="2">财务会计</th><th colspan="2">预算会计</th></tr>
<tr><th>行政单位</th><th>事业单位</th><th>行政单位</th><th>事业单位</th></tr>
<tr><td>1</td><td>项目间接费用</td><td>实际使用计提的项目间接费用或管理费时</td><td>—</td><td>借：预提费用——项目间接费用或管理费
贷：银行存款/库存现金等</td><td>—</td><td>借：事业支出等
贷：资金结存</td></tr>
<tr><td rowspan="2">2</td><td rowspan="2">其他预提费用</td><td>按照规定预提每期租金等费用</td><td>借：业务活动费用
贷：预提费用</td><td>借：业务活动费用/单位管理费用/经营费用等
贷：预提费用</td><td colspan="2">—</td></tr>
<tr><td>实际支付款项时</td><td colspan="2">借：预提费用
贷：银行存款等</td><td>借：行政支出
贷：资金结存</td><td>借：事业支出/经营支出
贷：资金结存</td></tr>
</table>

第八节　受托代理负债

一、受托代理负债科目的设置

单位应当设置“受托代理负债”科目，核算单位接受委托取得受托代理资产时形成的负债。本科目期末贷方余额，反映单位尚未交付或发出受托代理资产形成的受托代理负债金额。

二、受托代理负债的主要账务处理

本科目的账务处理参见“受托代理资产”“库存现金”“银行存款”等科目。

三、行政事业单位受托代理负债活动核算举例

【例 14－34】某行政单位依据捐赠人的要求支付代管的捐赠款 100 000 元。

财务会计账务处理：

借：受托代理负债　　100 000

　　贷：库存现金——受托代理资产　　100 000

【例 14－35】某行政单位收到代管的某民营非营利组织资金 150 000 元。

借：银行存款——受托代理资产　　150 000

　　贷：受托代理负债　　150 000

【例 14－36】某事业单位收到某民营企业家捐赠的资金 2 000 000 元和 350 000 元设备。该企业指定捐赠给某地福利院，并由民政局将转赠给该福利院。

（1）收到。

财务会计账务处理：
借：银行存款——受托代理资产　2 000 000
　　受托代理资产——转赠物资　350 000
　　贷：受托代理负债　2 350 000

（2）转增。

财务会计账务处理：
借：受托代理负债　2 350 000
　　贷：银行存款　2 000 000
　　　　受托代理资产　350 000

思考与练习题

1. 某事业单位购货时，以增值税专用发票上的价格为 1 000 000 元、增值税进项税额 170 000 元，开具商业汇票，10 日后用银行存款付款。

2. 某事业单位为甲企业提供经营性劳务，收到银行存款 5 000 元，其中应缴增值税 550 元。

3. 某行政单位按国家有关规定，代政府收取行政管理性收费 20 000 元，款项存入银行，年末上缴财政。

4. 某事业单位将在处置废弃设备一台取得的收入扣除发生的相关费用后的净收入为 30 000 元上缴国库。

5. 某行政单位开户银行收到存款，按规定属于应该上缴财政专户的资金 250 000 元。

6. 某事业单位从银行借入期限为 2 年的借款 500 000 元短期借款。

7. 某事业单位签发的 6 个月银行承兑汇票到期，本单位无力支付票款，汇票票面金额 600 000 元。

8. 某行政单位本月应发职工工资总额 800 000 元，其中基本工资 450 000 元、离退休费 130 000 元，津贴补贴 220 000 元。有关扣款如下：住房公积金 64 000 元，职工养老保险缴费 60 000 元；个人所得税 76 000 元。实际发放工资补贴等由财政直接支付。

9. 某事业单位在工程项目建设期间，支付 5 年期工程建设项目借款的利息 40 000 元。

10. 某生物研究所 3 年期研发项目借款 3 600 000 元到期还本付息，利息 100 000 元。

11. 某事业单位经确认，长期应付款 200 000 元、其他应付款 3 000 元无法偿付或债权人予以豁免偿还。

12. 某行政单位将长期无人认领的无主暂存款 1 500 000 元转作应缴财政款。

13. 某事业单位收到应缴罚没款 2 000 元，款项已存入银行。

14. 某行政单位收到某单位欲租用本单位礼堂而交来的押金 20 000 元，存入银行。

15. 某事业单位购入材料一批，共计 23 400 元，已验收入库，货款未付。

16. 上月出差的林某领取上月未领的工资补助 450 元，付给现金。

17. 某事业单位租入固定资产的其他单位退回向本单位所借的固定资产，本单位从其押金 20 000 元中扣除 12 000 元作为租金，其余退还。

18. 某行政单位经批准将 1 辆原价为 180 000 元的旧汽车卖给其他单位，售价为 65 000 元，其中应缴纳税款 1 800 元，款项已存入银行。

19. 某行政单位负责给当地下岗职工发放生活补贴 600 000 元。

20. 某行政单位依法缴纳车船税 1 500 元。

21. 某事业单位按规定计提间接项目费用 20 000 元。

22. 某行政单位收到同级财政部门预拨的下期办公经费 100 000 元。

23. 某事业单位一次发生实验室维修费用 1 200 000 元，分 4 年支付，每年年末财政直接支付方式支付，不考虑相关费用。

24. 某事业单位缴纳单位所得税 50 000 元，用银行存款支付。

25. 某行政单位因事故承担行政诉讼，依据代理律师测算，本单位可能需要承担赔偿费用大约 300 000 元。

第十五章

行政事业单位收入

第一节 财政拨款收入

一、财政拨款收入科目的设置

"财政拨款收入"科目。本科目核算行政事业单位从同级财政部门取得的各类财政拨款。

同级政府财政部门预拨的下期预算款和没有纳入预算的暂付款项，以及采用实拨资金方式通过本单位转拨给下属单位的财政拨款，通过"其他应付款"科目核算，不通过本科目核算。

本科目可按照一般公共预算财政拨款、政府性基金预算财政拨款等拨款种类进行明细核算。

二、财政拨款收入的主要账务处理

（1）财政直接支付方式。财政直接支付方式下，根据收到的"财政直接支付入账通知书"及相关原始凭证，按照通知书中的直接支付入账金额，借记"库存物品""固定资产""业务活动费用""单位管理费用""应付职工薪酬"等科目，贷记本科目。涉及增值税业务的，相关账务处理参见"应交增值税"科目。

借：库存物品/固定资产/业务活动费用/单位管理费用/应付职工薪酬

　　贷：财政拨款收入

年末，根据本年度财政直接支付预算指标数与当年财政直接支付实际支付的差额，借记"财政应返还额度——财政直接支付"科目，贷记本科目。

借：财政应返还额度——财政直接支付

　　贷：财政拨款收入

（2）财政授权支付方式。财政授权支付方式下，根据收到的"财政授权支付额度到账通知书"，按照通知书中的授权支付额度，借记"零余额账户用款额度"科目，贷记本科目。

借：零余额账户用款额度

　　贷：财政拨款收入

年末，本年度财政授权支付预算指标数大于零余额账户用款额度下达数的，根据未下达的用款额度，借记“财政应返还额度”科目，贷记本科目。

借：财政应返还额度

　　贷：财政拨款收入

（3）其他方式下收到财政拨款收入时，按照实际收到的金额，借记“银行存款”等科目，贷记本科目。

（4）因差错更正或购货退回等发生国库直接支付款项退回的，属于以前年度支付的款项，按照退回金额，借记“财政应返还额度——财政直接支付”科目，贷记“以前年度盈余调整”“库存物品”等科目；属于本年度支付的款项，按照退回金额，借记本科目，贷记“业务活动费用”“库存物品”等科目。

三、行政事业单位“财政拨款收入/财政拨款预算收入”活动核算比较

行政事业单位“财政拨款收入/财政拨款预算收入”活动核算比较如表15－1所示。

表15－1　　行政事业单位“财政拨款收入/财政拨款预算收入”活动核算比较

情形			财务会计		预算会计	
			行政单位	事业单位	行政单位	事业单位
1	收到拨款时	财政直接支付方式	借：库存物品/固定资产/业务活动费用/单位管理费用/应付职工薪酬 贷：财政拨款收入		借：行政支出 贷：财政拨款预算收入	借：事业支出 贷：财政拨款预算收入
		财政授权支付方式	借：零余额账户用款额度 贷：财政拨款收入		借：资金结存——零余额账户用款额度 贷：财政拨款预算收入	
		其他方式下	借：银行存款等 贷：财政拨款收入		借：资金结存——货币资金 贷：财政拨款预算收入	
2	年末确认拨款差额	根据本年度财政直接支付预算指标数与当年财政直接支付实际支付数的差额	借：财政应返还额度——财政直接支付 贷：财政拨款收入		借：资金结存——财政应返还额度 贷：财政拨款预算收入	
		本年度财政授权支付预算指标数大于零余额账户用款额度下达数的差额	借：财政应返还额度——财政授权支付 贷：财政拨款收入		借：资金结存——财政应返还额度 贷：财政拨款预算收入	

续表

<table>
<tr><th colspan="3" rowspan="2">情形</th><th colspan="2">财务会计</th><th colspan="2">预算会计</th></tr>
<tr><th>行政单位</th><th>事业单位</th><th>行政单位</th><th>事业单位</th></tr>
<tr><td rowspan="3">3</td><td rowspan="3">因差错更正或购货退回等发生国库直接支付款项退回</td><td>属于本年度支付的款项</td><td colspan="2">借：财政拨款收入
　贷：业务活动费用/库存物品等</td><td>借：财政拨款预算收入
　贷：行政支出</td><td>借：财政拨款预算收入
　贷：事业支出</td></tr>
<tr><td>属于以前年度支付的款项（财政拨款结转金额）</td><td colspan="2" rowspan="2">借：财政应返还额度——财政直接支付
　贷：以前年度盈余调整/库存物品等</td><td colspan="2">借：资金结存——财政应返还额度
　贷：财政拨款结转——年初余额调整</td></tr>
<tr><td>属于以前年度支付的款项（财政拨款结余资金）</td><td colspan="2">借：资金结存——财政应返还额度
　贷：财政拨款结余——年初余额调整</td></tr>
<tr><td>4</td><td>期末/年末</td><td>期末/年末结转</td><td colspan="2">借：财政拨款收入
　贷：本期盈余</td><td colspan="2">借：财政拨款预算收入
　贷：财政拨款结转——本年收支结转</td></tr>
</table>

第二节　事业收入

一、事业收入科目的设置

“事业收入”科目核算事业单位开展专业业务活动及其辅助活动实现的收入，不包括从同级政府财政部门取得的各类财政拨款。期末结转后，本科目应无余额。

本科目应当按照事业收入的类别、来源等进行明细核算。

对于因开展科研及其辅助活动从非同级政府财政部门取得的经费拨款，应当在本科目下单设“非同级财政拨款”明细科目进行核算。

二、事业收入的主要账务处理

1. 采用财政专户返还方式管理的事业收入

（1）实现应上缴财政专户的事业收入时，按照实际收到或应收的金额，借记“银行存款”“应收账款”等科目，贷记“应缴财政款”科目。

借：银行存款/应收账款等

　　贷：应缴财政款

（2）向财政专户上缴款项时，按照实际上缴的款项金额，借记“应缴财政款”科目，贷记“银行存款”等科目。

借：应缴财政款

　　贷：银行存款等

（3）收到从财政专户返还的事业收入时，按照实际收到的返还金额，借记“银行存款”等科目，贷记本科目，同时进行预算会计相应处理。

借：银行存款等

　　贷：事业收入

2. 采用预收款方式确认的事业收入

（1）实际收到预收款项时，按照收到的款项金额，借记“银行存款”等科目，贷记“预收账款”科目。

借：银行存款等

　　贷：预收账款

（2）以合同完成进度确认事业收入时，按照基于合同完成进度计算的金额借记“预收账款”科目，贷记本科目。

借：预收账款

　　贷：事业收入

3. 采用应收款方式确认的事业收入

（1）根据合同完成进度计算本期应收的款项，借记“应收账款”科目，贷记本科目。

借：应收账款

　　贷：事业收入

（2）实际收到款项时，借记“银行存款”等科目，贷记“应收账款”科目，同时进行预算会计相应处理。

借：银行存款

　　贷：应收账款

4. 其他方式下确认的事业收入

其他方式下确认的事业收入，按照实际收到的金额，借记“银行存款”“库存现金”等科目，贷记本科目。同时进行预算会计账务处理：借记“资金结存——货币资金（银行存款等）”科目，贷记“事业预算收入”科目。

借：银行存款/库存现金等

　　贷：事业收入

借：资金结存——货币资金（银行存款等）

　　贷：事业预算收入

5. 期末结转

期末，将本科目本期发生额转入本期盈余，借记本科目，贷记“本期盈余”科目。

借：事业收入

　　贷：本期盈余

三、事业单位“事业收入/事业预算收入”活动核算比较

事业单位“事业收入/事业预算收入”活动核算比较如表 15 – 2 所示。

表 15－2　　　　事业单位“事业收入/事业预算收入”活动核算比较

情形			财务会计	预算会计
1	采用财政专户返还方式	实际收到或应收应上缴财政专户的事业收入时	借：银行存款/应收账款等 贷：应缴财政款	—
		向财政专户上缴款项时	借：应缴财政款 贷：银行存款等	—
		收到从财政专户返还的款项时	借：银行存款等 贷：事业收入	借：资金结存——货币资金 贷：事业预算收入
2	采用预收款方式	实际收到预收款项	借：银行存款 贷：预收账款	借：资金结存——货币资金 贷：事业预算收入
		按合同完成进度确认收入时	借：预收账款 贷：事业收入	—
3	采用应收款方式	根据合同完成进度计算本期应收的款项	借：应收账款 贷：事业收入	—
		实际收到款项	借：银行存款等 贷：应收账款	借：资金结存——货币资金 贷：事业预算收入
4	其他方式下	按照实际收到的金额	借：银行存款/库存现金等 贷：事业收入	借：资金结存——货币资金 贷：事业预算收入
5	期末/年末结转	专项资金收入	借：事业收入 贷：本期盈余	借：事业预算收入 贷：非财政拨款结转——本年收支结转
		非专项资金收入		借：事业预算收入 贷：其他结余

第三节　上级补助收入

一、上级补助收入科目的设置

“上级补助收入”科目核算事业单位从主管部门和上级单位取得的非财政拨款收入。应当按照发放补助单位或补助项目等进行明细核算。期末结账后，本科目应无余额。

二、上级补助收入的主要账务处理

（1）确认上级补助收入时，按照应收金额，借记“其他应收款”“银行存款”等科目，贷记本科目。

借：其他应收款/银行存款等

　　贷：上级补助收入

实际收到应收的上级补助款时，按照实际收到的金额，借记“银行存款”等科目，贷记“其他应收款”科目。同时进行预算会计相应处理。

借：银行存款等

　　贷：其他应收款

（2）期末，将本科目余额转入本期盈余，借记本科目，贷记“本期盈余”科目。

借：上级补助收入

　　贷：本期盈余

三、事业单位“上级补助收入/上级补助预算收入”活动核算比较

事业单位“上级补助收入/上级补助预算收入”活动核算比较如表 15－3 所示。

表 15－3　　事业单位“上级补助收入/上级补助预算收入”活动核算比较

<table>
<tr><th colspan="3">情形</th><th>财务会计</th><th>预算会计</th></tr>
<tr><td rowspan="2">1</td><td rowspan="2">日常核算</td><td>确认时按照应收或实际收到的金额</td><td>借：其他应收款/银行存款等
　贷：上级补助收入</td><td rowspan="2">借：资金结存——货币资金［按照实际收到的金额］
　贷：上级补助预算收入</td></tr>
<tr><td>实际收到应收的上级补助收入</td><td>借：银行存款等
　贷：其他应收款</td></tr>
<tr><td rowspan="2">2</td><td rowspan="2">期末/年末结转</td><td>专项资金收入</td><td rowspan="2">借：上级补助收入
　贷：本期盈余</td><td>借：上级补助预算收入
　贷：非财政拨款结转——本年收支结转</td></tr>
<tr><td>非专项资金收入</td><td>借：上级补助预算收入
　贷：其他结余</td></tr>
</table>

第四节　附属单位上缴收入

附属单位上缴收入是指事业单位收到附属独立核算单位按规定上缴的收入。包括附属的事业单位上缴的收入和利润等。附属独立核算的单位与主体事业单位之间存在预算上的收付关系及行政上的隶属关系。

一、附属单位上缴收入科目的设置

为了核算事业单位收到附属单位按规定缴来的款项，应设置“附属单位上缴收入”科目。本科目核算事业单位附属独立核算单位按照有关规定上缴的收入。本科目应当按照附属单位、缴款项目等进行明细核算。期末结转后，本科目应无余额。

二、附属单位上缴收入的主要账务处理

（1）确认附属单位上缴收入时，按照应收或收到的金额，借记“其他应收款”“银行存款”等科目，贷记本科目。

借：其他应收款/银行存款等

　　贷：附属单位上缴收入

实际收到应收附属单位上缴款时，按照实际收到的金额，借记“银行存款”等科目，贷记“其他应收款”科目。同时进行预算会计相应处理。

借：银行存款等

　　贷：其他应收款

（2）期末，将本科目本期发生额转入本期盈余，借记本科目，贷记“本期盈余”科目。

借：附属单位上缴收入

　　贷：本期盈余

三、事业单位“附属单位上缴收入/附属单位上缴预算收入”活动核算比较

事业单位“附属单位上缴收入/附属单位上缴预算收入”活动核算比较如表15－4所示。

表15－4　事业单位“附属单位上缴收入/附属单位上缴预算收入”活动核算比较

<table>
<tr><th colspan="3">情形</th><th>财务会计</th><th>预算会计</th></tr>
<tr><td rowspan="2">1</td><td rowspan="2">日常核算</td><td>确认时，按照应收或实际收到的金额</td><td>借：其他应收款/银行存款等
　　贷：附属单位上缴收入</td><td rowspan="2">借：资金结存——货币资金［按照实际收到的金额］
　　贷：附属单位上缴预算收入</td></tr>
<tr><td>实际收到应收附属单位上缴收入款时</td><td>借：银行存款等
　　贷：其他应收款</td></tr>
</table>

续表

情形			财务会计	预算会计
2	期末/年末结转	专项资金收入	借：附属单位上缴收入 贷：本期盈余	借：附属单位上缴预算收入 贷：非财政拨款结转——本年收支结转
		非专项资金收入	借：附属单位上缴收入 贷：本期盈余	借：附属单位上缴预算收入 贷：其他结余

第五节　经营收入

一、经营收入科目的设置

“经营收入”科目核算事业单位在专业业务活动及其辅助活动之外开展非独立核算经营活动取得的收入。经营收入应当在提供服务或发出存货，同时收讫价款或者取得索取价款的凭据时，按照实际收到或应收的金额予以确认。

本科目应当按照经营活动类别、项目和收入来源等进行明细核算。期末结账后，本科目应无余额。

二、经营收入的主要账务处理

（1）实现经营收入时，按照确定的收入金额，借记“银行存款”“应收账款”“应收票据”等科目，贷记本科目。涉及增值税业务的，相关账务处理参见“应交增值税”科目。

借：银行存款/应收账款/应收票据等

　　贷：经营收入

　　　　应交增值税

（2）期末，将本科目本期发生额转入本期盈余，借记本科目，贷记“本期盈余”科目。

借：经营收入

　　贷：本期盈余

三、事业单位“经营收入/经营预算收入”活动核算比较

事业单位“经营收入/经营预算收入”活动核算比较如表15－5所示。

表 15-5　　事业单位“经营收入/经营预算收入”活动核算比较

情形			财务会计	预算会计
1	确认、收到经营收入时	按照确定的收入金额	借：银行存款/应收账款/应收票据等 　　贷：经营收入	借：资金结存——货币资金［按照实际收到的金额］ 　　贷：经营预算收入
		实际收到的金额	借：银行存款等 　　贷：应收账款/应收票据	
2	期末/年末结转	期末/年末结转	借：经营收入 　　贷：本期盈余	借：经营预算收入 　　贷：经营结余

第六节　非同级财政拨款收入

一、非同级财政拨款收入科目的设置

“非同级财政拨款收入”科目核算单位从非同级政府财政部门取得的经费拨款，包括从同级政府其他部门取得的横向转拨财政款、从上级或下级政府财政部门取得的经费拨款等。期末结转后，本科目应无余额。

事业单位因开展科研及其辅助活动从非同级政府财政部门取得的经费拨款，应当通过“事业收入——非同级财政拨款”科目核算，不通过本科目核算。

本科目应当按照本级横向转拨财政款和非本级财政拨款进行明细核算，并按照收入来源进行明细核算。

二、非同级财政拨款收入的主要账务处理

（1）确认非同级财政拨款收入时，按照应收或实际收到的金额，借记“其他应收款”“银行存款”等科目，贷记本科目。

借：其他应收款/银行存款等

　　贷：非同级财政拨款收入

（2）期末，将本科目本期发生额转入本期盈余，借记本科目，贷记“本期盈余”科目。

借：非同级财政拨款收入

　　贷：本期盈余

【例 15-1】某市水利局从非同级财政部门收到一笔拨款资金 200 000 元。

财务会计账务处理：

借：银行存款	200 000	
贷：非同级财政拨款收入		200 000

预算会计账务处理：

借：资金结存——货币资金	200 000	
贷：非同级财政拨款预算收入		200 000

三、行政事业单位“非同级财政拨款收入/非同级财政拨款预算收入”活动核算比较

行政事业单位“非同级财政拨款收入/非同级财政拨款预算收入”活动核算比较如表 15－6 所示。

表 15－6　行政事业单位“非同级财政拨款收入/非同级财政拨款预算收入”活动核算比较

<table>
<tr><th colspan="3" rowspan="2">情形</th><th colspan="2">财务会计</th><th colspan="2">预算会计</th></tr>
<tr><th>行政单位</th><th>事业单位</th><th>行政单位</th><th>事业单位</th></tr>
<tr><td rowspan="2">1</td><td rowspan="2">确认、收到非同级财政拨款收入时</td><td>确认收入时，按照应收或实际收到的金额</td><td colspan="2">借：其他应收款/银行存款等
　贷：非同级财政拨款收入</td><td colspan="2" rowspan="2">借：资金结存——货币资金［按照实际收到的金额］
　贷：非同级财政拨款预算收入</td></tr>
<tr><td>实际收到的金额</td><td colspan="2">借：银行存款
　贷：其他应收款</td></tr>
<tr><td rowspan="2">2</td><td rowspan="2">期末/年末结转</td><td>专项资金收入</td><td colspan="2" rowspan="2">借：非同级财政拨款收入
　贷：本期盈余</td><td colspan="2">借：非同级财政拨款预算收入
　贷：非财政拨款结转——本年收支结转</td></tr>
<tr><td>非专项资金收入</td><td colspan="2">借：非同级财政拨款预算收入
　贷：其他结余</td></tr>
</table>

第七节　投资收益

一、投资收益科目的设置

“投资收益”科目核算事业单位股权投资和债券投资所实现的收益或发生的损失。本科目应当按照投资的种类等进行明细核算。期末结转后，本科目应无余额。

二、投资收益的主要账务处理

（1）收到短期投资持有期间的利息，按照实际收到的金额，借记“银行存款”科目，贷记“投资收益”科目。

借：银行存款

　　贷：投资收益

（2）出售或到期收回短期债券本息，按照实际收到的金额，借记“银行存款”科目，按照出售或收回短期投资的成本，贷记“短期投资”科目；按照其差额，贷记或借记本科目。涉及增值税业务的，相关账务处理参见“应交增值税”科目。

借：银行存款

　　贷：短期投资

　　　　投资收益（可借可贷）

（3）持有的分期付息、一次还本的长期债券投资，按期确认利息收入时，按照计算确定的应收未收利息，借记“应收利息”科目，贷记本科目；持有的到期一次还本付息的债券投资，按期确认利息收入时，按照计算确定的应收未收利息，借记“长期债券投资——应计利息”科目，贷记本科目。

借：应收利息/长期债券投资——应计利息

　　贷：投资收益

（4）出售长期债券投资或到期收回长期债券投资本息，按照实际收到的金额，借记“银行存款”等科目，按照债券初始投资成本和已计未收利息金额，贷记“长期债券投资——成本/应计利息”科目［到期一次还本付息债券］或“长期债券投资”“应收利息”科目［分期付息债券］；按照其差额，贷记或借记本科目。涉及增值税业务的，相关账务处理参见“应交增值税”科目。

借：银行存款

　　贷：长期债券投资——成本/应计利息

（5）采用成本法核算的长期股权投资持有期间，被投资单位宣告分派现金股利或利润时，按照宣告分派的现金股利或利润中属于单位应享有的份额，借记“应收股利”科目，贷记本科目。

借：应收股利

　　贷：投资收益

（6）采用权益法核算的长期股权投资持有期间，按照应享有或应分担的被投资单位实现的净损益的份额，借记或贷记“长期股权投资——损益调整”科目，贷记或借记本科目；被投资单位发生净亏损，但以后年度又实现净利润的，单位在其收益分享额弥补未确认的亏损分担额等后，恢复确认投资收益，借记“长期股权投资——损益调整”科目，贷记本科目。

借：长期股权投资——损益调整

　　贷：投资收益

（7）按照规定处置长期股权投资时有关投资收益的账务处理，参见“长期股权投资”科目。

三、事业单位“投资收益/投资预算收益”活动核算比较

事业单位“投资收益/投资预算收益”活动核算比较如表 15－7 所示。

表 15－7　　事业单位“投资收益/投资预算收益”活动核算比较

<table>
<tr><th colspan="3">情形</th><th>财务会计</th><th>预算会计</th></tr>
<tr><td>1</td><td>出售或到期收回短期债券本息</td><td>业务发生时</td><td>借：银行存款
投资收益［借差］
贷：短期投资［成本］
投资收益［贷差］</td><td>借：资金结存——货币资金［实际收到的金额］
投资预算收益［借差］
贷：投资支出/其他结余［投资成本］
投资预算收益［贷差］</td></tr>
<tr><td rowspan="2">2</td><td rowspan="2">持有的分期付息、一次还本的长期债券投资</td><td>确认应收未收利息</td><td>借：应收利息
贷：投资收益</td><td>—</td></tr>
<tr><td>实际收到的利息</td><td>借：银行存款
贷：应收利息</td><td>借：资金结存——货币资金
贷：投资预算收益</td></tr>
<tr><td>3</td><td>持有的到期一次还本付息的长期债券投资，计算确定的应收未收利息增加长期债券投资的账面余额</td><td>确认利息时</td><td>借：长期债券投资——应计利息
贷：投资收益</td><td>—</td></tr>
<tr><td>4</td><td>出售长期债券投资或到期收回长期债券投资本息</td><td>出售或到期收回时</td><td>借：银行存款
投资收益［借差］
贷：短期投资［成本］
投资收益［贷差］</td><td>借：资金结存——货币资金［实际收到的金额］
投资预算收益［借差］
贷：投资支出/其他结余［投资成本］
投资预算收益［贷差］</td></tr>
<tr><td rowspan="2">5</td><td rowspan="2">采用成本法核算的长期股权投资持有期间，被投资单位宣告分派现金股利或利润时</td><td>按照宣告分派的利润或股利中属于单位应享有的份额</td><td>借：应收利息
贷：投资收益</td><td>—</td></tr>
<tr><td>取得分派的利润或股利，按照实际收到的金额</td><td>借：银行存款
贷：应收利息</td><td>借：资金结存——货币资金
贷：投资预算收益</td></tr>
<tr><td>6</td><td>采用权益法核算的长期股权投资持有期间</td><td>按照应享有或应分担的被投资单位实现的净损益的份额</td><td>借：长期股权投资——损益调整
贷：投资收益［被投资单位实现净利润］
借：投资收益［被投资单位实现净亏损］
贷：长期股权投资——损益调整</td><td>—</td></tr>
</table>

续表

<table>
<tr><th colspan="3">情形</th><th>财务会计</th><th>预算会计</th></tr>
<tr><td rowspan="2">6</td><td rowspan="2">采用权益法核算的长期股权投资持有期间</td><td>收到被投资单位发放的现金股利</td><td>借：银行存款
　　贷：应收股利</td><td>借：资金结存——货币资金
　　贷：投资预算收益</td></tr>
<tr><td>被投资单位发生净亏损，但以后年度又实现净利润的，按规定恢复确认投资收益</td><td>借：长期股权投资——损益调整
　　贷：投资收益</td><td>借：资金结存——货币资金
　　贷：投资预算收益</td></tr>
<tr><td rowspan="2">7</td><td rowspan="2">期末/年末结转</td><td>投资收益为贷方余额时</td><td>借：投资收益
　　贷：本期盈余</td><td>借：投资预算收益
　　贷：其他结余</td></tr>
<tr><td>投资收益为借方余额时</td><td>借：本期盈余
　　贷：投资收益</td><td>借：其他结余
　　贷：投资预算收益</td></tr>
</table>

第八节　捐赠收入

一、捐赠收入科目的设置

“捐赠收入”科目核算单位接受其他单位或者个人捐赠取得的收入。本科目应当按照捐赠资产的用途和捐赠单位等进行明细核算。期末结转后，本科目应无余额。

二、捐赠收入的主要账务处理

（1）接受捐赠的货币资金，按照实际收到的金额，借记“银行存款”“库存现金”等科目，贷记本科目。

借：银行存款/库存现金等

　　贷：捐赠收入

（2）接受捐赠的存货、固定资产等非现金资产，按照确定的成本，借记“库存物品”“固定资产”等科目，按照发生的相关税费、运输费等，贷记“银行存款”等科目，按照其差额，贷记本科目。

借：库存物品/固定资产等

　　贷：银行存款

　　　　捐赠收入

（3）接受捐赠的资产按照名义金额入账的，按照名义金额，借记“库存物品”“固定资产”等科目，贷记本科目；同时，按照发生的相关税费、运输费等，借记“其他费用”科目，贷记“银行存款”等科目。

借：库存商品/固定资产等

　　贷：捐赠收入

借：其他费用

　　贷：银行存款等

（4）期末，将本科目本期发生额转入本期盈余，借记本科目，贷记“本期盈余”科目。

借：捐赠收入

　　贷：本期盈余

三、行政事业单位“捐赠收入/其他预算收入”活动核算比较

行政事业单位“捐赠收入/其他预算收入”活动核算比较如表 15－8 所示。

表 15－8　　行政事业单位“捐赠收入/其他预算收入”活动核算比较

<table>
<tr><th colspan="3" rowspan="2">情形</th><th colspan="2">财务会计</th><th colspan="2">预算会计</th></tr>
<tr><th>行政单位</th><th>事业单位</th><th>行政单位</th><th>事业单位</th></tr>
<tr><td>1</td><td>接受捐赠的货币资金</td><td>按照实际收到的金额</td><td colspan="2">借：银行存款/库存现金
　贷：捐赠收入</td><td colspan="2">借：资金结存——货币资金
　贷：其他预算收入——捐赠收入</td></tr>
<tr><td rowspan="2">2</td><td rowspan="2">接受捐赠的存货、固定资产等非现金资产</td><td>按照确定的成本</td><td colspan="2">借：库存物品/固定资产等
　贷：银行存款等［相关税费支出］捐赠收入</td><td colspan="2">借：其他支出［支付的相关税费等］
　贷：资金结存</td></tr>
<tr><td>按照名义金额入账</td><td colspan="2">借：库存物品/固定资产等［名义金额］
　贷：捐赠收入
借：其他费用
　贷：银行存款等［相关税费支出］</td><td colspan="2">借：其他支出［支付的相关税费等］
　贷：资金结存</td></tr>
<tr><td rowspan="2">3</td><td rowspan="2">期末/年末结转</td><td>专项资金</td><td colspan="2">借：捐赠收入
　贷：本期盈余</td><td colspan="2">借：其他预算收入——捐赠收入
　贷：非财政拨款结转——本年收支结转</td></tr>
<tr><td>非专项资金</td><td colspan="2">借：捐赠收入
　贷：本期盈余</td><td colspan="2">借：其他预算收入——捐赠收入
　贷：其他结余</td></tr>
</table>

第九节　利 息 收 入

一、利息收入科目的设置

“利息收入”科目核算行政事业单位取得的银行存款利息收入。期末结转后，本科目应无余额。

二、利息收入的主要账务处理

（1）取得银行存款利息时，按照实际收到的金额，借记“银行存款”科目，贷记本科目。同时进行预算会计账务处理。

借：银行存款

　　贷：利息收入

（2）期末，将本科目本期发生额转入本期盈余，借记本科目，贷记“本期盈余”科目。同时进行预算会计账务处理。

借：利息收入

　　贷：本期盈余

三、行政事业单位“利息收入/其他预算收入”活动核算比较

行政事业单位“利息收入/其他预算收入”活动核算比较如表15－9所示。

表15－9　　行政事业单位“利息收入/其他预算收入”活动核算比较

情形			财务会计		预算会计	
			行政单位	事业单位	行政单位	事业单位
1	确认银行存款利息收入	实际收到利息	借：银行存款 　　贷：利息收入		借：资金结存——货币资金 　　贷：其他预算收入——利息收入	
2	期末/年末结转	结转时	借：利息收入 　　贷：本期盈余		借：其他预算收入——利息收入 　　贷：其他结余	

第十节　租金收入

一、租金收入科目的设置

“租金收入”科目核算单位经批准利用国有资产出租取得并按照规定纳入本单位预算管理的租金收入。

本科目应当按照出租国有资产类别和收入来源等进行明细核算。期末结转后，本科目应无余额。

二、租金收入的主要账务处理

（1）国有资产出租收入，应当在租赁期内各个期间按照直线法予以确认。

①采用预收租金方式的，预收租金时，按照收到的金额，借记“银行存款”等科目，贷记“预收账款”科目；分期确认租金收入时，按照各期租金金额，借记“预收账款”科目，贷记本科目。

借：银行存款等

　　贷：预收账款

借：预收账款

　　贷：租金收入

②采用后付租金方式的，每期确认租金收入时，按照各期租金金额，借记“应收账款”科目，贷记本科目；收到租金时，按照实际收到的金额，借记“银行存款”等科目，贷记“应收账款”科目。

借：应收账款

　　贷：租金收入

借：银行存款等

　　贷：应收账款

③采用分期收取租金方式的，每期收取租金时，按照租金金额，借记“银行存款”等科目，贷记本科目。

借：银行存款等

　　贷：租金收入

涉及增值税业务的，相关账务处理参见“应交增值税”科目。

（2）期末，将本科目本期发生额转入本期盈余，借记本科目，贷记“本期盈余”科目。

借：租金收入

　　贷：本期盈余

三、行政事业单位“租金收入/其他预算收入”活动核算比较

行政事业单位“租金收入/其他预算收入”活动核算比较如表15－10所示。

表15－10　　行政事业单位“租金收入/其他预算收入”活动核算比较

<table>
<tr><th colspan="3" rowspan="2">情形</th><th colspan="2">财务会计</th><th colspan="2">预算会计</th></tr>
<tr><th>行政单位</th><th>事业单位</th><th>行政单位</th><th>事业单位</th></tr>
<tr><td rowspan="2">1</td><td rowspan="2">预收租金方式</td><td>收到预付的租金</td><td colspan="2">借：银行存款等
　　贷：预收账款</td><td colspan="2">借：资金结存——货币资金
　　贷：其他预算收入——租金收入</td></tr>
<tr><td>按直线法分期确认租金</td><td colspan="2">借：预收账款
　　贷：租金收入</td><td colspan="2">—</td></tr>
<tr><td>2</td><td>分期收取租金</td><td>业务发生时</td><td colspan="2">借：银行存款等
　　贷：租金收入</td><td colspan="2">借：资金结存——货币资金
　　贷：其他预算收入——租金收入</td></tr>
</table>

续表

情形			财务会计		预算会计	
			行政单位	事业单位	行政单位	事业单位
3	后付租金方式	确认租金收入时	借：应收账款 　贷：租金收入		—	
		收到租金时	借：银行存款等 　贷：应收账款		借：资金结存——货币资金 　贷：其他预算收入——租金收入	
4	期末/年末结转	结转时	借：租金收入 　贷：本期盈余		借：其他预算收入——租金收入 　贷：其他结余	

第十一节　其他收入

其他收入是指行政事业单位取得的除财政拨款收入、事业收入、上级补助收入、附属单位上缴收入、经营收入、非同级财政拨款收入、投资收益、捐赠收入、利息收入、租金收入以外的各项收入，包括现金盘盈收入、按照规定纳入单位预算管理的科技成果转化收入、行政单位收回已核销的其他应收款、无法偿付的应付及预收款项、置换换出资产评估增值等。

一、其他收入科目设置

“其他收入”科目应当按照其他收入的类别、来源等进行明细核算。期末结转后，本科目应无余额。

二、其他收入的主要账务处理

（1）现金盘盈收入。每日现金账款核对中发现的现金溢余，属于无法查明原因的部分，报经批准后，借记“待处理财产损溢”科目，贷记本科目。

借：待处理财产损溢

　贷：其他收入

（2）科技成果转化收入。单位科技成果转化所取得的收入，按照规定留归本单位的，按照所取得收入扣除相关费用之后的净收益，借记“银行存款”等科目，贷记本科目。

借：银行存款等

　贷：其他收入

（3）收回已核销的其他应收款。行政单位已核销的其他应收款在以后期间收回的，按照实际收回的金额，借记“银行存款”等科目，贷记本科目。

借：银行存款等

　贷：其他收入

（4）无法偿付的应付及预收款项。无法偿付或债权人豁免偿还的应付账款、预收账款、其他应付款及长期应付款，借记“应付账款”“预收账款”“其他应付款”“长期应付款”等科目，贷记本科目。

借：应付账款/预收账款/其他应付款/长期应付款等

　　贷：其他收入

（5）置换换出资产评估增值。资产置换过程中，换出资产评估增值的，按照评估价值高于资产账面价值或账面余额的金额，借记有关科目，贷记本科目。具体账务处理参见“库存物品”等科目。

以未入账的无形资产取得的长期股权投资，按照评估价值加相关税费作为投资成本，借记“长期股权投资”科目，按照发生的相关税费，贷记“银行存款”“其他应交税费”等科目，按其差额，贷记本科目。

借：长期股权投资

　　贷：银行存款/其他应交税费等

　　　　其他收入等

（6）其他。除了确认为上述以外的其他收入时，按照应收或实际收到的金额，借记“其他应收款”“银行存款”“库存现金”等科目，贷记本科目。涉及增值税业务的，相关账务处理参见“应交增值税”科目。

借：其他应收款/银行存款/库存现金等

　　贷：其他收入

（7）期末，将本科目本期发生额转入本期盈余，借记本科目，贷记“本期盈余”科目。

借：其他收入

　　贷：本期盈余

三、行政事业单位“其他收入/其他预算收入”活动核算比较

行政事业单位“其他收入/其他预算收入”活动核算比较如表 15－11 所示。

表 15－11　　行政事业单位“其他收入/其他预算收入”活动核算比较

<table>
<tr><th colspan="3" rowspan="2">情形</th><th colspan="2">财务会计</th><th colspan="2">预算会计</th></tr>
<tr><th>行政单位</th><th>事业单位</th><th>行政单位</th><th>事业单位</th></tr>
<tr><td>1</td><td>现金盘盈收入</td><td>属于无法查明原因的部分，报经批准后</td><td colspan="2">借：待处理财产损溢
　　贷：其他收入</td><td colspan="2">—</td></tr>
<tr><td>2</td><td>科技成果转化收入</td><td>按照规定留归本单位的</td><td colspan="2">借：银行存款等
　　贷：其他收入</td><td colspan="2">借：资金结存——货币资金
　　贷：其他预算收入</td></tr>
</table>

续表

<table>
<tr><th colspan="3" rowspan="2">情形</th><th colspan="2">财务会计</th><th colspan="2">预算会计</th></tr>
<tr><th>行政单位</th><th>事业单位</th><th>行政单位</th><th>事业单位</th></tr>
<tr><td>3</td><td>行政单位收回已核销的其他应收款</td><td>按照实际收回的金额</td><td colspan="2">借：银行存款等
贷：其他收入</td><td colspan="2">借：资金结存——货币资金
贷：其他预算收入</td></tr>
<tr><td>4</td><td>无法偿付的应付及预收款项</td><td>无法偿付或债权人豁免偿还的应付账款、预收账款、其他应付款及长期应付款</td><td colspan="2">借：应付账款/预收账款/其他应付款/长期应付款等
贷：其他收入</td><td colspan="2">—</td></tr>
<tr><td>5</td><td>置换换出资产评估增值</td><td>按照换出资产评估价值高于资产账面价值的金额</td><td colspan="2">借：有关科目
贷：其他收入</td><td colspan="2">—</td></tr>
<tr><td>6</td><td>其他情况</td><td>按照应收或收到的金额</td><td colspan="2">借：其他应收款/银行存款/库存现金等
贷：其他收入</td><td colspan="2">借：资金结存——货币资金［按实际收到的金额］
贷：其他预算收入</td></tr>
<tr><td rowspan="2">7</td><td rowspan="2">期末/年末结转</td><td>专项资金</td><td colspan="2">借：其他收入
贷：本期盈余</td><td colspan="2">借：其他预算收入
贷：非财政拨款结转——本年收支结转</td></tr>
<tr><td>非专项资金</td><td colspan="2">借：其他收入
贷：本期盈余</td><td colspan="2">借：其他预算收入
贷：其他结余</td></tr>
</table>

第十六章

行政事业单位费用

第一节　业务活动费用

一、业务活动费用科目的设置

行政事业单位应设置“业务活动费用”科目。本科目核算单位为实现其职能目标，依法履职或开展专业业务活动及其辅助活动所发生的各项费用。本科目应当按照项目、服务或者业务类别、支付对象等进行明细核算。

为了满足成本核算需要，本科目下还可按照“工资福利费用”“商品和服务费用”“对个人和家庭的补助费用”“对企业补助费用”“固定资产折旧费”“无形资产摊销费”“公共基础设施折旧（摊销）费”“保障性住房折旧费”“计提专用基金”等成本项目设置明细科目，归集能够直接计入业务活动或采用一定方法计算后计入业务活动的费用。期末结转后，本科目应无余额。

二、业务活动费用的主要账务处理

（1）为履职或开展业务活动人员计提的薪酬，按照计算确定的金额，借记本科目，贷记“应付职工薪酬”科目。

借：业务活动费用

　　贷：应付职工薪酬

（2）为履职或开展业务活动发生的外部人员劳务费，按照计算确定的金额，借记本科目，按照代扣代缴个人所得税的金额，贷记“其他应交税费——应交个人所得税”科目，按照扣税后应付或实际支付的金额，贷记“其他应付款”“财政拨款收入”“零余额账户用款额度”“银行存款”等科目。

借：业务活动费用

　　贷：其他应交税费——应交个人所得税

　　　　其他应付款/财政拨款收入/零余额账户用款额度/银行存款等

（3）为履职或开展业务活动领用库存物品，以及动用发出相关政府储备物资，按照领用库存物品或发出相关政府储备物资的账面余额，借记本科目，贷记“库存物品”“政府储备物资”科目。

借：业务活动费用

　　贷：库存物品/政府储备物资

（4）为履职或开展业务活动所使用的固定资产、无形资产以及为所控制的公共基础设施、保障性住房计提的折旧、摊销，按照计提金额，借记本科目，贷记“固定资产累计折旧”“无形资产累计摊销”“公共基础设施累计折旧（摊销）”“保障性住房累计折旧”科目。

借：业务活动费用

　　贷：固定资产累计折旧/无形资产累计摊销/公共基础设施累计折旧（摊销）/保障性住房累计折旧

（5）为履职或开展业务活动发生的城市维护建设税、教育费附加、地方教育附加、车船税、房产税、城镇土地使用税等，按照计算确定应缴纳的金额，借记本科目，贷记“其他应交税费”等科目。

借：业务活动费用

　　贷：其他应交税费

（6）为履职或开展业务活动发生其他各项费用时，按照费用确认金额，借记本科目，贷记“财政拨款收入”“零余额账户用款额度”“银行存款”“应付账款”“其他应付款”“其他应收款”等科目。

借：业务活动费用

　　贷：财政拨款收入/零余额账户用款额度/银行存款/应付账款/其他应付款/其他应收款等

（7）按照规定从收入中提取专用基金并计入费用的，一般按照预算会计下基于预算收入计算提取的金额，借记本科目，贷记“专用基金”科目。国家另有规定的，从其规定业务活动费用。

借：业务活动费用

　　贷：专用基金

（8）发生当年购货退回等业务，对于已计入本年业务活动费用的，按照收回或应收的金额，借记“财政拨款收入”“零余额账户用款额度”“银行存款”“其他应收款”等科目，贷记本科目。

借：财政拨款收入/零余额账户用款额度/银行存款/其他应收款等

　　贷：业务活动费用

（9）期末，将本科目本期发生额转入本期盈余，借记“本期盈余”科目，贷记本科目。

借：本期盈余

　　贷：业务活动费用

三、行政事业单位“业务活动费用/行政支出/事业支出”活动核算比较

行政事业单位“业务活动费用/行政支出/事业支出”活动核算比较如表16－1所示。

表 16－1　　行政事业单位“业务活动费用/行政支出/事业支出”活动核算比较

<table>
<tr><th colspan="3" rowspan="2">情形</th><th colspan="2">财务会计</th><th colspan="2">预算会计</th></tr>
<tr><th>行政单位</th><th>事业单位</th><th>行政单位</th><th>事业单位</th></tr>
<tr><td rowspan="3">1</td><td rowspan="3">职工薪酬计提与支付</td><td>为履职或开展业务活动人员计提职工薪酬</td><td colspan="2">借：业务活动费用
　贷：应付职工薪酬</td><td colspan="2">—</td></tr>
<tr><td>实际支付给职工并代扣个人所得税</td><td colspan="2">借：应付职工薪酬
　贷：财政拨款收入/零余额账户用款额度/银行存款等
　　其他应交税费——应交个人所得税</td><td>借：行政支出（按照实际支付给个人部分）
　贷：财政拨款预算收入/资金结存</td><td>借：事业支出（按照实际支付给个人部分）
　贷：财政拨款预算收入/资金结存</td></tr>
<tr><td>实际支付税款</td><td colspan="2">借：其他应交税费——应交个人所得税
　贷：银行存款/零余额账户用款额度等</td><td>借：行政支出（按照实际缴纳额）
　贷：资金结存等</td><td>借：事业支出（按照实际缴纳额）
　贷：资金结存等</td></tr>
<tr><td rowspan="3">2</td><td rowspan="3">支付外部人员劳务费</td><td>为履职或开展业务活动计提外部人员劳务费</td><td colspan="2">借：业务活动费用
　贷：其他应付款</td><td colspan="2">—</td></tr>
<tr><td>实际支付劳务费并代扣个人所得税</td><td colspan="2">借：其他应付款
　贷：财政拨款收入/零余额账户用款额度/银行存款等
　　其他应交税费——应交个人所得税</td><td>借：行政支出（按照实际支付给个人部分）
　贷：财政拨款预算收入/资金结存</td><td>借：事业支出（按照实际支付给个人部分）
　贷：财政拨款预算收入/资金结存</td></tr>
<tr><td>实际缴纳税款</td><td colspan="2">借：其他应交税费——应交个人所得税
　贷：银行存款/零余额账户用款额度</td><td>借：行政支出（按照实际缴纳额）
　贷：资金结存等</td><td>借：事业支出（按照实际缴纳额）
　贷：资金结存等</td></tr>
<tr><td>3</td><td>为履职或开展业务活动发生预付款项</td><td>支付预付账款</td><td colspan="2">借：预付账款
　贷：财政拨款收入/零余额账户用款额度/银行存款等</td><td>借：行政支出
　贷：财政拨款预算收入/资金结存</td><td>借：事业支出
　贷：财政拨款预算收入/资金结存</td></tr>
</table>

续表

情形			财务会计		预算会计	
			行政单位	事业单位	行政单位	事业单位
3	为履职或开展业务活动发生预付款项	结算预付账款	借：业务活动费用 贷：预付账款 财政拨款收入/零余额账户用款额度/银行存款等（补付金额）		借：行政支出 贷：财政拨款预算收入/资金结存（补付金额）	借：事业支出 贷：财政拨款预算收入/资金结存（补付金额）
		支付暂付款项	借：其他应收款 贷：银行存款等		—	
		结算或报销暂付款项	借：业务活动费用 贷：其他应收款		借：行政支出 贷：资金结存等	借：事业支出 贷：资金结存等
4	购买资产或支付在建工程款	实际支付价款	借：库存物品/固定资产/无形资产/在建工程等 贷：财政拨款收入/零余账户用款额度/银行存款等		借：行政支出（按照实际支付金额） 贷：财政拨款预算收入/资金结存	借：事业支出（按照实际支付金额） 贷：财政拨款预算收入/资金结存
5	领用库存物品	向仓库领用库存物品	借：业务活动费用 贷：库存物品等		—	
6	计提折旧、摊销	计提固定资产、无形资产、公共基础设施、保障性住房的折旧（摊销）	借：业务活动费用 贷：固定资产累计折旧/无形资产累计摊销/公共基础设施累计折旧（摊销）、保障性住房累计折旧		—	
7	缴纳为履职或开展业务活动应负担的税金及附加	确认其他应交税费	借：业务活动费用 贷：其他应交税费		—	
		支付其他应交税费	借：其他应交税费 贷：银行存款等		借：行政支出 贷：资金结存等	借：事业支出 贷：资金结存等
8	为履职或开展业务活动发生的其他各项费用	支付其他各项费用	借：业务活动费用 贷：财政拨款收入/零余额账户用款额度/银行存款等		借：行政支出（按照实际支付的金额） 贷：财政拨款预算收入/资金结存	借：事业支出（按照实际支付的金额） 贷：财政拨款预算收入/资金结存

续表

<table>
<tr><th colspan="3" rowspan="2">情形</th><th colspan="2">财务会计</th><th colspan="2">预算会计</th></tr>
<tr><th>行政单位</th><th>事业单位</th><th>行政单位</th><th>事业单位</th></tr>
<tr><td>9</td><td>计提专用基金</td><td>提取专用基金</td><td>—</td><td>借：业务活动费用
贷：专用基金</td><td colspan="2">—</td></tr>
<tr><td rowspan="2">10</td><td rowspan="2">购货退回</td><td>当年发生购货退回</td><td>借：财政拨款收入/零余额账户用款额度/银行存款等
贷：库存物品/业务活动费用</td><td>借：财政拨款收入/零余额账户用款额度/银行存款/应收账款等
贷：库存物品/业务活动</td><td>借：财政拨款预算收入/资金结存
贷：行政支出</td><td>借：财政拨款预算收入/资金结存
贷：事业支出</td></tr>
<tr><td>发生以前年度购货退回</td><td>借：财政应返还额度/银行存款等
贷：库存物品/以前年度盈余调整</td><td>借：财政应返还额度/银行存款/应收账款等
贷：库存物品/以前年度盈余调整</td><td colspan="2">借：资金结存
贷：财政拨款结转——年初余额调整/财政拨款结余——年初余额调整等</td></tr>
<tr><td>11</td><td>期末/年末结转</td><td>期末/年末结转科目余额</td><td>借：本期盈余
贷：业务活动费用</td><td>借：本期盈余
贷：业务活动费用</td><td>借：财政拨款结转——本年收支结转（财政拨款支出）
非财政拨款结转——本年收支结转（非同级财政专项资金支出）
其他结余（非财政、非专项资金支出）
贷：行政支出</td><td>借：财政拨款结转——本年收支结转（财政拨款支出）
非财政拨款结转——本年收支结转（非同级财政专项资金支出）
其他结余（非财政、非专项资金支出）
贷：事业支出</td></tr>
</table>

第二节　单位管理费用

一、单位管理费用科目的设置

“单位管理费用”科目核算事业单位本级行政及后勤管理部门开展管理活动发生的各项费用，包括单位行政及后勤管理部门发生的人员经费、公用经费、资产折旧（摊销）等费用，以及由单位统一负担的离退休人员经费、工会经费、诉讼费、中介费等。

该科目适用于事业单位。本科目应当按照项目、费用类别、支付对象等进行明细核算。

为了满足成本核算需要，本科目下还可按照“工资福利费用”“商品和服务费用”“对个人和家庭的补助费用”“固定资产折旧费”“无形资产摊销费”等成本项目设置明细科目，归集能够直接计入单位管理活动或采用一定方法计算后计入单位管理活动的费用。

二、单位管理费用的主要账务处理

（1）为管理活动人员计提的薪酬，按照计算确定的金额，借记本科目，贷记“应付职工薪酬”科目。

借：单位管理费用

　　贷：应付职工薪酬

（2）为开展管理活动发生的外部人员劳务费，按照计算确定的费用金额，借记本科目，按照代扣代缴个人所得税的金额，贷记“其他应交税费——应交个人所得税”科目，按照扣税后应付或实际支付的金额，贷记“其他应付款”“财政拨款收入”“零余额账户用款额度”“银行存款”等科目。

借：单位管理费用

　　贷：其他应交税费——应交个人所得税

　　　　其他应付款/财政拨款收入/零余额账户用款额度/银行存款等

（3）开展管理活动内部领用库存物品，按照领用物品实际成本，借记本科目，贷记“库存物品”科目。

借：单位管理费用

　　贷：库存物品

（4）为管理活动所使用固定资产、无形资产计提的折旧、摊销，按照应提折旧、摊销额，借记本科目，贷记“固定资产累计折旧”“无形资产累计摊销”科目。

借：单位管理费用

　　贷：固定资产累计折旧/无形资产累计摊销

（5）为开展管理活动发生城市维护建设税、教育费附加、地方教育附加、车船税、房产税、城镇土地使用税等，按照计算确定应缴纳的金额，借记本科目，贷记“其他应交税费”等科目。

借：单位管理费用

　　贷：其他应交税费等

（6）为开展管理活动发生的其他各项费用，按照费用确认金额，借记本科目，贷记“财政拨款收入”“零余额账户用款额度”“银行存款”“其他应付款”“其他应收款”等科目。

借：单位管理费用

　　贷：财政拨款收入/零余额账户用款额度/银行存款/其他应付款/其他应收款等

（7）发生当年购货退回等业务，对已计入本年单位管理费用的，按照收回或应收的金额，借记“财政拨款收入”“零余额账户用款额度”“银行存款”“其他应收款”

等科目，贷记本科目。

借：财政拨款收入/零余额账户用款额度/银行存款/其他应收款等

　　贷：单位管理费用

（8）期末，将本科目本期发生额转入本期盈余，借记“本期盈余”科目，贷记本科目。期末结转后，本科目应无余额。

借：本期盈余

　　贷：单位管理费用

三、事业单位“单位管理费用/事业支出”活动核算比较

事业单位“单位管理费用/事业支出”活动核算比较如表16－2所示。

表16－2　　事业单位“单位管理费用/事业支出”活动核算比较

情形			财务会计	预算会计
1	支付管理人员职工薪酬	计提管理活动人员薪酬	借：单位管理费用 　贷：应付职工薪酬	—
		实际支付给职工并代扣个人所得税	借：应付职工薪酬 　贷：财政拨款收入/零余额账户用款额度/银行存款等 　　其他应交税费——应交个人所得税	借：事业支出（按照支付给个人部分） 　贷：财政拨款预算收入/资金结存
		实际缴纳税款	借：其他应交税费——应交个人所得税 　贷：银行存款/零余额账户用款额度等	借：事业支出（按照实际缴纳额） 　贷：资金结存等
2	支付外部人员劳务费	计提外部人员劳务费	借：单位管理费用 　贷：其他应付款	—
		实际支付并代扣个人所得税	借：其他应付款 　贷：财政拨款收入/零余额账户用款额度/银行存款等 　　其他应交税费——代交个人所得税	借：事业支出（按照支付给个人部分） 　贷：财政拨款预算收入/资金结存
		实际支付税款	借：其他应交税费——应交个人所得税 　贷：银行存款/零余额账户用款额度等	借：事业支出（按照实际缴纳额） 　贷：资金结存等
3	发生预付款项	支付预付账款	借：预付账款 　贷：财政拨款收入/零余额账户用款额度/银行存款等	借：事业支出 　贷：财政拨款预算收入/资金结存
		结算预付账款	借：单位管理费用 　贷：预付账款 　　财政拨款收入/零余额账户用款额度/银行存款等（补付金额）	借：事业支出 　贷：财政拨款预算收入/资金结存（补付金额）

续表

情形			财务会计	预算会计
3	发生预付款项	支付暂付款项	借：其他应收款 　　贷：银行存款等	—
		结算或报销暂付款项	—	借：事业支出 　　贷：资金结存等
4	发生各项费用	发生其他与管理活动相关的各项费用	借：单位管理费用 　　贷：财政拨款收入/零余额账户用款额度/银行存款/应付款项等	借：事业支出（按照实际支付的金额） 　　贷：财政拨款预算收入/资金结存
5	购买资产或支付在建工程	支付购买资产或在建工程	借：库存物品/固定资产/无形资产/在建工程等 　　贷：财政拨款收入/零余额账户用款额度/银行存款/应付账款等	借：事业支出（按照实际支付价款） 　　贷：财政拨款预算收入/资金结存
6	计提折旧、摊销	计提折旧、摊销金额	借：单位管理费用 　　贷：固定资产累计折旧/无形资产累计摊销	—
7	领用库存物品	领用内部库存物品	借：单位管理费用 　　贷：库存物品	—
8	发生应负担的税金及附加	确定应缴纳的税金及附加	借：单位管理费用 　　贷：其他应交税费	—
		实际缴纳税金及附加	借：其他应交税费 　　贷：银行存款等	借：事业支出 　　贷：资金结存等
9	购货退回	当年发生购货退回	借：财政拨款收入/零余额账户用款额度/银行存款/应收账款等 　　贷：库存物品/单位管理费用等	借：财政拨款预算收入/资金结存 　　贷：事业支出
		发生以前年度购货退回	借：财政应返还额度/银行存款/应收账款等 　　贷：库存物品/以前年度盈余调整	借：资金结存——财政应返还额度/资金结存——货币资金 　　贷：财政拨款结转——年初余额调整/非财政拨款结余——年初余额调整
10	期末/年末结转	期末/年末结转会计科目余额	借：本期盈余 　　贷：单位管理费用	借：财政拨款结转——本年收支结转（财政拨款支出） 非财政拨款结转——本年结转（非财政专项资金支出） 其他结余（非财政、非专项资金支出） 　　贷：事业支出

第三节　经营费用

一、经营费用科目的设置

“经营费用”科目核算事业单位在专业业务活动及其辅助活动之外开展非独立核算经营活动发生的各项费用。期末结转后，本科目应无余额。本科目应当按照经营活动类别、项目、支付对象等进行明细核算。

为了满足成本核算需要，本科目下还可按照“工资福利费用”“商品和服务费用”“对个人和家庭的补助费用”“固定资产折旧费”“无形资产摊销费”等成本项目设置明细科目，归集能够直接计入单位经营活动或采用一定方法计算后计入单位经营活动的费用。

二、经营费用的主要账务处理

（1）为经营活动人员计提的薪酬，按照计算确定的金额，借记本科目，贷记“应付职工薪酬”科目。

借：经营费用

　　贷：应付职工薪酬

（2）开展经营活动领用或发出库存物品，按照物品实际成本，借记本科目，贷记“库存物品”科目。

借：经营费用

　　贷：库存物品

（3）为经营活动所使用固定资产、无形资产计提的折旧、摊销，按照应提折旧、摊销额，借记本科目，贷记“固定资产累计折旧”“无形资产累计摊销”科目。

借：经营费用

　　贷：固定资产累计折旧/无形资产累计摊销

（4）开展经营活动发生城市维护建设税、教育费附加、地方教育附加、车船税、房产税、城镇土地使用税等，按照计算确定应缴纳的金额，借记本科目，贷记“其他应交税费”等科目。

借：经营费用

　　贷：其他应交税费等

（5）发生与经营活动相关的其他各项费用时，按照费用确认金额，借记本科目，贷记“银行存款”“其他应付款”“其他应收款”等科目。涉及增值税业务的，相关账务处理参见“应交增值税”科目。

借：经营费用

　　贷：银行存款/其他应付款/其他应收款等

（6）发生当年购货退回等业务，对于已计入本年经营费用的，按照收回或应收的金额，借记“银行存款”“其他应收款”等科目，贷记本科目。

借：银行存款/其他应收款等

　　贷：经营费用

（7）期末，将本科目本期发生额转入本期盈余，借记“本期盈余”科目，贷记本科目。

借：本期盈余

　　贷：经营费用

三、事业单位“经营费用/经营支出”活动核算比较

事业单位“经营费用/经营支出”活动核算比较如表16－3所示。

表16－3　　事业单位“经营费用/经营支出”活动核算比较

情形			财务会计	预算会计
1	支付经营活动人员职工薪酬	计提经营活动人员薪酬	借：经营费用 　贷：应付职工薪酬	—
		实际支付给职工并代扣个人所得税	借：应付职工薪酬 　贷：财政拨款收入/零余额账户用款额度/银行存款等 　　其他应交税费——应交个人所得税	借：经营支出（按照支付给个人部分） 　贷：资金结存
		实际缴纳税款	借：其他应交税费——应交个人所得税 　贷：银行存款等	借：经营支出（按照实际缴纳额） 　贷：资金结存——货币资金等
2	购买资产或支付在建工程	支付购买资产或在建工程	借：库存物品/固定资产/无形资产/在建工程等 　贷：银行存款/应付账款等	借：经营支出（按照实际支付价款） 　贷：资金结存——货币资金等
3	领用材料或出售发出物品	内部领用材料或出售发出物品等	借：经营费用 　贷：库存物品	—
4	发生预付款项	支付预付账款	借：预付账款 　贷：银行存款等	借：经营支出 　贷：资金结存——货币资金
		结算预付账款	借：经营费用 　贷：预付账款 　　银行存款等（补付金额）	借：经营支出 　贷：资金结存——货币资金（补付金额）
5	发生应负担的税金及附加	确定应缴纳的税金及附加	借：经营费用 　贷：其他应交税费	—
		实际缴纳税金及附加	借：其他应交税费 　贷：银行存款等	借：经营支出 　贷：资金结存——货币资金

续表

情形			财务会计	预算会计
6	发生其他与经营活动相关的各项费用	发生其他各项费用	借：经营费用 贷：银行存款/应付款项等	借：经营支出（按照实际支付的金额） 贷：资金结存——货币资金
7	计提折旧、摊销	计提折旧、摊销金额	借：经营费用 贷：固定资产累计折旧/无形资产累计摊销	—
8	计提专用基金	提取专用基金	借：经营费用 贷：专用基金	—
9	购货退回	当年发生购货退回	借：银行存款/应收账款等 贷：库存物品/经营费用等	借：资金结存——货币资金 贷：经营支出
		发生以前年度购货退回	借：银行存款/应收账款等 贷：库存物品/以前年度盈余调整	借：资金结存——货币资金 贷：非财政拨款结余——年初余额调整
10	期末/年末结转	期末/年末结转科目余额	借：本期盈余 贷：经营费用	借：经营结余 贷：经营支出

第四节　资产处置费用

一、资产处置费用科目的设置

“资产处置费用”科目核算单位经批准处置资产时发生的费用，包括转销的被处置资产价值，以及在处置过程中发生的相关费用或者处置收入小于相关费用形成的净支出。资产处置的形式按照规定包括无偿调拨、出售、出让、转让、置换、对外捐赠、报废、毁损以及货币性资产损失核销等。期末结转后，本科目应无余额。

单位在资产清查中查明的资产盘亏、毁损以及资产报废等，应当先通过“待处理财产损溢”科目进行核算，再将处理资产价值和处理净支出记入本科目。

短期投资、长期股权投资、长期债券投资的处置，按照相关资产科目的规定进行账务处理。

本科目应当按照处置资产的类别、资产处置的形式等进行明细核算。

二、资产处置费用的主要账务处理

1. 不通过“待处理财产损溢”科目核算的资产处置

（1）按照规定报经批准处置资产时，按照处置资产的账面价值，借记本科目［处置固定资产、无形资产、公共基础设施、保障性住房的，还应借记“固定资产累计折旧”“无形资产累计摊销”“公共基础设施累计折旧（摊销）”“保障性住房累计折旧”等科目。按照处置资产的账面余额，贷记“库存物品”“固定资产”“无形资产”“公共基础设施”“政府储备物资”“文物文化资产”“保障性住房”“其他应收款”“在建工程”等科目。

借：资产处置费用

贷：库存物品/固定资产/无形资产/公共基础设施/政府储备物资/文物文化资产/保障性住房/其他应收款/在建工程等

（2）处置资产过程中仅发生相关费用的，按照实际发生金额，借记本科目，贷记“银行存款”“库存现金”等科目。

借：资产处置费用

贷：银行存款/库存现金等

（3）处置资产过程中取得收入的，按照取得的价款，借记“库存现金”“银行存款”等科目。按照处置资产过程中发生的相关费用，贷记“银行存款”“库存现金”等科目。按照其差额，借记本科目或贷记“应缴财政款”等科目。涉及增值税业务的，相关账务处理参见“应交增值税”科目。

借：库存现金/银行存款等

贷：资产处置费用/应缴财政款等

2. 通过“待处理财产损溢”科目核算的资产处置

（1）单位账款核对中发现的现金短缺，属于无法查明原因的，报经批准核销时，借记本科目，贷记“待处理财产损溢”科目。

借：资产处置费用

贷：待处理财产损溢

（2）单位资产清查过程中盘亏或者毁损、报废的存货、固定资产、无形资产、公共基础设施、政府储备物资、文物文化资产、保障性住房等，报经批准处理时，按照处理资产价值，借记本科目，贷记“待处理财产损溢——待处理财产价值”科目。

借：资产处置费用

贷：待处理财产损溢——待处理财产价值

处理收支结清时，处理过程中所取得收入小于所发生相关费用的，按照相关费用减去处理收入后的净支出，借记本科目，贷记“待处理财产损溢——处理净收入”科目。

借：资产处置费用

贷：待处理财产损溢——处理净收入

（3）期末，将本科目本期发生额转入本期盈余，借记“本期盈余”科目，贷记本科目。

借：本期盈余

贷：资产处置费用

三、行政事业单位“资产处置费用”活动核算比较

行政事业单位“资产处置费用”活动核算比较如表 16－4 所示。

表 16－4　　行政事业单位“资产处置费用”活动核算比较

<table>
<tr><th colspan="3" rowspan="2">情形</th><th colspan="2">财务会计</th><th colspan="2">预算会计</th></tr>
<tr><th>行政单位</th><th>事业单位</th><th>行政单位</th><th>事业单位</th></tr>
<tr><td rowspan="3">1</td><td rowspan="3">不通过“待处理财产损溢”科目核算</td><td>转销被处置资产账面价值</td><td>借：资产处置费用
固定资产累计折旧/无形资产累计摊销/公共基础设施累计折旧（摊销）/保障性住房累计折旧
贷：库存物品/固定资产/无形资产/公共基础设施/政府储备物资/文物文化资产/保障性住房/在建工程等（账面余额）/其他应收款</td><td>借：资产处置费用
固定资产累计折旧/无形资产累计摊销/公共基础设施累计折旧（摊销）/保障性住房累计折旧
贷：库存物品/固定资产/无形资产/公共基础设施/政府储备物资/文物文化资产/保障性住房/在建工程等（账面余额）</td><td colspan="2">—</td></tr>
<tr><td>处置资产过程中仅发生相关费用的</td><td colspan="2">借：资产处置费用
贷：银行存款/库存现金等</td><td colspan="2">借：其他支出
贷：资金结存</td></tr>
<tr><td>处置资产过程中取得收入的</td><td colspan="2">借：库存现金/银行存款等（取得的价款）
贷：银行存款/库存现金等（支付的相关费用）
应缴财政款</td><td colspan="2">—</td></tr>
<tr><td rowspan="3">2</td><td rowspan="3">通过“待处理财产损溢”科目核算</td><td>账款核对中发现的现金短缺，无法查明原因的，报经批准核销时</td><td colspan="2">借：资产处置费用
贷：待处理财产损溢</td><td colspan="2">—</td></tr>
<tr><td>盘亏、毁损、报废的资产，经批准处理时</td><td colspan="2">借：资产处置费用
贷：待处理财产损溢/待处理财产价值</td><td colspan="2">—</td></tr>
<tr><td>盘亏、毁损、报废的资产，处理过程中发生的费用大于所取得收入的</td><td colspan="2">借：资产处置费用
贷：待处理财产损溢——处理净收入</td><td colspan="2">借：其他支出（净支出）
贷：资金结存</td></tr>
<tr><td>3</td><td>期末结转</td><td>期末结转科目余额</td><td colspan="2">借：本期盈余
贷：资产处置费用</td><td colspan="2">—</td></tr>
</table>

第五节 上缴上级费用

一、上缴上级费用科目的设置

“上缴上级费用”科目核算事业单位按照财政部门和主管部门的规定上缴上级单位款项发生的费用。期末结转后，本科目应无余额。

本科目应当按照收缴款项单位、缴款项目等进行明细核算。

二、上缴上级费用的主要账务处理

单位发生上缴上级支出的，按照实际上缴的金额或者按照规定计算出应当上缴上级单位的金额，借记本科目，贷记“银行存款”“其他应付款”等科目。

借：上缴上级费用

　　贷：银行存款/其他应付款等

期末，将本科目本期发生额转入本期盈余，借记“本期盈余”科目，贷记本科目。

借：本期盈余

　　贷：上缴上级费用

三、事业单位“上缴上级费用/上缴上级支出”活动核算比较

事业单位“上缴上级费用/上缴上级支出”活动核算比较如表16－5所示。

表16－5　　事业单位“上缴上级费用/上缴上级支出”活动核算比较

情形			财务会计	预算会计
1	确定应当上缴的金额	按照实际上缴的金额或者按照规定计算出应当上缴的金额	借：上缴上级费用 　贷：银行存款/其他应付款等	借：上缴上级支出（实际上缴的金额） 　贷：资金结存——货币资金
2	实际上缴应缴费用	实际上缴应缴的金额	借：其他应付款 　贷：银行存款等	—
3	期末结转	期末/年末结转科目余额	借：本期盈余 　贷：上缴上级费用	借：其他结余 　贷：上缴上级支出

第六节 对附属单位补助费用

一、对附属单位补助费用科目的设置

“对附属单位补助费用”科目核算事业单位用财政拨款收入之外的收入对附属单位

补助发生的费用。期末结转后，本科目应无余额。

本科目应当按照接受补助单位、补助项目等进行明细核算。

二、对附属单位补助费用的主要账务处理

（1）单位发生对附属单位补助支出的，按照实际补助的金额或者按照规定计算出应当对附属单位补助的金额，借记本科目，贷记“银行存款”“其他应付款”等科目。

借：对附属单位补助费用

　　贷：银行存款/其他应付款等

（2）期末，将本科目本期发生额转入本期盈余，借记“本期盈余”科目，贷记本科目。

借：本期盈余

　　贷：对附属单位补助费用

三、事业单位“对附属单位补助费用/对附属单位补助支出”活动核算比较

事业单位“对附属单位补助费用/对附属单位补助支出”活动核算比较如表16－6所示。

表16－6　事业单位“对附属单位补助费用/对附属单位补助支出”活动核算比较

情形			财务会计	预算会计
1	确定应当补助的金额	按照实际补助的金额或者按照规定计算出应当补助的金额	借：对附属单位补助费用 　　贷：银行存款/其他应付款等	—
2	实际支付补助	实际支出应补助的金额	借：其他应付款 　　贷：银行存款等	借：对附属单位补助支出（按照实际补助的金额） 　　贷：资金结存——货币资金
3	期末/年末结转	期末/年末结转科目余额	借：本期盈余 　　贷：对附属单位补助费用	借：其他结余 　　贷：对附属单位补助支出

第七节　所得税费用

一、所得税费用科目的设置

事业单位应设置“所得税费用”总账科目。本科目核算有企业所得税缴纳义务的事业单位按规定缴纳企业所得税所形成的费用。年末结转后，本科目应无余额。

二、所得税费用的主要账务处理

发生企业所得税纳税义务的，按照税法规定计算的应交税金数额，借记本科目，贷记“其他应交税费——单位应交所得税”科目。

借：所得税费用

　　贷：其他应交税费——单位应交所得税

实际缴纳时，按照缴纳金额，借记“其他应交税费——单位应交所得税”科目，贷记“银行存款”科目。

借：其他应交税费——单位应交所得税

　　贷：银行存款

年末，将本科目本年发生额转入本期盈余，借记“本期盈余”科目，贷记本科目。

借：本期盈余

　　贷：所得税费用

三、事业单位“所得税费用”活动核算比较

事业单位“所得税费用”活动核算比较如表16－7所示。

表16－7　　事业单位“所得税费用”活动核算比较

情形			财务会计	预算会计
1	发生企业所得税纳税义务	按照税法规定计算应交税金数额	借：所得税费用 贷：其他应交税费——单位应交所得税	—
		实际缴纳时	借：其他应交税费——单位应交所得税 贷：银行存款等	借：非财政拨款结余——累计结余 贷：资金结存——货币资金
2	年末结转	年末结转科目余额	借：本期盈余 贷：所得税费用	—

第八节　其他费用

一、其他费用科目的设置

“其他费用”科目核算单位发生的除业务活动费用、单位管理费用、经营费用、资产处置费用、上缴上级费用、附属单位补助费用、所得税费用以外的各项费用，包括利息费用、坏账损失、罚没支出、现金资产捐赠支出以及相关税费、运输费等。期末结转后，本科目应无余额。本科目应当按照其他费用的类别等进行明细核算。单位发生的利息费用较多的，可以单独设置“利息费用”科目。

二、其他费用的主要账务处理

（1）利息费用。按期计算确认借款利息费用时，按照计算确定的金额借记“在建工程”科目或本科目，贷记“应付利息”“长期借款——应计利息”科目。

借：在建工程/其他费用

　　贷：应付利息/长期借款——应计利息

（2）坏账损失。年末，事业单位按照规定对收回后不需上缴财政的应收账款和其他应收款计提坏账准备时，按照计提金额，借记本科目，贷记“坏账准备”科目。

借：其他费用

　　贷：坏账准备

（3）冲减多提的坏账准备时，按照冲减金额，借记“坏账准备”科目，贷记本科目。

借：坏账准备

　　贷：其他费用

（4）罚没支出。单位发生罚没支出的，按照实际缴纳或应当缴纳的金额，借记本科目，贷记“银行存款”“库存现金”“其他应付款”等科目。

借：其他费用

　　贷：银行存款/库存现金/其他应付款等

（5）现金资产捐赠。单位对外捐赠现金资产的，按照实际捐赠的金额，借记本科目，贷记“银行存款”“库存现金”等科目。

借：其他费用

　　贷：银行存款/库存现金等

（6）其他相关费用。单位接受捐赠（或无偿调入）以名义金额计量的存货、固定资产、无形资产，以及成本无法可靠取得的公共基础设施、文物文化资产等发生的相关税费、运输费等，按照实际支付的金额，借记本科目，贷记“财政拨款收入”“零余额账户用款额度”“银行存款”“库存现金”等科目。

借：其他费用

　　贷：财政拨款收入/零余额账户用款额度/银行存款/库存现金等

（7）单位发生的与受托代理资产相关的税费、运输费、保管费等，按照实际支付或应付的金额，借记本科目，贷记“零余额账户用款额度”“银行存款”“库存现金”“其他应付款”等科目。

借：其他费用

　　贷：零余额账户用款额度/银行存款/库存现金/其他应付款等

（8）期末，将本科目本期发生额转入本期盈余，借记“本期盈余”科目，贷记本科目。

借：本期盈余

　　贷：其他费用

三、行政事业单位“其他费用/其他支出”活动核算比较

行政事业单位“其他费用/其他支出”活动核算比较如表 16 - 8 所示。

表 16－8　　行政事业单位“其他费用/其他支出”活动核算比较

情形			财务会计		预算会计	
			事业单位	行政单位	事业单位	行政单位
1	利息费用（此类业务仅事业单位涉及，行政单位不涉及此类业务具体账务处理）	计算确定借款利息费用	借：其他费用/在建工程 贷：应付利息/长期借款	—	—	
		实际支付利息	借：应付利息等 贷：银行存款	—	借：其他支出 贷：资金结存——货币资金	
2	现金资产对外捐赠	实际捐赠现金资产	借：其他费用 贷：银行存款/库存现金等		借：其他支出 贷：资金结存——货币资金	
3	坏账损失（此类业务仅事业单位涉及，行政单位不涉及此类业务）	按照规定对应收账款和其他应收款计提坏账准备	借：其他费用 贷：坏账准备	—	—	
		冲减多提的坏账准备时	借：坏账准备 贷：其他费用	—	—	
4	罚没支出	实际发生罚没支出	借：其他费用 贷：银行存款/库存现金/其他应付款等		借：其他支出 贷：资金结存——货币资金（实际支付金额）	
5	其他相关税费、运输费等	发生其他相关税费、运输费等	借：其他费用 贷：零余额账户用款额度/银行存款等		借：其他支出 贷：资金结存	
6	期末/年末结转	期末/年末结转科目余额	借：本期盈余 贷：其他费用		借：其他结余（非财政、非专项资金支出） 非财政拨款结转——本年收支结转（非财政专项资金支出） 贷：其他支出	

思考与练习题

1. 某行政单位开出财政授权支付凭证，支付电脑小配件购置款 700 元。
2. 某行政机关工作人员王欣因公出差预支现金 200 元。
3. 某行政直接用库存现金 320 元购买办公用品。
4. 某行政单位徐某出差归来，报销差旅费 1 900 元，余款 100 元以现金形式退回单位财务部门。

5. 某行政单位购买材料一批，价款93 000元由财政直接支付，通过财政授权支付运杂费2 000元。

6. 某行政单位从文具公司购买办公用品一批，计价金额6 000元，验收入库，约定3天后付款。

7. 某行政单位通过政府采购购买计算机40台，价款240 000元，款项由财政直接支付。

8. 某行政单位购买车辆1台，价款16 000元，车辆购置费1 200元，由财政直接支付。

9. 某行政单位开出财政授权支付凭证，支付单位水电费3 000元。

10. 某行政单位用银行存款支付单位电话费8 000元。

11. 某行政单位上级无偿调入小汽车2辆，原价300 000元，开出财政授权支付凭证支付运输费2 000元，保险费1 600元。

12. 某行政单位收到废旧物品变价收入600元，送存银行。

13. 某行政单位开出授权支付凭证，支付职工个人缴纳的养老保险12 000元、医疗保险4 800元、失业保险12 000元、住房公积金24 000元、个人所得税3 000元。

14. 某行政单位开出授权支付凭证提取现金，支付职工困难补助费97 000元。

15. 某行政单位经批准，在定点酒店召开大型会议，会议总费用60 000元，由财政直接支付。

16. 某行政单位从上级单位有偿调入汽车，总价款58 000元，开出授权支付凭证支付。

17. 年末，行政单位将财政拨款收入——基本支出5 200 000元、项目支出860 000元办理年终转账。将单位财政拨款安排的基本支出5 100 000元、项目支出840 000元办理年终转账。

18. 某事业单位收到开户银行通知，上级转拨的财政拨入事业补助经费700 000元。

19. 某事业单位开户银行通知收到经营性收入7 000元，附属单位上缴23 000元款项。

20. 某事业单位用银行存款归还2年期银行贷款，本金1 000 000元，借款利息120 000元。

21. 某事业单位存款开户银行收到科技成果项目转让收入360 000元。

22. 某事业单位计算应该缴纳的房产税20 000元。

23. 某事业单位工程项目建设完工已经交付使用，支付5年期借款的利息30 000元。

24. 某事业单位购买的办公设备到货并验收合格，按规定程序实行财政直接支付180 000元。

25. 某事业单位收到上级拨来的补助收入900 000元存入银行。

26. 某事业单位开户银行收到附属单位交来的分成收入330 000元。

27. 某事业单位变价出售设备，设备原购买成本180 000元，已计提折旧70 000元，用银行存款收到处置变价款54 000元，支付发生的清理费用4 000元，设备处置净收入为50 000元，按规定应该上缴国库。

28. 某事业单位购买的短期国债360 000元到期收回本息410 000元。

29. 某事业单位出售2年前购置的股权本金200 000元，售价款300 000元，发生相关税费30 000元。

30. 某事业单位购入专利一项，签发支付凭证通知代理行支付价款260 000元，依据代理银行转来的“财政授权支付通知单”记账。

31. 年终将“财政补助收入”科目全年发生额1 500 000元办理年终结转账项。

第十七章

行政事业单位净资产

第一节　本期盈余

一、本期盈余科目的设置

“本期盈余”科目核算行政事业单位本期各项收入、费用相抵后的余额。本科目期末如为贷方余额，反映单位自年初至当期期末累计实现的盈余；如为借方余额，反映单位自年初至当期期末累计发生的亏损。年末结账后，本科目应无余额。

二、本期盈余的主要账务处理

期末，单位应当将各类收入科目的本期发生额转入本期盈余，借记“财政拨款收入”“事业收入”“上级补助收入”“附属单位上缴收入”“经营收入”“非同级财政拨款收入”“投资收益”“捐赠收入”“利息收入”“租金收入”“其他收入”科目，贷记“本期盈余”科目。

借：财政拨款收入/事业收入/上级补助收入/附属单位上缴收入/经营收入/非同级财政拨款收入/投资收益/捐赠收入/利息收入/租金收入/其他收入

　　贷：本期盈余

将各类费用科目本期发生额转入本期盈余，借记“本期盈余”科目，贷记“业务活动费用”“单位管理费用”“经营费用”“所得税费用”“资产处理费用”“上缴上级费用”“对附属单位补助费用”“其他费用”科目。

借：本期盈余

　　贷：业务活动费用/单位管理费用/经营费用/所得税费用/资产处理费用/上缴上级费用/对附属单位补助费用/其他费用

年末，完成上述结转后，单位应当将“本期盈余”科目余额转入“本年盈余分配”科目，借记或贷记本科目，贷记或借记“本年盈余分配”科目。

借或贷：本期盈余

　　贷或借：本年盈余分配

三、行政事业单位“本期盈余”活动核算比较

行政事业单位“本期盈余”活动核算比较如表 17 -1 所示。

表 17－1　　行政事业单位“本期盈余”活动核算比较

<table>
<tr><th colspan="3" rowspan="2">情形</th><th colspan="2">财务会计</th><th colspan="2">预算会计</th></tr>
<tr><th>行政单位</th><th>事业单位</th><th>行政单位</th><th>事业单位</th></tr>
<tr><td rowspan="2">1</td><td rowspan="2">期末结转</td><td>结转收入</td><td>借：财政拨款收入
非同级财政拨款
捐赠收入
利息收入
租金收入
其他收入
贷：本期盈余</td><td>借：财政拨款收入
事业收入
上级补助收入
附属单位上缴收入
经营收入
非同级财政拨款收入
投资收益
捐赠收入
利息收入
租金收入
其他收入
贷：本期盈余
投资收益科目为发生额借方净额时，作相反会计分录</td><td colspan="2">—</td></tr>
<tr><td>结转费用</td><td>借：本期盈余
贷：业务活动费用
资产处置费用
其他费用</td><td>借：本期盈余
贷：业务活动费用
单位管理费用
经营费用
资产处置费用
上缴上级费用
对附属单位补助费用
所得税费用
其他费用</td><td colspan="2">—</td></tr>
<tr><td rowspan="2">2</td><td rowspan="2">年末结转</td><td>本期盈余科目为贷方余额时</td><td colspan="2">借：本期盈余
贷：本年盈余分配</td><td colspan="2">—</td></tr>
<tr><td>本期盈余科目为借方余额时</td><td colspan="2">借：本年盈余分配
贷：本期盈余</td><td colspan="2">—</td></tr>
</table>

第二节　本年盈余分配

一、本年盈余分配科目的设置

“本年盈余分配”科目核算单位本年度盈余分配的情况和结果。年末结账后，本科目应无余额。

二、本年盈余分配的主要账务处理

（1）年末，单位应当将“本期盈余”科目余额转入本科目，借记或贷记“本期盈余”科目，贷记或借记“本年盈余分配”科目。

借或贷：本期盈余

贷或借：本年盈余分配

（2）年末，按照有关规定从本年度非财政拨款结余或经营结余中提取专用基金的，按照预算会计下计算的提取金额，借记“本年盈余分配”科目，贷记“专用基金”科目。

借：本年盈余分配

贷：专用基金

（3）同时，进行预算会计账务处理，借记“非财政拨款结余分配”科目，贷记“专用结余”科目。

借：非财政拨款结余分配

贷：专用结余

（4）借记或贷记“本年盈余分配”科目，贷记或借记“累计盈余”科目。

借或贷：本年盈余分配

贷或借：累计盈余

【例 17－1】某市林业局年末按照有关规定在本期盈余分配资金中提取专用基金 90 000 元。

财务会计账务处理：

借：本年盈余分配　　90 000

贷：专用基金　　90 000

预算会计账务处理：

借：非财政拨款结余分配　　90 000

贷：专用结余　　90 000

年末，将本年盈余分配科目余额转入累计盈余。

三、行政事业单位“本年盈余分配”活动核算比较

行政事业单位“本年盈余分配”活动核算比较如表 17－2 所示。

表 17－2　　行政事业单位“本年盈余分配”活动核算比较

情形			财务会计		预算会计	
			行政单位	事业单位	行政单位	事业单位
1	年末，将本期盈余科目余额转入	本期盈余科目为贷方余额时	借：本期盈余 贷：本年盈余分配		—	
		本期盈余科目为借方余额时	借：本年盈余分配 贷：本期盈余		—	

续表

情形			财务会计		预算会计	
			行政单位	事业单位	行政单位	事业单位
2	年末，按照有关规定提取专用基金	按照预算会计下计算的提取金额	—	借：本年盈余分配 贷：专用基金	—	借：非财政拨款结余分配 贷：专用结余
3	年末，将本年盈余分配科目余额转入累计盈余	本科目为贷方余额时	借：本年盈余分配 贷：累计盈余		—	
		本科目为借方余额时	借：累计盈余 贷：本年盈余分配		—	

第三节 累计盈余

一、累计盈余科目的设置

“累计盈余”科目核算单位历年实现的盈余扣除盈余分配后滚存的金额，以及因无偿调入、调出资产产生的净资产变动额。按照规定上缴、缴回、单位间调剂结转结余资金产生的净资产变动额，以及对以前年度盈余的调整金额，也通过本科目核算。

本科目期末余额，反映单位未分配盈余（或未弥补亏损）的累计数以及截至上年年末无偿调拨净资产变动的累计数。

本科目年未余额，反映单位未分配盈余（或未弥补亏损）以及无偿调拨净资产变动的累计数。

二、累计盈余的主要账务处理

（1）年末，将“本年盈余分配”科目的余额转入累计盈余，借记或贷记“本年盈余分配”科目，贷记或借记“累计盈余”科目。

借或贷：本年盈余分配

　　贷或借：累计盈余

（2）年末，将“无偿调拨净资产”科目的余额转入累计盈余，借记或贷记“无偿调拨净资产”科目，贷记或借记“累计盈余”科目。

借或贷：无偿调拨净资产

　　贷或借：累计盈余

【例17－2】年末，某省文化厅“本年盈余分配”科目有贷方余额350 000元、“无偿调拨净资产”科目有借方余额130 000元、“以前年度盈余调整”科目有贷方余额30 000元，转入“累计盈余”科目。

借：本年盈余分配　　350 000

　　以前年度盈余调整　　30 000

　　贷：无偿调拨净资产　　130 000

　　　　累计盈余　　250 000

按照规定上缴财政拨款结转结余、缴回非财政拨款结转资金、向其他单位调出财政拨款结转资金时，按照实际上缴、缴回、调出金额，借记“累计盈余”科目，贷记“财政应返还额度”“零余额账户用款额度”“银行存款”等科目。

借：累计盈余

　　贷：财政应返还额度/零余额账户用款额度/银行存款等

【例 17-3】 某市水利局按照规定上缴财政拨款结余资金 450 000 元，并已核销相应数额的财政直接支付额度。

借：累计盈余　　450 000

　　贷：财政应返还额度　　450 000

同时进行预算会计账务处理：

借：财政拨款结余——归集上缴　　450 000

　　贷：资金结存——财政应返还额度　　450 000

按照规定从其他单位调入财政拨款结转资金时，按照实际调入金额，借记“零余额账户用款额度”“银行存款”等科目，贷记“累计盈余”科目。

借：零余额账户用款额度/银行存款等

　　贷：累计盈余

将“以前年度盈余调整”科目的余额转入本科目，借记或贷记“以前年度盈余调整”科目，贷记或借记“累计盈余”科目。

借或贷：以前年度盈余调整

　　贷或借：累计盈余

按照规定使用专用基金购置固定资产、无形资产的，按照固定资产、无形资产成本金额，借记“固定资产”“无形资产”科目，贷记“银行存款”等科目。

借：固定资产/无形资产

　　贷：银行存款等

同时，按照专用基金使用金额，借记“专用基金”科目，贷记“累计盈余”科目。

借：专用基金

　　贷：累计盈余

三、行政事业单位“累计盈余”活动核算比较

行政事业单位“累计盈余”活动核算比较如表 17-3 所示。

表 17－3　　　　行政事业单位“累计盈余”活动核算比较

<table>
<tr><th colspan="3" rowspan="2">情形</th><th colspan="2">财务会计</th><th colspan="2">预算会计</th></tr>
<tr><th>行政单位</th><th>事业单位</th><th>行政单位</th><th>事业单位</th></tr>
<tr><td rowspan="3">1</td><td rowspan="3">年末结转转入</td><td>年末，将“本年盈余分配”科目余额转入</td><td colspan="2">借：本年盈余分配
　贷：累计盈余
或作相反会计分录</td><td colspan="2">—</td></tr>
<tr><td>年末，将“无偿调拨净资产”科目余额转入</td><td colspan="2">借：无偿调拨净资产
　贷：累计盈余
或作相反会计分录</td><td colspan="2">—</td></tr>
<tr><td>将“以前年度盈余调整”科目的余额转入</td><td colspan="2">借：以前年度盈余调整
　贷：累计盈余
或作相反会计分录</td><td colspan="2">—</td></tr>
<tr><td rowspan="2">2</td><td rowspan="2">调入或调出财政拨款结转资金</td><td>按照规定上缴财政拨款结转结余、缴回非财政拨款结转资金、向其他单位调出财政拨款结转资金时</td><td colspan="2">借：累计盈余
　贷：财政应返还额度/零余额账户用款额度/银行存款等</td><td colspan="2">借：财政拨款结转——归集上缴/归集调出
财政拨款结余——归集上缴/非财政拨款结转——缴回资金
　贷：财政应返还额度/零余额账户用款额度/银行存款等</td></tr>
<tr><td>按照规定从其他单位调入财政拨款结转资金时</td><td colspan="2">借：零余额账户用款额度/银行存款等
　贷：累计盈余</td><td colspan="2">借：资金结存——零余额账户用款额度/货币资金
　贷：资金结存——财政应返还额度/零余额账户用款额度/货币资金</td></tr>
<tr><td>3</td><td>将“以前年度盈余调整”科目的余额转入具体账务</td><td>年末，将“本年盈余分配”科目余额转入</td><td colspan="2">借：以前年度盈余调整
　贷：累计盈余
或作相反会计分录</td><td colspan="2">—</td></tr>
<tr><td>4</td><td>使用专用基金购置固定资产、无形资产（该科目仅事业单位使用，行政单位无此类业务）</td><td>利用所计提专用基金购置固定资产、无形资产</td><td>—</td><td>借：固定资产/无形资产
　贷：银行存款等
借：专用基金
　贷：累计盈余</td><td>—</td><td>使用从收入中提取并列入费用的专用基金：
借：事业支出等
　贷：资金结存
使用从非财政拨款结余或经营结余中提取的专用基金：
借：专用结余
　贷：资金结存——货币资金</td></tr>
</table>

第四节　专用基金

一、专用基金科目的设置

“专用基金”科目核算事业单位按照规定提取或设置的具有专门用途的净资产，主要包括职工福利基金、科技成果转换基金等。本科目应当按照专用基金的类别进行明细核算。

本科目期末贷方余额，反映事业单位累计提取或设置的尚未使用的专用基金。

二、专用基金的主要账务处理

（一）专用基金提取

（1）年末，根据有关规定从本年度非财政拨款结余或经营结余中提取专用基金的，按照预算会计下计算的提取金额，借记“本年盈余分配”科目，贷记本科目。

【例 17－4】某事业单位年末根据预算会计下结转结余金额，从本年度的非财政拨款结余中提取专用基金 350 000 元。

财务会计处理：

借：本年盈余分配　　350 000

　　贷：专用基金——非财政拨款结余　　350 000

预算会计账务处理：

借：非财政拨款结余分配　　350 000

　　贷：专用结余　　350 000

（2）根据有关规定从收入中提取专用基金并计入费用的，一般按照预算会计下基于预算收入计算提取的金额，借记“业务活动费用”等科目，贷记本科目。国家另有规定的，从其规定。

【例 17－5】某市公立医院按照从医疗收入中提取医疗风险基金 250 000 元。

借：业务活动费用　　250 000

　　贷：专用基金　　250 000

（3）根据有关规定设置的其他专用基金，按照实际收到的基金金额，借记“银行存款”等科目，贷记本科目。

（二）使用专用基金

按照规定使用提取的专用基金时，借记本科目，贷记“银行存款”等科目。

使用提取的专用基金购置固定资产、无形资产的，按照固定资产、无形资产成本金额，借记“固定资产”“无形资产”科目，贷记“银行存款”等科目；同时，按照专用基金使用金额，借记本科目，贷记“累计盈余”科目。

三、事业单位“专用基金”活动核算比较

事业单位“专用基金”活动核算比较如表 17－4 所示。

表 17－4　　事业单位“专用基金”活动核算比较

情形			财务会计	预算会计
1	提取专用基金	下年末，按照规定从本年度非财政拨款结余或经营结余中提取专用基金	借：本年盈余分配 　贷：专用基金［按照预算会计下计算的提取金额］	借：非财政拨款结余分配 　贷：专用结余
		根据规定从收入中提取专用基金并计入费用	借：业务活动费用等 　贷：专用基金［一般按照预算收入计算提取的金额］	—
		根据有关规定设置的其他专用基金	借：银行存款等 　贷：专用基金	—
2	按照规定使用专用基金	使用专用基金	借：专用基金 　贷：银行存款等 如果购置固定资产、无形资产的： 借：固定资产/无形资产 　贷：银行存款等 借：专用基金 　贷：累计盈余	使用从收入中提取并列入费用的专用基金： 借：事业支出等 　贷：资金结存 使用从非财政拨款结余或经营结余中提取的专用基金： 借：专用结余 　贷：资金结存——货币资金

第五节　权益法调整

一、权益法调整科目的设置

“权益法调整”科目核算事业单位持有的长期股权投资采用权益法核算时，按照被投资单位除净损益和利润分配以外的所有者权益变动份额，调整长期股权投资账面余额而计入净资产的金额，应当按照被投资单位进行明细核算。本科目期末余额，反映事业单位在被投资单位除净损益和利润分配以外的所有者权益变动中累计享有（或分担）的份额。

二、权益法调整的主要账务处理

年末，按照被投资单位除净损益和利润分配以外的所有者权益变动应享有（或应分担）的份额，借记或贷记“长期股权投资——其他权益变动”科目，贷记或借记“权益法调整”科目。

采用权益法核算的长期股权投资，因被投资单位除净损益和利润分配以外的所有者权益变动而将应享有（或应分担）的份额计入单位净资产的，处置长期股权投资时，按照原计入净资产的相应部分金额，借记或贷记“权益法调整”科目，贷记或借记“投资收益”科目。

三、事业单位“权益法调整”活动核算比较

事业单位“权益法调整”活动核算比较如表 17－5 所示。

表 17－5　　事业单位“权益法调整”活动核算比较

情形			财务会计	预算会计
1	资产负债表日被投资单位除净损益和利润分配以外的所有者权益	按照被投资单位除净损益和利润分配以外的所有者权益变动的份额（增加）	借：长期股权投资——其他权益变动 　贷：权益法调整	—
		按照被投资单位除净损益和利润分配以外的所有者权益变动的份额（减少）	借：权益法调整 　贷：长期股权投资——其他权益变动	—
2	长期股权投资处置	权益法调整科目为借方余额	借：投资收益 　贷：权益法调整［与所处置投资对应部分的金额］	—
		权益法调整科目为贷方余额	借：权益法调整［与所处置投资对应部分的金额］ 　贷：投资收益	—

第六节　无偿调拨净资产

一、无偿调拨净资产科目的设置

“无偿调拨净资产”科目核算无偿调入或调出非现金资产所引起的净资产变动金额。年末结账后，本科目应无余额。

二、无偿调拨净资产的主要账务处理

（1）按照规定取得无偿调入的存货、长期股权投资、固定资产、无形资产、公共基础设施、政府储备物资、文物文化资产、保障性住房等，按照确定的成本，借记“库存物品”“长期股权投资”“固定资产”“无形资产”“公共基础设施”“政府储备物资”“文物文化资产”“保障性住房”等科目。

按照调入过程中发生的归属于调入方的相关费用，借记“零余额账户用款额度”“银行存款”等科目；按照其差额，贷记本科目。

（2）按照规定经批准无偿调出存货、长期股权投资、固定资产、无形资产、公共基础设施、政府储备物资、文物文化资产、保障性住房等，按照调出资产的账面余额或账面价值，借记本科目；按照固定资产累计折旧、无形资产累计摊销、公共基础设施累计折旧或摊销、保障性住房累计折旧的金额，借记“固定资产累计折旧”“无形资产累计摊销”“公共基础设施累计折旧（摊销）”“保障性住房累计折旧”科目；按照调出资产的账面余额，贷记“库存物品”“长期股权投资”“固定资产”“无形资产”“公共基础设施”“政府储备物资”“文物文化资产”“保障性住房”等科目。同时，按照调出过程中发生的归属于调出方的相关费用，借记“资产处置费用”科目，贷记“零余额账户用款额度”“银行存款”等科目。

（3）年末，将本科目余额转入累计盈余，借记或贷记本科目，贷记或借记“累计盈余”科目。

三、行政事业单位预提费用活动核算举例

【例 17－6】某市国资委无偿调入物资账面价值为 30 000 元，调入过程中该单位以银行存款支付了运输费 2 000 元。不考虑相关税费。

财务会计账务处理：

借：库存物品　　32 000

　　贷：银行存款　　2 000

　　　　无偿调拨净资产　　30 000

预算会计账务处理：

借：其他支出　　2 000

　　贷：资金结存——货币资金　　2 000

【例 17－7】某省经信委经批准对外无偿调出账面余额为 120 000 元固定资产，已计提折旧 50 000 元，不考虑相关税费。

财务会计账务处理：

借：无偿调拨净资产　　70 000

　　固定资产累计折旧　　50 000

　　贷：固定资产　　120 000

【例 17－8】年末，该单位将其上述无偿调拨净资产的借方余额 50 000 元，转入“累计盈余”科目。

借：累计盈余　　50 000

　　贷：无偿调拨净资产　　50 000

四、行政事业单位“无偿调拨净资产”活动核算比较

行政事业单位“无偿调拨净资产”活动核算比较如表 17－6 所示。

表 17－6　　　　行政事业单位“无偿调拨净资产”活动核算比较

<table>
<tr><th colspan="3" rowspan="2">情形</th><th colspan="2">财务会计</th><th colspan="2">预算会计</th></tr>
<tr><th>行政单位</th><th>事业单位</th><th>行政单位</th><th>事业单位</th></tr>
<tr><td>1</td><td colspan="2">取得无偿调入的资产时</td><td colspan="2">借：库存物品/长期股权投资/固定资产/无形资产/公共基础设施/政府储备物资/文物文化资产/保障性住房等
　贷：无偿调拨净资产
　　零余额账户用款额度/银行存款等［发生的属于调入方的相关费用］</td><td colspan="2">借：其他支出［发生的归属于调入方的相关费用］
　贷：资金结存等</td></tr>
<tr><td>2</td><td colspan="2">经批准无偿调出资产时</td><td colspan="2">借：无偿调拨净资产
　固定资产累计折旧/无形资产累计摊销/公共基础设施累计折旧（摊销）/保障性住房累计折旧
　贷：库存物品/长期股权投资/固定资产/无形资产/公共基础设施/政府储备物资/保障性住房等［账面余额］
借：资产处置费用
　贷：零余额账户用款额度/银行存款等［发生的归属于调出方的相关费用］</td><td colspan="2">借：其他支出［发生的归属于调出方的相关费用］
　贷：资金结存等</td></tr>
<tr><td rowspan="2">3</td><td rowspan="2">年末，将本科目余额转入累计盈余</td><td>科目余额在贷方时</td><td colspan="2">借：无偿调拨净资产
　贷：累计盈余</td><td colspan="2">—</td></tr>
<tr><td>科目余额在借方时</td><td colspan="2">借：累计盈余
　贷：无偿调拨净资产</td><td colspan="2">—</td></tr>
</table>

第七节　以前年度盈余调整

一、以前年度盈余调整科目的设置

“以前年度盈余调整”科目核算单位本年度发生的调整以前年度盈余的事项。本科目结转后应无余额。

二、以前年度盈余调整的主要账务处理

（1）调整增加以前年度收入时，按照调整增加的金额，借记有关科目或负债科目，贷记“以前年度盈余调整”科目。调整减少的，作相反会计分录。

借：有关科目

　　贷：以前年度盈余调整

（2）调整增加以前年度费用时，按照调整增加的金额，借记“以前年度盈余调整”科目，贷记有关科目或负债科目。调整减少的，作相反会计分录。

借：以前年度盈余调整

　　贷：有关科目

（3）盘盈的各种非流动资产，报经批准后处理时，借记“待处理财产损溢”科目，

贷记“以前年度盈余调整”科目。

借：待处理财产损溢

　　贷：以前年度盈余调整

经上述调整后，应将本科目的余额转入累计盈余，借记或贷记“累计盈余”科目，贷记或借记“以前年度盈余调整”科目。

借或贷：累计盈余

　　　贷或借：以前年度盈余调整

三、行政事业单位“以前年度盈余调整”活动核算比较

行政事业单位“以前年度盈余调整”活动核算比较如表 17－7 所示。

表 17－7　　行政事业单位“以前年度盈余调整”活动核算比较

<table>
<tr><th colspan="3" rowspan="2">情形</th><th colspan="2">财务会计</th><th colspan="2">预算会计</th></tr>
<tr><th>行政单位</th><th>事业单位</th><th>行政单位</th><th>事业单位</th></tr>
<tr><td rowspan="2">1</td><td rowspan="2">调整以前年度收入</td><td>增加以前年度收入</td><td colspan="2">借：有关资产或负债科目
　贷：以前年度盈余调整</td><td colspan="2">按照实际收到的金额：
借：资金结存
　贷：财政拨款结转/财政拨款结余/非财政拨款结转/非财政拨款结余（年初余额调整）</td></tr>
<tr><td>减少以前年度收入</td><td colspan="2">借：以前年度盈余调整
　贷：有关资产或负债科目</td><td colspan="2">按照实际支付的金额：
借：财政拨款结转/财政拨款结余/非财政拨款结转/非财政拨款结余（年初余额调整）
　贷：资金结存</td></tr>
<tr><td rowspan="2">2</td><td rowspan="2">调整以前年度费用</td><td>增加以前年度费用</td><td colspan="2">借：以前年度盈余调整
　贷：有关资产或负债科目</td><td colspan="2">按照实际支付的金额：
借：财政拨款结转/财政拨款结余/非财政拨款结转/非财政拨款结余（年初余额调整）
　贷：资金结存</td></tr>
<tr><td>减少以前年度费用</td><td colspan="2">借：有关资产或负债科目
　贷：以前年度盈余调整</td><td colspan="2">按照实际收到的金额：
借：资金结存
　贷：财政拨款结转/财政拨款结余/非财政款结转/非财政拨款结余（年初余额调整）</td></tr>
<tr><td>3</td><td>盘盈非流动资产</td><td>经批准处理时</td><td colspan="2">借：待处理财产损益
　贷：以前年度盈余调整</td><td colspan="2">—</td></tr>
<tr><td rowspan="2">4</td><td rowspan="2">将本科目余额转入累计盈余</td><td>本科目为借方余额时</td><td colspan="2">借：累计盈余
　贷：以前年度盈余调整</td><td colspan="2">—</td></tr>
<tr><td>本科目为贷方余额时</td><td colspan="2">借：以前年度盈余调整
　贷：累计盈余</td><td colspan="2">—</td></tr>
</table>

思考与练习题

1. 某行政单位收到海外友人赞助资金 500 000 元人民币，存入银行。

2. 某行政单位以普通支票转账方式购置文件柜、纸、笔、书桌等办公用品，共计 3 000 元。

3. 某行政单位收到同级财政机关通过银行拨来的当月经费 200 000 元。

4. 事业单位购买固定资产 9 000 元，发生相关支出 180 元，由财政直接支付。

5. 用无形资产对外投资，无形资产账面原价 300 000 元，已提摊销 50 000 元，评估价 200 000 元，发生相关税费 10 000 元，用银行存款付讫。

6. 期末，某事业单位确定财政补助收入对应的事业支出（财政补助支出）为 1 900 000 元，其中项目支出 900 000 元，据此办理结转。

7. 期末，某事业单位“经营收入”“经营支出”科目本期发生额分别为 1 590 000 元、760 000 元，办理账目结转。

8. 期末，分别将事业收入、上级补助收入、附属单位上缴收入、其他收入各科目本期发生额中的非专项资金收入 2 000 000 元、570 000 元、1 100 000 元、970 000 元转入相应的结余科目。

9. 期末，事业支出、其他支出本期发生额中的非财政、非专项资金支出分别为 1 180 000 元、340 000 元，据此办理账目结转。

10. 期末，对附属单位补助支出、上缴上级支出的本期发生额分别为 980 000 元、680 000 元，据此办理账目结转。

11. 年末，某事业单位进行财政补助收支结转后，按规定确定为财政补助结余性质的项目余额有 600 000 元，转入财政补助结余。

12. 年末，某事业单位零余额账户代理行转来通知单，收到主管部门归集调入财政补助结余资金授权支付额度数 77 000 元。

13. 年末，“事业结余”“经营结余”科目的贷方余额分别为 6 600 000 元、7 200 000 元，分别转入“非财政补助结余分配”科目。

14. 某单位从其他单位调入财政资金 150 000 元用于单位场馆改造，银行已收到资金。

15. 某事业单位动用从事业收入中计提的职工福利基金 50 000 元用于职工体育设备更新，款项已支付，设备已投入使用。

第十八章

行政事业单位预算收入

第一节 财政拨款预算收入

一、财政拨款预算收入科目的设置

“财政拨款预算收入”科目对单位从同级政府财政部门取得的各类财政拨款进行核算。财政拨款预算收入科目应当设置“基本支出”和“项目支出”两个明细科目，并按照《政府收支分类科目》中“支出功能分类科目”的项级科目进行明细核算；同时，在“基本支出”明细科目下按照“人员经费”和“日常公用经费”进行明细核算，在“项目支出”明细科目下按照具体项目进行明细核算。有一般公共预算财政拨款、政府性基金预算财政拨款等两种或两种以上财政拨款的单位，还应当按照财政拨款的预算种类或资金来源进行明细核算。

二、财政拨款预算收入的主要账务处理

(1) 财政直接支付方式下，单位根据收到的“财政直接支付入账通知书”及相关原始凭证，按照通知书中的直接支付金额，借记“行政支出”“事业支出”等科目，贷记本科目。

借：行政支出/事业支出等

　　贷：财政拨款预算收入

年末结转前，应根据本年度财政直接支付预算指标数与当年财政直接支付实际支出数的差额，借记“资金结存——财政应返还额度”科目，贷记本科目。

借：资金结存——财政应返还额度

　　贷：财政拨款预算收入

(2) 财政授权支付方式下，单位根据收到的“财政授权支付额度到账通知书”，按照通知书中的授权支付额度，借记“资金结存——零余额账户用款额度”科目，贷记本科目。

年末结转前，单位本年度财政授权支付预算指标数大于零余额账户用款额度下达数的，按照两者差额，借记“资金结存——财政应返还额度”科目，贷记本科目。

借：资金结存——财政应返还额度

　　贷：财政拨款预算收入

其他方式下，单位按照本期预算收到财政拨款预算收入时，按照实际收到的金额：

借：资金结存——货币资金

　　贷：财政拨款预算收入

单位收到下期预算的财政预拨款，应当在下个预算期，按照预收的金额：

借：资金结存——货币资金

　　贷：财政拨款预算收入

（3）因差错更正、购货退回等发生国库直接支付款项退回的。属于本年度支付的款项，按照退回金额：

借：财政拨款预算收入

　　贷：行政支出/事业支出

（4）年末结转。年末，将本科目本年发生额转入财政拨款结转科目，借记本科目，贷记“财政拨款结转——本年收支结转”科目。

借：财政拨款预算收入

　　贷：财政拨款结转——本年收支结转

第二节　非同级财政拨款预算收入

一、非同级财政拨款预算收入科目的设置

“非同级财政拨款预算收入”科目核算单位从非同级政府财政部门取得的财政拨款，包括本级横向转拨财政款和非本级财政拨款。对于因开展科研及其辅助活动从非同级政府财政部门取得的经费拨款，应当通过“事业预算收入——非同级财政拨款”科目进行核算，不通过本科目核算。

非同级财政拨款预算收入科目应当按照非同级财政拨款预算收入的类别、来源、《政府收支分类科目》中“支出功能分类科目”的相关科目等进行明细核算。非同级财政拨款预算收入中如有专项资金收入，还应按照具体项目进行明细核算。

二、非同级财政拨款预算收入的主要账务处理

（1）取得非同级财政拨款预算收入时，按照实际收到的金额：

借：资金结存——货币资金

　　贷：非同级财政拨款预算收入

（2）年末，将本科目本年发生额中的专项资金收入转入非财政拨款结转，借记本科目下各专项资金收入明细科目，贷记“非财政拨款结转——本年收支结转”科目；将本科目本年发生额中的非专项资金收入转入其他结余，借记本科目下各非专项资金收入明细科目，贷记“其他结余”科目。

年末结转后，“非同级财政拨款预算收入”科目应无余额。

第三节　单位业务类预算收入

一、事业预算收入

（一）事业预算收入科目的设置

“事业预算收入”科目核算事业单位开展专业业务活动及其辅助活动取得的现金流入。事业预算收入科目应当按照事业预算收入类别、项目、来源、《政府收支分类科目》中“支出功能分类科目”相关科目等进行明细核算。对于因开展科研及其辅助活动从非同级政府财政部门取得的经费拨款，应当在本科目下单设“非同级财政拨款”明细科目进行明细核算；事业预算收入中如有专项资金收入，还应按照具体项目进行明细核算。

（二）事业预算收入的主要账务处理

（1）采用财政专户返还方式管理的事业预算收入，收到从财政专户返还的事业预算收入时，按照实际收到的返还金额，借记“资金结存——货币资金”科目，贷记本科目。

借：资金结存——货币资金

　　贷：事业预算收入

（2）收到其他事业预算收入时，按照实际收到的款项金额，借记“资金结存——货币资金”科目，贷记本科目。

借：资金结存——货币资金

　　贷：事业预算收入

（3）年末，将本科目本年发生额中的专项资金收入转入非财政拨款结转，借记本科目下各专项资金收入明细科目，贷记“非财政拨款结转本年收支结转”科目；将本科目本年发生额中的非专项资金收入转入其他结余，借记本科目下各非专项资金收入明细科目，贷记“其他结余”科目。

二、经营预算收入

（一）经营预算收入科目的设置

“经营预算收入”科目核算事业单位在专业业务活动及其辅助活动之外，开展非独立核算经营活动取得的现金流入。经营预算收入科目应当按照经营活动类别、项目、《政府收支分类科目》中“支出功能分类科目”的相关科目等进行明细核算。

年末结转后，经营预算收入科目应无余额。

（二）经营预算收入的主要账务处理

（1）收到经营预算收入时，按照实际收到的金额：

借：资金结存——货币资金

　　贷：经营预算收入

（2）年末，将本科目本年发生额转入经营结余：

借：经营预算收入

　　贷：经营结余

第四节　单位非财政拨缴类预算收入

一、上级补助预算收入

（一）上级补助预算收入科目的设置

“上级补助预算收入”科目核算事业单位从主管部门和上级单位取得的非财政补助现金流入。上级补助预算收入科目应当按照发放补助单位、补助项目、《政府收支分类科目》中“支出功能分类科目”的相关科目等进行明细核算。上级补助预算收入中如有专项资金收入，还应按照具体项目进行明细核算。年末结转后，上级补助预算收入科目应无余额。

（二）上级补助预算收入的主要账务处理

收到上级补助预算收入时，按照实际收到的金额：

借：资金结存——货币资金

　　贷：上级补助预算收入

年末，将本科目本年发生额中的专项资金收入转入非财政拨款结转，借记本科目下各专项资金收入明细科目，贷记“非财政拨款结转——本年收支结转”科目。

将本科目本年发生额中的非专项资金收入转入其他结余，借记本科目下各非专项资金收入明细科目，贷记“其他结余”科目。

二、附属单位上缴预算收入

（一）附属单位上缴预算收入科目的设置

“附属单位上缴预算收入”科目核算事业单位取得附属独立核算单位根据有关规定上缴的现金流入。附属单位上缴预算收入科目应当按照附属单位、缴款项目、《政府收支分类科目》中“支出功能分类科目”的相关科目等进行明细核算。附属单位上缴预算收入中如有专项资金收入，还应按照具体项目进行明细核算。

（二）附属单位上缴预算收入的主要账务处理

（1）收到附属单位交来款项时，按照实际收到的金额，借记“资金结存——货币资金”科目，贷记本科目。

借：资金结存——货币资金

　　贷：附属单位上缴预算收入

（2）年末，将本科目本年发生额中的专项资金收入转入非财政拨款结转，借记本科目下各专项资金收入明细科目，贷记“非财政拨款结转——本年收支结转”科目；将本科目本年发生额中的非专项资金收入转入其他结余，借记本科目下各非专项资金收入明细科目，贷记“其他结余”科目。

年末结转后，附属单位上缴预算收入科目应无余额。

第五节　投资预算收益

一、投资预算收益科目的设置

“投资预算收益”科目核算事业单位取得的按照规定纳入部门预算管理的属于投资收益性质的现金流入，包括股权投资收益、出售或收回债券投资所取得的收益和债券投资利息收入。

投资预算收益科目应当按照《政府收支分类科目》中“支出功能分类科目”的相关科目等进行明细核算。

二、投资预算收益的主要账务处理

（1）出售或到期收回本年度取得的短期、长期债券，按照实际取得的价款或实际收到的本息金额借记“资金结存——货币资金”科目，按照取得债券时“投资支出”科目的发生额，贷记“投资支出”科目；按照其差额，贷记或借记本科目。

借：资金结存——货币资金

　　贷：投资支出

借或贷：投资预算收益

出售或到期收回以前年度取得的短期、长期债券，按照实际取得的价款或实际收到的本息金额，借记“资金结存——货币资金”科目，按照取得债券时“投资支出”科目的发生额，贷记“其他结余”科目；按照其差额，贷记或借记本科目。

借：资金结存——货币资金

　　贷：其他结余

借或贷：投资预算收益

出售、转让以货币资金取得的长期股权投资的，其账务处理参照出售或到期收回债券投资。

（2）持有的短期投资以及分期付息、一次还本的长期债券投资收到利息时，按照实际收到的金额，借记“资金结存——货币资金”科目，贷记本科目。

借：资金结存——货币资金

　　贷：投资预算收益

（3）持有长期股权投资取得被投资单位分派的现金股利或利润时，按照实际收到的金额，借记“资金结存——货币资金”科目，贷记本科目。

借：资金结存——货币资金

　　贷：投资预算收益

（4）出售、转让以非货币性资产取得的长期股权投资时，按照实际取得的价款扣减支付的相关费用和应缴财政款后的余额（按照规定纳入单位预算管理的），借记“资金结存——货币资金”科目，贷记本科目。

借：资金结存——货币资金

　　贷：投资预算收益

（5）年末，将本科目本年发生额转入其他结余，借记或贷记本科目，贷记或借记“其他结余”科目。年末结转后，投资预算收益科目应无余额。

借或贷：投资预算收益

　　贷或借：其他结余

第六节　债务预算收入

一、债务预算收入科目的设置

“债务预算收入”科目核算事业单位按照规定从银行和其他金融机构等借入的、纳入部门预算管理的、不以财政资金作为偿还来源的债务本金。债务预算收入科目应当按照贷款单位、贷款种类、《政府收支分类科目》中“支出功能分类科目”的相关科目等进行明细核算。债务预算收入中如有专项资金收入，还应按照具体项目进行明细核算。

二、债务预算收入的主要账务处理

（1）借入各项短期或长期借款时，按照实际借入的金额：

借：资金结存——货币资金

　　贷：债务预算收入

（2）年末，将本科目本年发生额中的专项资金收入转入非财政拨款结转，借记本科目下各专项资金收入明细科目，贷记“非财政拨款结转本年收支结转”科目；将本科目本年发生额中的非专项资金收入转入其他结余，借记本科目下各非专项资金收入明细科目，贷记“其他结余”科目。

年末结转后，债务预算收入科目应无余额。

三、事业单位“短长期借款/债务预算收入”活动核算对比

（1）事业单位“短期借款/债务预算收入”活动核算比较如表18－1所示。

表18－1　　事业单位“短期借款/债务预算收入”活动核算比较

情形		财务会计	预算会计
1	借入各种短期借款时，按照实际借入的金额	借：银行存款 　　贷：短期借款	借：资金结存——货币资金 　　贷：债务预算收入
2	银行承兑汇票到期，本单位无力支付票款	借：应付票据 　　贷：短期借款	借：经营支出等 　　贷：债务预算收入
3	归还短期借款	借：短期借款 　　贷：银行存款	借：债务还本支出 　　贷：资金结存——货币资金

（2）事业单位“长期借款/债务预算收入”活动核算比较如表 18－2 所示。

表 18－2　　　　事业单位“长期借款/债务预算收入”活动核算比较

情形			财务会计	预算会计
1	借入各项长期借款时，按照实际借入的金额	借入时	借：银行存款 　　贷：长期借款	借：资金结存——货币资金 　　贷：债务预算收入
2	为建造固定资产、公共基础设施等应支付的专门借款利息	属于工程项目建设期间发生的	借：在建工程 　　贷：应付利息［分期付息、到期还本］ 　　　　长期借款——应计利息［到期一次还本付息］	—
		属于工程项目完工交付使用后发生的	借：其他费用 　　贷：应付利息［分期付息、到期还本］ 　　　　长期借款——应计利息［到期一次还本付息］	—
		实际支付利息时	借：应付利息 　　贷：银行存款等	借：其他支出 　　贷：资金结存——货币资金
3	按期计提其他长期借款的利息时，按照实际确定的应支付的利息金额确定	计提利息时	借：其他费用 　　贷：应付利息［分期付息、到期还本］ 　　　　长期借款——应计利息［到期一次还本付息］	—
		分期实际支付利息时	借：其他费用 　　贷：应付利息［分期付息、到期还本］ 　　　　长期借款——应计利息［到期一次还本付息］	—
		实际支付利息时	借：应付利息 　　贷：银行存款等	借：其他支出 　　贷：资金结存——货币资金
4	到期归还长期借款本金、利息时	归还时	借：长期借款 　　贷：银行存款	借：债务还本支出 　　贷：资金结存——货币资金

第七节　其他预算收入

一、其他预算收入科目的设置

“其他预算收入”科目对捐赠预算收入、利息预算收入、租金预算收入、现金盘盈收入等进行核算。其他预算收入科目应当按照其他收入类别、《政府收支分类科目》中“支出功能分类科目”的相关科目等进行明细核算。其他预算收入中如有专项资金收入，还应按照具体项目进行明细核算。

单位发生的捐赠预算收入、利息预算收入、租金预算收入金额较大或业务较多的，可单独设置“捐赠预算收入”“利息预算收入”“租金预算收入”等科目。

二、其他预算收入的主要账务处理

（1）接受捐赠现金资产、收到银行存款利息、收到资产承租人支付的租金时，按照实际收到的金额。

借：资金结存——货币资金

　　贷：其他预算收入

（2）每日现金账款核对中如发现现金溢余，按照溢余的现金金额，借记“资金结存——资金”科目，贷记本科目。

借：资金结存——货币资金

　　贷：其他预算收入

经核实，属于应支付给有关个人和单位的部分，按照实际支付的金额，借记本科目，贷记“资金结存——货币资金”科目。

借：其他预算收入

　　贷：资金结存——货币资金

（3）收到其他预算收入时，按照收到的金额，借记“资金结存——货币资金”科目，贷记本科目。

借：资金结存——货币资金

　　贷：其他预算收入

（4）年末，将本科目本年发生额中的专项资金收入转入非财政拨款结转，借记本科目下各专项资金收入明细科目，贷记“非财政拨款结转本年收支结转”科目；将本科目本年发生额中的非专项资金收入转入其他结余，借记本科目下各非专项资金收入明细科目，贷记“其他结余”科目。

年末结转后，其他预算收入科目应无余额。

第十九章

行政事业单位预算支出

第一节 行政支出

一、行政支出科目的设置

“行政支出”科目对行政单位履行其职责时实际发生的各项现金流出进行核算。行政支出科目应当分别按照“财政拨款支出”“非财政专项资金支出”“其他资金支出”“基本支出”“项目支出”等进行明细核算，并按照《政府收支分类科目》中“支出功能分类科目”的项级科目进行明细核算；“基本支出”“项目支出”明细科目下应当按照《政府收支分类科目》中“部门预算支出经济分类科目”的款级科目进行明细核算，同时在“项目支出”明细科目下按照具体项目进行明细核算。

有一般公共预算财政拨款、政府性基金预算财政拨款等两种或两种以上财政拨款的行政单位，还应当在“财政拨款支出”明细科目下按照财政拨款的种类进行明细核算。

对于预付款项，可通过在本科目下设置“待处理”明细科目进行核算，待确认具体支出项目后再转入本科目下相关明细科目。年末结账前，应将本科目“待处理”明细科目余额全部转入本科目下相关明细科目。

二、行政支出的主要账务处理

（1）向单位职工薪酬时，按照实际支付的金额，借记本科目，贷记“财政拨款预算收入”“资金结存”科目。按照规定代扣代缴个人所得税以及代扣代缴或为职工缴纳职工社会保险费、住房公积金等时，按照实际缴纳的金额，借记本科目，贷记“财政拨款预算收入”“资金结存”科目。

借：行政支出

　　贷：财政拨款预算收入/资金结存

（2）支付外部人员劳务费，按照实际支付给外部人员个人的金额，借记本科目，贷记“财政拨款预算收入”“资金结存”科目。按照规定代扣代缴个人所得税时，按照实际缴纳的金额，借记本科目，贷记“财政拨款预算收入”“资金结存”科目。

（3）为购买存货、固定资产、无形资产等以及在建工程支付相关款项时，按照实际支付的金额，借记本科目，贷记“财政拨款预算收入”“资金结存”科目。

借：行政支出

　　贷：财政拨款预算收入/资金结存

（4）发生预付账款时，按照实际支付的金额，借记本科目，贷记“财政拨款预算收入”“资金结存”科目。

借：行政支出

　　贷：财政拨款预算收入/资金结存

对于暂付款项，在支付款项时可不做预算会计账务处理，待结算或报销时，按照结算或报销的金额，借记本科目，贷记“资金结存”科目。

借：行政支出

　　贷：资金结存

（5）发生其他各项支出时，按照实际支付的金额，借记本科目，贷记“财政拨款预算收入”“资金结存”科目。

借：行政支出

　　贷：财政拨款预算收入/资金结存

（6）因购货退回等发生款项退回，或者发生差错更正的，属于当年支出收回的，按照收回或更正金额，借记“财政拨款预算收入”“资金结存”科目，贷记本科目。

借：财政拨款预算收入/资金结存

　　贷：行政支出

（7）年末，将本科目本年发生额中的财政拨款支出转入财政拨款结转，借记“财政拨款结转——本年收支结转”科目，贷记本科目下各财政拨款支出明细科目；将本科目本年发生额中的非财政专项资金支出转入非财政拨款结转，借记“非财政拨款结转——本年收支结转”科目，贷记本科目下各非财政专项资金支出明细科目；将本科目本年发生额中的其他资金支出（非财政非专项资金支出）转入其他结余，借记“其他结余”科目，贷记本科目下其他资金支出明细科目。

年末结转后，行政支出科目应无余额。

第二节　事业支出

一、事业支出科目的设置

“事业支出”科目对事业单位开展专业业务活动及其辅助活动实际发生的各项现金流出进行核算。年末结转后，本科目应无余额。

单位发生教育、科研、医疗、行政管理、后勤保障等活动的，可在本科目下设置相应的明细科目进行核算，或单设“教育支出”“科研支出”“医疗支出”“行政管理支出”“后勤保障支出”等一级会计科目进行核算。

事业支出科目应当分别按照“财政拨款支出”“非财政专项资金支出”“其他资金支出”“基本支出”“项目支出”等进行明细核算，并按照《政府收支分类科目》中“支出功能分类科目”的相关科目进行明细核算；“基本支出”“项目支出”明细科目下应当按照《政府收支分类科目》中部门预算支出经济分类科目的款级科目进行明细核算，同时在“项目支出”明细科目下按照具体项目进行明细核算。

有一般公共预算财政拨款、政府性基金预算财政拨款等两种或两种以上财政拨款的事业单位，还应当在“财政拨款支出”明细科目下按照财政拨款的种类进行明细核算。

对于预付款项，可通过在本科目下设置待处理明细科目进行明细核算，待确认具体支出项目后再转入本科目下相关明细科目。年末结账前，应将本科目“待处理”明细科目余额全部转入本科目下相关明细科目。

二、事业支出的主要账务处理

(1) 支付单位职工（经营部门职工除外）薪酬。向单位职工个人支付薪酬时，按照实际支付的数额，借记本科目，贷记“财政拨款预算收入”“资金结存”科目。按照规定代扣代缴个人所得税以及代扣代缴或为职工缴纳职工社会保险费、住房公积金等时，按照实际缴纳的金额，借记本科目，贷记“财政拨款预算收入”“资金结存”科目。

借：事业支出

　　贷：财政拨款预算收入/资金结存

(2) 为专业业务活动及其辅助活动支付外部人员劳务费。按照实际支付给外部人员个人的金额，借记本科目，贷记“财政拨款预算收入”“资金结存”科目。在按照规定代扣代缴个人所得税时，按照实际缴纳的金额，借记本科目，贷记“财政拨款预算收入”“资金结存”科目。

借：事业支出

　　贷：财政拨款预算收入/资金结存

(3) 开展专业业务活动及其辅助活动过程中为购买存货、固定资产、无形资产等，以及在建工程支付相关款项时，按照实际支付的金额，借记本科目，贷记“财政拨款预算收入”“资金结存”科目。

借：事业支出

　　贷：财政拨款预算收入/资金结存

(4) 开展专业业务活动及其辅助活动过程中发生预付账款时，按照实际支付的金额，借记本科目，贷记“财政拨款预算收入”“资金结存”科目。

借：事业支出

　　贷：财政拨款预算收入/资金结存

对于暂付款项，在支付款项时可不做预算会计账务处理，待结算或报销时，按照结算或报销的金额，借记本科目，贷记“资金结存”科目。

借：事业支出

　　贷：资金结存

(5) 开展专业业务活动及其辅助活动过程中缴纳的相关税费以及发生的其他各项支出，按照实际支付的金额，借记本科目，贷记“财政拨款预算收入”“资金结存”科目。

借：事业支出

　　贷：财政拨款预算收入/资金结存

（6）开展专业业务活动及其辅助活动过程中因购货退回等发生款项退回，或者发生差错更正的，属于当年支出收回的，按照收回或更正金额，借记“财政拨款预算收入”“资金结存”科目，贷记本科目。

借：财政拨款预算收入/资金结存

　　贷：事业支出

（7）年末，将本科目本年发生额中的财政拨款支出转入财政拨款结转，借记“财政拨款结转——本年收支结转”科目，贷记本科目下各财政拨款支出明细科目；将本科目本年发生额中的非财政专项资金支出转入非财政拨款结转，借记“非财政拨款结转——本年收支结转”科目，贷记本科目下各非财政专项资金支出明细科目；将本科目本年发生额中的其他资金支出（非财政非专项资金支出）转入其他结余，借记“其他结余”科目，贷记本科目下其他资金支出明细科目。

年末结转后，事业支出科目应无余额。

第三节　经营支出

一、经营支出科目的设置

“经营支出”科目对事业单位在专业业务活动及其辅助活动之外开展非独立核算经营活动实际发生的各项现金流出进行核算。经营支出科目应当按照经营活动类别、项目、《政府收支分类科目》中“支出功能分类科目”的项级科目和“部门预算支出经济分类科目”的款级科目等进行明细核算。

对于预付款项，可通过在本科目下设置“待处理”明细科目进行明细核算，待确认具体支出项目后再转入本科目下相关明细科目。年末结账前，应将本科目“待处理”明细科目余额全部转入本科目下相关明细科目。

二、经营支出的主要账务处理

（1）支付经营部门职工薪酬向职工个人支付薪酬时，按照实际的金额，借记本科目，贷记“资金结存”科目。

按照规定代扣代缴个人所得税以及代扣代缴或为职工缴纳职工社会保险费、住房公积金时，按照实际缴纳的金额，借记本科目，贷记“资金结存”科目。

借：经营支出

　　贷：资金结存

（2）为经营活动支付外部人员劳务费按照实际支付给外部人员个人的金额，借记本科目，贷记“资金结存”科目。按照规定代扣代缴个人所得税时，按照实际缴纳的金额，借记本科目，贷记“资金结存”科目。

借：经营支出

贷：资金结存

（3）开展经营活动过程中为购买存货、固定资产、无形资产等以及在建工程支付相关款项时，按照实际支付的金额，借记本科目，贷记“资金结存”科目。

借：经营支出

贷：资金结存

（4）开展经营活动过程中发生预付账款时，按照实际支付的金额，借记本科目，贷记“资金结存”科目。对于暂付款项，在支付款项时可不做预算会计账务处理，待结算或报销时，按照结算或报销的金额，借记本科目，贷记“资金结存”科目。

借：经营支出

贷：资金结存

（5）因开展经营活动缴纳的相关税费以及发生的其他各项支出，按照实际支付的金额，借记本科目，贷记“资金结存”科目。

借：经营支出

贷：资金结存

（6）开展经营活动中因购货退回等发生款项退回，或者发生差错更正的，属于当年支出收回的，按照收回或更正金额，借记“资金结存”科目，贷记本科目。

借：资金结存

贷：经营支出

（7）年末，将本科目本年发生额转入经营结余，借记“经营结余”科目，贷记本科目。

借：经营结余

贷：经营支出

年末结转后，经营支出科目应无余额。

第四节　上缴上级支出

一、上缴上级支出科目的设置

“上缴上级支出”科目对事业单位按照财政部门和主管部门的规定上缴上级单位款项发生的现金流出进行核算。上缴上级支出科目应当按照收缴款项单位、缴款项目、《政府收支分类科目》中“支出功能分类科目”的项级科目和“部门预算支出经济分类科目”的款级科目等进行明细核算。

二、上缴上级支出的主要账务处理

（1）按照规定将款项上缴上级单位的，按照实际上缴的金额，借记本科目，贷记“资金结存”科目。

借：上缴上级支出

贷：资金结存

（2）年末，将本科目本年发生额转入其他结余，借记“其他结余”科目，贷记本科目。

借：其他结余

贷：上缴上级支出

年末结转后，上缴上级支出科目应无余额。

第五节　对附属单位补助支出

一、对附属单位补助支出科目的设置

“对附属单位补助支出”科目核算事业单位用财政拨款预算收入之外的收入对附属单位补助发生的现金流出。对附属单位补助支出科目应当按照接受补助单位、补助项目、《政府收支分类科目》中“支出功能分类科目”的项级科目和“部门预算支出经济分类科目”的款级科目等进行明细核算。

二、对附属单位补助支出的主要账务处理

（1）发生对附属单位补助支出的，按照实际补助的金额，借记本科目，贷记“资金结存”科目。

借：对附属单位补助支出

贷：资金结存

（2）年末，将本科目本年发生额转入其他结余，借记“其他结余”科目，贷记本科目。

借：其他结余

贷：对附属单位补助支出

年末结转后，对附属单位补助支出科目应无余额。

第六节　投资支出

一、投资支出科目的设置

“投资支出”科目核算事业单位以货币资金对外投资发生的现金流出。本科目应当按照投资类型、投资对象、《政府收支分类科目》中“支出功能分类科目”的项级科目和“部门预算支出经济分类科目”的款级科目等进行明细核算。

二、投资支出的主要账务处理

（1）以货币资金对外投资时，按照投资金额和所支付的相关税费金额的合计数，

借记本科目，贷记“资金结存”科目。

（2）出售、对外转让或到期收回本年度以货币资金取得的对外投资的，如果按规定将投资收益纳入单位预算，按照实际收到的金额，借记“资金结存”科目；按照取得投资时“投资支出”科目的发生额，贷记本科目。按照其差额，贷记或借记“投资预算收益”科目。如果按规定将投资收益上缴财政的，按照取得投资时“投资支出”科目的发生额，借记“资金结存”科目，贷记本科目。

出售、对外转让或到期收回以前年度以货币资金取得的对外投资的，如果按规定将投资收益纳入单位预算，按照实际收到的金额，借记“资金结存”科目；按照取得投资时“投资支出”科目的发生额，贷记“其他结余”科目。按照其差额，贷记或借记“投资预算收益”科目。如果按规定将投资收益上缴财政的，按照取得投资时“投资支出”科目的发生额，借记“资金结存”科目，贷记“其他结余”科目。

（3）年末，将本科目本年发生额转入其他结余，借记“其他结余”科目，贷记本科目。

年末结转后，投资支出科目应无余额。

三、事业单位“投资支出”活动核算比较

事业单位“投资支出”活动核算比较如表 19－1 所示。

表 19－1　　事业单位“投资支出”活动核算比较

情形			财务会计	预算会计
1	以货币资金对外投资	以货币资金对外投资	借：短期投资/长期股权投资/长期债券投资 贷：银行存款	借：投资支出 贷：资金结存——货币资金
2	出售、对外转让或到期收回本年度以货币资金取得的对外投资	实际取得的价款大于投资成本的	借：银行存款等（实际取得或收回的金额） 贷：短期投资/长期债券投资等（账面余额） 应收利息（账面余额） 投资收益	借：资金结存——货币资金 贷：投资支出（投资成本） 投资预算收益
		实际取得价款小于投资成本的	借：银行存款等（实际取得或收回的金额） 投资收益 贷：短期投资/长期债券投资等（账面余额） 应收利息（账面余额）	借：资金结存——货币资金 投资预算收益 贷：投资支出（投资成本）
3	年末结转	年末结转科目余额	—	借：其他结余 贷：投资支出

第七节　债务还本支出

一、债务还本支出科目的设置

“债务还本支出”科目对事业单位偿还自身承担的纳入预算管理的，从金融机构举借的债务本金的现金流出进行核算。债务还本支出科目应当按照贷款单位、贷款种类、《政府收支分类科目》中“支出功能分类科目”的项级科目和“部门预算支出经济分类科目”的款级科目等进行明细核算。

二、债务还本支出的主要账务处理

（1）偿还各项短期或长期借款时，按照偿还的借款本金，借记本科目，贷记“资金结存”科目。

借：债务还本支出

　　贷：资金结存

（2）年末，将本科目本年发生额转入其他结余，借记“其他结余”科目，贷记本科目。年末结转后，本科目应无余额。

借：其他结余

　　贷：债务还本支出

三、事业单位“债务还本支出”活动核算比较

事业单位“债务还本支出”活动核算比较如表19－2所示。

表19－2　　事业单位“债务还本支出”活动核算比较

情形			财务会计	预算会计
1	归还本金	归还短期借款/长期借款本金	借：短期借款/长期借款 　　贷：银行存款——本金等	借：债务还本支出 　　贷：资金结存——货币资金
2	年末结转	年末结转科目余额	—	借：其他结余 　　贷：债务还本支出

第八节　其他支出

一、其他支出科目的设置

“其他支出”科目核算单位除行政支出、事业支出、经营支出、上缴上级支出、对附属单位补助支出、投资支出、债务还本支出以外的各项现金流出，包括利息支出、

对外捐赠现金支出、现金盘亏损失、接受捐赠（调入）和对外捐赠（调出）非现金资产发生的税费支出、资产置换过程中发生的相关税费支出、罚没支出等。应当按照其他支出的类别，“财政拨款支出”、“非财政专项资金支出”、“其他资金支出”和《政府收支分类科目》中“支出功能分类科目”的项级科目和“部门预算支出经济分类科目”的款级科目等进行明细核算。其他支出中如有专项资金支出，还应按照具体项目进行明细核算。

有一般公共预算财政拨款、政府性基金预算财政拨款等两种或两种以上财政拨款的事业单位，还应当在“财政拨款支出”明细科目下按照财政拨款的种类进行明细核算。单位发生利息支出、捐赠支出等其他支出金额较大或业务较多的，可单独设置“利息支出”“捐赠支出”等科目。

二、其他支出的主要账务处理

（1）利息支出。支付银行借款利息时，按照实际支付金额，借记本科目，贷记“资金结存”科目。

借：其他支出

　　贷：资金结存

（2）对外捐赠现金资产。对外捐赠现金资产时，按照捐赠金额，借记本科目，贷记“资金结存——货币资金”科目。

借：其他支出

　　贷：资金结存——货币资金

（3）现金盘亏损失。每日现金账款核对中如发现现金短缺，按照短缺的现金金额，借记本科目，贷记“资金结存——货币资金”科目。

借：其他支出

　　贷：资金结存——货币资金

经核实，属于应当由有关人员赔偿的，按照收到的赔偿金额，借记“资金结存——货币资金”科目，贷记本科目。

借：资金结存——货币资金

　　贷：其他支出

（4）接受捐赠（无偿调入）和对外捐赠（无偿调出）非现金资产发生的税费支出。接受捐赠（无偿调入）非现金资产发生的归属于捐入方（调入方）的相关税费、运输费等，以及对外捐赠（无偿调出）非现金资产发生的归属于捐出方（调出方）的相关税费、运输费等，按照实际支付金额，借记本科目，贷记“资金结存”科目。

借：其他支出

　　贷：资金结存

（5）资产置换过程中发生的相关税费支出。资产置换过程中发生的相关税费，按照实际支付金额，借记本科目，贷记“资金结存”科目。

借：其他支出

　　贷：资金结存

（6）其他支出。发生罚没等其他支出时，按照实际支出金额，借记本科目，贷记“资金结存”科目。

借：其他支出

　　贷：资金结存

（7）年末，将本科目本年发生额中的财政拨款支出转入财政拨款结转，借记“财政拨款结转——本年收支结转”科目，贷记本科目下各财政拨款支出明细科目；将本科目本年发生额中的非财政专项资金支出转入非财政拨款结转，借记“非财政拨款结转——本年收支结转”科目，贷记本科目下各非财政专项资金支出明细科目；将本科目本年发生额中的其他资金支出（非财政非专项资金支出）转入其他结余，借记“其他结余”科目，贷记本科目下各其他资金支出明细科目。年末结转后，其他支出科目应无余额。

第二十章

行政事业单位预算结余

第一节 资金结存

一、资金结存科目的设置

“资金结存”总账科目，并在资金结存科目下设置下列明细科目进行明细核算。

(1) 零余额账户用款额度。本明细科目核算实行国库集中支付的单位根据财政部门批复的用款计划收到和支用的零余额账户用款额度。年末结账后，本明细科目应无余额。

(2) 货币资金。本明细科目核算单位以库存现金、银行存款、其他货币资金形态存在的资金。本明细科目年末余额在借方，反映单位尚未使用的货币资金。

(3) 财政应返还额度。本明细科目核算实行国库集中支付的单位可以使用的以前年度财政直接支付资金额度和财政应返还的财政授权支付资金额度。本明细科目下可设置“财政直接支付”“财政授权支付”两个明细科目进行明细核算。本明细科目年末借方余额，反映单位应收财政返还的资金额度。

本科目年末借方余额，反映单位预算资金的累计滚存情况。

二、资金结存的账务处理

(1) 财政授权支付方式下，单位根据代理银行转来的财政授权支付额度到账通知书，按照通知书中的授权支付额度作以下会计分录。

借：资金结存

　　贷：财政拨款预算收入

以国库集中支付以外的其他支付方式取得预算收入时，按照实际收到的金额，借记本科目（货币资金），贷记“财政拨款预算收入”“事业预算收入”“经营预算收入”等科目。

借：资金结存——货币资金

　　贷：财政拨款预算收入/事业预算收入/经营预算收入等

(2) 财政授权支付方式下，发生相关支出时，按照实际支付的金额作以下会计分录。

借：行政支出/事业支出

　　贷：资金结存

从零余额账户提取现金时，借记本科目（货币资金），贷记本科目（零余额账户用款额度）。退回现金时，作相反会计分录。

借：资金结存——货币资金

　　贷：资金结存——零余额账户用款额度

使用以前年度财政直接支付额度发生支出时，按照实际支付金额，借记“行政支出”“事业支出”等科目，贷记本科目（财政应返还额度）。

借：行政支出/事业支出等

　　贷：资金结存——财政应返还额度

国库集中支付以外的其他支付方式下，发生相关支出时，按照实际支付的金额，借记“事业支出”“经营支出”等科目，贷记本科目（货币资金）。

借：事业支出/经营支出等

　　贷：资金结存——货币资金

（3）按照规定上缴财政拨款结转结余资金或注销财政拨款结转结余资金额度的，按照实际上缴资金数额或注销的资金额度数额，借记“财政拨款结转——归集上缴”或“财政拨款结余归集上缴”科目，贷记本科目（财政应返还额度、零余额账户用款额度、货币资金）。

借：财政拨款结转——归集上缴/财政拨款结余归集上缴

　　贷：资金结存——财政应返还额度/零余额账户用款额度/货币资金

按规定向原资金拨入单位缴回非财政拨款结转资金的，按照实际缴回资金数额，借记“非财政拨款结转”科目，贷记本科目（货币资金）。

借：非财政拨款结转

　　贷：资金结存

收到从其他单位调入的财政拨款结转资金的，按照实际调入资金数额，借记本科目（财政应返还额度、零余额账户用款额度、货币资金），贷记“财政拨款结转——归集收入”科目。

借：资金结存——财政应返还额度/零余额账户用款额度/货币资金

　　贷：财政拨款结转——归集收入

（4）按照规定使用专用基金时，按照实际支付金额，借记“专用结余”科目（从非财政拨款结余中提取的专用基金）或“事业支出”等科目（从预算收入中计提的专用基金），贷记本科目（货币资金）。

借：专用结余/事业支出等

　　贷：资金结存——货币资金

（5）因购货退回、发生差错更正等退回国库直接支付、授权支付款项，或者收回货币资金的，属于本年度支付的，借记“财政拨款预算收入”科目或本科目（零余额账户用款额度、货币资金），贷记相关支出科目。

借：财政拨款预算收入/资金结存

　　贷：相关支出

属于以前年度支付的，借记本科目（财政应返还额度、零余额账户用款额度、货币资金），贷记“财政拨款结转”“财政拨款结余”“非财政拨款结转”“非财政拨款结余”科目。

借：资金结存——财政应返还额度/零余额账户用款额度/货币资金

　　贷：财政拨款结转/财政拨款结余/非财政拨款结转/非财政拨款结余

（6）有企业所得税缴纳义务的事业单位缴纳所得税时，按照实际缴纳金额，借记“非财政拨款结余累计结余”科目，贷记本科目（货币资金）。

借：非财政拨款结余累计结余

　　贷：资金结存

（7）年末，根据本年度财政直接支付预算指标数与当年财政直接支付实际支出数的差额，借记本科目（财政应返还额度），贷记“财政拨款预算收入”科目。

借：资金结存——财政应返还额度

　　贷：财政拨款预算收入

（8）年末，单位依据授权支付代理银行提供的对账单作注销额度的相关账务处理，借记本科目（财政应返还额度），贷记本科目（零余额账户用款额度）。

借：资金结存——财政应返还额度

　　贷：资金结存——零余额账户用款额度

本年度财政授权支付预算指标数大于零余额账户用款额度下达数的，根据未下达的用款额度，借记本科目（财政应返还额度），贷记“财政拨款预算收入”科目。

借：资金结存——财政应返还额度

　　贷：财政拨款预算收入

下年初，单位依据代理银行提供的额度恢复到账通知书作恢复额度的相关账务处理，借记本科目（零余额账户用款额度），贷记本科目（财政应返还额度）。

单位收到财政部门批复的上年末未下达零余额账户用款额度的，借记本科目（零余额账户用款额度），贷记本科目（财政应返还额度）。

借：资金结存——零余额账户用款额度

　　贷：资金结存——财政应返还额度

三、行政事业单位“资金结存”活动核算比较

行政事业单位“资金结存”活动核算比较如表20－1所示。

表20－1　　行政事业单位“资金结存”活动核算比较

情形			财务会计		预算会计	
			行政单位	事业单位	行政单位	事业单位
1	取得预算收入	财政授权支付方式下	借：零余额账户用款额度 　贷：财政拨款收入		借：资金结存——零余额账户用款额度 　贷：财政拨款预算收入	

续表

<table>
<tr><td colspan="3" rowspan="2">情形</td><td colspan="2">财务会计</td><td colspan="2">预算会计</td></tr>
<tr><td>行政单位</td><td>事业单位</td><td>行政单位</td><td>事业单位</td></tr>
<tr><td>1</td><td>取得预算收入</td><td>国库集中支付以外的其他支付方式下</td><td>借：银行存款
贷：财政拨款收入</td><td>借：银行存款
贷：财政拨款收入/事业收入/经营收入等</td><td>借：资金结存——货币资金
贷：财政拨款预算收入等</td><td>借：资金结存——货币资金
贷：财政拨款预算收入／事业预算收入／经营预算收入等</td></tr>
<tr><td>2</td><td>从零余额账户提取现金</td><td>从零余额账户中提取库存现金</td><td colspan="2">借：库存现金
贷：零余额账户用款额度</td><td colspan="2">借：资金结存——货币资金
贷：资金结存——零余额账户用款额度</td></tr>
<tr><td rowspan="3">3</td><td rowspan="3">发生预算支出时</td><td>财政授权支付方式下</td><td>借：业务活动费用/库存物品/固定资产等
贷：零余额账户用款额度</td><td>借：业务活动费用/单位管理费用/库存物品/固定资产等
贷：零余额账户用款额度</td><td>借：行政支出
贷：资金结存——零余额账户用款额度</td><td>借：事业支出等
贷：资金结存——零余额账户用款额度</td></tr>
<tr><td>使用以前年度财政直接支付额度</td><td>借：业务活动费用/库存物品/固定资产等
贷：财政应返还额度</td><td>借：业务活动费用/单位管理费用/库存物品/固定资产等
贷：财政应返还额度</td><td>借：行政支出
贷：资金结存——财政应返还额度</td><td>借：事业支出等
贷：资金结存——财政应返还额度</td></tr>
<tr><td>国库集中支付以外的其他方式下</td><td>借：业务活动费用/库存物品/固定资产等
贷：银行存款/库存现金等</td><td>借：业务活动费用/单位管理费用/库存物品/固定资产等
贷：银行存款/库存现金等</td><td>—</td><td>借：事业支出/经营支出等
贷：资金结存——货币资金</td></tr>
<tr><td rowspan="2">4</td><td rowspan="2">按照规定使用提取的专用基金（仅事业单位使用，行政单位无此类业务）</td><td>一般情况下</td><td>—</td><td>借：专用基金
贷：银行存款等</td><td>—</td><td rowspan="2">使用从非财政拨款结余或经营结余中计提的专用基金：
借：专用结余
贷：资金结存——货币资金
使用从收入中计提并计入费用的专用基金：
借：事业支出等
贷：资金结存——货币资金</td></tr>
<tr><td>购买固定资产、无形资产等</td><td>—</td><td>借：固定资产/无形资产等
贷：银行存款等
借：专用基金
贷：累计盈余</td><td>—</td></tr>
</table>

续表

序号	情形		财务会计·行政单位	财务会计·事业单位	预算会计·行政单位	预算会计·事业单位
5	预算结转结余调整	按照规定上缴财政拨款结转结余资金或注销财政拨款结转结余额度	借：累计盈余 贷：财政应返还额度/零余额账户用款额度/银行存款		借：财政拨款结转——归集上缴/财政拨款结余——归集上缴 贷：资金结存——财政应返还额度/零余额账户用款额度/货币资金	
		按照规定缴回非财政拨款结转资金的	借：累计盈余 贷：银行存款		借：非财政拨款结转——缴回资金 贷：资金结存——货币资金	
		收到调入的财政拨款结转资金的	借：财政应返还额度/零余额账户用款额度/银行存款 贷：累计盈余		借：资金结存——财政应返还额度/零余额账户用款额度/货币资金 贷：财政拨款结转——归集调入	
6	因购货退回、发生差错更正等退回国库直接支付、授权支付款项，或者收回货币资金	财政授权支付方式下	借：财政拨款收入/零余额账户用款额度/银行存款等 贷：业务活动费用/库存物品		借：财政拨款预算收入/资金结存——零余额账户用款额度、货币资金 贷：行政支出等	借：财政拨款预算收入/资金结存——零余额账户用款额度、货币资金 贷：事业支出等
		属于以前年度的	借：财政应返还额度/零余额账户用款额度/银行存款等 贷：以前年度盈余调整		借：资金结存——财政应返还额度/零余额账户用款额度/货币资金 贷：财政拨款结转/财政拨款结余/非财政拨款结转/非财政拨款结余——年初余额调整	
7	实际缴纳企业所得税（仅适用于事业单位，行政单位不涉及此业务）	有企业所得税缴纳义务的事业单位实际缴纳企业所得税时	—	借：其他应交税费——单位应交所得税 贷：银行存款等	—	借：非财政拨款结余——累计结余 贷：资金结存——货币资金

续表

<table>
<tr><th colspan="3" rowspan="2">情形</th><th colspan="2">财务会计</th><th colspan="2">预算会计</th></tr>
<tr><th>行政单位</th><th>事业单位</th><th>行政单位</th><th>事业单位</th></tr>
<tr><td rowspan="2">8</td><td rowspan="2">年末确认未下达的财政用款额度</td><td>财政直接支付方式</td><td colspan="2">借：财政应返还额度——财政直接支付
贷：财政拨款收入</td><td colspan="2" rowspan="2">借：资金结存——财政应返还额度
贷：财政拨款预算收入</td></tr>
<tr><td>财政授权支付方式</td><td colspan="2">借：财政应返还额度——财政授权支付
贷：财政拨款收入</td></tr>
<tr><td>9</td><td>年末注销零余额账户用款额度</td><td>年末注销时</td><td colspan="2">借：财政应返还额度——财政授权支付
贷：零余额账户用款额度</td><td colspan="2">借：资金结存——财政应返还额度
贷：资金结存——零余额账户用款额度</td></tr>
<tr><td>10</td><td>下年初，恢复零余额账户用款额度或收到上年末未下达的零余额账户用款额度</td><td>下年初再次恢复时</td><td colspan="2">借：零余额账户用款额度
贷：财政应返还额度——财政授权支付</td><td colspan="2">借：资金结存——零余额账户用款额度
贷：资金结存——财政应返还额度</td></tr>
</table>

第二节　财政拨款结转

一、财政拨款结转的科目设置

“财政拨款结转”科目核算单位取得的同级财政拨款结转资金的调整、结转和滚存情况，并在财政拨款结转科目下设置下列明细科目进行明细核算。本科目年末贷方余额，反映单位滚存的财政拨款结转资金数。

1. 与会计差错更正、以前年度支出收回相关的明细科目

“年初余额调整”明细科目核算因发生会计差错更正、以前年度支出收回等原因，需要调整财政拨款结转的金额。

2. 与财政拨款调拨业务相关的明细科目

（1）归集调入。本明细科目核算按照规定从其他单位调入财政拨款结转资金时，实际调增的额度数额或调入的资金数额。

（2）归集调出。本明细科目核算按照规定向其他单位调出财政拨款结转资金时，实际调减的额度数额或调出的资金数额。

（3）归集上缴。本明细科目核算按照规定上缴财政拨款结转资金时，实际核销的额度数额或上缴的资金数额。

（4）单位内部调剂。本明细科目核算经财政部门批准对财政拨款结余资金改变用途，调整用于本单位其他未完成项目等的调整金额。

3. 与年末财政拨款结转业务相关的明细科目

（1）本年收支结转。本明细科目核算单位本年度财政拨款收支相抵后的余额。年末结账后，本明细科目应无余额。

（2）累计结转。本明细科目核算单位滚存的财政拨款结转资金。本明细科目年末贷方余额，反映单位财政拨款滚存的结转资金数额。

本科目还应当设置“基本支出结转”“项目支出结转”两个明细科目，并在“基本支出结转”明细科目下按照“人员经费”“日常公用经费”进行明细核算，在“项目支出结转”明细科目下按照具体项目进行明细核算；同时，本科目还应按照《政府收支分类科目》中“支出功能分类科目”的相关科目进行明细核算。

有一般公共预算财政拨款、政府性基金预算财政拨款等两种或两种以上财政拨款的，还应当在本科目下按照财政拨款的种类进行明细核算。

二、财政拨款结转的主要账务处理

1. 与会计差错更正、以前年度支出收回相关的账务处理

（1）因发生会计差错更正退回以前年度国库直接支付、授权支付款项或财政性货币资金，或者因发生会计差错更正增加以前年度国库直接支付、授权支付支出或财政性货币资金支出，属于以前年度财政拨款结转资金的，借记或贷记“资金结存——财政应返还额度、零余额账户用款额度、货币资金”科目，贷记或借记本科目（年初余额调整）。

借或贷：资金结存——财政应返还额度/零余额账户用款额度/货币资金

　　贷或借：财政拨款结转——年初余额调整

（2）因购货退回、预付款项收回等发生以前年度支出又收回国库直接支付、授权支付款项或收回财政性货币资金，属于以前年度财政拨款结转资金的，作以下会计分录。

借：资金结存——财政应返还额度/零余额账户用款额度/货币资金

　　贷：财政拨款结转——年初余额调整

2. 与财政拨款结转结余资金调整业务相关的账务处理

（1）按照规定从其他单位调入财政拨款结转资金的，按照实际调增的额度数额或调入的资金数额，借记“资金结存——财政应返还额度、零余额账户用款额度、货币资金”科目，贷记本科目（归集调入）。

借：资金结存——财政应返还额度/零余额账户用款额度/货币资金

　　贷：财政拨款结转——归集调入

（2）按照规定向其他单位调出财政拨款结转资金的，按照实际调减的额度数额或调出的资金数额，借记本科目（归集调出），贷记“资金结存——财政应返还额度、零余额账户用款额度、货币资金”科目。

借：财政拨款结转——归集调出

　　贷：资金结存——财政应返还额度/零余额账户用款额度/货币资金

（3）按照规定上缴财政拨款结转资金或注销财政拨款结转资金额度的，按照实际上缴资金数额或注销的资金额度数额，借记本科目（归集上缴），贷记“资金结存——

财政应返还额度、零余额账户用款额度、货币资金”科目。

借：财政拨款结转——归集上缴

　　贷：资金结存——财政应返还额度/零余额账户用款额度/货币资金

（4）经财政部门批准对财政拨款结余资金改变用途，调整用于本单位基本支出或其他未完成项目支出的，按照批准调剂的金额，借记“财政拨款结余——单位内部调剂”科目，贷记本科目（单位内部调剂）。与年末财政拨款结转和结余业务相关的账务处理。

借：财政拨款结余——单位内部调剂

　　贷：财政拨款结转

3. 与年末财政拨款结转和结余业务相关的账务处理

（1）年末，将财政拨款预算收入本年发生额转入本科目，借记“财政拨款预算收入”科目，贷记本科目（本年收支结转）；将各项支出中财政拨款支出本年发生额转入本科目，借记本科目（本年收支结转），贷记各项支出（财政拨款支出）科目。

（2）年末冲销有关明细科目余额。将本科目（本年收支结转、年初余额调整、归集调入、归集调出、归集上缴、单位内部调剂）余额转入本科目（累计结转）。结转后，本科目除“累计结转”明细科目外，其他明细科目应无余额。

借：财政拨款结转

　　贷：财政拨款结转——累计结转

（3）年末完成上述结转后，应当对财政拨款结转各明细项目执行情况进行分析，按照有关规定将符合财政拨款结余性质的项目余额转入财政拨款结余，借记本科目（累计结转），贷记“财政拨款结余结转转入”科目。

借：财政拨款结转——累计结转

　　贷：财政拨款结余——结转转入

年末结账后，本明细科目应无余额。

三、行政事业单位“财政拨款结转”活动核算比较

行政事业单位“财政拨款结转”活动核算比较如表 20－2 所示。

表 20－2　　行政事业单位“财政拨款结转”活动核算比较

<table>
<tr><th colspan="3" rowspan="2">情形</th><th colspan="2">财务会计</th><th colspan="2">预算会计</th></tr>
<tr><th>行政单位</th><th>事业单位</th><th>行政单位</th><th>事业单位</th></tr>
<tr><td rowspan="2">1</td><td rowspan="2">因会计差错更正、购货退回、预付款项收回等发生以前年度调整事项</td><td>调整增加相关资产</td><td colspan="2">借：零余额账户用款额度/银行存款等
　贷：以前年度盈余调整</td><td colspan="2">借：资金结存——零余额账户用款额度/货币资金等
　贷：财政拨款结转——年初余额调整</td></tr>
<tr><td>因会计差错更正调整减少相关资产</td><td colspan="2">借：以前年度盈余调整
　贷：零余额账户用款额度/银行存款</td><td colspan="2">借：财政拨款结转——年初余额调整
　贷：资金结存——零余额账户用款额度/货币资金等</td></tr>
</table>

续表

<table>
<tr><th colspan="3" rowspan="2">情形</th><th colspan="2">财务会计</th><th colspan="2">预算会计</th></tr>
<tr><th>行政单位</th><th>事业单位</th><th>行政单位</th><th>事业单位</th></tr>
<tr><td rowspan="2">2</td><td rowspan="2">从其他单位调入或调出财政拨款结转资金</td><td>按照实际调增的额度数额或调入的资金数额</td><td colspan="2">借：财政应返款额度/零余额账户用款额度/银行存款
贷：累计盈余</td><td colspan="2">借：资金结存——财政应返还额度/零余额账户用款额度/货币资金
贷：财政拨款结转——归集调入</td></tr>
<tr><td>按照实际调减的额度数额或调减的资金数额</td><td colspan="2">借：累计盈余
贷：财政应返还额度/零余额账户用款额度/银行存款</td><td colspan="2">借：财政拨款结转——归集调出
贷：资金结存——财政应返还额度/零余额账户用款额度/货币资金</td></tr>
<tr><td>3</td><td>按照规定上缴财政拨款结转资金或注销财政拨款结转额度</td><td>上缴财政拨款结转资金或注销财政拨款结转额度</td><td colspan="2">借：累计盈余
贷：财政应返还额度/零余额账户用款额度/银行存款</td><td colspan="2">借：财政拨款结转——归集上缴
贷：资金结存——财政应返还额度/零余额账户用款额度/货币资金</td></tr>
<tr><td>4</td><td>单位内部调剂财政拨款结余资金</td><td>内部调剂财政拨款结余资金</td><td colspan="2">—</td><td colspan="2">借：财政拨款结余——单位内部调剂
贷：财政拨款结转——单位内部调剂</td></tr>
<tr><td rowspan="2">5</td><td rowspan="2">年末结转</td><td>结转财政拨款预算收入</td><td colspan="2">—</td><td colspan="2">借：财政拨款预算收入
贷：财政拨款结转——本年收支结转</td></tr>
<tr><td>结转财政拨款预算支出</td><td colspan="2">—</td><td>借：财政拨款结转——本年收支结转
贷：行政支出［财政拨款支出部分］</td><td>借：财政拨款结转——本年收支结转
贷：事业支出等［财政拨款支出部分］</td></tr>
<tr><td>6</td><td>年末冲销本科目有关明细科目余额</td><td>冲销有关科目余额</td><td colspan="2">—</td><td colspan="2">借：财政拨款结转——年初余额调整［该明细科目为贷方余额时］/归集调入/单位内部调剂/本年收支结转［该明细科目为贷方余额时］
贷：财政拨款结转——累计结转
借：财政拨款结转——累计结转
贷：财政拨款结转——归集上缴/年初余额调整［该明细科目为借方余额时］/归集调出/本年收支结转［该明细科目为借方余额时］</td></tr>
</table>

续表

情形			财务会计		预算会计	
			行政单位	事业单位	行政单位	事业单位
7	转入财政拨款结余	按照有关规定将符合财政拨款结余性质的项目余额转入财政拨款结余	—		借：财政拨款结转——累计结转 贷：财政拨款结余——结转转入	

第三节　财政拨款结余

一、财政拨款结余的科目设置

“财政拨款结余”科目核算单位取得的同级财政拨款项目支出结余资金的调整、结转和滚存情况，并应在财政拨款结余科目下设置下列明细科目进行明细核算。

1. 与会计差错更正、以前年度支出收回相关的明细科目

“年初余额调整”：本明细科目核算因发生会计差错更正、以前年度支出收回等原因，需要调整财政拨款结余的金额。年末结账后，本明细科目应无余额。

2. 与财政拨款结余资金调整业务相关的明细科目

（1）归集上缴。本明细科目核算按照规定上缴财政拨款结余资金时，实际核销的额度数额或上缴的资金数额。年末结账后，本明细科目应无余额。

（2）单位内部调剂。本明细科目核算经财政部门批准对财政拨款结余资金改变用途，调整用于本单位其他未完成项目等的调整金额。年末结账后，本明细科目应无余额。

3. 与年末财政拨款结余业务相关的明细科目

（1）结转转入。本明细科目核算单位按照规定转入财政拨款结余的财政拨款结转资金。年末结账后，本明细科目应无余额。

（2）累计结余。本明细科目核算单位滚存的财政拨款结余资金。本明细科目年末贷方余额，反映单位财政拨款滚存的结余资金数，本科目还应当按照具体项目、《政府收支分类科目》中“支出功能分类科目”的相关科目等进行明细核算。有一般公共预算财政拨款、政府性基金预算财政拨款等两种或两种以上财政拨款的，还应当在本科目下按照财政拨款的种类进行明细核算。

二、财政拨款结余的主要账务处理

1. 与会计差错更正、以前年度支出收回相关的账务处理

（1）因发生会计差错更正退回以前年度国库直接支付、授权支付款项或财政性货币资金，或者因发生会计差错更正增加以前年度国库直接支付、授权支付支出或财政性货币资金支出，属于以前年度财政拨款结余资金的，借记或贷记“资金结存——财政应返还额度、零余额账户用款额度、货币资金”科目，贷记或借记本科目（年

初余额调整）。

借或贷：资金结存——财政应返还额度/零余额账户用款额度/货币资金

　　贷或借：财政拨款结余

（2）因购货退回、预付款项收回等发生以前年度支出又收回国库直接支付、授权支付款项或收回财政性货币资金，属于以前年度财政拨款结余资金的，借记“资金结存——财政应返还额度、零余额账户用款额度、货币资金”科目，贷记本科目（年初余额调整）。

借或贷：资金结存——财政应返还额度/零余额账户用款额度/货币资金

　　贷或借：财政拨款结余

2. 与财政拨款结余资金调整业务相关的账务处理

经财政部门批准对财政拨款结余资金改变用途，调整用于本单位基本支出或其他未完成项目支出的，按照批准调剂的金额，借记本科目（单位内部调剂），贷记“财政拨款结转（单位内部调剂）”科目。

借：财政拨款结余

　　贷：财政拨款结转

按照规定上缴财政拨款结余资金或注销财政拨款结余资金额度的，按照实际上缴资金数额或注销的资金额度数额，借记本科目（归集上缴），贷记“资金结存——财政应返还额度、零余额账户用款额度、货币资金”科目。

借：财政拨款结转

　　贷：资金结存——财政应返还额度/零余额账户用款额度/货币资金

3. 与年末财政拨款结转和结余业务相关的账务处理

（1）年末，对财政拨款结转各明细项目执行情况进行分析，按照有关规定将符合财政拨款结余性质的项目余额转入财政拨款结余，借记“财政拨款结转累计结转”科目，贷记本科目（结转转入）。

借：财政拨款结转——累计结转

　　贷：财政拨款结余——结转转入

（2）年末冲销有关明细科目余额。将本科目（年初余额调整、归集上缴、单位内部调剂、结转转入）余额转入本科目（累计结余）。结转后，本科目除“累计结余”明细科目外，其他明细科目应无余额。

借：财政拨款结余——年初余额调整/归集上缴/单位内部调剂/结转转入

　　贷：财政拨款结余——累计结余

三、行政事业单位“财政拨款结余”活动核算比较

行政事业单位“财政拨款结余”活动核算比较如表 20－3 所示。

表 20－3　　　　行政事业单位“财政拨款结余”活动核算比较

<table>
<tr><th colspan="3" rowspan="2">情形</th><th colspan="2">财务会计</th><th colspan="2">预算会计</th></tr>
<tr><th>行政单位</th><th>事业单位</th><th>行政单位</th><th>事业单位</th></tr>
<tr><td rowspan="2">1</td><td rowspan="2">因购货退回、会计差错更正等发生以前年度调整事项</td><td>调整增加相关资产</td><td colspan="2">借：零余额账户用款额度/银行存款等
贷：以前年度盈余调整</td><td colspan="2">借：资金结存——零余额账户用款额度/货币资金等
贷：财政拨款结余——年初余额调整</td></tr>
<tr><td>因会计差错更正调整减少相关资产</td><td colspan="2">借：以前年度盈余调整
贷：零余额账户用款额度/银行存款等</td><td colspan="2">借：财政拨款结余——年初余额调整
贷：资金结存——零余额账户用款额度/货币资金等</td></tr>
<tr><td>2</td><td>按照规定上缴财政拨款结余资金或注销财政拨款结余额度</td><td>按照实际上缴资金数额或注销的资金额度</td><td colspan="2">借：累计盈余
贷：财政应返还额度/零余额账户用款额度/银行存款</td><td colspan="2">借：财政拨款结余——归集上缴
贷：资金结存——财政应返还额度/零余额账户用款额度/货币资金</td></tr>
<tr><td>3</td><td>单位内部调剂财政拨款结余资金</td><td>内部调剂财政拨款结余资金</td><td colspan="2">—</td><td colspan="2">借：财政拨款结余——单位内部调剂
贷：财政拨款结转——单位内部调剂</td></tr>
<tr><td>4</td><td>年末，转入财政拨款结余</td><td>按照有关规定将符合财政拨款结余性质的项目余额转入财政拨款结余</td><td colspan="2">—</td><td colspan="2">借：财政拨款结转——累计结转
贷：财政拨款结余——结转转入</td></tr>
<tr><td>5</td><td>年末冲销本科目有关明细科目余额</td><td>年末冲销明细科目余额</td><td colspan="2">—</td><td colspan="2">借：财政拨款结余——年初余额调整［该明细科目为贷方余额时］
贷：财政拨款结余——累计结余
借：财政拨款结余——累计结余
贷：财政拨款结余——年初余额调整［该明细科目为借方余额时］
——归集上缴
——单位内部调剂
借：财政拨款结余——结转转入
贷：财政拨款结余——累计结余</td></tr>
</table>

第四节 非财政拨款结转

一、非财政拨款结转的科目设置

“非财政拨款结转”科目核算单位除财政拨款收支、经营收支以外各非同级财政拨款专项资金的调整、结转和滚存情况，并应在非财政拨款结转科目下设置下列明细科目进行明细核算。

（1）年初余额调整。本明细科目核算因发生会计差错更正、以前年度支出收回等原因，需要调整非财政拨款结转的资金。年末结账后，本明细科目应无余额。

（2）缴回资金。本明细科目核算按照规定缴回非财政拨款结转资金时，实际缴回的资金数额。年末结账后，本明细科目应无余额。

（3）项目间接费用或管理费。本明细科目核算单位取得的科研项目预算收入中，按照规定计提项目间接费用或管理费的数额。年末结账后，本明细科目应无余额。

（4）本年收支结转。本明细科目核算单位本年度非同级财政拨款专项收支相抵后的余额。年末结账后，本明细科目应无余额。

（5）累计结转。本明细科目核算单位滚存的非同级财政拨款专项结转资金。本明细科目年末贷方余额，反映单位非同级财政拨款滚存的专项结转资金数额。

本科目还应当按照具体项目、《政府收支分类科目》中“支出功能分类科目”的相关科目等进行明细核算。

二、非财政拨款结转的主要账务处理

（1）按照规定从科研项目预算收入中提取项目管理费或间接费时，按照提取金额，借记本科目（项目间接费用或管理费），贷记“非财政拨款结余——项目间接费用或管理费”科目。

借：非财政拨款结转

　　贷：非财政拨款结余——项目间接费用/管理费

（2）因会计差错更正收到或支出非同级财政拨款货币资金，属于非财政拨款结转资金的，按照收到或支出的金额，借记或贷记“资金结存——货币资金”科目，贷记或借记本科目（年初余额调整）。

借或贷：资金结存——货币资金

　　贷或借：非财政拨款结转——年初余额调整

因收回以前年度支出等收到非同级财政拨款货币资金，属于非财政拨款结转资金的，按照收到的金额，借记“资金结存——货币资金”科目，贷记本科目（年初余额调整）。

借：资金结存——货币资金

　　贷：非财政拨款结转——年初余额调整

（3）按照规定缴回非财政拨款结转资金的，按照实际缴回资金数额，借记本科目（缴回资金），贷记“资金结存——货币资金”科目。

借：非财政拨款结转

　　贷：资金结存——货币资金

（4）年末，将事业预算收入、上级补助预算收入、附属单位上缴预算收入、非同级财政拨款预算收入、债务预算收入、其他预算收入本年发生额中的专项资金收入转入本科目，借记“事业预算收入”“上级补助预算收入”“附属单位上缴预算收入”“非同级财政拨款预算收入”“债务预算收入”“其他预算收入”科目下各专项资金收入明细科目，贷记本科目（本年收支结转）；将行政支出、事业支出、其他支出本年发生额中的非财政拨款专项资金支出转入本科目，借记本科目（本年收支结转），贷记“行政支出”“事业支出”“其他支出”科目下各非财政拨款专项资金支出明细科目。

（5）年末冲销有关明细科目余额。将本科目（年初余额调整、项目间接费用或管理费、缴回资金、本年收支结转）余额转入本科目（累计结转）。结转后，本科目除“累计结转”明细科目外，其他明细科目应无余额。

借：非财政拨款结转——年初余额调整/项目间接费用/管理费/缴回资金/本年收支结转

　　贷：非财政拨款结转——累计结转

（6）年末完成上述结转后，应当对非财政拨款专项结转资金各项目情况进行分析，将留归本单位使用的非财政拨款专项（项目已完成）剩余资金转入非财政拨款结余，借记本科目（累计结转），贷记“非财政拨款结余——结转转入”科目。

借：非财政拨款结转

　　贷：非财政拨款结余——结转转入

非财政拨款结转科目年末贷方余额，反映单位滚存的非同级财政拨款专项结转资金数额。

三、行政事业单位“非财政拨款结转”活动核算比较

行政事业单位“非财政拨款结转”活动核算比较如表20－4所示。

表20－4　　行政事业单位“非财政拨款结转”活动核算比较

情形			财务会计		预算会计	
			行政单位	事业单位	行政单位	事业单位
1	按照规定从科研项目预算收入中提取项目管理费或间接费（“单位管理费用”科目不使用事业单位，行政单位无此业务）	按照规定从科研项目预算收入中提取项目管理费或间接费	—	借：单位管理费用 　贷：预提费用——项目间接费用或管理费	—	借：非财政拨款结转——项目间接费用或管理费 　贷：非财政拨款结余——项目间接费用或管理费

续表

情形			财务会计		预算会计	
			行政单位	事业单位	行政单位	事业单位
2	因购货退回、会计差错更正等发生以前年度调整事项	调整增加相关资产	借：银行存款等 贷：以前年度盈余调整		借：资金结存——货币资金 贷：非财政拨款结转——年初余额调整	
		调整减少相关资产	借：以前年度盈余调整 贷：银行存款等		借：非财政拨款结转——年初余额调整 贷：资金结存——货币资金	
3	按照规定缴回非财政拨款结转资金	缴回非财政拨款结转资金	借：累计盈余 贷：银行存款等		借：非财政拨款结转——缴回资金 贷：资金结存——货币资金	
4	年末结转	结转非财政拨款专项收入	—		借：非同级财政拨款预算收入/其他预算收入 贷：非财政拨款结转——本年收支结转	借：事业预算收入/上级补助预算收入/附属单位上缴预算收入/非同级财政拨款预算收入/债务预算收入/其他预算收入 贷：非财政拨款结转——本年收支结转
		结转非财政拨款专项支出				
5	年末冲销本科目相关明细科目	冲销明细科目	—		借：非财政拨款结转——年初余额调整［该明细科目为贷方余额时］ ——本年收支结转［该明细科目为贷方余额时］ 贷：非财政拨款结转——累计结转 借：非财政拨款结转——累计结转 贷：非财政拨款结转——年初余额调整［该明细科目为借方余额时］ ——缴回资金 ——本年收支结转［该明细科目为借方余额时］	借：非财政拨款结转——年初余额调整［该明细科目为贷方余额时］ ——本年收支结转［该明细科目为贷方余额时］ 贷：非财政拨款结转——累计结转 借：非财政拨款结转——累计结转 贷：非财政拨款结转——年初余额调整［该明细科目为借方余额时］ ——缴回资金 ——项目间接费用或管理费 ——本年收支结转［该明细科目为借方余额时］

第五节　非财政拨款结余

一、非财政拨款结余的科目设置

“非财政拨款结余”科目核算单位历年滚存的非限定用途的非同级财政拨款结余资金，主要为非财政拨款结余扣除结余分配后滚存的金额，并在非财政拨款结余科目下设置明细科目进行明细核算。本科目年末贷方余额，反映单位滚存的非同级财政拨款专项结转资金数额。

（1）年初余额调整。本明细科目核算因发生会计差错更正、以前年度支出收回等原因，需要调整非财政拨款结余的资金。年末结账后，本明细科目应无余额。

（2）项目间接费用或管理费。本明细科目核算单位取得的科研项目预算收入中，按照规定计提的项目间接费用或管理费数额。年末结账后，本明细科目应无余额。

（3）结转转入。本明细科目核算按照规定留归单位使用，由单位统筹调配，纳入单位非财政拨款结余的非同级财政拨款专项剩余资金。年末结账后，本明细科目应无余额。

（4）累计结余。本明细科目核算单位历年滚存的非同级财政拨款、非专项结余资金。本明细科目年末贷方余额，反映单位非同级财政拨款滚存的非专项结余资金数额。本科目还应当按照《政府收支分类科目》中“支出功能分类科目”的相关科目进行明细核算。

二、非财政拨款结余的主要账务处理

（1）按照规定从科研项目预算收入中提取项目管理费或间接费时，借记“非财政拨款结转——项目间接费用或管理费”科目，贷记本科目（项目间接费用或管理费）。

借：非财政拨款结转——项目间接费用/管理费

　　贷：非财政拨款结余——项目间接费用/管理费

（2）有企业所得税缴纳义务的事业单位实际缴纳企业所得税时，按照缴纳金额，借记本科目（累计结余），贷记“资金结存——货币资金”科目。

借：非财政拨款结余——累计结余

　　贷：资金结存——货币资金

（3）因会计差错更正收到或支出非同级财政拨款货币资金，属于非财政拨款结余资金的，按照收到或支出的金额，借记或贷记“资金结存——货币资金”科目，贷记或借记本科目（年初余额调整）。

借或贷：资金结存——货币资金

　　　　贷或借：非财政拨款结余——年初余额调整

因收回以前年度支出等收到非同级财政拨款货币资金，属于非财政拨款结余资金的，按照收到的金额，借记“资金结存——货币资金”科目，贷记本科目（年初余额调整）。

借：资金结存——货币资金

　　贷：非财政拨款结余——年初余额调整

（4）年末，将留归本单位使用的非财政拨款专项（项目已完成）剩余资金转入本科目，借记“非财政拨款结转——累计结转”科目，贷记本科目（结转转入）。

借：非财政拨款结转——累计结转

　　贷：非财政拨款结余——结转转入

（5）年末冲销有关明细科目余额。将本科目（年初余额调整、项目间接费用或管理费、结转转入）余额结转入本科目（累计结余）。结转后，本科目除“累计结余”明细科目外，其他明细科目应无余额。

借：非财政拨款结余——年初余额调整/项目间接费用/管理费/结转转入

　　贷：非财政拨款结余——累计结余

（6）年末，事业单位将“非财政拨款结余分配”科目余额转入非财政拨款结余。“非财政拨款结余分配”科目为借方余额的，借记本科目（累计结余），贷记“非财政拨款结余分配”科目。

借：非财政拨款结余——累计结余

　　贷：非财政拨款结余分配

“非财政拨款结余分配”科目为贷方余额的，借记“非财政拨款结余分配”科目，贷记本科目（累计结余）。

借：非财政拨款结余分配

　　贷：非财政拨款结余——累计结余

年末，行政单位将“其他结余”科目余额转入非财政拨款结余。“其他结余”科目为借方余额的，借记本科目（累计结余），贷记“其他结余”科目。

借：非财政拨款结余——累计结余

　　贷：其他结余

“其他结余”科目为贷方余额的，借记“其他结余”科目，贷记本科目（累计结余）。

借：其他结余

　　贷：非财政拨款结余——累计结余

三、行政事业单位“非财政拨款结余”活动核算比较

行政事业单位“非财政拨款结余”活动核算比较如表20－5所示。

表 20－5　　行政事业单位“非财政拨款结余”活动核算比较

情形			财务会计		预算会计	
			行政单位	事业单位	行政单位	事业单位
1	按照规定从科研项目预算收入中提取项目管理费或间接费（“单位管理费用”科目仅事业单位使用，行政单位无此类业务）	按照规定从科研项目预算收入中提取项目管理费或间接费	—	借：单位管理费用 贷：预提费用——项目间接费用或管理费	—	借：非财政拨款结转——项目间接费用或管理费 贷：非财政拨款结余——项目间接费用或管理费
2	实际缴纳企业所得税（“其他应交税费——单位应交所得税”科目仅事业单位使用，行政单位无此类业务）	实际缴纳税款	—	借：其他应交税费——单位应交所得税 贷：银行存款等	—	借：非财政拨款结余——累计结余 贷：资金结存——货币资金
3	因购货退回、会计差错更正等发生以前年度调整事项	调整增加相关资产	借：银行存款等 贷：以前年度盈余调整		借：资金结存——货币资金 贷：非财政拨款结余——年初余额调整	
		调整减少相关资产	借：以前年度盈余调整 贷：银行存款等		借：非财政拨款结余——年初余额调整 贷：资金结存——货币资金	
4	将留归本单位使用的非财政拨款专项剩余资金转入非财政拨款结余	非财政拨款专项剩余资金转入非财政拨款结余	—		借：非财政拨款结转——累计结转 贷：非财政拨款结余——结转转入	

续表

情形			财务会计		预算会计	
			行政单位	事业单位	行政单位	事业单位
5	年末冲销本科目相关明细科目余额	冲销相关明细科目余额	—		借：非财政拨款结余——年初余额调整［该明细科目为贷方余额时］——本年收支结转［该明细科目为贷方余额时］ 贷：非财政拨款结余——累计结转 借：非财政拨款结余——累计结转 贷：非财政拨款结余——年初余额调整［该明细科目为借方余额时］——缴回资金——本年收支结转［该明细科目为借方余额时］	借：非财政拨款结余——年初余额调整［该明细科目为贷方余额时］——本年收支结转［该明细科目为贷方余额时］ 贷：非财政拨款结转——累计结转 借：非财政拨款结余——累计结转 贷：非财政拨款结余——年初余额调整［该明细科目为借方余额时］——缴回资金——项目间接费用或管理费——本年收支结转［该明细科目为借方余额时］
6	年末结转	非财政拨款结余分配为贷方余额	—		借：非财政拨款结余分配 贷：非财政拨款结余——累计结余	
		非财政拨款结余分配为借方余额	—		借：非财政拨款结余——累计结余 贷：非财政拨款结余分配	

第六节　专用结余

一、专用结余科目的设置

“专用结余”科目对事业单位按照规定从非财政拨款结余中提取的，具有专门用途的资金的变动和滚存情况进行核算。专用结余科目应当按照专用结余的类别进行明细核算。

专用结余科目年末贷方余额，反映事业单位从非同级财政拨款结余中提取的专用基金的累计滚存数额。

二、专用结余的主要账务处理

根据有关规定从本年度非财政拨款结余或经营结余中提取基金的，按照提取金额，借记“非财政拨款结余分配”科目，贷记本科目。

借：非财政拨款结余分配

　　贷：专用结余

根据规定使用从非财政拨款结余或经营结余中提取的专用基金时，按照使用金额，借记本科目，贷记“资金结存——货币资金”科目。

借：专用结余

　　贷：资金结存——货币资金

三、事业单位“专用结余”活动核算比较

事业单位“专用结余”活动核算比较如表 20－6 所示。

表 20－6　　　　事业单位“专用结余”活动核算比较

<table>
<tr><th colspan="3">情形</th><th>财务会计</th><th>预算会计</th></tr>
<tr><td rowspan="3">1</td><td rowspan="3">计提专用基金</td><td>从预算收入中按照一定比例提取基金并计入费用</td><td>借：业务活动费用等
　　贷：专用基金</td><td>—</td></tr>
<tr><td>从本年度非财政拨款结余或经营结余中提取基金</td><td>借：本年盈余分配
　　贷：专用基金</td><td>借：非财政拨款结余分配
　　贷：专用结余</td></tr>
<tr><td>根据有关规定设置的其他专用基金</td><td>借：银行存款等
　　贷：专用基金</td><td>—</td></tr>
<tr><td>2</td><td>按照规定使用提取的专用基金</td><td>—</td><td>借：专用基金
　　贷：银行存款等
使用专用基金购置固定资产、无形资产的：
借：固定资产/无形资产
　　贷：银行存款等
借：专用基金
　　贷：累计盈余</td><td>使用从非财政拨款结余或经营结余中提取的基金：
借：专用结余
　　贷：资金结存——货币资金
使用从预算收入中提取并计入费用的基金：
借：事业支出等
　　贷：资金结存——货币资金</td></tr>
</table>

第七节 经营结余

一、经营结余科目的设置

“经营结余”科目对进行事业单位本年度经营活动收支相抵后余额弥补以前年度经营亏损后的余额核算。经营结余科目可以按照经营活动类别进行明细核算。年末结账后，经营结余科目一般无余额；如为借方余额，反映事业单位累计发生的经营亏损。

二、经营结余的主要财务处理

（1）年末，将经营预算收入本年发生额转入本科目，借记“经营预算收入”科目，贷记本科目。

借：经营预算收入

　　贷：经营结余

将经营支出本年发生额转入本科目，借记本科目，贷记“经营支出”科目。

借：经营结余

　　贷：经营支出

（2）年末，完成上述结转后，如本科目为贷方余额，将本科目贷方余额转入“非财政拨款结余分配”科目，借记本科目，贷记“非财政拨款结余分配”科目；如本科目为借方余额，为经营亏损，不予结转。

借：经营结余

　　贷：非财政拨款结余分配

三、事业单位“经营结余”活动核算比较

事业单位“经营结余”活动核算比较如表20－7所示。

表20－7　　事业单位“经营结余”活动核算比较

情形			财务会计	预算会计
1	年末经营收支结转	年末结转	—	借：经营预算收入 　　贷：经营结余 借：经营结余 　　贷：经营支出
2	年末转入结余分配	年末转入	—	借：经营结余 　　贷：非财政拨款结余分配 年末结余在借方，则不予结转

第八节　其他结余

一、其他结余科目的设置

其他结余科目核算单位本年度除财政拨款收支、非同级财政专项资金收支和经营收支以外各项收支相抵后的余额。

二、其他结余的主要账务处理

（1）年末，将事业预算收入、上级补助预算收入、附属单位上缴预算收入、非同级财政拨款预算收入、债务预算收入、其他预算收入本年发生额中的非专项资金收入以及投资预算收益本年发生额转入本科目，借记“事业预算收入”“上级补助预算收入”“附属单位上缴预算收入”“非同级财政拨款预算收入”“债务预算收入”“其他预算收入”科目下各非专项资金收入明细科目和“投资预算收益”科目，贷记本科目（“投资预算收益”科目本年发生额为借方净额时，借记本科目，贷记“投资预算收益”科目）；将行政支出、事业支出、其他支出本年发生额中的非同级财政、非专项资金支出，以及上缴上级支出、对附属单位补助支出、投资支出、债务还本支出本年发生额转入本科目，借记本科目，贷记“行政支出”“事业支出”“其他支出”科目下各非同级财政、非专项资金支出明细科目和“上缴上级支出”“对附属单位补助支出”“投资支出”“债务还本支出”科目。

（2）年末，完成上述结转后，行政单位将本科目余额转入“非财政拨款结余——累计结余”科目；事业单位将本科目余额转入“非财政拨款结余分配”科目。当本科目为贷方余额时，借记本科目，贷记“非财政拨款结余——累计结余”或“非财政拨款结余分配”科目；当本科目为借方余额时，借记“非财政拨款结余——累计结余”或“非财政拨款结余分配”科目，贷记本科目。

年末结账后，其他结余科目应无余额。

三、行政事业单位“其他结余”活动核算比较

行政事业单位“其他结余”活动核算比较如表 20 - 8 所示。

表 20－8　　行政事业单位“其他结余”活动核算比较

<table>
<tr><th colspan="3" rowspan="2">情形</th><th colspan="2">财务会计</th><th colspan="2">预算会计</th></tr>
<tr><th>行政单位</th><th>事业单位</th><th>行政单位</th><th>事业单位</th></tr>
<tr><td rowspan="2">1</td><td rowspan="2">年末结转</td><td>结转预算收入（除财政拨款收入、非同级财政专项收入、经营收入以外）</td><td colspan="2">—</td><td>借：非同级财政拨款预算收入/其他预算收入［非专项资金收入部分］
贷：其他结余</td><td>借：事业预算收入/上级补助预算收入/附属单位上缴预算收入/非同级财政拨款预算收入/债务预算收入/其他预算收入［非专项资金收入部分］
投资预算收益［为贷方余额时］
贷：其他结余
借：其他结余
贷：投资预算收益［为借方余额时］</td></tr>
<tr><td>结转预算支出（除同级财政拨款支出、非同级财政专项支出、经营支出以外）</td><td colspan="2">—</td><td>借：其他结余
贷：行政支出/其他支出［非财政、非专项资金支出部分］</td><td>借：其他结余
贷：事业支出/其他支出［非财政、非专项资金支出部分］上缴上级支出/对附属单位补助支出/投资支出/债务还本支出</td></tr>
<tr><td colspan="3">子情形 1</td><td colspan="2">行政单位</td><td colspan="2">行政单位</td></tr>
<tr><td rowspan="2">2</td><td rowspan="2">行政单位转入非财政拨款结余</td><td>其他结余为贷方余额</td><td colspan="2">—</td><td colspan="2">借：其他结余
贷：非财政拨款结余——累计结余</td></tr>
<tr><td>其他结余为借方余额</td><td colspan="2">—</td><td colspan="2">借：非财政拨款结余——累计结余
贷：其他结余</td></tr>
<tr><td colspan="3">子情形 2</td><td colspan="2">事业单位</td><td colspan="2">事业单位</td></tr>
<tr><td rowspan="2">3</td><td rowspan="2">事业单位年末转入结余分配</td><td>其他结余为贷方余额</td><td colspan="2">—</td><td colspan="2">借：其他结余
贷：非财政拨款结余分配</td></tr>
<tr><td>其他结余为借方余额</td><td colspan="2">—</td><td colspan="2">借：非财政拨款结余分配
贷：其他结余</td></tr>
</table>

第九节　非财政拨款结余分配

一、非财政拨款结余分配科目的设置

“非财政拨款结余分配”核算事业单位本年度非财政拨款结余分配的情况和结果。年末结账后，非财政拨款结余分配科目应无余额。

二、非财政拨款结余分配的主要财务处理

（1）年末，将“其他结余”科目余额转入本科目，当“其他结余”科目为贷方余额时，借记“其他结余”科目，贷记本科目。

借：其他结余

　　贷：非财政拨款结余分配

当“其他结余”科目为借方余额时，借记本科目，贷记“其他结余”科目。

借：非财政拨款结余分配

　　贷：其他结余

年末，将“经营结余”科目贷方余额转入本科目，借记“经营结余”科目，贷记本科目。

借：经营结余

　　贷：非财政拨款结余分配

（2）根据有关规定提取专用基金的，按照提取的金额，借记本科目，贷记“专用结余”科目。

借：非财政拨款结余分配

　　贷：专用结余

（3）年末，按照规定完成上述处理后，将本科目余额转入非财政拨款结余。当本科目为借方余额时，借记“非财政拨款结余——累计结余”科目，贷记本科目。

借：非财政拨款结余——累计结余

　　贷：非财政拨款结余分配

当本科目为贷方余额时，借记本科目，贷记“非财政拨款结余——累计结余”科目。

借：非财政拨款结余分配

　　贷：非财政拨款结余——累计结余

三、事业单位“非财政拨款结余分配”活动核算比较

事业单位“非财政拨款结余分配”活动核算比较如表20－9所示。

表20－9　　事业单位“非财政拨款结余分配”活动核算比较

情形			财务会计	预算会计
1	年末结余转入	其他结余为借方余额时	—	借：非财政拨款结余分配 　贷：其他结余
		其他结余为贷方余额时	—	借：其他结余 　贷：非财政拨款结余分配
		经营结余为贷方余额时	—	借：经营结余 　贷：非财政拨款结余分配

续表

<table>
<tr><th colspan="3">情形</th><th>财务会计</th><th>预算会计</th></tr>
<tr><td>2</td><td>计提专用基金</td><td>从非财政拨款结余中提取</td><td>借：本年盈余分配
　　贷：专用基金</td><td>借：非财政拨款结余分配
　　贷：专用结余</td></tr>
<tr><td rowspan="2">3</td><td rowspan="2">事业单位转入非财政拨款结余</td><td>非财政拨款结余分配为贷方余额</td><td>—</td><td>借：非财政拨款结余分配
　　贷：非财政拨款结余——累计结余</td></tr>
<tr><td>非财政拨款结余分配为借方余额</td><td>—</td><td>借：非财政拨款结余——累计结余
　　贷：非财政拨款结余分配</td></tr>
</table>

思考与练习题

1. 某行政单位收到财政授权支付额度 100 000 元的到账通知书。

2. 某事业单位通过财政直接支付本单位职工工资 90 000 元，为后勤管理人员支付工资 20 000 元。

3. 某事业单位收到非同级财政拨款 300 000 元，银行收讫。

4. 某行政单位出租仓库，收到本季度租金 4 500 元。

5. 某事业单位收到经营收入 70 000 元。

6. 某事业单位职工预借差旅费 6 000 元，用现金支付，报销时退回现金 2 000 元。

7. 某行政单位用财政直接支付购买一批材料 8 000 元，已验收入库。

8. 某事业单位按照管理制度和预算，通过银行支付本年度上缴上级款项 250 000 元。

9. 某事业单位通过银行以自有资金对附属幼儿园支付 5 000 元专项补助。

10. 某事业单位用银行存款购买国债 30 000 元，期限 3 年。

11. 某事业单按照规定上缴财政拨款结转资金 200 000 元，同时按规定缴回非财政拨款结转资金 120 000 元。

12. 2019 年底，某单位缴纳本单位应纳所得税 80 000 元。

13. 2020 年底，某行政单位注销财政授权支付方式财政拨款结余资金 190 000 元，该款项属于以前年度结余资金。

14. 某事业单位从本单位非财政拨款结余中提取工会福利专用基金 15 000 元。

15. 某事业单位年终经营收支结余为 35 000 元，将其转入非财政拨款结余分配账户中。

第二十一章

行政事业单位预算财务报告

第一节　行政事业单位财务与决算报告概述

一、行政事业单位年终报告及其关系

行政事业单位年终，依据财务会计核算信息形成财务报告，同时依据预算会计核算信息形成决算报告。在同一会计核算系统中政府预算会计要素和相关财务会计要素相互协调，决算报告和财务报告相互补充，共同反映政府会计主体的预算执行信息和财务信息。

对于纳入部门预算管理的现金收支业务，在进行财务会计核算的同时也应当进行预算会计核算。对于其他业务，仅需要进行财务会计核算。

通过编制"本期预算结余与本期盈余差异调节表"并在附注中进行披露，反映单位财务会计和预算会计因核算基础和核算范围不同所产生的本年盈余数（即本期收入与费用之间的差额）与本年预算结余数（本年预算收入与预算支出的差额）之间的差异，从而揭示财务会计和预算会计的内在联系。这种会计核算模式兼顾了现行部门决算报告制度的需要，又能满足部门编制权责发生制财务报告的要求，对于规范政府会计行为，夯实政府会计主体预算和财务管理基础，强化政府绩效管理具有深远的影响。

二、行政事业单位年终报表分类

行政事业单位年终报表分为预算会计报表和财务报表两大类。预算会计报表由预算收入表、预算结转结余变动表和财政拨款预算收入支出表组成，是编制部门决算报表的基础。财务报表由会计报表和附注构成，会计报表由资产负债表、收入费用表、净资产变动表和现金流量表组成，其中，单位可自行选择编制现金流量表。

三、行政事业单位年终报表信息披露

《政府会计制度》针对新的核算内容和要求对报表结构进行了调整和优化，对报表附注应当披露的内容进行了细化，对会计报表重要项目说明提供了可参考的披露格式、要求按经济分类披露费用信息、要求披露本年预算结余和本年盈余的差异调节过程等。调整完善后的报表体系，对于全面反映单位财务信息和预算执行信息，提高部门、单位会计信息的透明度和决策有用性具有重要的意义。

四、行政事业单位报表格式

行政事业单位报表格式如表 21－1 所示。

表 21－1 行政事业单位报表格式

编号	报表名称	编制期
财务报表		
会政财 01 表	资产负债表	月度、年度
会政财 02 表	收入费用表	月度、年度
会政财 03 表	净资产变动表	年度
会政财 04 表	现金流量表	年度
	附注	年度
预算会计报表		
会政预 01 表	预算收入支出表	年度
会政预 02 表	预算结转结余变动表	年度
会政预 03 表	财政拨款预算收入支出表	年度

第二节 行政事业单位年终报告准备

一、行政事业单位的年终清理

行政事业单位在年度终了前，应根据财政部门或主管部门的决算编审工作要求，对各项收支账目、往来款项、货币资金和财产物资进行全面的年终清理结算，在此基础上办理年度结账，编报决算报表、财务报表以及国有资产报表。

（一）清理核对年度预算拨款

清理、核对年度预算收支数字和各项缴补款项的数字。主管会计和单位会计要查清本部门和单位年度预算数、年度中追加追减数，并与财政部门核对；查清给下属各单位的预算数，并核对相符。基层单位主要查清本单位的预算，并与上级单位核对相符。如有出入必须查出原因，进行调整，保证上下级之间按年度预算数、领拨经费和上缴、下拨补助数一致。为了准确反映各项收支数额，凡属于本年度的应拨应缴款项，应当在 12 月 31 日前汇达对方。主管会计单位对所属各单位的拨款一般截止到 12 月 25 日。逾期一般不再下拨。

（二）清理预算收支款项

清理预算收支款项及其适用科目、方式方法，保证数字准确，清查核对应交税金、应缴预算款和应缴财政专户款是否全部入账，全部上缴，有无串户。

清查预算资金的上缴专户是否符合规定，与财政专户的收入数和拨出数是否相符。

属于本年的各项支出，要按规定的支出用途如实列报。单位年度支出决算，一律以基层用款单位截至 12 月 31 日的本年实际支出数为准。不得将年终前预拨下年的预算拨款列入本年支出，也不得以上级会计单位的拨款数代替基层会计单位的实际支出数。

（三）清理往来款项

年终前应逐笔清理各项往来款项，尽量清理完毕。按照有关规定应转作各项收入或各项支出的往来款项要及时转入各有关账户，编入本年决算。

（四）清理货币资金

单位年终要及时与开户银行对账，银行存款账面余额要与银行对账单的余额核对相符。库存现金账面余额要与库存现金实有数核对相符。有价证券账面数额要与实存的有价证券核对相符。

（五）清理财产物资

年终前，应对各项财产物资进行清理盘点，发生盘盈、盘亏的，要及时查明原因，按规定做出处理，调整账务，做到账实相符、账账相符。

二、行政事业单位的年终结账

账目核对无误后，进行年终转账。年终结账是在年终清理结算的基础上进行的，包括年终转账、结清旧账和记入新账。在年终转账的基础上，对转账后年终没有余额的账户，结出全年总累计数，然后在下面划双红线，表示本账户全部结清，对年终转账后有余额的账户，将“全年累计数”记入新账。旧账结束和决算编制以后，除了在决算审查中，经财政部门或上级单位批复，需要调整决算或调整旧账者外，一律不得变动旧账的数字。

第三节　行政事业单位预算会计报表编制

一、预算收入支出表

（一）预算收入支出表编制说明

本表反映单位在某一会计年度内各项预算收入、预算支出和预算收支差额的情况。

本表“本年数”栏反映各项目的本年实际发生数。本表“上年数”栏反映各项目上年度的实际发生数，应当根据上年度预算收入支出表中“本年数”栏内所列数字填列。

如果本年度预算收入支出表规定的项目的名称和内容同上年度不一致，应当对上年度预算收入支出表项目的名称和数字按照本年度的规定进行调整，将调整后金额填入本年度预算收入支出表的“上年数”栏。

（二）预算收入支出表

预算收入支出表如表 21－2 所示。

表 21-2　　预算收入支出表

会政预 01 表

编制单位：________　　____年　　单位：元

项目	本年数	上年数
一、本年预算收入		
（一）财政拨款预算收入		
其中：政府性基金收入		
（二）事业预算收入		
（三）上级补助预算收入		
（四）附属单位上缴预算收入		
（五）经营预算收入		
（六）债务预算收入		
（七）非同级财政拨款预算收入		
（八）投资预算收益		
（九）其他预算收入		
其中：利息预算收入		
捐赠预算收入		
租金预算收入		
二、本年预算支出		
（一）行政支出		
（二）事业支出		
（三）经营支出		
（四）上缴上级支出		
（五）对附属单位补助支出		
（六）投资支出		
（七）债务还本支出		
（八）其他支出		
其中：利息支出		
捐赠支出		
三、本年预算收支差额		

二、预算结转结余变动表

（一）预算结转结余变动表编制说明

本表反映单位在某一会计年度内预算结转结余的变动情况。

本表“本年数”栏反映各项目的本年实际发生数。本表“上年数”栏反映各项目的上年实际发生数，应当根据上年度预算结转结余变动表中“本年数”栏内所列数字填列。

如果本年度预算结转结余变动表规定的项目的名称和内容同上年度不一致，应当对上年度预算结转结余变动表项目的名称和数字按照本年度的规定进行调整，将调整后金额填入本年度预算结转结余变动表的“上年数”栏。

本表中“年末预算结转结余”项目金额等于“年初预算结转结余”“年初余额调整”“本年变动金额”三个项目的合计数。

（二）预算结转结余变动表

预算结转结余变动表如表21－3所示。

表21－3　　预算结转结余变动表

会政预02表

编制单位：________　　____年　　单位：元

项目	本年数	上年数
一、年初预算结转结余		
（一）财政拨款结转结余		
（二）其他资金结转结余		
二、年初余额调整（减少以“－”号填列）		
（一）财政拨款结转结余		
（二）其他资金结转结余		
三、本年变动金额（减少以“－”号填列）		
（一）财政拨款结转结余		
1. 本年收支差额		
2. 归集调入		
3. 归集上缴或调出		
（二）其他资金结转结余		
1. 本年收支差额		
2. 缴回资金		
3. 使用专用结余		
4. 支付所得税		
四、年末预算结转结余		
（一）财政拨款结转结余		
1. 财政拨款结转		
2. 财政拨款结余		
（二）其他资金结转结余		
1. 非财政拨款结转		

续表

项目	本年数	上年数
2. 非财政拨款结余		
3. 专用结余		
4. 经营结余（如有余额，以“－”号填列）		

三、财政拨款预算收入支出表

（一）财政拨款预算收入支出表编制说明

本表反映单位本年财政拨款预算资金收入、支出及相关变动的具体情况。

本表“项目”栏内各项目，应当根据单位取得的财政拨款种类分项设置。其中“项目支出”项目下，根据每个项目设置；单位取得除一般公共财政预算拨款和政府性基金预算拨款以外的其他财政拨款的，应当按照财政拨款种类增加相应的资金项目及其明细项目。

（二）财政拨款预算收入支出表

财政拨款预算收入支出表如表21－4所示。

表21－4　　财政拨款预算收入支出表

会政预03表

编制单位：＿＿＿＿　　＿＿年　　单位：元

项目	年初财政拨款结转结余		调整年初财政拨款结转结余	本年归集调入	本年归集上缴或调出	单位内部调剂		本年财政拨款收入	本年财政拨款支出	年末财政拨款结转结余	
	结转	结余				结转	结余			结转	结余
一、一般公共预算财政拨款											
（一）基本支出											
1. 人员经费											
2. 日常公用经费											
（二）项目支出											
1. ××项目											
2. ××项目											
……											
二、政府性基金预算财政拨款											

续表

项目	年初财政拨款结转结余		调整年初财政拨款结转结余	本年归集调入	本年归集上缴或调出	单位内部调剂		本年财政拨款收入	本年财政拨款支出	年末财政拨款结转结余	
	结转	结余				结转	结余			结转	结余
（一）基本支出											
1. 人员经费											
2. 日常公用经费											
（二）项目支出											
1. ××项目											
2. ××项目											
……											
总计											

四、部门决算报告

各部门在决算编报前应组织部门本级及所属单位清理核对往来款项，清查各类资产、应缴财政款，核对年度预算收支和年初年末结转结余，并完成年终结账。各部门负责审核所属各单位的决算，财政部门负责审核同级各部门决算。财政部门对决算审核中发现的不符合法律、行政法规规定的，有权予以纠正。部门决算的编制范围与部门预算相对应，纳入部门预算编报范围的单位和资金，均应编制部门决算。

1. 单位范围

纳入部门预算编报范围的各级各类行政事业单位和其他单位均应编报部门决算。

2. 资金范围

纳入部门决算编报范围的资金包括预算单位的全部收支，编报口径与单位综合预算衔接一致。部门决算中单位收入包括财政拨款、财政专户管理资金、事业收入（不包括财政专户管理资金）、事业单位经营收入、上级补助收入、附属单位上缴收入、其他收入等。

社保机构管理的社保基金和红十字会捐赠专户的资金属于专项基金，单独设账核算，不并入监管单位的大账，因此，不应纳入部门决算编报范围。

3. 编报阶段

年终结账后，单位应当依据预算会计核算数据自动生成部门决算报表，此时要做到按年度的会计核算数据和决算报表数据保持一致，即年度账表相符。

在单位报出年度决算，主管部门、财政部门、审计部门等审核审计过程中如果发现需调整决算的，单位原则上应于财政部门组织的部门决算集中会审结束前，及时调整决算报表数据；其中涉及会计处理的，应当按照政府会计准则制度规定进行账务处理，相应调整当前年度会计账簿的预算结转结余和其他相关项目的期初数，报告年度的会计账簿相关数据不作调整。

财政部门批复部门决算、部门逐级批复单位决算后，各单位以决算批复文件以及相关审核审计意见为依据，对预算执行有关事项进行调整；其中涉及会计处理的应当遵循政府会计准则制度的规定，按照前述调整会计账簿的要求进行处理，保证账表相符。

第四节　行政事业单位财务会计报表编制

一、编制资产负债表

（一）资产负债表编制说明

（1）本表反映单位在某一特定日期全部资产、负债和净资产的情况。

（2）本表“年初余额”栏内各项数字，应当根据上年年末资产负债表“期末余额”栏内数字填列。

如果本年度资产负债表规定的项目的名称和内容同上年度不一致，应当对上年年末资产负债表项目的名称和数字按照本年度的规定进行调整，将调整后数字填入本表“年初余额”栏内。

如果本年度单位发生了因前期差错更正、会计政策变更等调整以前年度盈余的事项，还应当对“年初余额”栏中的有关项目金额进行相应调整。

（3）本表中“资产总计”项目期末（年初）余额应当与“负债和净资产总计”项目期末（年初）余额相等。

（二）资产负债表

资产负债表如表 21－5 所示。

表 21－5　　资产负债表

会政财 01 表

编制单位：　　　　年　月　日　　　　单位：元

资产	期末余额	年初余额	负债和净资产	期末余额	年初余额
流动资产：			流动负债：		
货币资金			短期借款		
短期投资			应交增值税		
财政应返还额度			其他应交税费		
应收票据			应缴财政款		
应收账款净额			应付职工薪酬		
预付账款			应付票据		
应收股利			应付账款		
应收利息			应付政府补贴款		

续表

资产	期末余额	年初余额	负债和净资产	期末余额	年初余额
其他应收款净额			应付利息		
存货			预收账款		
待摊费用			其他应付款		
一年内到期的非流动资产			预提费用		
其他流动资产			一年内到期的非流动负债		
流动资产合计			其他流动负债		
非流动资产：			流动负债合计		
长期股权投资			非流动负债：		
长期债券投资			长期借款		
固定资产原值			长期应付款		
减：固定资产累计折旧			预计负债		
固定资产净值			其他非流动负债		
工程物资			非流动负债合计		
在建工程			受托代理负债		
无形资产原值			负债合计		
减：无形资产累计摊销					
无形资产净值					
研发支出					
公共基础设施原值					
减：公共基础设施累计折旧（摊销）					
公共基础设施净值					
政府储备物资					
文物文化资产					
保障性住房原值					
减：保障性住房累计折旧			净资产：		
保障性住房净值			累计盈余		
长期待摊费用			专用基金		
待处理财产损溢			权益法调整		
其他非流动资产			无偿调拨净资产*		—
非流动资产合计			本期盈余*		—
受托代理资产			净资产合计		
资产总计			负债和净资产总计		

注：“*”标识项目为月报项目，年报中不需列示。

二、编制收入费用表

（一）收入费用表编制说明

（1）本表反映单位在某一会计期间内发生的收入、费用及当期盈余情况。

（2）本表“本月数”栏反映各项目的本月实际发生数。编制年度收入费用表时，应当将本栏改为“本年数”，反映本年度各项目的实际发生数。

本表“本年累计数”栏反映各项目自年初至报告期期末的累计实际发生数。编制年度收入费用表时，应当将本栏改为“上年数”，反映上年度各项目的实际发生数，“上年数”栏应当根据上年年度收入费用表中“本年数”栏内所列数字填列。

如果本年度收入费用表规定的项目的名称和内容同上年度不一致，应当对上年度收入费用表项目的名称和数字按照本年度的规定进行调整，将调整后的金额填入本年度收入费用表的“上年数”栏内。

如果本年度单位发生了因前期差错更正、会计政策变更等调整以前年度盈余的事项，还应当对年度收入费用表中“上年数”栏中的有关项目金额进行相应调整。

（二）收入费用表

收入费用表如表 21 – 6 所示。

表 21 – 6

收入费用表

会政财 02 表

编制单位：________　　　　____年____月　　　　单位：元

项目	本月数	本年累计数
一、本期收入		
（一）财政拨款收入		
其中：政府性基金收入		
（二）事业收入		
（三）上级补助收入		
（四）附属单位上缴收入		
（五）经营收入		
（六）非同级财政拨款收入		
（七）投资收益		
（八）捐赠收入		
（九）利息收入		
（十）租金收入		
（十一）其他收入		
二、本期费用		
（一）业务活动费用		

续表

项目	本月数	本年累计数
（二）单位管理费用		
（三）经营费用		
（四）资产处置费用		
（五）上缴上级费用		
（六）对附属单位补助费用		
（七）所得税费用		
（八）其他费用		
三、本期盈余		

三、净资产变动表

（一）净资产变动表编制说明

本表反映单位在某一会计年度内净资产项目的变动情况。

本表“本年数”栏反映本年度各项目的实际变动数。

本表“上年数”栏反映上年度各项目的实际变动数，应当根据上年度净资产变动表中“本年数”栏内所列数字填列。

如果上年度净资产变动表规定的项目的名称和内容与本年度不一致，应对上年度净资产变动表项目的名称和数字按照本年度的规定进行调整，将调整后金额填入本年度净资产变动表“上年数”栏内。

（二）净资产变动表

净资产变动表如表 21－7 所示。

表 21－7　　净资产变动表

会政财 03 表

编制单位：________　　____年　　单位：元

项目	本年数				上年数			
	累计盈余	专用基金	权益法调整	净资产合计	累计盈余	专用基金	权益法调整	净资产合计
一、上年年末余额								
二、以前年度盈余调整（减少以“－”号填列）		—	—			—	—	
三、本年年初余额								

续表

项目	本年数				上年数			
	累计盈余	专用基金	权益法调整	净资产合计	累计盈余	专用基金	权益法调整	净资产合计
四、本年变动金额（减少以“-”号填列）								
（一）本年盈余		—	—			—	—	
（二）无偿调拨净资产		—	—			—	—	
（三）归集调整预算结转结余		—	—			—	—	
（四）提取或设置专用基金			—				—	
其中：从预算收入中提取	—		—		—		—	
从预算结余中提取			—				—	
设置的专用基金	—		—		—		—	
（五）使用专用基金			—				—	
（六）权益法调整	—	—			—	—		
五、本年年末余额								

注：“—”标识单元格不需填列。

四、现金流量表

本表反映单位在某一会计年度内现金流入和流出的信息。

本表所指的现金，是指单位的库存现金以及其他可以随时用于支付的款项，包括库存现金、可以随时用于支付的银行存款、其他货币资金、零余额账户用款额度、财政应返还额度，以及通过财政直接支付方式支付的款项。

现金流量表应当按照日常活动、投资活动、筹资活动的现金流量分别反映。本表所指的现金流量，是指现金的流入和流出。

本表“本年金额”栏反映各项目的本年实际发生数。本表“上年金额”栏反映各项目的上年实际发生数，应当根据上年现金流量表中“本年金额”栏内所列数字填列。

单位应当采用直接法编制现金流量表（见表21－8）。

表 21 – 8　　现金流量表

会政财 04 表

编制单位：________　　____年　　单位：元

项目	本年金额	上年金额
一、日常活动产生的现金流量		
财政基本支出拨款收到的现金		
财政非资本性项目拨款收到的现金		
事业活动收到的除财政拨款以外的现金		
收到的其他与日常活动有关的现金		
日常活动的现金流入小计		
购买商品、接受劳务支付的现金		
支付给职工以及为职工支付的现金		
支付的各项税费		
支付的其他与日常活动有关的现金		
日常活动的现金流出小计		
日常活动产生的现金流量净额		
二、投资活动产生的现金流量		
收回投资收到的现金		
取得投资收益收到的现金		
处置固定资产、无形资产、公共基础设施等收回的现金净额		
收到的其他与投资活动有关的现金		
投资活动的现金流入小计		
购建固定资产、无形资产、公共基础设施等支付的现金		
对外投资支付的现金		
上缴处置固定资产、无形资产、公共基础设施等净收入支付的现金		
支付的其他与投资活动有关的现金		
投资活动的现金流出小计		
投资活动产生的现金流量净额		
三、筹资活动产生的现金流量		
财政资本性项目拨款收到的现金		
取得借款收到的现金		
收到的其他与筹资活动有关的现金		
筹资活动的现金流入小计		
偿还借款支付的现金		
偿还利息支付的现金		

续表

项目	本年金额	上年金额
支付的其他与筹资活动有关的现金		
筹资活动的现金流出小计		
筹资活动产生的现金流量净额		
四、汇率变动对现金的影响额		
五、现金净增加额		

五、附注

附注是对在会计报表中列示的项目所作的进一步说明，以及对未能在会计报表中列示项目的说明。附注是财务报表的重要组成部分。凡对报表使用者的决策有重要影响的会计信息，不论本制度是否有明确规定，单位均应当充分披露。

附注主要包括下列内容：

1. 单位的基本情况

单位应当简要披露其基本情况，包括单位主要职能、主要业务活动、所在地、预算管理关系等。

2. 会计报表编制基础

3. 遵循政府会计准则、制度的声明

4. 重要会计政策和会计估计

单位应当采用与其业务特点相适应的具体会计政策，并充分披露报告期内采用的重要会计政策和会计估计。主要包括以下内容：

（1）会计期间。

（2）记账本位币，外币折算汇率。

（3）坏账准备的计提方法。

（4）存货类别、发出存货的计价方法、存货的盘存制度，以及低值易耗品和包装物的摊销方法。

（5）长期股权投资的核算方法。

（6）固定资产分类、折旧方法、折旧年限和年折旧率；融资租入固定资产的计价和折旧方法。

（7）无形资产的计价方法；使用寿命有限的无形资产，其使用寿命估计情况；使用寿命不确定的无形资产，其使用寿命不确定的判断依据；单位内部研究开发项目划分研究阶段和开发阶段的具体标准。

（8）公共基础设施的分类、折旧（摊销）方法、折旧（摊销）年限，以及其确定依据。

（9）政府储备物资分类，以及确定其发出成本所采用的方法。

（10）保障性住房的分类、折旧方法、折旧年限。

（11）其他重要的会计政策和会计估计。

（12）本期发生重要会计政策和会计估计变更的，变更的内容和原因、受其重要影响的报表项目名称和金额、相关审批程序，以及会计估计变更开始适用的时点。

5. 会计报表重要项目说明

单位应当按照资产负债表和收入费用表项目列示顺序，采用文字和数据描述相结合的方式披露重要项目的明细信息。报表重要项目的明细金额合计，应当与报表项目金额相衔接。

六、政府财务报表编制

政府会计主体应当以持续运行为前提，根据实际发生的经济业务或事项，按照政府会计准则制度的规定对相关会计要素进行确认和计量，在此基础上编制财务报表，政府会计主体不应以附注披露代替确认和计量，也不能通过充分披露相关会计政策而纠正不恰当的确认和计量。

如果按照政府会计准则制度规定披露的信息不足以让财务报表使用者了解特定经济业务或事项对政府会计主体财务状况和运行情况的影响时，政府会计主体还应当披露其他必要的相关信息。

除现金流量表以收付实现制为基础编制外，政府会计主体应当以权责发生制为基础编制财务报表。

财务报表项目的列报应当在各个会计期间保持一致，不得随意变更，但政府会计准则制度和财政部发布的其他有关规定（以下简称“政府会计准则制度等”）要求变更财务报表项目的除外。

性质或功能不同的项目，应当在财务报表中单独列报，但不具有重要性的项目除外。性质或功能类似的项目，其所属类别具有重要性的，应当按其类别在财务报表中单独列报。某些项目的重要性程度不足以在资产负债表、收入费用表等报表中单独列示，但对理解报表具有重要性的，应当在附注中单独披露。

财务报表某些项目的省略、错报等，能够合理预期将影响报表主要使用者据此做出决策的，该项目具有重要性。重要性应当根据政府会计主体所处的具体环境，从项目的性质和金额两方面予以判断。关于各项目重要性的判断标准一经确定，不得随意变更。判断项目性质的重要性，应当考虑该项目在性质上是否显著影响政府会计主体的财务状况和运行情况等因素；判断项目金额的重要性，应当考虑该项目金额占资产总额、负债总额、净资产总额、收入总额、费用总额、盈余总额等直接相关项目金额的比重或所属报表单列项目金额的比重。

资产负债表中的资产和负债，应当分别按流动资产和非流动资产、流动负债和非流动负债列示。财务报表中的资产项目和负债项目的金额、收入项目和费用项目的金额不得相互抵销，但其他政府会计准则制度另有规定的除外。资产或负债项目按扣除备抵项目后的净额列示，不属于抵销。当期财务报表的列报，至少应当提供所有列报项目上一个可比会计期间的比较数据，以及与理解当期财务报表相关的说明，但其他政府会计准则制度等另有规定的除外。

政府会计主体应当至少在财务报表的显著位置披露编报主体的名称、报告日或财务报表涵盖的会计期间、人民币金额单位，以及财务报表是合并财务报表的，应当予以标明。

政府会计主体至少应当按年编制财务报表。年度财务报表涵盖的期间短于一年的，应当披露年度财务报表的涵盖期间、短于一年的原因以及报表数据不具可比性的事实。

七、财务报表合并

1. 合并财务报表的构成

合并财务报表是指反映合并主体和其全部被合并主体形成的报告主体整体财务状况与运行情况的财务报表。

合并主体是指有一个或一个以上被合并主体的政府会计主体。合并主体通常也是合并财务报表的编制主体。

被合并主体是指符合规定的纳入合并主体合并范围的会计主体。

合并财务报表至少包括合并资产负债表、合并收入费用表及附注。

合并财务报表按照合并级次分为部门（单位）合并财务报表、本级政府合并财务报表和行政区政府合并财务报表。

部门（单位）合并财务报表是指以政府部门（单位）本级作为合并主体，将部门（单位）本级及其合并范围内全部被合并主体的财务报表进行合并后形成的，反映部门（单位）整体财务状况与运行情况的财务报表。部门（单位）合并财务报表是政府部门财务报告的主要组成部分。

部门（单位）合并财务报表由部门（单位）负责编制；本级政府合并财务报表由本级政府财政部门负责编制。

2. 合并报表编制程序

合并财务报表应当以合并主体和其被合并主体的财务报表为基础，根据其他有关资料加以编制。

合并财务报表应当以权责发生制为基础编制。合并主体和其合并范围内被合并主体个别财务报表应当采用权责发生制基础编制，按规定未采用权责发生制基础编制的，应当先调整为权责发生制基础的财务报表，再由合并主体进行合并。

编制合并财务报表时，应当将合并主体和其全部被合并主体视为一个会计主体，遵循政府会计准则制度规定的统一的会计政策。合并范围内合并主体、被合并主体个别财务报表未遵循政府会计准则制度规定的统一会计政策的，应当先调整为遵循政府会计准则制度规定的统一会计政策的财务报表，再由合并主体进行合并。

编制合并财务报表的主要程序：一是对需要进行调整的个别财务报表进行调整，以调整后的个别财务报表作为编制合并财务报表的基础；二是将合并主体和被合并主体个别财务报表中的资产、负债、净资产、收入和费用项目进行逐项合并；三是抵销合并主体和被合并主体之间、被合并主体相互之间发生的债权债务、收入费用等内部业务或事项对财务报表的影响。

对于在报告期内因划转而纳入合并范围的被合并主体，合并主体应当将其报告期内的收入、费用项目金额包括在本期合并收入费用表的本期数中，合并资产负债表的期初数不做调整。

对于在报告期内因划转而不再纳入合并范围的被合并主体，其报告期内的收入、费用项目金额不包括在本期合并收入费用表的本期数中，合并资产负债表的期初数不做调整。

合并主体应当确保划转双方的会计处理协调一致，确保不重复、不遗漏，并在合并财务报表附注中对划转情况及其影响进行充分披露。

在报告期内，被合并主体撤销的，其期初资产、负债和净资产项目金额应当包括在合并资产负债表的期初数中，其期初至撤销日的收入、费用项目金额应当包括在本期合并收入费用表的本期数中，其期初至撤销日的收入、费用项目金额所引起的净资产变动金额应当包括在合并资产负债表的期末数中。

在编制合并财务报表时，被合并主体除了应当向合并主体提供财务报表外，还应当提供采用与政府会计准则制度规定的统一的、会计政策不一致的会计政策及其影响金额；其与合并主体、其他被合并主体之间发生的所有内部业务或事项的相关资料；编制合并财务报表所需要的其他资料。

八、政府部门财务报告的编报

1. 清查核实资产负债

各部门、各单位要按照统一要求有计划、有步骤地清查核实固定资产、无形资产以及代表政府管理的储备物资、公共基础设施、企业国有资产、应收税款等资产，按规定界定产权归属、开展价值评估；分类清查核实部门负债情况。清查核实后的资产负债统一按规定进行核算和反映。

2. 编制政府部门财务报告

政府部门财务报告内容主要包括资产负债表、收入费用表等财务报表及其解释说明，以财务报表为基础开展的财务分析等。财务报表包括会计报表和报表附注。

政府部门财务报告按照编制主体和方法的不同，可分为单位财务报告和合并财务报告。各单位应当按照政府部门财务报告编制操作指南的规定编制本单位财务报告并按照财务管理关系报送上级单位；上级单位除编制本单位财务报告外，还应当按照指南规定对本单位和所属单位财务报表进行合并，编制合并财务报告。主管部门编制的合并财务报告，即部门财务报告。政府各单位应当按照财务管理关系，按规定内容和时限采取自下而上方式逐级报送单位财务报告。政府部门财务报告应当按规定内容和时限报送同级政府财政部门。

3. 开展政府部门财务报告审计

部门财务报告应保证报告信息的真实性、完整性及合规性，接受审计。

4. 报送并公开政府部门财务报告

部门财务报告及其审计报告应报送本级政府财政部门，并按规定向社会公开。

5. 部门财务分析

财务分析主要包括财务状况分析、运行情况分析、相关指标变化情况及趋势分析，以及政府部门财务管理方面采取的主要措施和取得成效等。各部门应充分利用财务报告反映的信息，加强对资产状况、债务风险、成本费用、预算执行情况的分析，促进预算管理、资产负债管理和绩效管理有机衔接。

第五节 行政事业单位国有资产报表编制

行政事业单位资产的配置、运行维护与处置管理等与预算管理密切相关。行政事业单位需要编报本单位或本部门的国有资产报表，含月报和年报。

一、国有资产月报

国有资产月报是行政事业单位月度终了，根据管理工作需要，编制报送的反映行政事业单位月末资产、负债情况的文件，主要包括行政事业单位资产负债表以及相关实物资产报表。

单位依据核对无误的财务会计核算结果自动生成本单位的国有资产月报资产负债表；待存量资产数据全部导入预算管理一体化系统后，单位依托资产卡片信息自动生成相关实物资产月报报表。

行政事业单位国有资产月报应当与单位财务会计账簿、资产卡片每月月末数据保持一致，数据应当真实、准确、完整。

行政事业单位国有资产月报中的人员信息，从基础信息管理模块人员信息中提取。

单位完成行政事业单位国有资产月报编制后，须按要求在规定时间内报送本部门上级单位审核。

二、国有资产年报

国有资产年度报告是行政事业单位年度终了，根据资产管理、预算管理等工作需要，在日常管理基础上编制报送的反映行政事业单位年度资产占有、使用、变动等情况的文件，包括行政事业单位资产报表、填报说明和分析报告。

单位完成行政事业单位国有资产报告编制后，须按要求在规定时间内报送本部门上级单位审核。

国有资产年报的编报范围有：①经机构编制管理部门批准成立的，执行政府会计制度的各级各类行政事业单位、社会团体。②占有、使用国有资产，执行民间非营利组织会计制度的社会团体等单位。

按照上述行政事业单位国有资产年报编报范围管理原则，某些具体单位的资产纳入编报范围包括驻外机构资产、供销社资产、工会及其他群众团体管理的由财政拨款形成的资产，纳入行政事业性国有资产填报范围；尚未完成脱钩的执行政府会计制度或民间非营利组织会计制度的行业商会协会、培训疗养机构，也应纳入填报范围。此外，行政事业单位基本建设项目，应纳入填报范围，具体体现为“在建工程”。对于已投入使用但尚未办理竣工决算手续的房屋构筑物，应按照基本建设财务管理规定尽快转为固定资产。

思考与练习题

1. 行政事业单位年终需要做好哪些清理结算事项？
2. 简述单位年终结转的账务处理。
3. 实行预算管理一体化后单位年终报告有哪些特点？
4. 政府财政报告由哪些组成？这些报告的作用有何不同？
5. 简述单位国有资产报告目的与决算报告的关联性。

第二十二章

政府预算指标账

第一节　预算指标账管理概述

预算指标账管理体系是预算管理一体化提出的全新管理理念，预算指标账引入管理会计理念，采用会计复式记账法核算预算指标全周期过程。

一、建立预算指标账的重要意义

目前，各级财政预算指标管理各环节指标大多采用单式记账法进行记录，上下级预算脱节，预算编制、执行等环节缺乏有效衔接，无法全面、准确反映预算指标的增减、来源及状态，无法实现预算管理业务或事项在不同层级、主体、环节之间的协调联动。

预算指标账管理体系将会计复式记账方法引入预算指标管理流程，以业务规则形式将复式记账分录嵌入预算管理的各个节点，能保证每项指标业务都以相同金额在两个相互关联的账户同时记录，通过各账户之间客观上存在的对应关系可以更真实、全面、动态地反映预算指标管理业务的全貌，强化财政部门对预算指标批复、分解、下达、调整、调剂、执行和结转结余等全周期过程的追踪和控制，实时掌握预算分配和执行进度，加强对预算执行的监督。

此外，预算指标账管理体系是管理会计理论与财政预算管理相结合的切入点。管理会计主要是利用有关信息预测前景、参与决策、规划未来、控制和评价经济活动，为企业和行政事业单位内部管理服务。

预算指标作为预算管理的核心工具之一，上承预算编制，下接预算执行，将管理会计理论应用于预算指标管理过程中，通过对预算执行、决算等多环节、多流程的信息进行比照分析、控制评价、综合考量，可以硬化预算约束、提高预算编制水平、优化以绩效为导向的支出结构、提高财政资金使用效益，从而全面提高各级财政预算管理规范化、标准化和自动化水平，为现代财政制度运行提供基础保障。

二、预算指标会计核算目标和功效

预算指标会计核算是指政府财政部门对预算指标管理业务或事项进行会计核算，通过对预算指标的批复、分解、下达、调整、调剂、执行和结转结余等全周期过程进行记录，反映预算指标的增减、来源及状态，规范预算管理行为，强化预算指标对支出的控制，实现预算指标全流程“顺向可控、逆向可溯”的管目标。

（1）提升预算管理全面性、规范性和透明度的有效途径。预算指标账以预算管理业务或事项为核算主线，遵循会计复式记账法有借必有贷，借贷必相等原则，实现预算管理业务或事项有效衔接、相互制衡机制。支出预算和收入预算遵循“同增同减”原则，确保全面完整反映收支预算，真正做到预算管理源头数据无缝衔接和有效控制；预算形成指标，指标控制支出，遵循“此增彼减”原则，切实硬化预算约束，真正做到支出以经批准的预算为依据，未列入预算的不得支出。

（2）统一业务系统底层控制机制、实现全国数据互联互通的重要手段。预算指标会计核算是预算管理一体化系统底层控制机制的重要组成部分。通过建立全国统一的预算指标账科目编码和核算规则，将统一的、固化的会计复式记账规则嵌入预算管理各个节点，系统自动记录、反映预算指标的增减、来源及状态，使各级财政按统一的核算口径、统一的核算规则完整反映预算指标运行状态和结果，实现对各级财政部门预算管理全过程的控制与追踪。

三、预算指标账的基本原则

为进一步提升财政预算管理水平，拓宽预算管理维度，有效衔接上下级财政预算指标，及时掌握预算指标增减、来源及状态，实现预算指标账核算口径一致化、核算形式统一化、核算过程同步化，各级财政部门实施预算指标会计核算应遵循以下原则：

统一规范。预算指标会计核算规范由财政部负责制定。通过统一的、固化的会计复式记账核算规则，系统自动记录、反映预算指标各个业务节点的预算指标的增减、来源及状态。

统一平台。预算指标会计核算工作根据权限设置，在预算管理一体化系统中统一完成。通过会计核算和反映，实现对各级财政部门预算管理全过程的控制与追踪。

各司其职。财政内部机构是预算指标会计核算的主体，各财政内部机构根据职责分工，保证预算指标相关业务管理数据的合法性、完整性和准确性。

自动核算。在预算指标管理事项和预算资金收支业务发生时生成相应预算指标账会计凭证，实时反映预算指标全周期各个环节的运行情况。记账凭证原则上应以正式预算文件或资金收付凭证等作为原始凭证。记账凭证的制单人为各业务环节的具体操作人，预算指标账的记账人为相关业务在系统中的审核人，将复式记账会计分录以业务规则形式嵌入预算管理各个节点。

四、预算指标账管理实现路径

预算指标账整体设计遵循“全面反映收支预算、严格管控预算执行、有效衔接预算决算”原则，对预算指标的批复、分解、下达、调整、调剂、执行和结转结余等全周期过程进行记录，实时反映预算指标的增减、来源及状态。预算指标账从预算批复下达开始，预算执行坚持“先有预算、再有指标、后有支出”的控制机制，全面完整反映预算年终事项，从而实现预算、执行和决算的闭环管理。

第二节　预算指标账核算

预算指标账基于“全面反映收支预算、严格管控预算执行、有效衔接预算决算”设计思路，是对预算指标全周期过程的系统记录。

一、预算指标账的核算内容

1. 提前下达指标

对下级政府的转移支付预计数提前下达下级政府，系统登记预算指标账。除预估外，下级财政部门只能通过系统接收上级财政部门下达的转移支付指标，形成预算指标账，不能手工录入。

2. 预算批复

政府预算批准后，系统登记预算指标账，相应生成收入和支出预算指标。收入预算指标用于监控收入情况，收入指标贷方余额为收入预算与确认收入的差额；支出预算指标用于控制预算支出，支出指标借方余额为支出指标与确认支付的差额，各项确认支付严格实行支出预算指标控制。

3. 预算调整

经全国人民代表大会批准的，在预算执行中需要增加或者减少预算总支出、调减预算安排的重点支出、调入预算稳定调节基金或需要增加举借债务数额而造成的预算部分变更，系统登记预算指标账。预算调整的范围包括增加或者减少预算总支出的；动用预算稳定调节基金；调减预算安排的重点支出数额；增加举借债务数额。

4. 预算调剂

按照国务院财政部门规定办理的，预算执行中支出预算在不同预算科目、预算级次或者项目之间的变动，系统登记预算指标账。范围包括：部门预算内部的调剂；转移支付预算内部的调剂；部门预算和转移支付预算间的调剂。

5. 预算执行

预算执行是经过法定程序批准的预算进入具体实施阶段，是各级财政部门实现预算收入、预算支出的过程，预算指标账依据预算管理业务或事项核算登记相应预算指标账。

6. 年终结账

年度终了时，对年终结清和结算中发生的预算指标变动等事项，预算指标账核算登记相应预算指标账。

二、预算指标账的核算特点

1. 账簿及报表灵活多样

预算指标会计核算是统一业务系统底层控制机制和实现全国数据互联互通的重要手段，核算业务事项涵盖预算管理全过程，具有辅助核算要素多、维度广等特点。预算指标账簿及报表不同于传统意义的会计账簿及报表。预算指标账簿及报表应由不同维度、不同层级的数据自由组合，通过数据钻取方式以动态、图表等灵活多样方式展示，满足不同维度的预算管理要求。

2. 核算主体的独特性

财政内部机构是预算指标会计核算的主体，各财政内部机构根据职责分工，保证预算指标相关业务管理数据的合法性、完整性和准确性。记账凭证的制单人为相关业务在系统中的具体操作人，预算指标会计的记账人为在各业务环节的审核人。

3. 记账依据自动生成

依据《预算管理一体化规范》，“预算指标发生批复、分解、下达、调整、调剂、执行和年终结转结余等业务事项时，业务事项审核通过后，系统生成预算指标会计记账凭证。记账凭证原则上应以正式预算文件作为原始凭证。”为了规范预算指标下达，解决预算指标实践中存在的突出问题，各级财政部门办理预算指标文件，必须同步在系统中登记预算指标凭证；预算文件签发后，系统登记预算指标凭证完成同步过账。

4. 系统差错更正

预算指标会计凭证是经系统自动化核算的结果，一经生成不得人为修改。确实有误的，应由财政内部机构人员办理预算指标业务调整单据，若相对应的预算指标已支出，则先追回资金或者调剂预算，恢复对应预算指标，再生成相应的预算指标业务调整单据；系统根据预算指标业务调整单据，以会计差错更正的方式，自动红字冲销旧账。

5. 与总预算会计账同步核算

预算指标账与总预算会计账在确认预算资金支付、收入时，应同步核算。确认预算资金支付、收入时，预算指标账反映为预算指标余额减少；总预算会计账反映为预算资金流出、流入。

具体表现为发生预算资金支付、收入业务时，预算指标账和总预算会计账同步核算。单位支付申请审核通过时，系统生成预算指标会计分录，预算指标账减少“可执行指标”，增加“支付申请”；总预算会计账根据银行回单确认支付时，系统生成预算指标会计分录，预算指标账增加“确认支付”，减少“支付申请”；总预算会计账根据银行回单确认收入时，系统生成预算指标会计分录，预算指标账增加“确认收入”，减少“收入指标”。

三、预算指标账的平衡关系

复式记账法是对任何一笔预算管理行为，都必须用相等的金额在两个或两个以上科目中相互关联地进行登记。会计复式记账法应用于预算管理业务或事项，将预算指标增、减变动由“单向直线性”变为“双向循环性”的反馈交流过程，形成预算管理业务协同和相互制衡的控制机制。

预算指标账平衡关系：一是收入、支出预算平衡；二是收入预算、收入指标、确认收入动态平衡；三是支出预算、支出指标、支付申请、确认支付动态平衡；四是指标结转核销类、结转结余类平衡（年终结账）。

会计科目平衡式：财政支出预算类+支出指标类+支付申请类+支付类+结转核销类=指标负债类+结转结余类+财政收入预算类+收入指标类+收入类。

四、财政预算指标账会计科目体系

结转结余类会计科目如表22-1所示。

表22-1 结转结余类会计科目

借方		贷方	
	10 财政支出预算类		20 指标负债类
1001	年初支出预算	2001	提前下达指标
1002	支出预算变动	2002	预拨指标
1003	上年国库集中支付结余	2003	年初控制数
1004	中央权责发生制事项	2004	转移支付调剂
	50 支出指标类		30 结转结余类
5001	待分指标	3001	结转结余
5002	可执行指标		40 财政收入预算类
5003	可执行指标冻结	4001	年初收入预算
	51 支付申请类	4002	收入预算变动
5101	支付申请	4003	国库集中支付结余
	52 支付类	4004	中央权责发生制事项
5201	确认支付		60 收入指标类
	90 结转核销类	6001	收入指标
9001	指标结转		62 收入类
9002	指标结余	6201	确认收入

五、预算指标账会计核算处理

1. 指标控制机制

总体上看，预算指标账的控制规则是科目余额控制，即："支出预算"余额控制"待分指标""可执行指标"，"可执行指标"余额控制资金支付。财政支出预算类和支出指标类科目借方余额（借方金额-贷方金额）不允许小于零，避免超支情况发生。

2. 系统实现机制

预算指标账的系统实现机制以记账凭证、额度控制表和余额发生额汇总表为实现基础。额度控制表以自动生成的记账凭证为基础，在记账凭证生成、修改时随同变动，实时反映预算指标可用额度。预算指标可用额度与预算指标管理业务过程同时动态变化，对预算资金在多种形态（待分指标、可执行指标、支付申请、确认支付、结转结余）下的额度使用进行实时控制。预算支出指标业务事项发生时申请使用的额度不能大于相应预算指标可用额度。预算指标可用额度等于该科目的科目余额减去被在途业务占用的在途额度。在途额度在业务录入环节由预算指标控制机制自动记录，记录成功后即可用于计算该科目的可用额度。业务终审时，指标账控制机制自动把额度控制表中登记的在途信息转化为正式的发生额信息，同时记录当期的余额发生额汇总表。余额发生额汇总表的汇总口径按照会计科目和相关的管理要素进行分类汇总，口径较控制表口径更加明细，用于生成各种报表。

3. 控制要素

预算指标账控制要素包括会计科目、单位、指标类型、资金性质、支出功能分类科目、政府预算支出经济分类类级科目、预算项目等。

六、预算指标账的特殊业务

1. 资金退回

资金退回是指代理银行支付后，由于原支付凭证收款人账户信息有误，资金被收款行退回，或预算单位、收款人主动将资金退回的情况。资金退回时必须按原渠道退回。

资金退回分为两种情形：一种情况是，属于当年预算资金或国库集中支付结余资金（指国库集中支付结余权责发生制列支）退回的，财政部门依据退回通知书回单恢复单位预算可执行指标额度。另一种情况是，单位确认属于跨年度资金退回的，单位直接将资金退回国库或财政专户，财政部门依据退回通知书回单恢复待分指标额度。其中，对于项目未结束的跨年度资金退回，可允许单位继续按原用途使用，财政部门追加相应可执行指标，同时核减待分指标额度；对于项目已经结束或收回财政存量资金的跨年度资金退回，作为结余资金管理，按照结余资金管理有关规定办理。

2. 国库集中支付结余

市县级财政部门应当按照收付实现制核算财政支出事项，总预算会计原则上不得对国库集中支付结余按权责发生制列支出，应当按结转下年支出处理；省级财政部门实行国库集中支付结余权责发生制列支的，应当按规定限制条件和范围。

为全面完整反映预算执行情况，国库集中支付结余资金预算执行一并纳入财政预算指标会计核算。国库集中支付结余资金在预算执行中预算指标会计核算流程和业务处理参照当年预算资金的处理模式。收回国库集中支付结余权责发生制事项，若相对应的国库集中支付结余指标未使用的，则冲减相应的国库集中支付结余确认收入和国库集中支付结余可执行支出指标；同时，冲减相应的当年预算确认支付和增加当年预算待分指标。若相对应的国库集中支付结余指标已支出的，则先追回资金或者调剂预算，恢复原支出指标，再冲减相应的国库集中支付结余确认收入和国库集中支付结余可执行支出指标；同时，冲减相应的当年预算确认支付和增加当年预算待分指标。

3. 单位资金预算指标账

为了从预算编制、支出控制、核算管理等方面强化单位财政拨款资金、财政专户管理资金以外的事业收入、经营收入等单位资金的预算管理，将单位资金收支纳入预算管理，单位资金的支付应纳入预算指标账控制，单位通过预算管理一体化管理系统与单位资金开户银行联网办理资金支付。

单位资金预算指标账的核算流程和业务处理参照财政资金的处理模式。具体为：一是系统根据财政部门批复的单位资金收入、支出预算，生成单位资金收入、支出预算指标，系统相应登记预算指标账。二是单位在系统中填报单位资金支付申请，系统按照预算指标账校验单位资金支付申请。单位资金支付申请校验通过后，系统相应登记预算指标账，同时自动将支付凭证发送开户银行。三是支付资金后，开户银行向单位和财政部门发送支付凭证回单，系统相应登记预算指标账，单位相应进行单位会计核算。四是系统通过单位会计账记录单位资金实际收入情况。

思考与练习题

1. 理解预算指标会计核算的目标和作用。
2. 了解预算会计账核算的主要内容。
3. 理解预算指标核算的特点。
4. 理解财政预算指标会计账的会计科目含义及其相互关系。

主要参考文献

1. 赵建勇. 政府会计 [M]. 上海: 上海财经大学出版社, 2018.

2. 邢俊英. 政府会计 [M]. 大连: 东北财经大学出版社, 2019.

3. 张庆龙, 王彦. 政府会计制度解读与操作实务指南 [M]. 北京: 中国财政经济出版社, 2018.

4. 王晨明, 周欣. 政府会计实务及案例解析 [M]. 北京: 立信会计出版社, 2018.

5. 王彦, 王建英, 赵西卜. 政府与非营利组织会计 [M]. 北京: 中国人民大学出版社, 2019.

6. 曾尚梅. 政府会计 [M]. 北京: 经济科学出版社, 2018.

7. 田高良, 曹文莉. 政府会计实务政府会计 [M]. 大连: 东北财经大学出版社, 2020.

8. 魏祥健, 吴孝春. 新编政府会计 [M]. 北京: 清华大学出版社, 2020.

9. 王小龙, 李敬辉. 预算管理一体化规范实用教程 [M]. 北京: 经济科学出版社, 2020.

10. 财政部. 预算管理一体化规范. 财办〔2020〕13 号.

11. 财政部. 财政总预算会计制度. 财库〔2015〕19 号.

12. 财政部. 政府会计准则第 1 号——存货. 财会〔2016〕12 号.

13. 财政部. 政府会计准则第 2 号——投资. 财会〔2016〕12 号.

14. 财政部. 政府会计准则第 3 号——固定资产. 财会〔2016〕12 号.

15. 财政部. 政府会计准则第 4 号——无形资产. 财会〔2016〕12 号.

16. 财政部. 政府会计准则第 5 号——公共基础设施. 财会〔2017〕11 号.

17. 财政部. 政府会计准则第 6 号——政府储备物资. 财会〔2017〕23 号.

18. 财政部. 政府会计准则第 7 号——会计调整. 财会〔2018〕28 号.

19. 财政部. 政府会计准则第 8 号——负债. 财会〔2018〕31 号.

20. 财政部. 政府会计准则第 9 号——财务报表编制和列报. 财会〔2018〕37 号.

21. 财政部.《政府会计准则第 10 号——政府和社会资本合作项目合同》应用指南. 财会〔2020〕19 号.

22. 财政部. 政府会计准则制度解释第 1 号. 财会〔2019〕13 号.

23. 财政部. 政府会计准则制度解释第 2 号. 财会〔2019〕24 号.

24. 财政部. 政府会计准则制度解释第 3 号. 财会〔2020〕15 号.